Les Éditions des Intouchables bénéficient du soutien financier de la SODEC et du Programme de crédits d'impôt du gouvernement du Québec.

Nous remercions le Conseil des Arts du Canada de l'aide accordée à notre programme de publication.

Nous reconnaissons l'aide financière du gouvernement du Canada par l'entremise du Programme d'aide au développement de l'industrie de l'édition (PADIÉ) pour nos activités d'édition.

LES ÉDITIONS DES INTOUCHABLES
4701, rue Saint-Denis
Montréal, Québec
H2J 2L5
Téléphone : 514-526-0770
Télécopieur : 514-529-7780
www.lesintouchables.com

DISTRIBUTION : PROLOGUE
1650, boulevard Lionel-Bertrand
Boisbriand, Québec
J7H 1N7
Téléphone : 450-434-0306
Télécopieur : 450-434-2627

Impression : Marquis imprimeur inc.
Photographie de la couverture : Karine Patry
Conception de la couverture et infographie : Jimmy Gagné
Révision, correction : Annie-Christine Roberge
Collaboration spéciale : Sophie Ginoux

Dépôt légal : 2008
Bibliothèque et Archives nationales du Québec
Bibliothèque nationale du Canada

ISBN : 978-2-89549-334-1

Quatre décennies sur cinq continents

Réjean Tremblay

LES INTOUCHABLES

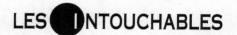

SOMMAIRE

À Louise, la dernière princesse d'Hébertville.

PRÉFACE

Lorsque mon chemin a croisé celui de Réjean pour la toute première fois, j'étais encore pigiste et j'essayais de me tailler une place dans le journalisme. Nous étions en 1976, et j'avais été mandatée pour couvrir un événement politique au cours duquel s'exprimait monsieur Parizeau. Je conserve d'ailleurs un souvenir très précis de cette rencontre, car j'avais immédiatement remarqué ce journaliste qui n'avait pas la langue dans sa poche et faisait preuve de beaucoup de cran derrière une façade un peu bourrue. Je ne sais donc pas si ce premier contact s'est avéré prophétique ou non, mais à partir du moment où j'ai été affectée aux sports à la radio, quelques mois plus tard, j'ai évidemment revu régulièrement Réjean, qui couvrait le Canadien pour *La Presse*, et nous avons rapidement noué une très profonde amitié.

Cette amitié si particulière, elle n'a jamais failli. J'ai suivi tout le parcours de Réjean et je n'ai jamais été déçue par cet homme entier et fougueux qui déteste la demi-mesure. Un homme que j'ai aussi appris à apprécier comme quelqu'un de tendre, de sincère et de beaucoup plus fragile qu'il ne le paraît au premier abord. Réjean connaît en effet un énorme succès et donne souvent l'impression qu'il est au-dessus de ses affaires. Mais c'est également une personne que l'on peut toucher profondément, qui a une grande sensibilité et une grande soif de vrais sentiments.

Est-ce que ces différentes facettes de sa personnalité lui ont permis de se rendre là où il se trouve aujourd'hui ? Probablement. Je dirais même que Réjean a transposé toutes ses qualités dans son écriture, ce qui fait de lui un journaliste incomparable. Il écrit effectivement avec une maîtrise du français qui est rare dans le journalisme sportif, et il s'est d'ailleurs vu remettre en 1983, des mains du ministre Gérald Godin, le prix Jules-Fournier pour sa contribution à l'épanouissement de la langue française dans les médias.

Par ailleurs, et je pense que c'est en ce sens qu'il a changé le visage du journalisme sportif au Québec, tout comme l'a fait Foglia, il ne s'est jamais contenté de décrire froidement les événements auxquels il assistait, mais il leur a au contraire insufflé une chaleur, une émotion qui nous touche de plein fouet. Quand on le lit, on a ainsi l'impression d'être plongé dans son univers, d'être complice avec lui de ce à quoi il a assisté. Il a par conséquent coloré, humanisé un secteur qui manquait cruellement de vie, ce qui explique qu'il soit apprécié des amateurs de sport comme de celles et de ceux qui ne lisent pas régulièrement ce type d'articles.

Il faut également reconnaître le professionnalisme hors normes de Réjean. Il a toujours signé des articles fouillés, et non des chroniques d'opinion ou de caractère. Cela est d'autant plus louable qu'aujourd'hui, on a souvent affaire, dans le milieu journalistique, aux états d'âme du moment. Mais Réjean a toujours basé ses prises de position sur des données tangibles, sur son expérience et sur des références présentes ou passées. Je l'ai d'ailleurs vu à l'œuvre dans des conditions très difficiles lors des Jeux olympiques de Los Angeles, en 1984, alors que je représentais sur place la société Labatt, dont j'étais à cette époque la directrice du marketing. C'était en fait la première fois que je voyais évoluer jour après jour un journaliste à l'écrit qui avait la responsabilité de couvrir un événement pour un quotidien important. Et j'ai été très impressionnée par le travail colossal qu'il a accompli. On s'imagine en fait souvent mal la complexité qu'une telle mission peut représenter. La distance, le décalage horaire, la responsabilité écrasante de trouver, parmi tous les sujets potentiels, celui qui va amener le lecteur à s'intéresser à la chose olympique ; autant d'éléments auxquels les journalistes qui couvrent ces événements sont confrontés tous les jours. J'ai donc découvert à ce moment-là l'autre côté de la médaille, à savoir un Réjean tendu, constamment sous pression et ultra professionnel. Ce souvenir-là restera à jamais gravé dans ma mémoire.

Néanmoins, Réjean représente à mes yeux bien plus qu'un formidable journaliste, bien plus qu'un excellent auteur. C'est un homme qui, comme le bon vin, se bonifie avec le temps. Il ne cesse jamais de s'améliorer au niveau de son écriture, de sa personnalité et de sa philosophie de vie. Depuis plus de 30 ans, je le côtoie, l'admire et l'aime pour ce qu'il est. Aussi est-ce avec beaucoup d'affection que je lui dédie ce petit texte et lui souhaite de continuer dans la veine qui a fait de lui l'homme exceptionnel que nous apprécions tous.

Liza Frulla

10 septembre 2008

AVANT-PROPOS

Ce n'est pas un recueil de mes « meilleures chroniques ». De toute façon, c'est quoi une « meilleure chronique » ? Un texte bien senti concernant un quatrième défenseur du Canadien en 1977 pouvait être la chronique qu'il fallait écrire ce jour-là. C'était la bonne chronique du jour, mais trente ans plus tard, quel est l'intérêt ?

C'est pourquoi ce sont les femmes des Éditions des Intouchables qui ont fait le plus gros du travail. Ce sont elles qui sont passées à travers les 10 000 articles des archives de *La Presse*. Ce sont elles qui ont fait une première sélection que j'ai parcourue en leur compagnie. Mais ce sont Mylène Des Cheneaux, Sophie Ginoux et Ingrid Remazeilles qui ont fait le choix final.

Je me disais que ce qui intéressait trois jeunes femmes de trente ans en 2008 avait de bonnes chances d'intéresser tout le monde. Ou presque. Alors que la nostalgie pouvait fort bien fausser mon jugement. C'est vrai. Un texte sur Rick Chartraw, un défenseur du Canadien très libre penseur des années 70, pouvait me ramener à Los Angeles avec lui alors que je lui prêtais ma chambre pour qu'il ait un peu « d'intimité » l'après-midi d'un match. Sans doute que son compagnon de chambre avait le goût de bien se reposer pour la rencontre. Alors que le beau Rick ne jouait pas beaucoup de toute façon.

Je regardais défiler les noms dans les manchettes : Guy Lafleur, Maurice Richard, Gary Carter, Rusty Staub, Muhammad Ali, Roberto Duran, Lance Armstrong, Patrick Roy, Gaétan Boucher, Myriam Bédard, Guy Carbonneau, Serge Savard, Michael Schumacher, Jacques Villeneuve, Mika Hakkinen, Tiger Woods, Céline Dion, René Lévesque, Elvis Presley, Félix Leclerc, Manon Rhéaume, Serena Williams, Venus, Stefie Graf, Gabriella Sabatini et des centaines et des centaines d'autres, et je me disais que si l'auteur n'était pas toujours intéressant, les sujets, eux, étaient passionnants. Les lecteurs devraient y trouver leur plaisir. Et leur compte.

Évidemment, toutes ces chroniques, enfin l'immense majorité d'entre elles, ont été écrites sous pression. Sur une passerelle dans une patinoire, quelque part à New York, à Chicago, à Moscou ou à Londres. Ou sur une galerie de presse avec les Expos à Philadelphie, Houston ou Atlanta. Ou à un match de la Coupe Grey à Edmonton ou Calgary. Parfois dans un aéroport en revenant d'Australie ou de la Malaisie, d'autres fois dans une chambre d'hôtel à Moscou où on attendait dans le corridor un rappel de Montréal pour pouvoir dicter les textes.

Même qu'une fois, c'est un technicien du *Journal de Montréal* qui avait envoyé par taxi une cassette à *La Presse*, cassette sur laquelle j'avais dicté mes articles depuis Moscou.

Dans les années 70, j'écrivais mes reportages de match dans l'avion qui ramenait l'équipe à Montréal après les victoires des Glorieux. Parfois, un joueur se penchait sur mon épaule et lisait ce que j'écrivais de lui. Ça prenait des nerfs solides. Si le style était parfois cahoteux, c'est qu'un F-27 à hélices, ça cahotait pas mal.

***

La pensée populaire veut que le journal de la veille serve à éplucher les patates. Depuis Montignac, il se mange moins de patates, mais le recyclage reçoit maintenant les vieilles gazettes. Quand Michel Brûlé m'a demandé de publier un livre avec quelques-unes de ces chroniques qui sont allées aux patates, je me suis dit que ça permettrait aux plus jeunes de connaître d'autres années, d'autres équipes, d'autres athlètes, d'autres champions, et aux plus vieux de revivre quelques moments mémorables. J'espère que l'équipe y est parvenu.

Sachez qu'il n'y a aucun désir d'immortalité dans ce modeste bouquin. Les vrais immortels, je le répète, ce sont les sujets. Maurice Richard est toujours vivant dans l'imaginaire populaire et c'est très bien ainsi. Comme Elvis et Félix.

Et puis, si certaines de ces rubriques sont vierges de fautes d'orthographe, sachez qu'ils furent des dizaines au pupitre des sports de *La Presse* à corriger des textes dictés à la belle Colette ou envoyés d'ordinateurs aussi primaires que les Tandy 80 de RadioShack. Michel Magny, vieux compagnon d'armes, toujours vigilant, est encore là avec Gaétan Lauzon ou Pierre Terroux. Salut et merci à vous. Comme j'ai une pensée reconnaissante pour mon vieux Normand Farley et pour le capitaine Daniel Lemay, le plus cinglant des pupitreurs de l'histoire des sports. J'entends encore sa voix éraillée et tannée me dire au téléphone : « Bleuet, ta…, Sampras, ça s'écrit avec deux « a ». Vas-tu finir par l'apprendre ? »

Le lendemain, la copie était impeccable dans le journal. Ce sont ces journalistes effacés qui ont corrigé et mis en pages des reportages qui entraient à minuit moins deux… à deux minutes de l'heure de tombée. Trop de « veuuudettes » les oublient.

Voilà. Dans quelques lignes, vous allez plonger dans un univers. Ce ne fut pas souvent du journalisme dit objectif ou neutre. Mais ce fut du journalisme honnête.

That's all.

Réjean Tremblay

8 septembre 2008

LE CANADIEN

« Réjean, ne change pas. Reste tel que tu es et marche la tête haute. »

Guy Lafleur

Réjean Tremblay selon

Guy Lafleur

« Houle remet à Lafleur dans sa propre zone ; Lafleur s'élance pendant que le silence de la foule se fait lourd, pesant ; à la ligne bleue de St. Louis, Lafleur remet à Robinson qui fonce vers les buts et décoche un dur lancer ; Eddie Johnson exécute l'arrêt, mais vif comme un chat, Lafleur saute sur le retour et lance dans le but. [...] Dans le Forum, l'ovation éclate, monstrueuse, invraisemblable. Les gens lancent des caoutchoucs, des bouts de papier, des programmes sur la glace pendant que tous les joueurs du Canadien entourent Lafleur. L'ovation se poursuit... une minute... une minute et demie [...] Deux minutes, et les cris se poursuivent dans un délire collectif qui ne veut pas finir. »

Voici comment Réjean Tremblay a vécu, en 1977, un nouveau record de points de Guy Lafleur sur Bobby Hor, alias Bronco Horvath, deux ans après avoir battu celui du Rocket. Des scènes aussi magiques que celle-ci, celui que l'on surnommait tour à tour Ti-Guy, Flower ou le Démon blond lui en a offertes à la pelle de 1974 à 1981. Il a inscrit aux côtés des « Glorieux » une page d'histoire dans le domaine du hockey en faisant de l'équipe du Canadien la plus forte que ce sport ait jamais connue. Invincibles, soudés par le talent et la détermination, Lafleur et ses coéquipiers ont fait rêver des millions de Québécois pendant des années et se lamenter tous leurs adversaires. Même les redoutables Bruins de Boston, qui étaient à l'époque les principaux compétiteurs du Canadien, ne pouvaient rien contre eux, ce qui fit dire au sortir d'un match à leur entraîneur Don Cherry, assommé : « Lafleur est le plus beau... Dryden est aussi bon que Cheevers... et ils ont une équipe formidable... l'arbitrage était au poil, Dieu n'est pas mort... vive les patates pilées. »

Lafleur. Un symbole vivant que tous les amateurs de hockey de ce monde ont inscrit au panthéon des plus grands joueurs, auprès des Maurice Richard, Jean Béliveau et Wayne Gretzky. L'athlète qui a aussi défrayé la chronique à de multiples reprises par son franc-parler et sa sincérité. Le modèle, enfin, qui a inspiré et inspire encore des milliers de jeunes par son coup de patin magique et ses valeurs. Cet homme, Réjean Tremblay l'a suivi partout. Derrière les bancs, dans les avions, dans les chambres des joueurs, au restaurant, jusque dans sa douche parfois. Il a vécu à ses côtés ses années de gloire, ses doutes, son déclin, sa révolte et même son retour au jeu en 1987. Il a noirci des dizaines de pages de journal à son sujet et l'a admiré du début à la fin de sa carrière.

Qu'en est-il cependant du côté du Démon blond ? Quelle image conserve-t-il encore du journaliste ? « J'ai toujours eu de bons rapports avec lui parce que je trouvais que c'était un gars droit et qui donnait l'heure juste », répond-il. « C'était pas le genre de journalistes qui interprétaient mal les paroles de ceux qu'il interviewait. De plus, il avait un rapport plus amical que les autres avec les athlètes. Il essayait de comprendre le côté humain des sportifs, plutôt que de s'en tenir seulement aux performances. » Effectivement, Réjean Tremblay a réalisé plusieurs portraits très personnels de Guy Lafleur au fil des ans, dont celui, poignant, à l'intérieur duquel il est venu en aide au joueur vieillissant en 1983 : « Je ne dis que pas que Lafleur joue du hockey digne de sa réputation. Je dis qu'il a fait preuve de discernement et de courage dans ses propos. [...] Ce n'est peut-être plus un surhomme, c'est peut-être une idole qui chambranle sur son socle, mais comme homme, c'est quelqu'un. »

Il faut dire que Guy Lafleur et Réjean Tremblay ont bâti à cette époque des rapports qui allaient bien au-delà du carcan professionnel. « Je le trouvais très sympathique, et c'était vraiment une personne qui était le fun à parler », dit l'ancien joueur. « On pouvait jaser de différentes choses, pas uniquement du hockey. Et puis, il te mettait à l'aise, tu sentais qu'il voulait pas te piéger. On avait donc un bon rapport. On allait souvent souper ensemble quand on allait dans différentes villes. C'était une personne avec laquelle on avait énormément de plaisir à s'asseoir et à passer du temps. »

Guy Lafleur se souvient également des plus grands moments qu'ils ont vécus ensemble : « Je pense que ce sont les plus grandes années du Canadien qui nous ont le plus marqués. Et puis, mon retour au jeu, aussi, quand j'ai intégré l'équipe des Rangers de New York. C'est moi qui l'ai d'ailleurs appelé pour lui donner le scoop de ce retour. » Un scoop que s'était mérité le journaliste pour s'être porté à la défense du joueur jusqu'à la toute fin de sa collaboration avec le Canadien en 1984. « Oui, ça m'a énormément touché », avoue l'athlète, « parce que ça prouvait encore une fois l'honnêteté et l'intégrité de ce gars-là. Et faut dire qu'il y a beaucoup de choses dont je parlais à Réjean « off the record », et il en parlait pas du tout tant et aussi longtemps que je ne lui donnais pas mon ok. Je pouvais donc lui dire des choses et j'étais pas inquiet que ça soit repris de travers ou que mes paroles soient mal interprétées. »

Les articles de Réjean n'étaient pourtant pas toujours tendres à l'endroit du Canadien et de ses joueurs. « Ça ne m'a jamais dérangé », avance Guy Lafleur. « Il a toujours eu la réputation d'avoir une bonne plume et il l'a assumé. C'était un gars qui essayait de dire toujours le plus de vérité possible et de se mettre dans la position de l'athlète, dans sa peau. Il essayait toujours de sortir du mieux qu'il le pouvait les réactions et la façon de penser des gens qu'il rencontrait. Et puis, ce n'est pas une personne hypocrite. Pour moi, c'est extrêmement important, ça. Il dit sa façon de penser. Quelle que soit la personne en face de lui, s'il a quelque chose à dire, il va le dire, puis après ça, il passe à autre chose. Là-dessus, je pense que personne va le changer, et c'est pour ça que les gens l'aiment aussi. Il y en a bien qui le détestent, mais c'est une minorité de toute façon. D'ailleurs, souvent, on dit que la vérité, c'est pas bon. Ou que s'approcher de la vérité, ça peut nous nuire. Mais de son côté, je pense que Réjean aime savoir le fond des choses. Il est vraiment intègre et bon. »

Le style très personnel de Réjean Tremblay a donc plutôt séduit Guy Lafleur qu'il ne l'a blessé. L'époque était cependant différente, et la place à part qu'a alors réussi à se tailler le journaliste serait, pense le hockeyeur, bien plus difficile à obtenir aujourd'hui. « Les joueurs de maintenant, ça leur fait un peu peur des gars comme Réjean. Ils sont moins ouverts aux commentaires et ils sont plus contrôlés par les organisations parce qu'on protège énormément l'image. Personnellement, je trouve pas que ce soit honnête face au public, qui veut savoir ce qui se passe pis les raisons pour lesquelles les choses arrivent. »

Et vlan ! En termes de franchise, Guy Lafleur n'a rien à envier à Réjean Tremblay. Voilà peut-être pourquoi ils se respectent autant l'un l'autre. Alors, de la même manière que le journaliste a écrit, en 1991, « Lafleur a du charisme. Lafleur est une superstar. Mais Guy Lafleur est plus. [...] Lafleur aura été le plus homme de nos stars », Ti-Guy lui dit aujourd'hui : « Réjean, ne change pas. Reste tel que tu es et marche la tête haute. » – **S.G.**

« Réjean Tremblay est droit et honnête »

Guy Carbonneau

Réjean Tremblay selon

Guy Carbonneau

En 1982, Guy Carbonneau n'était pas encore le capitaine du Canadien de Montréal et était loin de se douter qu'il en deviendrait un jour l'entraîneur. Il n'était qu'une simple recrue qui venait de se tailler une place au sein de la prestigieuse équipe de Montréal et menait une chaude lutte contre son coéquipier et ami Dan Daoust pour décrocher un poste de quatrième joueur de centre. De son côté, Réjean Tremblay assurait déjà depuis longtemps la couverture du Canadien et en connaissait les moindres secrets. Il avait eu l'occasion, parallèlement à ce mandat, de suivre le parcours de Guy Carbonneau au niveau junior alors que ce dernier évoluait avec les Saguenéens de Chicoutimi, ce qui a facilité leur rapprochement.

Comme le dit d'ailleurs aujourd'hui l'entraîneur de La Flanelle, le journaliste a toujours été du genre à dire ce qu'il pensait et aimait les gens qui n'avaient pas la langue dans leur poche, si bien qu'ils se sont tout de suite trouvés des affinités. Le journaliste s'était justement porté à sa défense quand le joueur avait osé contester tout haut l'une des pratiques courantes du Canadien, à savoir celle d'exiler pendant un temps ses éléments prometteurs dans des équipes de second ordre, loin des projecteurs, pour les armer de patience. « Il a osé contester un système à la con qui perdurait depuis des siècles », avait écrit Réjean Tremblay avec sa verve habituelle. « Enfin, disons depuis des années. La recrue ferme sa gueule et rentre dans le rang en attendant un signal. Carbo n'a pas attendu dans le rang et a osé dire tout haut ce que tous pensaient déjà dans leur coin. »

Cette première montée aux barricades a sans doute renforcé le lien de confiance qui unissait déjà les deux hommes. Au fil d'échanges courtois et réguliers, ils ont ainsi appris à se connaître. Ils ne sont pas devenus des amis au sens premier du terme, mais Guy Carbonneau a toujours eu énormément de respect pour le journaliste, qui l'a soutenu jusqu'à son transfert précipité pour l'équipe des Blues de St. Louis en 1994. Réjean Tremblay avait d'ailleurs écrit au sujet du capitaine, qu'il avait rencontré chez lui le lendemain de la conférence de presse au cours de laquelle ce dernier avait tristement annoncé son départ : « Il tenait son bout de vestiaire et disait ce qu'il avait à dire. Ça n'a jamais changé. [...] Va rester Patrick Roy pour dire ce qu'il pense. Lui aussi, ils vont finir par l'échanger… pour avoir la paix. »

Toutefois, comme le dit si bien l'adage, après la pluie vient le beau temps. Carbo est donc revenu dans les bonnes grâces des dirigeants du Canadien. Une fois sa retraite du jeu devenue officielle, il a été immédiatement engagé par La Flanelle à titre de directeur du personnel des joueurs, puis comme adjoint de Michel Therrien de 2000 à 2002. Et quatre ans plus tard, c'est finalement entre ses mains que Bob Gainey a confié le destin des Glorieux, une mission qu'il a relevée haut la main jusqu'à aujourd'hui. Réjean Tremblay n'a cessé d'être en contact avec lui tout au long de ces années, et l'entraîneur-chef apprécie toujours la personnalité peu commune du journaliste : « Réjean a toujours été droit et honnête. Tout est noir ou blanc avec lui, ce qui vous pousse à être plus ouvert. »

Leur franchise étant proverbiale, il est évident que les deux hommes n'ont pas toujours été d'accord. Néanmoins, Réjean Tremblay est selon Guy Carbonneau un homme intègre : « Il a sa réputation, mais au moins, avec lui on a l'heure juste, il n'y a pas de zone grise. » Et si on lui demande de décrire le journaliste en quelques mots, l'entraîneur dit admirer la polyvalence et la grande expérience de celui qui a aussi bien réussi à titre de chroniqueur que d'auteur. « Réjean est l'un des rares qui ne suit pas uniquement le hockey », explique Carbo. « Contrairement aux journalistes qui suivent l'équipe de près continuellement, il s'intéresse beaucoup aux autres sports comme la Formule 1 et le tennis. Il s'intéresse même à la politique. Cela lui permet d'avoir un recul bénéfique. »

Sans le connaître intimement, Guy Carbonneau sait également que Réjean Tremblay adore faire de la moto, une passion qui leur est commune. Aussi, même s'il s'est aujourd'hui séparé de la sienne, ses dernier mots pour Réjean y font référence. « Je sais qu'il a profité de la vie et je ne sais pas s'il souhaite prendre sa retraite ou pas, mais je lui souhaite une bonne suite ou une bonne fin de carrière et encore beaucoup de randonnées en moto »
– S.G.

Un sport, une histoire

Ils ont aussi gagné les amateurs de demain

Une foule incroyablement jeune pour accueillir les Canadiens.

17 mai 1977

Y avait-il 300 000, 500 000 ou un million de personnes le long de la rue Sainte-Catherine hier midi pour le défilé du Canadien ?

La Police parlait de 500 000 personnes, moi, j'en ai compté 498 967 ou peut-être 498 966, il y a une belle grande blonde que j'ai peut-être comptée deux fois…

De toute façon, on a dit qu'il y avait encore plus de monde que l'an dernier…

C'est possible, la journée était ensoleillée, une des plus chaudes en fait au cours des 50 dernières années, le temps était idéal pour une parade. Il y avait peut-être moins de monde dans l'Ouest de la ville mais à partir de Saint-Laurent, c'était beaucoup plus peuplé que l'an dernier.

Qu'il y ait eu plus de monde ou pas n'est pas tellement important, ce qu'il importe de souligner, c'est que la foule était différente, sensiblement différente de celle de l'an dernier.

C'était une foule incroyablement jeune, à croire que toutes les écoles de l'île étaient vides, une foule du type de celles qui idolâtrent les vedettes pop…

Les filles se sont garrochées au cou des plus jeunes et des plus beaux mâles du Canadien avec une gourmandise digne des fans des Rolling Stones… Guy Lafleur, Steve Shutt, Pierre Bouchard et surtout Mario Tremblay ont subi les assauts répétés de leurs admiratrices.

On a été plus réservé pour Claude Ruel et Scotty Bowman, surtout que pour une bonne partie du trajet, Bowman était accompagné de ses enfants Alicia et Stanley, dit « Stanley Cup ».

Monsieur Bowman a définitivement gagné le respect et l'admiration des amateurs de hockey de Montréal.

Quant à Ruel, il regardait toutes les jeunes filles et femmes qui avaient envahi l'hôtel de ville où les Glorieux ont reçu les honneurs civiques et semblait un peu songeur : « On a une équipe jeune et on va chercher des admirateurs à l'école ; ça se renouvelle. »

Le capitaine Serge Savard a lui aussi remarqué que le Canadien suscitait un engouement étonnant, surprenant, auprès des tout jeunes. « Ça fait longtemps que je le dis que le hockey n'est pas si malade qu'on le dit… voyez, la clientèle se renouvelle, ce seront tous des fervents partisans pour les années à venir. »

C'est probablement un signe des temps, mais ceux qui trônaient encore comme des dieux timides il y a quelques années sont maintenant descendus à un autre niveau. De dieux, ils sont devenus des idoles,… c'est déjà plus humain.

Pete Mahovlich… absent

Il y avait Ken Dryden, Bill Nyrop, Guy Lafleur, il y avait Pierre Meilleur particulièrement « subtil » quand il a une couple de bières dans le nez, il y avait Yves Tremblay, le jeune agneau de Mouton, il y avait… il y avait… il manquait cependant Pete Mahovlich.

Selon Claude Mouton, la relationniste du club, Mme Mahovlich aurait téléphoné au Forum hier matin pour prévenir la direction de l'équipe que son homme faisait 103 de fièvre et qu'il ne pourrait participer à la parade.

Selon un journaliste de la *Gazette*, il paraîtrait que Mahovlich aurait déclaré dimanche soir que pour lui la saison était terminée, que cela incluait la parade et qu'il ne voulait plus rien savoir.

Faudrait-il peut-être s'habituer tout de suite à ne plus voir Mahovlich dans le décor ?

Le jeune Pierre Mondou a ouvert bien des yeux au cours des deux ou trois minutes qu'il a passées sur la patinoire pendant les dernières séries éliminatoires.

Bloc note – La fièvre de Pete était tombée en soirée puisqu'il a participé au party de la Coupe Stanley hier soir au Bonaventure… Plus de 400 personnes, directeurs des Glorieux, employés, journalistes et pique-assiettes ont honoré les joueurs de leur présence.

Sur les talons des Glorieux

20 janvier 1979

Pour nourrir en nouvelles, en rumeurs, interviews et statistiques, ces affamés que sont les partisans des Canadiens, des journalistes doivent parcourir l'Amérique de septembre à juin, souvent manger et écrire sur le pouce et mener une vie aussi folle et trépidante que celle des joueurs eux-mêmes.

Denver Lundi, 1 heure du matin

Je n'aime pas le Hilton Denver ; il fait chaud dans les chambres et il n'y a pas moyen d'obtenir des lits larges et confortables. Comme d'habitude, j'encaisse fort mal les effets du décalage horaire.

Faut dire que la journée a été longue ; la vie en tournée avec les Glorieux n'est pas toujours amusante… et surtout, elle est épuisante.

Les rédacteurs en chef de magazines qui demandent un reportage sur ce qu'est la vie des Canadiens en voyage s'imaginent toujours qu'ils recevront une analyse profonde à caractère sociologique sur les aventures et réflexions d'un groupe de super vedettes riches à craquer dans leurs pérégrinations à travers l'Amérique.

Les Glorieux sur la route, ce sont des avions, des hôtels, des patinoires, des heures d'attente et un horaire de voyage réglé comme du papier à musique.

Hier ce fut encore pire ; départ de Dorval vers 18 heures pour Chicago ; voyage de deux heures, banal, normal ; sauf que, cette fois, Pierre Meilleur, la « commère » du club, a aperçu l'ancien premier ministre Robert Bourassa dans le compartiment de première classe de l'avion.

Interviewer M. Bourassa me démange… mais je dois penser à mon affaire ; en arrivant à Denver, vers 23 heures, les Glorieux sautent dans un autobus et se rendent au Broadmore Inn à Colorado Springs où ils passeront deux jours en attendant le match de mercredi contre les Rockies. Nous, les quatre journalistes qui suivons le club, avons décidé de demeurer à Denver ; il faut donc mettre quelques histoires en banque au cours de ces cinq heures de vol vers Denver.

Je peux me permettre de faire l'article sur M. Bourassa puisque, à *La Presse,* je n'ai pas nécessairement à remplir deux pages par jour… Glorieux en ville ou pas !

Entrevue fort intéressante avec l'ancien premier ministre ; M. Bourassa, quand il a vu l'hôtesse venir me harceler parce que je n'avais pas de billet de première classe, est venu s'asseoir avec moi en classe économique.

Pendant que nous conversions, quelques joueurs sont venus saluer l'homme politique. Comme tant de profanes, M. Bourassa est impressionné par ces grandes vedettes du sport et, m'a-t-il semblé, il aurait eu autant de questions à me poser que moi j'en avais en réserve.

Mais cette entrevue avec M. Bourassa va me coûter une bouteille de vin.

Comment ça ? Depuis la fin de semaine dernière, les journalistes francophones se sont passé la consigne : plus un mot à Scotty Bowman ; ce dernier a été carrément grossier et polisson envers Bertrand Raymond du *Journal de Montréal* et Bernard Brisset des Nos de *Montréal-Matin.* Et quant à ne pas avoir de relations civilisées avec l'entraîneur des Canadiens, aussi bien ne pas en avoir du tout !

Mais voilà, la guigne s'en mêle ; j'étais bien satisfait de mon entrevue avec M. Bourassa et, comme je voulais prendre un peu d'avance dans mon travail, je suis allé quérir ma machine à écrire en première classe lors du vol Chicago-Denver.

Scotty m'a abordé au passage pour me demander mes impressions sur M. Bourassa. Bowman adore parler politique et suit avec intérêt l'évolution du gouvernement Lévesque à Québec, je pense que la démarche souverainiste du P.Q. ne l'inquiète pas trop. En tous les cas, il ne le fait pas voir. Il parle convenablement le français, ses enfants vont à l'école française. Toujours est-il qu'il voulait savoir ce qu'avait à raconter M. Bourassa. J'ai répondu le plus vite possible, mal à l'aise, mais c'était encore trop. Pat Hughes a eu le malheur d'ouvrir le rideau qui sépare les deux compartiments ; il a vite prévenu Raymond et Brisset… Et j'aurai à payer l'amende prévue : une bouteille de vin au prochain repas en commun !

Mardi

Bertrand Raymond arrive au *coffee shop* pour le petit-déjeuner avec un air catastrophé : « Les Rockies jouent à New York ce soir. Avec les Glorieux à Colorado Springs, dit-il, comment on va faire pour trouver des histoires pour remplir deux pages ? »

Et il se met à rire. De vieux pros comme Brisset et Raymond ne sont jamais à court de sujets ; ils traînent toujours dans leurs carnets de notes quelques citations de joueurs qu'ils peuvent rattacher à un événement et quelques statistiques. Moi-même, j'ai en mémoire une longue conversation avec Cam Connor, conversation qui date de deux semaines, à Atlanta. C'est, je pense, intéressant et inédit, c'est le temps ou jamais de m'en servir.

Restent aussi les journaux locaux que les journalistes des quotidiens du matin épluchent à fond.Ici à Denver, c'est plus compliqué puisque le hockey passe en troisième dans les pages de sport du *Post* ou du *Rocky Mountains News* ; aujourd'hui, il y a une bonne histoire sur Jœ Watson qu'on va resservir, adaptée à la sauce québécoise, aux lecteurs montréalais.

L'après-midi est souvent consacré à taper les textes. À l'étage où logent les journalistes, le cliquetis des machines à écrire lutte avec le bruit des balayeuses des femmes de chambre. Par habitude, on ouvre le téléviseur ; parfois, je jette un coup d'œil à l'un de ces indégommables romans-feuilletons américains que j'ai commencé à suivre à Philadelphie un mercredi puis à Pittsburgh le mardi suivant. Aujourd'hui, l'infirmière avoue à son malade qu'elle est amoureuse de lui. Pauvre gars, si j'en juge par le maquillage, la coiffure et le manteau qu'elle portait en entrant à l'hôpital, c'est une aventure qui va lui coûter cher !

En soirée, souper à la Fontanella, petit restaurant italien que Brisset a réussi à dénicher. Merveilleux, surtout que je m'en suis tiré avec une bouteille de Valpolicella.

Jeudi, 1 heure du matin

Après la victoire des Glorieux, tout le monde, joueurs, journalistes et commentateurs de la radio, est parti pour Los Angeles à bord du vol de minuit. J'ai préféré rester à Denver pour avoir quelques minutes de plus pour rédiger mon article ; le décalage horaire complique la tâche, des journalistes. Ce soir à Los Angeles, je n'aurai que 45 minutes pour parler aux joueurs et pondre 90 lignes pour le journal.

Pourquoi 90 lignes ? C'est l'entente conclue avec Michel Blanchard qui est au pupitre ces deux soirs-là ; pour lui faciliter la mise en pages, on s'entend à l'avance sur un certain nombre de lignes. S'il ne se passe rien, à moi d'étirer *mon* texte ; si les événements se bousculent, à moi de condenser.

C'est curieux la relation qui existe entre joueurs et journalistes. Certains joueurs semblaient s'être ennuyés après avoir passé deux jours sans voir ces derniers, faut-il spécifier que de septembre à juin, sept jours par semaine, joueurs et journalistes partagent la même vie sans partager le même travail ? Il y aurait matière à écrire une thèse fort savante sur les relations qui existent entre athlètes et journalistes pendant une longue saison de hockey, de football ou de baseball. Incroyable comment les journalistes arrivent à conserver leur sens critique et à garder certaines distances face à leurs sujets d'articles et comment les joueurs, habitués depuis les rangs juniors à être entourés de reporters, savent faire la part des choses !

Los Angeles Après la défaite

Journée de fou ; je suis parti de Denver à 9 heures à bord d'un vol de la Continental Airlines, ma compagnie d'aviation favorite. Je ne sais pas pourquoi, mais leurs hôtesses trouvent toujours le moyen d'être de bonne humeur et de rendre le vol reposant.

Los Angeles me grise encore ; en mettant le nez hors de l'aéroport, je me sens dans un autre monde.

Et c'est la même chose pour les joueurs, il leur est difficile de se préparer mentalement à un match de hockey quand ils ont passé une partie de l'après-midi étendus le long de la piscine.

Je dis « une partie » puisque même à Los Angeles ils doivent respecter les rites et traditions de toute équipe de hockey : le steak à 1 heure et la sieste à trois heures.

Ce repas est toujours pris en commun, respectant le rite sacré du repas du guerrier avant la bataille. Quand l'équipe paye le repas du midi, les joueurs ne reçoivent que la moitié de leur allocation quotidienne, soit $ 13,50 au lieu des $ 27 habituels. Ils ne mangeront plus avant 11 heures ou minuit, sauf peut-être une tablette de chocolat vers cinq heures. Même en respectant cet horaire, certains joueurs sont tellement nerveux qu'ils vomissent dans le vestiaire en revêtant leur uniforme.

Vancouver Vendredi soir, très tard

Journée normale en voyage ; les Glorieux sont allés s'exercer à midi sur une patinoire de banlieue de Los Angeles puis sont revenus à l'hôtel pour le reste de l'après-midi ; quant aux journalistes, il leur a fallu travailler sur deux histoires dont l'une concerne Yvan Cournoyer. Les Canadiens, par l'entremise de Jean Béliveau, ont offert à Cournoyer de lui payer deux ans de salaire s'il acceptait de prendre sa retraite « élégamment ». C'était en octobre dernier; tous les journalistes sportifs connaissent la nouvelle. Le premier qui pourra se la faire confirmer la sortira dans son journal ; Cournoyer n'a pas joué contre Denver et il a éprouvé toutes sortes de problèmes contre les Kings. Il est anxieux et son attitude se reflète sur les autres joueurs ; l'autre affaire touche Jacques Lemaire. Lemaire boude de ces temps-ci et il paraît qu'il aurait voulu obtenir une extension de son contrat. C'est ce que racontent les rumeurs ; le problème chez Lemaire, c'est que, si quelque chose ne tourne pas rond, il se ferme comme une huître et devient impossible à interviewer ; j'ai donc misé sur ces rumeurs et mes sources d'information.

J'ai écrit un texte sous toutes réserves et téléphoné à Montréal que je leur enverrais l'article vers 17 heures (heure de Los Angeles) ; Blanchard est averti de le garder sur la glace jusqu'à mon arrivée à Vancouver où je rappellerai pour donner confirmation.

Finalement, à 16 heures et demie, je rejoins Lemaire dans sa chambre pour l'interroger sur ce qui le chiffonne : ça n'a rien à voir avec son contrat. Je dois donc reprendre le texte au complet sur un banc de l'aéroport (heureusement le vol pour Vancouver était en retard) avant de téléphoner à Montréal d'une cabine téléphonique pour l'enregistrer ; une secrétaire le tape et va le porter au pupitre.

Ces derniers jours de voyage avec l'équipe sont difficiles sur le plan professionnel ; on se sent coupé de la salle de rédaction et du monde réel, on ne sait pas ce qui se passe au Québec, on tente bien de garder de justes perspectives des événements, mais c'est pénible. L'univers en vient à n'exister qu'en fonction des petits problèmes de Guy Lafleur ou de Jacques Lemaire. En temps normal, le contact quotidien avec la salle de rédaction, le vrai monde, nous permet de nous aérer le cerveau, de nous rendre compte que les Glorieux, c'est quand même seulement une équipe de hockey, un grand cirque évoluant dans un cirque encore plus grand !

Le vol entre Los Angeles et Vancouver a été très joyeux ; les joueurs se sont refilé un article de Gaston Marcotte et l'ont commenté bruyamment. Plutôt favorablement, d'ailleurs, même s'il critique amèrement les hockeyeurs professionnels.

Les joueurs devaient respecter le couvre-feu de 23 heures, imposé avant un match, mais les journalistes se sont retrouvés au Hy's, un des bons restaurants du circuit. Les quelques apéritifs avalés dans l'avion par exception (je n'ai jamais vu des journalistes aussi peu enclins à l'alcool que ceux du hockey, en vrais Lacordaire que nous sommes) avaient préparé l'atmosphère du souper. Ce fut très agréable surtout qu'à 3 000 milles de nos patrons, on se sent pris dans le même bateau et bien loin de la compétition entre le *Journal de Montréal*, *La Presse* et *Montréal-Matin* !

Samedi soir

La journée la plus tranquille du voyage ; à cause du décalage horaire, le match a été disputé à cinq heures de l'après-midi. Pas de sieste et pas de steak d'avant partie.

J'ai magasiné un peu, croisé Yvon Lambert en face d'Eaton, et Brian Engblom devant l'Hôtel Vancouver.

Les Glorieux ont vaincu les Canucks, mais ne sont pas de bonne humeur ; l'équipe était supposée passer la nuit à Vancouver, ville qui *souigne* terriblement, et les joueurs auraient eu toute la soirée à eux puisque le match s'est terminé vers 20 heures.

Et qu'a alors fait ce cher Scotty ?

Il a décidé que tout le monde prendrait le vol de nuit, destination Montréal avec arrêt à Toronto. Ce sont les pires vols que l'on puisse imaginer ; avion toujours bondé, bébés qui braillent et hôtesses qui vous empêchent de dormir en servant les lunchs en plein cœur de la nuit.

Mais puisque nous sommes dans la même galère…

Montréal Dimanche, 10 heures du matin

Fourbus, recrus par une nuit sans sommeil, des Glorieux pas très pimpants et des journalistes à moitié morts (qui auront à écrire encore un article aujourd'hui) se dirigent vers le carrousel à bagages.

Croyez-le ou non, Guy Lapointe a encore la force de jouer des tours !

Appelez-les Glorieux ou Habs…

5 octobre 1989

La Flanelle, les Glorieux, les Habitants, le Tricolore, les Flying Frenchmen… il n'y a pas d'équipe dans le monde qui ait reçu tant de surnoms… avec autant de signification.

C'est un lecteur, M. Robert Desjardins, qui voulait savoir comment et pourquoi, dans les années 70, j'avais commencé à parler de « la Sainte Flanelle », puis de « la Flanelle » tout court.

Sur le coup, j'ai été bien embêté pour lui répondre. Comme le serait sans doute Rocky Brisebois pour expliquer le comment et le pourquoi des Glorieux.

« Était-ce par dérision, pour vous moquer de l'organisation ? », demande M. Desjardins.

Je ne pense pas. L'expression a coulé un soir de deadline serré alors que quelqu'un de l'organisation avait été plus pesant que d'habitude.

Je trouve que « la Flanelle » avait une connotation avec la tradition du Canadien. Une équipe représentant les Canadiens français qui, dans les beaux jours de la colonie, portaient des culottes d'étoffe et des chemises de flanelle.

Et puis, on se faisait tellement d'histoires avec la mystique de l'uniforme du Canadien, comment il pouvait transformer un pousseux de puck en un joueur excitant, qu'on se disait que cet uniforme devait être sacré ! Un vrai saint Suaire !

Et puis, on a découvert d'autres vertus à cette flanelle. Elle protège quiconque la porte. Il suffit d'être un joueur du Canadien pour compter sur l'appui et la protection de toute une « mafia » de gens bien placés à divers postes de la société. Parce que, policiers comme bandits, banquiers comme débiteurs aiment la Flanelle, le symbole d'une équipe pas comme les autres.

***

Quand Rocky Brisebois voulait être cinglant, il parlait des Glorieux. Franc parleur, instruit, libre penseur, Rocky ne pouvait blairer la constipation qui régnait au Forum dans le temps des Molson, de Frank Selke, de Sam Pollock. Et quand Brisebois se décidait à gueuler un bon coup, il racontait ce qui se disait dans les « abreuvoirs du voisinage » à propos des Glorieux.

Le surnom a collé au Canadien comme la misère sur le pauvre monde. Je ne sais trop comment les gens interprètent le qualificatif. Certainement pas au pied de la lettre comme le font les Américains quand ils traduisent « Les Glorieux » par « The Glorious » et qu'ils expliquent à leurs lecteurs à quel point les Québécois trouvent leur équipe... glorieuse.

Elle l'est... mais il n'y a certes pas que de la vénération dans Le Glorieux de Rocky!

« Il n'y avait certainement pas de vénération », explique aujourd'hui M. Brisebois : « C'était beaucoup plus de la dérision. J'ai utilisé l'expression après le départ de Tœ Blake. J'étais tanné de tous ces « téteux » qui idolâtraient l'organisation et les encensaient à pleines pages et sur les ondes », dit-il.

***

Tous les autres surnoms de l'équipe font allusion à sa naissance, à sa vocation. Être l'équipe de hockey montréalaise des Canadiens français. Les anglos avaient déjà leur équipe professionnelle. Les Wanderers puis les Maroons. Les CF eurent le Canadien.

Le Tricolore fait évidemment allusion aux trois couleurs de l'uniforme. Qui sont celles du drapeau français. Bleu, blanc et rouge. À peu près toutes les autres équipes de la Ligue nationale ont des uniformes à trois couleurs. Aucune n'a été surnommée le Tricolore... parce qu'aucune n'a été associée au Tricolore... le surnom du drapeau français.

C'est aux origines canadiennes-françaises de l'équipe qu'il faut relier les surnoms anglophones du Canadien. Les Flying Frenchmen et les Habitants.

Personne ne sait trop comment est né ce « Habitants » dont on utilise régulièrement l'abréviation « Habs » dans *The Gazette.* L'écusson du Canadien contient un « H » dans le « C ». Ce « H » est la première lettre de Club de hockey canadien. Les anglos du temps croyaient que le « H » désignait l'origine canadienne-française du Canadien. Comme les Québécois de l'époque étaient surnommés les habitants, le surnom a résisté jusqu'à nos jours : « C'est un surnom stupide, je ne l'utilise jamais dans mes textes », note Red Fisher. Il ne s'explique pas pourquoi on titre constamment avec le fameux Habs dans son propre journal.

Quant au « Flying Frenchmen », il faisait allusion aux Maurice Richard, Bernard Geoffrion, Jean Béliveau, Guy Lafleur, Yvan Cournoyer et compagnie. C'est un surnom qui va mourir de sa belle mort à moins que le repêchage de Serge Savard ne transforme le portrait linguistique de l'équipe.

***

Qu'on parle de la Flanelle, des Glorieux, des Habs, des Flying Frenchmen ou du Tricolore, on ne fait que constater une situation qui n'a jamais cessé d'être vraie. Le Canadien a toujours été l'équipe sportive des Canadiens français et par la suite des Québécois.

Longtemps, elle fut dirigée par des anglophones et animée par des pure laine. Aujourd'hui, c'est le contraire. Mais ça ne change rien dans la mémoire collective du peuple.

Un peuple, quand ça décide d'aimer, y a rien à faire. Ça dure longtemps.

Dans le calepin – Douce ironie du sort... ou du sport, c'est Maurice Bettez, le fils de Gaston Bettez, l'ancien soigneur des Glorieux, qui a opéré Rocky Brisebois le mois dernier. Et l'aimable Rocky a tout plein de beaux mots pour son chirurgien.

Le plaisir de la victoire ne suffit plus !

11 juin 1993

Ç'aurait dû être la fête du Canadien, de ses partisans, des simples amateurs, la fête du hockey. Comme en 1979, la dernière fois que le Canadien a gagné la Coupe Stanley à Montréal.

Fête gâchée par 500 ou 1000 voyous, exploit terni par des hooligans comme on en connaît en Europe, comme on en a vu à Chicago l'an dernier après la victoire des Bulls de la NBA. Mille voyous qui ont entraîné dans leur folie furieuse et organisée des milliers d'autres jeunes imbibés d'alcool et de dope.

On devrait parler des Glorieux aujourd'hui. De fierté. On parle de saccage, on parle d'émeute, on parle de honte. J'ai participé à une douzaine d'émissions de radio hier, aucune n'a porté sur le hockey. Et partout, les animateurs semblaient peinés, fâchés de devoir gâcher un jour de fête et de bonne humeur en parlant de pillage et de vandalisme.

L'image de Montréal

Et ceux qui ont suivi les émissions des réseaux américains de télévision hier matin ont dû se promener avec un affreux sentiment de gêne toute la journée. C'est ça, l'image de Montréal qu'on a projetée à travers le monde ?

Il était minuit quand les échos de la violence ont commencé à perturber les célébrations dans le Forum. Serge Savard et Ronald Corey étaient vraiment catastrophés en apprenant que la victoire du Canadien avait servi de prétexte à un déferlement d'actes sauvages.

Les joueurs, au lieu d'aller célébrer chez eux ou chez des amis, se sont regroupés à La Mise au jeu, le restaurant du Forum, et ont attendu jusqu'à 2 h 30 du matin pour quitter l'édifice par la porte arrière, rue Closse.

Le mal était fait, les joueurs étaient déjà privés d'une partie de leur récompense ultime. La joie populaire.

Les autorités ont bien fait de présenter quand même le défilé dans les rues de Montréal. Même s'il sera écourté.

Un prétexte au défoulement

Montréal a dramatiquement changé depuis une douzaine d'années. Le tissu social n'est plus le même. Une victoire comme celle du Canadien peut servir de prétexte à un défoulement de milliers de jeunes s'ils sont entraînés à la suite de voyous organisés.

Il y a de la misère, il y a du chômage, il y a du désespoir, il y a de la rage. C'est un signal qui est envoyé à ceux qui dirigent cette société en transformation.

Le plaisir de la victoire ne suffit plus. Du pain et des jeux, ce n'est plus totalement vrai. Il n'y a plus assez de pain pour justifier l'espoir. De plus en plus de jeunes obtiennent leur plaisir ailleurs que dans la célébration d'une victoire sportive. Le plaisir est dans la rage, dans le vandalisme, dans le vol. Un plaisir qui est une terrible soupape. Ce qui s'est passé après la conquête de la Coupe Stanley n'était pas spontané. Des groupes s'étaient préparés à faire exploser une marmite déjà sous pression.

Il faut apprendre à vivre avec ces symptômes. Sinon, on va avoir peur que les Expos ne gagnent jamais la Série mondiale. On va avoir peur du Festival de Jazz, du Festival Juste pour rire, des fêtes de la Saint-Jean.

On va même avoir peur d'organiser un défilé pour un coach et des athlètes qui ont été formidables, et en plus… bien élevés !

Les adieux au Forum

Pour la dernière fois…

12 mars 1996

Quand les écrans géants se sont abaissés le long du tableau indicateur et que le visage rondouillet de Roger Doucet est apparu pour chanter l'hymne national, j'ai senti un frisson.

Déjà que la soirée s'annonçait mémorable, voilà qu'on avait eu la géniale idée de faire chanter celui qui a marqué tous les grands matchs internationaux par ses interprétations dynamiques des hymnes nationaux.

À cinq heures et demie, quand je suis arrivé au coin de René-Lévesque et Atwater, c'était déjà congestionné. Comme un soir de gros match de la finale de la Coupe Stanley. À mesure qu'on s'approchait de l'ouverture des portes du Forum, la foule se pressait sur les trottoirs. Tellement que les policiers à cheval ont dû intervenir pour contrôler les fans trop excités.

Avant de traverser la rue Atwater, j'ai hésité quelques secondes. Ça faisait 21 ans que je sortais du stationnement au même endroit et que je traversais la rue balayée par les vents éternels qui s'y engouffrent. Je pars ce matin pour le camp des Expos, quand je vais revenir, je n'aurai plus d'occasion de traverser Atwater. J'ai commencé à couvrir le Canadien en mars 1975, j'étais un jeune homme. En trois secondes, c'est un film qui s'est déroulé dans ma tête…

Ce soir-là, c'était les Golden Seals d'Oakland qui visitaient le Canadien. Le match avait été atrocement ennuyant et j'avais varlopé le Canadien avec une belle fougue : « Tu devrais peut-être attendre de couvrir une couple de parties avant de les planter », m'avait conseillé Albert Tremblay, le gérant de la rédaction.

Je sortais de trois jours chez Berlitz pour y apprendre quelques rudiments d'anglais « I'll ask you short questions, give me long aswers (sic) », avais-je appris par cœur.

C'est avec Jim Roberts que j'ai réalisé ma première vraie entrevue. Roberts était un gentleman. On était au Texan et avec une patience d'ange, il avait « interprété » mes questions et répondu lentement en reprenant tous les bouts que je ne comprenais pas. Autrement dit, chaque phrase.

Le vendredi, le Canadien s'était envolé pour New York. Je sortais de Saint-David-de-Falardeau et je me retrouvais sur Broadway au coin de la 42e rue avec Jean-Paul Chartrand et Bertrand Raymond. Deux gars s'étaient mis à battre une femme. Je me préparais à intervenir quand Jean-Paul m'avait mis la main sur l'épaule : « T'es pas à Chicoutimi, le kid. Mêle-toi de tes affaires. »

J'ai appris l'anglais. J'ai couvert la première Coupe Stanley gagnée par la grande équipe des années 70. Un soir, j'ai pleuré d'émotion en voyant les joueurs de la Tchécoslovaquie et ceux du Canada s'échanger leurs chandails et leurs bâtons dans une démonstration de fraternité sportive que je n'avais pas encore vue dans la Ligue nationale. Je n'oublierai jamais le gros Dzurilla, le gardien tchécoslovaque et Rogatien Vachon, dans les bras l'un de l'autre, se disant dans des mots que l'autre ne comprenait pas, qu'ils s'aimaient beaucoup et qu'ils étaient fiers d'avoir si bien joué.

J'étais là le 31 décembre 1975 quand l'Armée Rouge et le Canadien s'étaient disputé un match extraordinaire de 3-3. J'étais là au party qui avait suivi chez Yvon Pedneault. Alain Chantelois, alors relationniste pour le Canadien, avait dansé toute la soirée avec ses gants de kid dans les mains. Déjà, M. de Champignois avait de la classe à revendre.

Je suis rentré à *La Presse* aux faits divers de soir. J'ai été chanceux, il y avait la grève du transport en commun, la grève des pompiers, Richard Blass s'était évadé et avait tué 13 personnes au Gargantua, il y avait un conflit à la United Aircraft, l'action ne manquait pas.

J'ai su que c'était différent à Montréal en couvrant mon premier incendie « cinq alertes ». Quand Claude Poirier était arrivé sur les lieux avec sa voiture de CJMS, les gens avaient couru pour obtenir son autographe au lieu d'admirer le travail des pompiers. Plus de vingt ans plus tard, Poirier est encore un de mes amis.

Au printemps, *La Presse* m'a donné le choix entre la couverture du hockey et la couverture de l'hôtel de ville. Le choix entre Scotty Bowman et le maire Jean Drapeau. Je ne pouvais pas perdre.

On est en deuxième période du match entre les Stars de Dallas et les Glorieux, le Forum vibre et je me demande ce qu'aurait été ma carrière si j'avais choisi l'hôtel de ville…

J'aurais raté Nadia Comaneci aux Jeux olympiques de 1976. J'aurais raté tous ces grands matchs de la Coupe Canada. J'aurais raté les Jeux de Montréal, de Moscou, de Sarajevo, de Los Angeles, de Calgary, d'Albertville, de Lillehammer. J'aurais raté la couverture du combat entre Mike Tyson et Michael Spinks, celui entre Sugar Ray Leonard et Roberto Duran…

J'aurais raté le Forum.

Mais le Forum, ce n'est pas la brique et l'acier. Ce qui a rendu si attachant le vénérable édifice, c'est la sueur des joueurs et des artistes qui s'y sont produits.

J'ai beau fouiller dans ma mémoire, il n'y a pas un seul recoin qui me fasse tripper. À part la passerelle des journalistes, une des bonnes de la Ligue nationale. Le reste, c'est un vieil aréna comme il n'en reste plus qu'un ou deux dans la Ligue nationale.

Mais ma mémoire est engorgée de souvenirs extraordinaires. Je n'ai même pas à fermer les yeux pour revoir Guy Lafleur descendre la patinoire à grandes enjambées puissantes. Et Serge Savard faire sa fameuse pirouette dans son territoire pour relancer l'attaque. Juste là, devant moi, à ma gauche. Si je fais un petit effort, je cesse de voir Patrice Brisebois et c'est le Sénateur qui calme tout le monde sur la glace pour contrôler le match.

Dans trois heures, je vais sortir du Forum et traverser la rue pour la dernière fois. Je vais me permettre un dernier regard.

Je ne serai plus un jeune homme quand je vais couvrir mon premier match au Centre Molson.

Les grandes rivalités

Vladislav Tretiak

Deux ans encore… et la retraite

15 septembre 1981

On a parlé d'une histoire d'amour entre Edmonton et Guy Lafleur.

Vladislav Tretiak s'est découvert lui aussi une histoire d'amour. « Les gens de Montréal sont de merveilleux sportifs ; toutes les fois que nous sommes venus affronter leurs meilleures équipes, ils ont su applaudir nos beaux jeux ; ils sont certainement supérieurs aux amateurs d'Ottawa : j'ai très apprécié les acclamations quand j'ai été invité au centre de la patinoire pour recevoir mon cadeau… »

Ce cadeau, Vladislav Tretiak le portait au poignet et n'était pas peu fier de le montrer à ceux qui voulaient y jeter un coup d'œil ; il s'agit d'une superbe montre Cartier d'une valeur de plusieurs milliers de dollars :

– Da da, gold… or…, sourit Tretiak en signant de nouvelles dédicaces.

Un Tretiak différent de celui qu'on rencontre dans les patinoires et les lobbys d'hôtel pendant les tournois internationaux. Hier, j'étais le seul journaliste lors de son passage à la librairie Nouvelles Frontières, la librairie qui distribue au Québec les livres soviétiques.

Entouré de sympathisants communistes, de russophiles et d'admirateurs sportifs inconditionnels, Vladislav a été d'une gentillesse désarmante. Il a dédicacé le livre que la librairie distribue, il a salué et remercié en français les gens qui l'approchaient et a fait le tour de la librairie en repartant avec un livre de contes de Puskin (sic), son auteur favori, cadeau… hum, du seul journaliste présent.

On a fêté dans la nuit…

Tretiak était très fatigué ; il a célébré au Holiday Inn – Richelieu, avec ses coéquipiers, la belle victoire de dimanche soir : « Et nous nous sommes couchés assez tard… », a-t-il dit d'un ton amusé. Le grand gardien avait bien plus le goût de bouquiner tranquillement et feuilleter les livres traitant de son pays que de discuter de hockey. De plus, M. Alexandre Petrov, le délégué commercial adjoint de l'URSS à Montréal, n'est évidemment pas un interprète professionnel et certaines questions sur le hockey ont été difficilement comprises par Tretiak. Mais il a été clair sur un point « Ce fut un tournoi très difficile parce que, vraiment, tous les meilleurs joueurs au monde étaient présents. La tension était lourde sur les athlètes. »

La retraite d'ici deux ans

Si ça peut consoler les partisans du Canada et donner espoir aux joueurs qui devront dans le futur affronter d'autres équipes soviétiques, Tretiak a indiqué hier qu'il entendait prendre sa retraite de la compétition active d'ici un an ou deux. Deux probablement, a-t-il d'ailleurs précisé avec ses doigts. Et après ?

« Après, je veux demeurer dans le hockey en devenant entraîneur et éducateur auprès des jeunes au sein du Club sportif de l'Armée soviétique », a-t-il répondu en ajoutant encore une fois un geste de la main pour préciser la hauteur des bambins qui recevraient ses conseils.

Et en quittant la librairie pour Mirabel, d'où il s'envolait hier soir pour Moscou, Tretiak s'est encore prêté à une session de photos avant de demander :

« On va se revoir à Helsinki aux championnats du monde ?

L'avenir, c'est aujourd'hui en URSS

Quand Tretiak souligne qu'il veut consacrer sa deuxième carrière à préparer et entrainer les jeunes soviétiques qui vont venir planter nos pros dans quelques années, c'est plutôt inquiétant.

Dans le magazine *Le Sport en URSS*, voici comment on décrit la bonne santé du Club sportif central de l'Armée soviétique. (CSCA) :

« L'automne dernier, un groupe de gamins de sept ans ont été solennellement admis comme hockeyeurs selon l'usage établi.C'est avec des yeux ardents et le visage illuminé de joie que les jeunes gars prononçaient fièrement : "Nous sommes du CSCA". Le rite solennel en présence des glorieux champions avait été précédé d'un rigoureux examen. Plus de 3 000 gosses rêvaient d'entrer dans le club qui a formé pour "la grande équipe" des Kharlamov, Vikoulov, Tretiak et Petrov… et il y a cinq ans y jouaient des Fetisov, Kroutov, qui sont aujourd'hui des maîtres excellents. »

Et le magazine poursuit en précisant que l'apprentissage des ficelles du hockey est conçu pour dix ans (les gars terminent leurs (sic) école sportive en même temps que leurs études secondaires habituelles). « Il s'agit d'un processus complexe, à plusieurs facettes, car la formation d'un joueur doué va de pair avec celle de la personnalité, du caractère. » Dans deux ans, Tretiak s'en ira rejoindre Ragouline, Vikoulov, Tsygankov pour appuyer une armée de spécialistes et de docteurs en hockey afin de préparer les futurs champions du monde. Et pendant ce temps, Yvan Cournoyer annonce des hamburgers et Serge Savard est animateur à CKAC… Les lendemains seront difficiles !

Au revoir Vladislav… et *spassiba*.

Tretiak est passé, déjà…

1er juin 1984

Le temps passe.

Et trop souvent en donnant l'impression qu'il entraîne avec lui le meilleur des hommes.

Avant-hier, c'était Muhammad Ali qui le constatait avec un brin d'humour noir. Ali retourné dans sa ville natale de Louisville pour porter la flamme olympique pendant un kilomètre. Ali vieilli, essoufflé, qui s'étonnait de cette participation bien différente aux Jeux olympiques de 1984 ? Après avoir gagné une médaille d'or à ceux de Rome en 1960.

Hier, Vladislav Tretiak confirmait une primeur mondiale publiée dans *La Presse* en mars dernier. C'est fini, Tretiak se retire, il ne viendra pas en septembre battre nos vedettes professionnelles.

Le temps passe. Que faisiez-vous en septembre 1972 quand ce jeune homme de 19 ans surprenait la moitié du monde en tenant le coup face à Bobby Clarke, Phil Esposito et Yvan Cournoyer. J'étais professeur de latin et de grec a Chicoutimi à l'époque et si un élève m'avait dit qu'un jour je causerais avec

Tretiak à Winnipeg, Montréal, Edmonton. Québec, Sarajevo ou New York, il aurait écopé de douze pages de copie et de trois heures de retenue. Pas d'impertinence, s'il vous plaît !

Bien sûr. Je me souviens des plus belles performances de Tretiak. Contre les professionnels de la Ligue nationale, de l'Association mondiale, contre les meilleurs Tchécoslovaques, contre les Américains. Qui a oublié la défaillance de Vladislav en première période contre les États-Unis à Lake Placid ? Et que l'amateur de hockey pourra oublier de son vivant les 31 décembre fabuleux que Tretiak a connus au Forum de Montréal contre le Canadien en 1975 et en 1982 ?

Un homme merveilleux

Mais ce n'est pas ce Tretiak qui m'aura touché profondément. C'est le Tretiak que toutes ces rencontres internationales m'auront permis de découvrir malgré la barrière de la langue et du système politique. Le lecteur réalise mal qu'un chroniqueur de sports canadien aura rencontré Tretiak dix fois, vingt fois plus qu'un banal gardien des Red Wings de Détroit ou des Maple Leafs de Toronto.

Huit matchs en 1972, huit autres en 1974, une tournée en 1975, une autre en 1977, la Coupe Canada en 1978, la Coupe Challenge en 1979, les Olympiques de 1980 à Lake Placid. La Coupe Canada de 1981. La tournée de 1982-83, les Olympiques de 1984. Quel gardien de la Ligue nationale avons-nous eu la chance de voir aussi souvent dans nos parages ?

Tretiak a fait sauter lui-même la barrière qui le coupait de nous tous. C'était en 1976 au Maple Leaf Garden de Toronto un dimanche matin de la coupe Canada, quand il s'était rendu visiter Bobby Clarke avec une bouteille de champagne et un cadeau pour lui souhaiter un bon anniversaire : « Je sais ce que c'est que de fêter un anniversaire seul, loin des siens. Tu es mon ami et un fier compétiteur, Bobby », avait-il dit à Clarke.

Puis, il avait publié un premier livre dont la traduction horrible n'avait pu amoindrir totalement l'intérêt. Il parlait de nous. Québécois et Canadiens, avec tellement d'affection et de sensibilité qu'il était impossible que cet homme soit un vulgaire espion ou un hypocrite de la pire espèce.

En 1980, lors d'un séjour de trois semaines à Moscou, j'avais réalisé que Tretiak était plus populaire chez lui que Lafleur à Montréal ou Gretzky à Edmonton. Parce qu'il avait une dimension humaine et civique que les deux autres n'avaient pas. Pour les Soviétiques, Tretiak est plus qu'un héros sportif, c'est un héros national. Un modèle pour toute la société soviétique. À un point qui vous rendrait peut-être mal à l'aise. Il est major dans l'armée et un des leaders des jeunes communistes. C'est un pur, un vrai.

En 1981, j'avais passé de longs moments avec lui à la librairie de gauche Nouvelle Frontière, rue Ontario. Il avait acheté une splendide édition des contes de Pouchkine, l'auteur favori de son fils.

En 1982, je l'avais retrouvé à Edmonton avant qu'il ne parte réveillonner avec Wayne Gretzky, sa blonde et sa tante, une Ukrainienne qui servait d'interprète.

Quelques jours plus tard, après la tournée de l'équipe soviétique, il participait à une réception offerte par l'Association URSS Québec. C'est à partir de cette soirée que Tretiak avait commencé à employer le mot « ami » pour désigner quelques-uns d'entre nous.

On sentait également qu'il était maintenant parfaitement à l'aise avec les journalistes canadiens qu'il connaissait le mieux. Frank Orr du *Toronto Star*, Michel

Ponomareff de *Ponopress*, et quelques autres.

À Sarajevo, travailler avec lui avait été un plaisir. C'est lui qui avait reconnu le premier Frank Orr le long de la baie vitrée et qui avait traversé toute la patinoire pour venir taper un petit coup de bâton devant son visage.

Tretiak s'est malheureusement trouvé coincé dans un des plus gros canulars du journalisme sportif au Québec quand on a fait croire à toute une population qu'il désirait venir jouer pour le Canadien.

Les gens voulaient tellement voir Tretiak dans l'uniforme tricolore qu'ils ne voulaient absolument pas croire tous les démentis qu'on leur fournissait.

De toute façon. Vladislav Tretiak aura accompli la mission suprême d'un grand et vrai sportif, permettre à des hommes, des femmes, des peuples de se découvrir par le sport, de mieux se connaître, de s'aimer un peu plus. Et si les Canadiens ont une image relativement favorable de l'URSS et des Soviétiques malgré l'Afghanistan, malgré le 747 de la South Corean Airlines, c'est Tretiak qui a fait le gros du travail. Plus que tous les consuls, ambassadeurs et espions du KGB mis ensemble.

Bah ! trêve de sentimalisme à l'eau de rose. Le camarade Tretiak n'a que 32 ans après tout !

Et si le temps passe, la vie continue.

Do svidania…

Vers la Coupe Stanley

Vincent Lecavalier La fin des tête-à-tête

13 avril 2004

TAMPA BAY – Ils sont tellement jeunes. Vincent Lecavalier avait l'âge d'un cégépien quand il a entrepris sa carrière avec le Lightning de Tampa Bay. Repêché au tout premier rang. Un autre Mario Lemieux, espéraient les dirigeants de l'équipe.

Il n'y aura plus d'autre Mario Lemieux. Mais Vincent Lecavalier est en train de tout mettre ensemble ce qui fait un grand joueur de hockey. Le physique, les réflexes, l'habileté, la vision du jeu et, en plus, le sens de la discipline.

Heureusement que le grand garçon a entrepris sa carrière dans une ville comme Tampa et une organisation aussi jeune que celle du Lightning. Je ne sais pas comment il aurait réagi avec le Canadien qui se fait un point d'honneur de gaspiller quelques bonnes saisons de ses jeunes sous prétexte de les « casser ». Ça n'aurait jamais fonctionné parce que Lecavalier n'accepte pas ces méthodes.

Vous pensez que John Tortorella l'a mis au pas ? C'est plus subtil. En février 2002, alors que Rick Dudley, le directeur général du Lightning, avait décidé d'échanger Lecavalier, c'est Don Campbell, le président de l'équipe, qui est intervenu. Il a interdit la transaction et même si Dudley était l'homme du propriétaire, il l'a congédié. Mais en même temps, il a passé le message à Vincent. John Tortorella est là pour rester, toi aussi, alors, parlez-vous.

Se parler ? « J'étais plus capable des meetings dans son bureau. J'en avais un par semaine. Pour savoir comment je me sentais, comment je réagissais à telle ou telle affaire. Moi, toujours parler de mes états d'âme, c'était fatigant. En décembre, on a traversé une période difficile, on s'est encore parlé. Il m'a fait jouer avec Martin (St-Louis), ça m'a donné beaucoup plus de liberté sur la glace, j'ai eu enfin le feeling de confiance dont j'avais besoin et depuis, il me parle dans le vestiaire devant tous les autres. Comme il fait avec les autres joueurs. Fini les tête-à-tête sauf pour regarder un vidéo sur un point bien précis », m'expliquait Lecavalier la semaine dernière à Tampa.

Tellement jeune. Tellement riche. Tellement choyé. Il y a un an, je l'avais retrouvé au Grand Prix CART de St-Petersburgh. On avait parlé chars. Le p'tit gars se promène dans une Ferrari. Quand il sort du stationnement après un exercice, il signe des autographes dans sa Ferrari. À Montréal, il devrait sans doute la cacher pour ne pas faire de jaloux et exciter les envieux. Il va d'ailleurs la vendre à la première occasion pour en acheter une plus récente... et une plus belle encore.

Mais la vie de star, ce n'est pas toujours rouler en Ferrari. Et il ne faut jamais oublier que ces jeunes cégépiens subissent une pression terrible pour produire. On leur paye des millions, il faut livrer des résultats. C'est tellement vrai qu'il y a deux ans, Vincent s'est offert un hypnotiseur pour l'aider à mieux se concentrer, à mieux se détendre et à trouver en lui la confiance dont il avait besoin. Paul Buisson, de l'émission *Hors-jeu*, a assisté à une séance d'hypnose et il en est encore secoué.

« Mais je n'ai que 23 ans et je pense que j'atteins ma maturité d'athlète. J'espère en tous les cas. Je me sens plus libre sur la patinoire, plus en contrôle. Je suis en bonne condition physique à l'année longue, et quand on est en bonne condition et qu'on est confiant, on lit mieux le jeu, on prend de meilleures décisions. C'est ce que je sens depuis janvier », dit-il.

Quand je me suis assis avec Lecavalier avant le match contre les Islanders, on a beaucoup discuté des grands joueurs qui ont marqué l'enfance du numéro 4. Son père lui a parlé des anciens que sont Béliveau, Cournoyer et même ceux de la génération des Lafleur, Lemaire, Mahovlich. Lecavalier s'est fait raconter leurs exploits. Ils sont légendaires.

Pourtant, il y a quelque chose qui cloche dans toutes ces histoires. Les gars étaient moins grands, moins rapides, moins forts et moins entraînés que lui. Quand on se retrouve devant lui, on réalise que Vincent Lecavalier est plus grand que Jean Béliveau. Et qu'il a des épaules et des bras sculptés par la musculation. « Je ne sais pas comment c'était dans le temps, mais aujourd'hui, c'est tellement vite, c'est tellement dur qu'on n'a plus le temps de penser sur la glace. Il faut que toutes les options soient déjà dans ta tête avant que le jeu ne s'enclenche », dit-il.

Ce qu'il veut dire, mais sans l'exprimer clairement, c'est que les joueurs de la Ligue nationale sont tellement bons que les surdoués n'ont plus cette marge de manœuvre que les Béliveau et compagnie avaient dans leur temps. C'est vrai à Montréal, c'est vrai à Tampa et c'est vrai à Long Island.

D'ailleurs, même si le Lightning a terminé au premier rang de son association, pensez-vous que le grand Yashin et Mike Peca en concèdent beaucoup aux meilleurs de Tampa Bay ?

C'est pas pour rien que la série est égale 1-1...

Je lisais une réponse de Vincent dans le *St-Petesburgh Times* que je voulais vous faire partager. Le journaliste lui a demandé quel était le plus gros préjugé que les gens avaient envers les Canadiens francophones ?

« Que nous sommes insolents ! Je pense que les gens confondent les Québécois et les Français. Je ne dis pas que les Français de Paris sont insolents, mais c'est ce que les gens d'ici pensent. Ils s'imaginent que nous sommes semblables. Les gens qui pensent ainsi ne sont jamais venus à Montréal. Le Québec, c'est comme le sushi. On ne veut rien savoir tant qu'on n'y a pas goûté. Quand on l'a essayé, on l'adore... »

Les grands joueurs

90 minutes d'entraînement avec Guy Lafleur

7 mars 1975

Guy Lafleur prend son élan de sa ligne bleue et fonce à toute vitesse.

Par deux fois déjà, il m'a complètement déjoué à ma gauche, se fiant sur sa force d'accélération pour me clouer sur place.

Cette fois, ça ne se passera pas comme ça !

Lafleur est maintenant tout près ; il semble échapper la rondelle. Je m'étire de tout mon long pour m'en emparer. À la même fraction de seconde, avec une habileté diabolique, le grand ailier droit des Canadien tire vers lui…

Ses épaules, sa tête semblent se diriger vers ma droite je suis le mouvement…

Déséquilibré, tordu, je tente un effort désespéré pour revenir de l'autre côté…

Mes patins semblent maintenant autonomes, ils se croisent, le toit du Forum s'envole… moi aussi et c'est sur le ventre que j'admire Lafleur qui file doucement vers le but.

Six fois, il se présentera ainsi devant ce pauvre journaliste de *La Presse*, joueur de hockey du lundi matin dans une ligue amicale, et à six occasions, avec des feintes différentes, le meilleur ailier droit de la Ligue nationale se retrouvera libre comme le vent après avoir contourné l'unique obstacle (?) qui lui voilait le but.

Un léger exercice

Hier, même si les Canadiens jouaient à Atlanta en soirée, Lafleur était demeuré à Montréal.

Fidèle à son habitude, il s'est présenté au Forum vers 10 heures 30 pour sa séance quotidienne d'entraînement, « juste question, m'a-t-il rassuré, de ne pas perdre sa forme ».

Dans le vestiaire des Canadiens, Guy se prépare avec son sérieux coutumier.

Même si nous n'allons être que trois ou quatre sur la patinoire, Wayne Thomas compris, Lafleur revêt son équipement au complet.

« C'est la direction qui le demande, surtout depuis que Glen Sather s'est coupé à la cuisse lors d'une pratique… »

Cet équipement, Lafleur l'enfile avec application. Ce sont surtout ses patins qui retiennent l'attention. La bottine semble aussi rigide qu'une bottine de ski.

Contrairement à quelques coéquipiers, (Lambert, Savard) qui aiment porter leurs patins pieds nus, Lafleur garde une légère paire de bas : « Avant, j'avais des patins de pointure 8 et ¾, mais ils étaient un peu serrés. Maintenant, je chausse des 9 points ; j'en suis maintenant à ma quatrième paire cette année. »

Lafleur serre bien le bas du patin tout en laissant un peu de latitude au haut du pied. Question d'être solide dans le patin tout en ne coupant pas la circulation sanguine.

Certains joueurs font aiguiser leurs patins à chaque match et parfois même entre deux périodes. Pas Lafleur ! « Je ne les fais aiguiser qu'une fois par semaine. Je n'aime pas avoir des lames qui coupent trop. »

Ouf !

Qu'est-ce que ce serait s'il les faisait aiguiser à chaque jour ?

En sautant sur la glace, Lafleur s'est offert une vingtaine de toures (sic) de la patinoire à vitesse réduite… pour lui.

Derrière, je détenais la position idéale pour admirer la force et la grâce de son coup de patin.

Le corps relativement droit (moins penché en tous les cas qu'Henri Richard), Lafleur avance par grandes enjambées souples et puissantes.

Ses patins qui mordent littéralement dans la glace font un crissement presqu'impressionnant (sic)… Schrimp, Schrimp… répercute cette caisse de son que devient le Forum quand il est désert.

Je n'étais pas tellement à l'aise pour le suivre puisque Lafleur s'entraîne en tournant de droite à gauche alors que 99 pour cent des patineurs moyens et même professionnels sont plus à l'aise dans l'autre sens.

« Moi, a-t-il précisé, je tourne aussi facilement dans un sens que dans l'autre. »

Quand Guy s'est aperçu que je savais quand même patiner convenablement, il m'a dirigé quelques passes que j'ai captées facilement.

J'ai fait l'erreur de lui demander de s'exécuter comme dans un match.

Il a à peine souri…

La première passe m'a pris par surprise. Je tenais mon bâton bien raide, trop raide. La palette a semblé vibrer, comme une lame d'égoïne, sous le choc de la rondelle qui a rebondi à l'avant.

« Tu tiens ton hockey trop raide », m'a crié Lafleur.

À la deuxième tentative, ce ne fut guère mieux, j'ai échappé mon bâton.

À la troisième, l'angle de la palette avec la glace était trop accentué et le disque est passé sous le hockey.

À la quatrième, à la cinquième, à la sixième, il y avait d'autres points à corriger.

Je ne sais toujours pas comment on capte une passe dans la Ligue national, mais je sais maintenant ce qu'est un lancer ou une passe lourde.

Quand René Lecavalier expliquera que tel joueur possède un lancer lourd, pensez à une rondelle de béton qui vous fracasserait le pied, c'est à peu près ça.

Instinct

Pour pouvoir reprendre un peu mon souffle, j'ai commencé à poser des questions à mon professeur.

Ainsi, Lafleur ne vise pas vraiment le but lors d'un match.

En quelque sorte, il enregistre l'image mentale du but, du gardien, des joueurs, le tout en une fraction de seconde.

Au moment [décisif, il garde] les yeux sur la rondelle pour lancer, la vision des buts reste gravée dans le cerveau.

C'est cette image que Lafleur vise.

C'est le même phénomène derrière les buts.

Je lui ai demandé comment il pouvait prévoir les coups derrière les buts, quand il a le dos aux joueurs (sic).

« Viens voir, on voit toute la patinoire comme un miroir. On jette un coup d'œil dans la baie vitré, oh ! une fraction de seconde, c'est suffisant pour voir venir les gars et se préparer à “suivre” le coup. »

Et effectivement, soit à cause du plexiglas employé, soit à cause de l'éclairage formidable du Forum, la baie vitrée reflète le jeu aussi bien que le meilleur des miroirs.

« Suivre le coup », la phrase mérite qu'on l'explique.

« Non, une mise en échec ne fait pas mal, quand bien même je voudrais dire le contraire, ce ne serait pas vrai. On absorbe le coup, je ne sais pas comment l'expliquer, mais ça ne fait pas mal. »

Il y a peut-être Gilles Marotte qui peut sonner un adversaire, mais pas au point de faire mal, finit par admettre le démon blond des Canadiens. On a parlé aussi des différents défenseurs.

« Tu ne peux réfléchir vraiment quand t'arrives devant un défenseur. Ce sont les réflexes acquis, le sens du jeu qui t'inspirent ; de toute façon, ce n'est jamais pareil. Un soir, tu vas déjouer tel joueur à tous les coups, et le lendemain, c'est lui qui va t'avoir, ça ne s'explique pas. »

Il reste que, Bobby Orr, pour un, préfère suivre l'attaquant en évitant de se laisser déborder. « Mais, n'oublie pas que le joueur d'avant possède l'avantage de la vitesse sur le défenseur, c'est à lui d'en profiter. »

Parlant vitesse, j'ai pris une course avec Lafleur.

Il était rendu à l'autre bout que je n'étais qu'à la ligne bleue… face à un joueur moyen, ça veut dire qu'il prend 60 pieds d'avance sur une distance de 200 pieds.

Il faudrait raconter aussi comment Lafleur peut bien faire paraître ses compagnons de jeu.

J'ai dirigé quelques passes en sa direction. Derrière lui, dans ses patins, trop loin, de toute façon, la rondelle finissait toujours par se retrouver sur sa palette.

Quand il doit « vraiment » accélérer pour rejoindre une rondelle lancée trop loin, pensez à l'accélération des anciens Valiant Barracuda 440…

Ça explique peut-être les 80 passes de Mahovlich.

À midi, quand j'ai quitté le Forum, les jambes rompues, Lafleur s'amusait encore avec Wayne Thomas.

Chanceux !

Le « Rocket » : honnêteté, fierté et cœur au ventre

20 octobre 1983

« Je n'étais pas le meilleur joueur de mon époque. Il y avait des manieurs de bâton qui m'étaient supérieurs, il y avait de bien meilleurs patineurs, il y en avait des plus gros, des plus rapides. Mais j'avais le cœur. Le cœur de ne jamais accepter d'être battu, le cœur de toujours vouloir en donner plus. Le cœur d'être le plus fier et le plus honnête. »

Les yeux de Maurice Richard que les années ont adoucis se rallument. Quand il parle de hockey, de ses rivaux, de ses années de gloire, on dirait que les années s'estompent. Que le solide gaillard de 62 ans qui grimpe encore l'escalier de sa maison sur la pointe des pieds et au pas de course retrouve ses 25 ans. Se pourrait-il que Maurice « Rocket » Richard ne vieillisse pas ?

Il ne vieillit pas dans le cœur et dans la mémoire des Québécois. Les gens de quarante ans qui l'ont vu lors de ses dernières années avec le Canadien sont les seuls à l'appeler Monsieur Richard. Les gens de sa génération n'ont jamais cessé de l'appeler le « Rocket », tandis que les plus jeunes, les enfants et les adolescents, le saluent d'un vibrant « bonjour Monsieur Rocket » quand ils le croisent dans un centre commercial ou dans la rue.

Le premier vrai « Québécois »

Il est difficile de mesurer, de décrire, de raconter ce que fut Maurice Richard. L'histoire sait qu'il fut la plus grande vedette sportive, la plus grande vedette tout court, de son époque. Il fut peut-être le premier Québécois parmi les Canadiens français. Le premier à servir de modèle, le premier dans lequel tout un petit peuple qui s'ignorait était capable de se retrouver. Le premier pour lequel les gens sont descendus spontanément dans la rue. Le premier qui a peut-être forcé les médias anglophones à se pencher sur la société francophone de cette période dite « de la grande noirceur ».

C'est peut-être un hasard, mais le « Rocket » a pris sa retraite en 1960. C'est l'année historique de la Révolution tranquille, de la grande flambée nationaliste, du Québec nouveau, du « maître chez nous ». Et le « Rocket » est passé d'une époque à l'autre sans jamais être remis en question. Parce qu'il représentait quelque chose de vital, de profondément vrai pour les Québécois.

– Comment cela se fait-il que les gens vous aiment autant après 23 ans de retraite ? Qu'êtes-vous donc pour les Québécois ?

Nous sommes assis à la table de la cuisine, dans la vaste demeure des Richard. Lucille, sa femme, prépare du café en subissant des taquineries de quelques amis qui entrent et sortent de la maison comme s'ils étaient chez eux. Le « Rocket » a toujours été accueillant et sa maison toujours ouverte à ceux qu'il aime. Et quand on a élevé sept enfants, il faut savoir coucher les portes déverrouillées.

– J'aime autant pas savoir pourquoi. De cette façon, je peux rester moimême, je ne suis pas tenté de changer pour plaire aux gens. Sans doute qu'ils ont toujours su que j'étais honnête, sincère. Que je faisais et disais ce que je croyais vrai et bon. J'ai peut-être été trop honnête, j'ai payé cher des fois pour mon honnêteté. Et puis, je suis toujours resté proche du public. J'ai toujours continué à travailler. Quand je me suis retiré, je n'étais pas riche. Je devais continuer de gagner ma vie. Et j'ai continué à rencontrer les gens, à faire de la représentation, à vendre, à faire mousser mon commerce d'articles de pêche. Ce contact m'a tenu proche des gens. On ne m'a pas oublié, je le sens à toutes les fois que je vais quelque part. »

Trop honnête ! Il faut relire la biographie de Maurice Richard pour réaliser à quel point il a été honnête. Dans *L'idole d'un peuple* de Jean-Marie Pellerin, l'énorme brique consacrée à la vie et à la carrière de Richard, on retrouve des extraits des chroniques qu'écrivait le « Rocket » dans *Samedi-Dimanche* dans d'autres journaux de l'époque. Il défendait « Boum Boum » Geoffrion en s'attaquant au président Clarence Campbell, le traitant de dictateur et de raciste. Évidemment, tout l'« establishment » du hockey, y compris la direction du club Canadien, se ligua contre lui et força Richard à envoyer une lettre d'excuses à la direction de la ligue, puis à suspendre ses activités journalistiques.

Son public descend dans la rue

Quand, le 17 mars 1955, le « Rocket » fut suspendu pour toutes les séries éliminatoires pour avoir frappé un juge de ligne à Boston alors que ce dernier essayait de le retenir, la fureur populaire éclata. Ce fut la célèbre émeute du Forum qui déferla rue Sainte-Catherine causant des dizaines de milliers de dollars de dommages.

Cette émeute, pour la première fois, allait forcer des médias du reste du pays à analyser l'importance et la valeur symbolique de Maurice Richard chez les Canadiens français : « Ils ont toujours considéré Richard comme le défenseur de leur race. Plusieurs Canadiens (en français dans le texte original) se croient victimes de discrimination sociale et victimes d'exploitation économique. Ils voient Richard comme un invincible héros qui abat ses persécuteurs. En s'identifiant profondément à lui, ils éprouvent eux aussi un sentiment de triomphe », écrivait Sydney Katz dans le magazine *MacLean*.

« C'est lors de cette émeute que je me suis rendu compte à quel point les gens m'aimaient se rappelle Richard. J'ai accepté ma suspension à la radio pour calmer le monde. Mais dans mon cœur, même après 30 ans, je ne l'ai jamais acceptée. C'était injuste et ça reste injuste. Moi, je n'étais pas du genre à attendre un mois avant de rendre un coup. Quand on me frappait vicieusement, je me vengeais tout de suite. Et c'était moi qu'on punissait puisque souvent le premier coup avait échappé à l'arbitre. J'ai toujours préféré rembourser tout de suite les mauvais coups qu'on m'infligeait. Et dans la vie c'est la même chose. Quand un gars me fait mal, si j'ai la chance, je règle cela tout de suite. Sinon, je peux avoir mal au cœur pendant des années. Je suis rancunier et tant qu'une question n'a pas été vidée, j'ai mal au cœur. Je suis bâti comme ca, j'y peux rien. »

Une fierté légendaire

Sa fierté est légendaire. Quand il s'est senti mal traité par la famille Molson et le Canadien, il a claqué la porte, mais il avait atrocement mal. Pendant des années, il a refusé de voir le nom Molson accolé à son nom. Quand il arbitrait des matchs des anciens Canadiens, il refusait de voir une caisse de bière Molson dans le vestiaire après les rencontres. S'il est aujourd'hui de retour au sein de la brasserie et du Canadien, il le doit à son ami Jean Roy qui a soigneusement négocié l'entente. « Je ne négocie jamais rien moi-même, je suis incapable de dire non. Mais dans le fond, le fait de quitter l'organisation après mon départ m'a empêché d'avoir trop mal dans le cœur. Je me rends compte aujourd'hui, je n'avais peut-être pas le caractère pour faire le travail qu'on voulait de moi. »

Ses deux années les plus difficiles ? Le « Rocket » n'a jamais voulu en parler avant aujourd'hui. Mais les temps ont passé, ses cheveux ont grisonné, sa taille s'est épaissie. Et les mauvais moments sont oubliés. Il ne reste plus qu'un beau paysage dans lequel les tons de gris se marient avec le bleu du ciel et le vert des collines.

« Les deux années les plus difficiles de ma vie, je les ai vécues après ma retraite. C'est quand j'ai lâché. Si l'expansion de la Ligue nationale s'était réalisée à cette époque, je serais revenu au jeu. »

Peut-être. Mais le « Rocket » aurait-il été capable d'être un joueur ordinaire ? Il s'est aligné pendant plusieurs années avec les anciens Canadiens. Et il a dû cesser de jouer : « Parce que les gens s'attendaient à me voir marquer trois ou quatre buts par soir. Je n'étais plus capable de les satisfaire. Ça devenait dangereux pour moi de jouer contre des plus jeunes. J'ai préféré abandonner pour arbitrer. »

Il aime toujours le hockey. Pas celui du Forum, mais celui des parcs de la ville de Montréal. Celui des anciens Canadiens. Celui de l'équipe des médias du Québec dont il arbitre les matches (sic).

Mais quelle que soit la personnalité présentée, qu'il s'agisse de Guy Lafleur, de Peter Stastny ou de André Dawson, partout, tout le temps, la personne qui reçoit la plus longue, la plus belle, la plus chaude ovation a pris sa retraite du sport professionnel il y a 23 ans.

– Mesdames, mesdemoiselles, messieurs, le légendaire... Maurice... « Rocket »... Richard !

Guy Carbonneau

« J'adore ça quand l'adrénaline me coule dans le corps... quand le cœur me pompe à grands coups »

3 novembre 1984

Du nord au sud, de Sept-Îles à Acapulco en passant par Chicoutimi... Ne touchez pas à Guy Carbonneau !

Sur la Côte-Nord, jusqu'à la Romaine, en passant

par Rivière-au-Tonnerre. Minguan et Natashquan, son père Charles-Aimé Carbonneau défend son rejeton.

Après avoir été distributeur pour Dow dans les belles années, après avoir été le représentant de la Laiterie Laval, Charles-Aimé est maintenant propriétaire d'un commerce de véhicules de loisirs : skidoos, tentes, maisons mobiles. Et comme le chômage est élevé sur la Côte-Nord et qu'il y a plein de temps pour les loisirs, les affaires vont bien.

D'ailleurs, l'été prochain, Guy se prépare un bel itinéraire. Visiter tous les villages de la basse Côte-Nord en hélicoptère accompagné de maman et de papa Carbonneau. Le paternel est en train d'organiser la tournée. Personne ne sera oublié.

À Sept-Îles, ça fait longtemps qu'on sait que Guy Carbonneau a du talent. Même quand il commençait son purgatoire à Halifax, son père soutenait contre vents et marées, et ils sont forts à Sept-Îles, que son fils était mûr pour le Canadien. Il avait presque réussi à nous convaincre lors d'un lunch animé dans une brasserie de la ville.

N'échappez pas un mot contre Guy Carbonneau à Acapulco. Son oncle, Georges Ferguson, est copropriétaire d'un hôtel en plein dans le cœur de la baie. Le Club del Sol. Et l'oncle est comme le neveu. Sûr de lui, capable de défendre son point de vue avec vigueur et convaincu de son histoire.

Les touristes québécois qui osaient douter des talents de Carbonneau à sa première saison avec le Canadien risquaient de passer un happy hour mouvementé si l'oncle Georges était dans le coin.

Au Saguenay, la campagne pro-Carbonneau n'a jamais ralenti. Les Bleuets, qui avaient adopté Carbo lors de son séjour avec les Saguenéens de Chicoutimi, ne comprenaient pas que les dirigeants du Canadien soient si aveugles. Ou « gnochons » comme on aime le dire là-bas.

« Et si, à Acapulco, c'est l'oncle Georges qui défend l'honneur du clan Carbonneau, si à Sept-Îles, Charles-Aimé remplit bien ce rôle quand il arpente sa Côte-Nord, à Chicoutimi, c'est Rosaire Boivin, son comptable de beau-père, qui accomplit cette mission sacrée. Et comme un sacré comptable garde toujours un paquet de papiers inutiles, Rosaire a conservé tous les articles soutenant que Guy Carbonneau n'était pas assez rapide ni assez fort pour la Ligue nationale.

***

Guy sourit en s'étirant pour prendre quelques crevettes du golfe du Saint-Laurent que sa mère lui a apportées de Sept-Îles en venant rendre visite à la petite famille cette semaine. Mme Carbonneau se fait discrète pendant l'entrevue mais glisse de temps en temps un petit mot :

« Vous demandiez tout à l'heure s'il avait le même caractère que son oncle Georges ? Il parle moins, mais il est aussi décidé que lui. De toute façon, Guy, ni aucun de mes cinq enfants, ne m'a jamais causé de problème. Ce sont de bons enfants. »

Nous sommes à Pierrefonds. La maison est grande, sent encore le neuf. Les jeunes couples de 24 ans n'ont pas l'habitude de s'offrir pareille cabane. Rien de vraiment extravagant pour un joueur du Canadien, mais un gars de chez GM ne pourrait pas s'installer de cette façon avant sa vingtième année dans la compagnie.

« Je sais que les gens comprennent mal qu'on puisse faire de si gros salaires. Mais ils oublient que nous mettons 18 000 personnes dans le Forum et qu'on fait vendre des droits de télévision qui valent des millions. Et qu'on doit réaliser notre coup d'argent en sept ou huit ans. Sans aucune sécurité. Si je me crève un œil ce soir, je fais quoi ? J'investis dans notre maison, je la paye le plus vite possible... »

Sécurité. Le mot reviendra à quelques reprises dans la conversation. C'est la hantise des athlètes professionnels. Gloire et argent un jour, oubli et insécurité financière le lendemain. Qu'on pense à Jean Hamel : « Après tant d'années difficiles, il s'était taillé un beau poste avec le Canadien, il subit cette blessure à Boston. Chelios, Kurvers et Svoboda s'installent, Ludwig revient et qu'arrive-t-il à Hamel ? »

Sécurité. Le mot revient également quand il parle d'amour. Les joueurs de hockey se marient très jeunes. Mario Tremblay, Steve Shutt, Guy Lafleur, Bob Gainey, Larry Robinson. Et souvent avec des femmes plus âgées qu'eux. Les psychanalistes parlent de la recherche d'une mère laissée trop tôt pour entreprendre une carrière. Spontanément, Carbonneau parle de sécurité : « Je pense qu'on se marie par amour bien sûr, mais aussi par besoin de sécurité. Notre profession est tellement instable, ça tient souvent à un fil, alors, je pense qu'on cherche une forme de sécurité. On veut avoir quelqu'un qui nous accueille pour ce qu'on est, que ça aille bien ou mal sur la patinoire », explique-t-il.

***

Il a rencontré Line, sa jeune femme, pendant son séjour à Chicoutimi. Elle fréquentait la Polyvalente Laure-Conan. Lui achevait son secondaire V à Dominique-Racine. Il lui manque le diplôme, il a dû abandonner ses cours avant la fin de l'année scolaire :

« En secondaire IV, mes professeurs m'ont vraiment donné un gros coup de main. Quand je manquais des cours parce qu'on jouait à l'extérieur, j'avais la chance de me reprendre. En secondaire V, ça ne fonctionnait plus. Dans le fond, l'idéal pour un jeune hockeyeur ce serait de faire comme Chelios et Kurvers à l'université. »

Anne-Marie sa petite fille de deux ans et demi, tournoie autour de son père. Mais la maison est quand même tranquille. C'est jour de partie pour Carbonneau. Le soir, le Canadien affronte les Islanders de New York.

***

Carbo n'est pas nerveux. Il se lève vers 10 heures (Jacques Lemaire est assez intelligent pour ne pas exiger que ses réguliers viennent patiner au Forum l'avant-midi), flâne dans la maison jusqu'à 1 heure, parfois 2 heures. Puis, il enfile un immense repas. Des portions gargantuesques.

Et puis Line donne le signal : « Guy, il est 2 heures… »

Le jeune homme se couche et dort une heure ou deux. Quand il se réveille, il est frais et détendu.

Il le restera jusqu'à une dizaine de minutes avant la période de réchauffement. Bien dans sa peau, heureux de jouer au hockey. Puis, le trac s'installe.

Je veux gagner. J'aime gagner et j'hais perdre. Mais cet esprit de compétition, c'est dans le hockey que je l'exprime le plus. Dans les autres sports, je fais de mon mieux mais ça ne me dérange pas de perdre. Sur la glace, je hais la défaite. »

L'arrivée de Carbonneau avec le Canadien a été tumultueuse. Il a osé contester un système à la con qui perdurait depuis des siècles. Enfin, disons des années. La recrue ferme sa gueule et rentre dans le rang en attendant un signal. Carbo n'a pas attendu dans le rang et a dit tout haut ce que tous pensaient déjà dans leur coin. Pourquoi ?

« Je suis un gars qui aime dire ce qu'il pense. Surtout dans le sport où mes convictions sont plus claires, mieux définies. Et si je suis profondément convaincu d'avoir raison, je soutiens mon point de vue.

« Par exemple, je suis très concentré pendant un match. Sur la glace, pendant une partie, c'est l'instinct qui fait réagir. Un instinct conditionné par des heures d'entraînement. C'est le subconscient, la mémoire qui dominent tes réflexes. Sur le banc, je regarde tout,

tout le temps. Comment l'adversaire sort de sa zone, quels sont les signes qui trahissent que le coach se prépare à changer de trio. Et j'avertis Jacques Lemaire de ce que j'ai repéré, il en fait ce qu'il veut, mais j'ai l'impression que c'est mon devoir de le lui dire.

« Surtout que c'est facile de voir si j'ai raison ou pas. On n'a qu'à regarder les vidéos des matchs et Jacques peut décider si ma suggestion est bonne ou pas. »

***

Guy Carbonneau a toujours été un brillant marqueur. Ce n'est qu'à son arrivée dans la Ligue nationale qu'on lui a assigné la tâche souvent ingrate de jouer contre le meilleur centre adversaire : Gretzky, Savard, Stastny, Trottier.

« Gretzky, c'est un cas spécial. Pour le surveiller vraiment de près, faudrait que je traîne à la ligne rouge et je trouve que ce n'est plus du hockey.

« Trottier ? Je le respecte, il est dur, fort et habile. Il ne veut rien savoir mais il n'est pas mesquin.

Il rend coup pour coup et fait son boulot sans rechigner.

« Savard ? Il est tellement rapide ! J'ai été surpris qu'il ne fasse pas Équipe-Canada. Ça donne une bonne idée du calibre de l'équipe.

« Stastny est fort et puissant. Et il connaît bien le jeu de la Ligue nationale. Il est capable de frapper et il faut se surveiller quand on le surveille. Mais il est infiniment plus dangereux quand il est avec ses deux frères. Ils se connaissent tellement qu'ils ont toujours une fraction de seconde sur les deux défenseurs et moi quand ils entrent dans notre zone. »

Carbonneau n'a pas peur de ses opinions. Il ne se gêne pas pour soutenir que le départ de Charles Thiffault paraît chez les Nordiques : « On n'avait qu'à regarder leurs entraînements pour savoir que Thiffault y jouait un rôle important. Le moins qu'on puisse dire cette saison, c'est que les Nordiques sont tendus et travaillent sous pression. »

***

Carbo est bien campé sur le sofa. En pieds de bas et avec une chemise à carreaux sur le dos. Line vient nous rejoindre. Anne-Marie lui grimpe sur les genoux. Vingt-quatre ans, bien parti pour être riche, célèbre, déjà respecté et bientôt adulé, heureux avec sa petite famille, sa mère en visite, son père à Sept-Îles, son beau-père à Chicoutimi, l'oncle Georges à Acapulco, calme et heureux. C'est pas trop de bonheur ?

« Ça va bien. Mais je suis comme les autres. Des fois, j'ai peur que ça claque d'un coup. En attendant, je profite de chaque journée. J'ai parlé avec des anciens joueurs à la retraite. Et ils disent tous la même chose. Ce qui leur manque le plus, c'est la compétition. J'adore ça quand l'adrénaline me coule dans le corps, que le cœur me pompe à grands coups. »

À dix secondes de la première mise en jeu.

Un innovateur et un artiste

Jacques Plante restera un des grands gardiens de l'histoire du Canadien

28 février 1986

Grand individualiste, Jacques Plante avait une âme d'artiste. Un caractère qui se prêtait mal au rôle de directeur général : Marius Fortier et Paul Racine des Nordiques ont mis quelques mois à s'en rendre compte. Comme tacticien de hockey, par contre, sa renommée n'avait pas de frontières et le grand Vladislav Tretiak l'appelait son maître.

Qu'il ait joué pour les Rangers de New York, les Bruins de Boston, les Blues de St Louis, les Maple Leafs de Toronto ne change rien pour le fan ordinaire. Jacques Plante restera toujours un des plus grands gardiens de but de l'histoire du Canadien.

Un innovateur et un artiste. Un individualiste acharné, capable d'imposer ses idées au monde entier.

J'étais tout petit garçon les premières fois que j'ai vu jouer Jacques Plante au Colisée de Chicoutimi avec le Royal de Montréal de la Ligue senior du Québec. Les visites de Plante, quand elles coïncidaient avec le congé du dimanche après-midi, étaient un grand événement dans la vie d'un ti-cul saguenéen. Il jouait avec une tuque de laine qu'il tricotait lui-même et les magazines de l'époque consacraient de longs reportages à ses hobbies favoris : le tricot et la broderie.

Les journalistes s'extasiaient aussi devant son audace. Et du haut de la section des millionnaires, on attendait fébrilement une des fameuses sorties de Plante. Nos gardiens des Saguenéens, Phil Hughes, Marcel Pelletier ou Al Murphy, étaient de bons gardiens, mais jamais ils n'auraient osé s'aventurer derrière leur filet pour arrêter une rondelle. Plante allait bien plus loin. Parfois même jusqu'à la ligne bleue. Dans ce temps-là, on en parlait toute la semaine à la petite école.

Aujourd'hui, tous les gardiens du monde imitent Jacques Plante.

***

Tœ Blake a tout fait pour empêcher Plante de porter un masque. Normal, un vrai gardien ne porte pas de masque. Un vrai homme va au combat le visage nu. Bien sûr.

Pas pour Jacques Plante. Il a eu l'intelligence de se demander pourquoi il était obligé de se faire coudre le visage de cicatrices pour faire plaisir à un vieux macho d'avant terme. Je me souviens des déclarations de Blake, je me souviens des premières photos des masques de Plante qui lui donnaient des allures de Frankenstein. Plante a osé, et aujourd'hui même les joueurs portent des casques et des visières.

Il était un extraordinaire observateur. Et les meilleurs livres écrits sur l'art de garder les buts l'ont été par Jacques Plante. C'est dans ses livres que le grand Vladislav Tretiak a appris les bases de son métier.

Et à la moindre occasion. Tretiak s'est toujours empressé de rendre hommage à son « grand maître ».

***

S'il fut un grand gardien de but, Jacques Plante aura laissé un très mauvais souvenir comme entraîneur et directeur général. L'année qu'il passa à Québec comme grand patron des Nordiques fut une faillite complète. Et même si, d'habitude, on préfère rendre des hommages posthumes hypocrites quand une vedette légendaire disparaît, Marius Fortier préfère donner l'heure juste sur cet épisode de la vie mouvementée de Plante.

« Il fut un grand gardien, mais il ne fut pas glorieux du tout comme directeur général et coach », soutient Fortier, celui-là même qui l'avait embauché avec un contrat de dix ans en 1973.

Je n'ai jamais oublié la scène qui devait entraîner le congédiement de Plante comme patron des Nordiques. C'était le dernier samedi de la saison, les Nordiques affrontaient les Toros de Toronto, Frank Mahovlich, Vaclav Nedomansky, Gilles Gratton qui arrêtait tout devant le but. Une défaite et c'était l'élimination. Les Toros menaient 3-1 avec deux minutes à jouer. Décontracté, souriant. Plante jasait avec M. Paul Racine, assis dans sa loge présidentielle derrière le banc de l'équipe. J'étais sur la passerelle des journalistes ce soir-la et malgré mon inexpérience, je m'étais rendu compte que cette situation était loufoque.

Plus tard, on devait apprendre que Plante, alors

même qu'il était directeur général des Nordiques, avait négocié son propre retour au jeu avec les Oilers d'Edmonton : « Je m'étais trompé. Je l'avais pourchassé pendant quatre mois pour qu'il accepte ce double emploi avec les Nordiques. Mais j'avais mal évalué sa personnalité. Jacques Plante était intelligent, innovateur et un bon gars de hockey. Mais c'était un artiste et comme tous les artistes, il était individualiste. Il était absolument incapable de diriger des hommes », admet aujourd'hui M. Fortier.

***

Le jugement peut sembler inopportun. Il est honnête et fondé sur des faits. Les journalistes Claude Larochelle et Claude Bédard pourraient en raconter à leurs lecteurs pendant des pages et des pages. Et Réjean Houle qui jouait pour les Nordiques cette année-là pourrait sans doute en rajouter des vertes et des pas mûres. Toutes des histoires qui graviteraient autour de certains petits défauts de Jacques Plante.

Mais c'est du maître dont on va se souvenir le plus. Bernard Parent pourra témoigner à satiété que Jacques Plante est celui qui lui a permis de devenir le grand Parent, le meilleur gardien au monde pendant trois ou quatre saisons. Pete Peeters pourra vous dire que Plante a fait d'un gardien de deuxième ordre un excellent portier qui connaît une belle carrière dans la Ligue nationale malgré un tempérament assez difficile.

Et que penser de Steve Penney ? Du fond de sa petite misère, Penney a appelé Plante à son secours à plusieurs reprises. Mais les petits défauts du disparu ont été plus lourds dans la balance de Serge Savard que ses grandes qualités de conseiller. Et Savard a refusé de rapatrier Plante pour quelques jours. Le temps de retaper le style et la confiance de Penney.

***

J'ai suivi la carrière de Jacques Plante comme ti-cul et simple amateur de hockey pendant vingt ans. J'ai collectionné des cartes de gomme baloune et la sienne était une des plus précieuses sur le marché des échanges au Collège Saint Jean-Baptiste à Chicoutimi.

Comme journaliste, je l'ai côtoyé pendant une dizaine d'années. Jamais je n'ai rencontré un homme impoli, impatient ou insipide. Au contraire, j'ai toujours eu beaucoup de plaisir à converser avec un individu intelligent, fin analyste, respectueux des autres et indulgent devant les impératifs du métier qui est le nôtre.

C'est mon humble hommage personnel. Celui que je peux assumer pleinement.

Mario Tremblay aura été plus qu'un simple plombier

Parce que le monde l'aimait…

23 septembre 1986

« Maurice Richard, Jean Béliveau, Yvan Cournoyer, Guy Lafleur…

Je sais, Mario Tremblay serait le premier gêné de voir son nom accolé à celui de ces grands porteurs du flambeau. Pourtant, s'il n'était qu'un très honnête plombier, Mario Tremblay représentait beaucoup dans le cœur et l'inconscient des Québécois. Il était Baptiste dans ce que Baptiste a de plus travailleur, de plus gouailleur, de plus joyeux et de plus frondeur.

Et Mario parti, qui donc sera Baptiste chez les Glorieux ?

***

Il y avait beaucoup de monde pour l'annonce de la retraite de Mario Tremblay. Le salon des Anciens, qui devenait à 6 h 30 « son » salon à lui aussi, était rempli de journalistes et de coéquipers. Le Bleuet n'a pas été trop mélo. Quelques minutes à peine. Quand il a rendu hommage à son père Gonzague, à sa mère, à ses frère et sœur et à sa femme Colette.

Pour le reste, il a préféré parler de fierté. Et cette fierté, il l'a clairement exprimée tant dans les mots que dans le ton quand il a déclaré : « Je cesse donc d'être joueur pour devenir journaliste. Je suis sans doute le seul journaliste à avoir gagné une Coupe Stanley », a-t-il dit en faisant allusion à la victoire du Canadien contre les Flames de Calgary. Tremblay était analyste à la *Soirée du hockey*.

Il est allé plus loin quand il a remercié les journalistes « honnêtes » qui lui avaient toujours rappelé pendant sa carrière qu'il était un plombier : « Mais j'ai été un plombier avec cinq Coupes Stanley », a-t-il insisté.

Mario a tout résumé quand un journaliste lui a demandé un commentaire en anglais après son long discours en français : « Pourquoi je me retire ? Because I'm finished », a-t-il répondu sans un sourire.

L'idée de la retraite ne surgit pas à l'improviste. À moins de s'appeler Guy Lafleur. Chez Mario, le processus de mûrissement a été long.

C'est un doute qui gruge les tripes. Lentement, inexorablement. Et qui éteint la braise qui couve entre les matchs.

« C'est arrivé pendant les séries éliminatoires la saison dernière, j'ai été blessé pour la deuxième fois à l'épaule contre les Nordiques quand Robert Picard m'a mis en échec.

« Puis, pendant les séries, je regardais aller Claude Lemieux et je me revoyais en lui. J'aimais sa façon de travailler dans les coins, de s'installer devant le filet, de se battre pour la rondelle. J'aurais voulu continuer à jouer, mais comme lui jouait.

« Je savais que pour reprendre ma place à côté d'un jeune comme Claude, il me fallait être en bonne santé, en possession de mes moyens. Je ne suis pas le genre de joueur qui va aller tout croche dans le coin pour éviter de me faire frapper l'épaule. Oui, le doute s'installait... mais ce n'était pas douloureux », raconte Tremblay.

***

Il y a une quinzaine de jours, Mario est allé patiner avec ses coéquipiers. Il a adoré se retrouver dans le vestiaire, il a adoré l'ambiance de chaude camaraderie. Mais il a peiné sur la patinoire pendant ces trois jours. Il a retrouvé le plaisir d'être en compagnie de ses coéquipiers sans retrouver le plaisir de jouer : « Ça faisait cinq mois que je n'avais pas joué. Et mon épaule me faisait souffrir. Je me sentais comme un citron pressé. J'ai jonglé à mon affaire et samedi j'ai tout simplement dit à Colette que c'était assez. J'étais prêt à me retirer. »

***

C'est une des belles histoires d'amour du hockey qui a pris fin hier soir. Mario n'était pas le plus habile des joueurs. Ni le plus gros. Ni le plus violent. Mais il avait du cœur. Et si au cours des dernières années, il avait appris à devenir un bon petit relationniste à fréquenter Réjean Houle, sa spontanéité de Bleuet restait à fleur de peau.

« Le public pis moi, ç'aura été une belle histoire d'amour. Le flambeau ? Je ne suis pas inquiet, le public va se découvrir d'autres vedettes. Il y a des jeunes dans l'organisation qui vont se faire un nom. Lemieux, Richer, Roy, il y a des Québécois pour la relève. »

Sans doute. Mais il leur manquera un petit quelque chose. Pourquoi Pierre Bouchard, défenseur tout à fait quelconque, est-il devenu une légende pendant sa carrière avec le Canadien ? Parce que le monde l'aimait. Mais pourquoi le monde l'aimait-il autant ? Les sociologues cherchent encore la réponse. Parce que Pierre devait correspondre à un aspect du petit peuple canayen. Allez donc savoir.

***

Mario n'a jamais eu honte de ramasser son chèque de paye. Il a vécu la dure école de Scotty Bowman. J'étais assigné à la couverture du Canadien à cette époque. J'ai vu Mario pleurer dans l'avion du Canadien lors d'un vol Chicago-Minnesota. Bowman avait décidé de « casser » le Bleuet en le tenant dans les estrades pendant 17 matchs consécutifs. Tremblay avait téléphoné à son père, à Alma, pour lui dire qu'il lâchait le hockey. Gonzague s'était tapé les 550 kilomètres qui séparent Montréal d'Alma pour venir encourager et raisonner son fils.

Si Bowman a provoqué quelques-uns de ses cauchemars, il lui a donné de bons souvenirs. Quatre Coupe Stanley à ses quatre premières saisons.

En fait, Mario, comme Shutt, comme Lafleur, comme Robinson, comme Gainey, a passé le reste de sa carrière à se battre pour la Coupe sous Geoffrion, Ruel, Berry, Lemaire et Perron, pour retrouver la joie orgasmique d'une conquête de la Coupe.

Pour la cinquième, il était sur la passerelle des journalistes. Il a eu la dernière honnêteté d'admettre que celle-là « n'avait pas la même saveur que les quatre premières ».

Il se retire. Parce qu'il n'a plus le vrai feu dans les tripes. Mais il se retire avec la satisfaction du devoir accompli : « J'ai l'impression d'avoir fait ma job. »

« Tout ce que je veux, c'est me faire une place au sein de l'équipe. » Durant le vol, Koivu a posé dix, vingt questions sur le Forum, sur les médias, sur Pierre Turgeon…

31 août 1995

Quand le jet du vol 426 d'Air Canada a quitté la piste d'atterrissage de l'aéroport de Toronto, Saku Koivu a soupiré : « Maintenant, c'est vraiment un rêve devenu réalité. »

La fatigue d'une longue envolée entre Helsinki et Toronto et une heure d'attente dans l'aéroport ne diminuaient en rien l'éclat de ses yeux : « Quand j'avais quinze ou seize ans, j'ai commencé à rêver du jour où je pourrais jouer dans la Ligue nationale. Puis, quand j'ai été repêché par le Canadien, mon rêve s'est précisé. Si tout allait bien, si je travaillais fort, je pourrais jouer pour l'équipe la plus célèbre, celle qui a la plus belle tradition du hockey », d'ajouter Koivu.

Ce rêve, ça ne faisait que quelques jours que Koivu avait pris conscience qu'il allait se réaliser :« Il y a deux ou trois jours, quand j'ai commencé à faire mes valises, à choisir mes vêtements, ça m'a frappé. D'habitude, je quittais la maison pour deux ou trois semaines mais, cette fois, je partais pour une année. Je m'en allais en Amérique du Nord. Puis, hier matin, mon petit frère Mikko, qui a douze ans, est venu me voir en pleurant parce que je m'en allais. En plus, à l'aéroport d'Helsinki, ma mère m'a dit qu'elle m'aimait, qu'elle était fière de moi et m'a bien conseillé de prendre attention à moi. Puis, elle s'est mise à pleurer elle aussi, c'était pas mal émouvant », de raconter le jeune homme de 20 ans qui s'en vient « sauver » le Canadien en compagnie de son coéquipier Marko Kiprusoff, un joueur de défense à l'allure plutôt costaude.

« Mais je ne suis pas un sauveur. Je n'ai pas d'objectifs précis en termes de buts ou d'assistances. Je ne vise pas 50 buts. Tout ce que je veux, c'est me faire une place au sein de l'équipe, devenir un rouage du groupe, j'aspire à devenir un joueur solide, consistant, capable de bien jouer à tous les soirs. Si je réussis, le reste va venir et les fans vont être contents. Je ne peux pas avoir d'autre pression que celle de faire de mon mieux », de dire Saku.

Koivu est plus grand et plus costaud qu'on ne le croit. Certainement autant que Sergei Fedorov ou Pavel Bure : « Ce n'est pas nécessaire d'être gros, on peut réussir en étant rapide, courageux et en se servant de sa tête », dit-il quand on lui pose la question.

« Et puis, les directeurs généraux ne sont-ils pas en meeting pour amoindrir l'obstruction et l'accrochage ? Ça va aider les joueurs plus habiles et plus rapides », ajoute-t-il.

Koivu était bien préparé pour son voyage. On a jasé pendant toute l'envolée du Canadien, de la Ligue nationale, des joueurs et des dirigeants de l'organisation : « J'ai souvent discuté avec André Boudrias. Serge Savard est venu nous rencontrer. Quel homme impressionnant. Et puis, il y a deux ans, M. Ronald Corey est venu à notre maison à Turko », de raconter la jeune recrue du Canadien.

Petit cachottier de Ronald...

Turko est une ville d'environ 200 000 habitants où réside la famille Koivu.

Koivu avait hâte de venir à Montréal : « Mais l'an dernier, je devais terminer mon service militaire et compléter mon apprentissage. Chez nous, le service militaire dure huit mois. Je couchais à la maison les fins de semaine et au camp de l'armée pendant la semaine. Parfois, on nous conduisait en forêt pendant une semaine pour les grands exercices mais, la plupart du temps, je pouvais m'entraîner normalement avec mes coéquipiers », de dire Koivu.

Saku n'a pas joué de l'été, à part un tournoi disputé pour des œuvres de charité. Mais il s'est entraîné à chaque jour et devrait peser 180 livres au début du camp d'entraînement. Le chandail numéro 11 l'attend : « C'était le chandail que je portais en Finlande et quand on me l'a offert, j'étais content surtout que c'est le chandail que portait Kirk Muller et celui qu'endosse Mark Messier », dit-il.

C'est un garçon gentil et bien élevé. Il a posé dix, vingt questions. Sur le Forum, sur le nouveau Forum, sur les médias, sur Pierre Turgeon dont il a entendu dire en Finlande qu'il était un gentilhomme, sur ses joueurs favoris, Wayne Gretzky et Jari Kurri. Quand je lui ai parlé de Guy Lafleur, il a souri et lancé : « Guy, Guy, Guy... », comme quoi les vraies traditions n'ont pas de frontières.

Il a une bonne idée de ce qu'est Montréal et a déjà hâte d'accueillir ses parents et surtout sa fiancée Tiia Hurme qui devrait venir le retrouver dans trois semaines.

Il m'a aussi parlé de ces Finlandais qui sont de grandes vedettes chez nous et des idoles chez lui. Surtout Esa Tikkanen, cette épouvantable machine à gueuler que tous aiment à détester dans la Ligue nationale : « Il y a deux ans, pendant les championnats, Esa a été mon compagnon de chambre pendant deux semaines. Ouf... », dit-il en souriant.

Et on peut s'imaginer ce que le garçon de 18 ans a pu apprendre sur le hockey... et la vie en général.

Il est au courant qu'on prépare un référendum sur la souveraineté du Québec et il sait déjà dire « Bonjour, merci beaucoup et je m'appelle Saku... »

À moins que je ne m'abuse, c'est déjà plus de français qu'en parle son capitaine.

On ne traite pas un pur-sang comme des chevaux de calèche

La suspension de Patrick Roy

4 décembre 1995

Patrick Roy a gagné deux Coupes Stanley pour l'Organisation. Il a tenu le club jusqu'en finale de la Coupe en 1989.

Il y a trois ans, contre les Bruins de Boston, il est sorti d'hôpital où on le traitait pour une appendicite aiguë et, gonflé de fluide comme une éponge, il est allé affronter 60 tirs des Bruins de Boston au Garden.

Ce superbe gardien de but, le meilleur de l'histoire du Canadien quoiqu'en pense Maurice Richard, va finir sa carrière avec le Canadien comme Guy Lafleur. En étant chassé comme un pelé et un galeux.

« Suspendu ! » a osé dire Réjean Houle hier pour expliquer la décision de foutre Casseau à la porte.

C'est de la boulechite (sic) et ceux qui ne sont pas naïfs ou qui ne sont pas trop aveuglés par la Flanelle l'ont fort bien compris.

C'est le pauvre Réjean Houle qui a dû affronter les caméras de RDI hier soir pendant que RDS nous montrait un tournoi de curling. Mais les moins naïfs auront tous compris que c'est Ronald Corey qui a pris la décision finale de se débarrasser de Patrick Roy.

Pas parce que Roy était un mauvais gardien de but. Pas parce qu'il avait une conduite scandaleuse en dehors de la patinoire, pas parce qu'il était un mauvais garnement dans le vestiaire. Parce que Casseau n'a pas respecté la hiérarchie corporative d'une grande compagnie comme Molson. On ne passe pas devant un contremaître pour s'adresser directement à un président. Tous les présidents de compagnie savent ça. Surtout pas devant 1 million de téléspectateurs et 17 000 partisans dans le Forum de M. Corey.

C'est tellement vrai que j'ai bondi dans le salon samedi soir quand j'ai vu la reprise de la scène. Il était neuf heures et quart, j'étais à Morin Heights, et il y avait encore deux ou trois bûches dans le foyer. Je me suis habillé et je me suis dirigé au Forum. Connaissant le style de Ronald Corey, je savais qu'on vivrait un moment dramatique dans la petite histoire du Canadien.

C'était la consternation et la panique dans l'édifice. Il a été impossible de parler à Patrick Roy qui avait quitté le vestiaire avant l'arrivée des journalistes. J'ai demandé à deux reprises à rencontrer Ronald Corey. On m'a dit qu'il avait quitté le salon des VIP's. Par la porte des cuisines ? Ou plutôt un mensonge ?

La clé de toute l'histoire, c'était de savoir ce que Patrick avait dit à Ronald Corey. Pour tenter de sauver les meubles, Bernard Brisset, vice-président marketing et communications du Canadien, m'a dit qu'il avait parlé à Corey : « Ronald m'a dit qu'il n'avait pas entendu ce que Patrick lui avait dit. Il a été trop surpris pour comprendre, il n'a pas idée de ce qu'a murmuré Patrick », a déclaré Brisset après le match.

Ou bien Corey a menti à son vice-président ou bien Bernard a voulu protéger son boss en racontant un mensonge quelconque aux journalistes. Dans les deux cas, ce n'est guère glorieux.

Cet élément est important, et vous allez le comprendre. Hier matin, il y avait encore moyen de réparer les pots cassés. Ronald Corey n'avait qu'à appeler Houle et à dire à son directeur général : « On s'entend bien, mon Peanut. J'ai pas entendu ce que Patrick a dit. Tu prends ton auto et tu vas le rencontrer. Tu vas le convaincre d'expliquer qu'il a agi sous le coup de la frustration, qu'il ne visait pas Mario Tremblay et qu'il s'excuse auprès des fans qu'il aurait pu froisser. Pas de conférence de presse, rien, juste les entrevues habituelles avec les journalistes », aurait pu dire M. Corey.

Ce ne fut pas le cas. Il fallait sauver l'honneur de l'Organisation, il fallait faire un exemple. Comme on avait fait un exemple avec Guy Lafleur il y a une douzaine d'années.

L'Organisation avant ses meilleurs joueurs. Comme si l'exemple de Maurice Richard, de Jean Béliveau, de Guy Lafleur et de Patrick Roy dans le passé n'avait pas fait la preuve cent fois que le Canadien est devenu une dynastie à cause de ses grandes vedettes. C'est malheureux, c'est peut-être injuste, mais une équipe professionnelle gagne à cause de ses surdoués. Tous les plombiers sont remplaçables, ce sont les Mario Lemieux et Patrick Roy qui font la différence.

Patrick Roy devait en avoir plein les baskets de se faire remettre à sa place par un duo de recrues. Trois fois, Mario Tremblay a déclaré qu'il n'avait pas d'affaires à consulter Patrick Roy pour établir son horaire. La semaine dernière, il lui passait une garnotte à un pouce de la tête pendant une séance d'entraînement. Et samedi soir, en ne retirant pas son homme de confiance après la première période, il l'a envoyé directement à l'abattoir.

Ceci dit, Mario a sans doute commis une erreur causée par son manque d'expérience. Et Mario est un homme assez fort pour être capable de régler un problème avec son as gardien en cas de conflit. Je suis convaincu qu'il n'a jamais demandé qu'on le débarrasse de Patrick. La décision s'est prise au-dessus de lui.

Tout comme la décision finale s'est prise au-dessus de Réjean Houle.

Il y a la tristesse de perdre un grand athlète et un homme affable qui respectait les gens. Qui donc peut dire qu'il a été rabroué par Casseau ?

Et il y a la froide réalité du hockey. Le Canadien n'a plus de gardien expérimenté. De plus, alors que l'arrivée de Pierre Turgeon avait rétabli un certain équilibre dans le vestiaire et contribué à relancer l'équipe, voilà que le malaise de la saison dernière va se réinstaller.

Pierre Turgeon perd son meilleur ami. Presque un frère. Et le Canadien se retrouve avec un capitaine qui n'a plus d'influence sur le club. Et un adjoint, Lyle Odelein, qui a passé la dernière saison à bouder et à bougonner. Réjean Houle et Mario Tremblay peuvent bien dire ce qu'ils voudront, c'est un problème qui va leur péter dans la face tôt ou tard.

Nul n'est plus grand que son équipe ou son sport. Mais Mario Tremblay et Réjean Houle devront apprendre et très vite qu'on ne mène pas des pur-sang comme des chevaux de calèche. Les deux ont connu de bonnes carrières comme plombiers de luxe, mais leurs bagues de la Coupe Stanley, c'est Guy Lafleur et les autres étoiles des années 70 et Patrick Roy en 1986 qui les ont gagnées en faisant la différence. Ça semble cruel, mais c'est comme ça.

Il y a de bons acteurs aussi musclés que Sylvester Stallone. Mais c'est lui qui vend les tickets au box-office. Et il faut le traiter en conséquence. C'est la même chose dans le sport professionnel.

Si on avait traité Patrick Roy depuis quelques semaines comme on traite un Dan Marino ou un Jœ Montana ou un Michael Jordan, Casseau n'aurait pas commis la gaffe de jouer d'ironie et d'exaspération avec la foule.

Et des dizaines de milliers d'enfants qui adorent leur Patrick n'auraient pas le cœur brisé ce matin.

Brisebois réplique

7 octobre 2003

Des spectateurs l'ont hué, Bob Gainey s'est prononcé, les journalistes ont commenté. Mais qu'en pense le joueur visé ? Pour la première fois depuis la sortie de son directeur général, Patrice Brisebois se confie.

La lèvre est cousue par 14 points de suture. Les cheveux sont ras. Le visage est marqué. Incroyable que cet homme n'ait que 32 ans.

Mais où est donc passé le sourire ? Où est donc passé ce côté enfant qui montrait sa vulnérabilité ?

Patrice Brisebois est assis, juché sur une table inconfortable, dans le salon des Anciens du Canadien. Il est midi. Vendredi. Les autres joueurs ont quitté. Il n'est pas du tout certain d'avoir envie de cette entrevue : « Il y en a encore qui vont dire que je veux me plaindre. J'ai juste le goût de jouer ma game sans faire de bruit », dira-t-il à plusieurs reprises.

Comme si Patrice Brisebois devait avoir honte de jouer au hockey ! Comme s'il n'était pas le seul joueur de toute l'organisation du Canadien à porter une bague de la Coupe Stanley gagnée à Montréal, avec son équipe ! Ça fait déjà presque dix ans. Comme si tous ses patrons depuis plusieurs années ne le considéraient pas comme le meilleur défenseur de l'organisation et le payaient en conséquence !

C'est quoi, cette folie ? Si les sadiques qui prennent plaisir à faire mal à Brisebois étaient rationnels, ce sont Serge Savard, Réjean Houle, André Savard et Bob Gainey qu'ils devraient torturer. Ce sont eux qui ont gardé Brisebois à Montréal et qui en ont fait un des plus haut salariés de l'équipe.

Brisebois tente de toutes ses forces de se bâtir une carapace. Il jure que les vraies folies écrites par certains journalistes ne l'atteignent plus : « C'est tellement loin de la réalité que ça ne me dérange plus. Y en a même un qui a écrit en 1996 que j'avais tenté de le renverser à un coin de rue avec ma Porsche noire. J'avais une voiture grise à l'époque. Depuis, je me dis qu'il n'y a rien à faire et je rentre à la maison. »

Mais avec des yeux qui laissent quand même passer une angoisse exacerbée, il va demander à plusieurs reprises : « Pourquoi moi ? Pourquoi moi ? Pourquoi toujours s'acharner ? Pourquoi mes patrons m'ont-ils gardé pendant 13 ans avec l'équipe ? Je suis un joueur facile à diriger, j'ai joué blessé au dos, à l'épaule, à la cheville, j'ai toujours essayé de me présenter à chaque soir pour donner ce que je pouvais donner de mieux même si j'étais grippé ou malade. Pourquoi moi ? », dira-t-il pendant l'entrevue.

Pourquoi lui ? Parce qu'il est vulnérable, parce qu'il aime le monde, parce qu'il tripe (sic)beaux chars, parce qu'il parle fort quand il est heureux, parce qu'il n'est pas un violent et un bagarreur...

Parce que certains journalistes l'ont pris en aversion et qu'ils sont nourris par des légendes urbaines véhiculées dans Internet...

Comme la fois de la Ferrari...

Comme la fois du club de golf...

Comme la fois au Grand Prix...

Pis ? Est-ce qu'on s'en fout !

Curieux hasard. Vendredi soir, je remontais dans les Laurentides et j'ai laissé tomber une cantate de Bach pour Martin McGuire à CKAC. Le Canadien venait de gagner contre le Wild du Minnesota, le gars n'avait pas vu le match, mais il vomissait sur Brisebois. Bouche molle, phrases mal articulées, vocabulaire déficient. Suis-je tombé sur un tortionnaire typique de Brisebois ? Toujours est-il que cette fois, McGuire l'a remis à sa place. À la fin, le gars lui donnait presque raison. Pas fait fort. Je suppose que, bien encadré, il aura quand même le courage de huer la prochaine fois qu'il recevra un billet en cadeau pour aller au Centre Bell.

Il ne trouvait pas Brisebois bien courageux. C'est fréquent depuis l'incident Richard Zednik. Comme s'il avait été le seul sur la patinoire, comme si le Canadien n'avait pas disputé un match des séries. Au fait, que s'est-il passé ce soir-là : « Je cherchais le troisième homme du regard, je n'ai pas vu le coup de coude. J'ai juste vu Zednik sur la patinoire. Je ne savais pas ce qu'il avait. Je suis allé voir ce qui se passait. McLaren a juste regardé de côté. C'était dramatique. Les mêmes m'ont ciblé. Encore moi.

« Je me rappelle aussi un incident impliquant José Théodore. Il y a un jeune qui l'a atteint en passant devant le but. Le gars fait 5'9 et ne pèse pas 170 livres. Et à ce jour, je suis certain qu'il n'a jamais fait exprès pour accrocher Théo. Les mêmes qui critiquent auraient dit quoi si je m'étais attaqué à un petit jeune de moins de 170 livres ? Hein ? Mais José était écœuré de se faire bousculer et il a pété les plombs. C'était encore moi le coupable. Quand c'est parti, il ne faut pas essayer de comprendre », de dire Brisebois.

Quand on repasse le film des centaines de matchs disputés par Brisebois, on revoit des mises en échec, on revoit des coups subis quand il allait chercher le puck dans le coin, on revoit quelques bagarres. Mais il est le défenseur offensif du Canadien, celui qui est supposé relancer l'attaque, préparer des jeux, aider à marquer des buts. Pas supposé se battre. Comme Brian Leetch avec les Rangers, comme Paul Coffey dans le temps, comme J.-C. Tremblay il y a encore plus longtemps. Des bagarreurs, ces gars-là ? Même au paradis, Jean-Claude n'aura pas le goût d'aller dans le coin en premier.

Un autre intervenant à l'émission de Ron Fournier, l'autre soir, parlait des statistiques, des plus et des moins. Dieu sait que je ne suis pas fort en statistiques parce que ça ne m'intéresse pas beaucoup.

Quelle est la statistique qui va me dire que Peter Popovic, Dave Manson et Jean-Jacques Daigneault ont connu leur meilleure saison quand ils jouaient à la gauche de Brisebois ?

C'est un cercle vicieux. Brisebois ne veut pas montrer à quel point cet acharnement et les huées imbéciles peuvent gâcher une partie importante de sa vie. Mais si on ne le montre pas, si les amateurs ne savent pas à quel point il peut être atteint et diminué, alors ils ne peuvent se faire une idée juste.

Prenez son arythmie de l'an dernier : « Il était à peu près 16 h. Je me préparais pour mon match contre les Maple Leafs. Je venais de mettre du tape sur mes bâtons. Tout d'un coup, mon cœur s'est affolé. Bapbapbapbap… vite, vite et fort dans la poitrine. C'est affolant pas pour rire. J'ai crié au soigneur que ça n'allait pas du tout. Tellement qu'on a fait venir le médecin des Maple Leafs. Il m'a fait rentrer d'urgence à l'hôpital.

« La semaine suivante, quand ma situation s'était stabilisée, le cardiologue qui était avec le docteur (David)

Mulder, du Canadien, m'a expliqué que, dans ce genre d'arythmie, c'est le cerveau qui en a trop. Trop de stress. Il déclenche quelque chose dans le corps pour envoyer un signal. Il m'a conseillé de m'en aller quelque part, de me reposer, qu'il fallait d'urgence que je me change les idées. J'ai dit au docteur Mulder que je prendrais une semaine de vacances. Je voulais oublier le hockey, tout ça, j'ai acheté des billets d'avion et je suis parti en Europe avec ma femme. Je pensais que le docteur Mulder préviendrait André Savard. C'est sûr qu'André était en maudit quand les journalistes lui ont appris que j'étais allé me reposer la tête en Europe. J'ai mal paru, mais qu'est ce que j'ai fait de mal ? » d'expliquer Brisebois.

Patrice Brisebois est un gars de Montréal. Du quartier Saint-Michel. Fils de Jean Brisebois, un routier qui n'était pas souvent à la maison, disons. « C'est ma mère Pierrette qui venait avec moi à l'aréna. C'était sa sortie de la semaine », dit-il avec pudeur. Il est le plus jeune de quatre enfants.

Les rapports du gamin avec son père n'ont pas été faciles. Le vétéran du Canadien soutient qu'il s'est expliqué avec son père. C'est une chose du passé. Mais il ne peut pas compter sur la présence de ses parents aux matchs du Canadien. « Les huées leur font tellement mal qu'ils ne veulent plus venir au Centre Bell », dit-il.

Un silence. Il regarde devant lui sans voir le salon où on se trouve. D'une voix blanche, il aligne les phrases. « C'est ma ville, j'y suis né. J'en suis fier. C'est mon sport, c'est mon équipe, ça a toujours été mon équipe. Je me donne corps et âme pour mes équipes. J'ai gagné la Coupe du Président avec le Titan de Laval, je me suis rendu en finale de la Coupe Memorial, j'ai gagné la Coupe Stanley avec le Canadien. Pas tout seul, c'est certain, mais j'ai fait ma part.

« Je suis un bon joueur, j'ai un bon coup de patins, je lis bien le jeu, je fais des bonnes passes. Mais je pourrais tellement être meilleur si je pouvais encore jouer avec plaisir. Sais-tu ce que c'est que de jouer avec le gun sur la tête ? Tout le temps ? Que tu joues bien ou mal. Qu'on me hue quand je joue mal, je le prends, c'est normal. Mais les autres huées ? Penses-tu qu'on les entend pas ?

« On a beau gagner de gros salaires, on joue au hockey. C'est un beau jeu. Et on se donne pour les gens.

« C'est tellement fort quand on se sent encouragé et appuyé par les partisans.

« Je ne suis pas le seul. Quand on sort après une période où ça n'a pas été facile, les gens huent. Quand l'attaque à cinq peine, les gens huent. L'an dernier, ils commençaient à huer Craig Rivet. Il a fait quoi de mal, Craig ? On essaie, on essaie, le monde ne le voit donc pas qu'on essaie et que c'est pas facile ? Les gens sont supposés connaître leur hockey. Ils savent qu'on a des difficultés à compter des buts, ils savent qu'il faut tenter quelque chose, qu'il faut créer des ouvertures. Les attaquants nous demandent de les appuyer quand on a la chance. Mais si on va en attaque, on prend un risque. Pourquoi se fait-on huer à Montréal si on prend une chance, si on tente quelque chose pour aider l'attaque ? Mes patrons le savent, ils m'appuient. Ça fait 13 ans que je joue pour eux », dit-il.

Il ne dirait pas non à une transaction. L'an dernier, quand l'échange avec les Devils du New Jersey a avorté, il jure que c'est n'est pas lui qui a bloqué la transaction. Mais ce n'est pas vrai non plus qu'il refuserait d'aller jouer ailleurs dans la ligue. Il en a trop bavé. Il veut avoir du plaisir à jouer avant de prendre sa retraite. Il veut avoir le sentiment de jouer à son niveau et de ne pas être étranglé par le stress.

Comme les sados et les tatas ne relâchent jamais leur surveillance, Brisebois n'a pas souvent l'occasion de relaxer même à l'extérieur de la patinoire : « Si je suis dans une Cage aux sports pour manger et que le gars me présente aux gens, si je me lève pour les saluer, y en a un qui va lancer que je suis frais, et si je ne me lève pas, il va dire que je suis snob et arrogant. Je fais quoi ? »

Il a trouvé un refuge. Le plus souvent possible, il revient à la maison pour retrouver Alexandra, trois ans et demi et Patricia-Rose, dix mois.

Mais là, il y en a un qui va envoyer un courriel à son journaliste « favori » pour dire que c'est pas vrai, que Brisebois ment, que l'autre soir on l'a vu dans un bar à 10 heures le soir…

Ken Dryden : tout un numéro !

27 janvier 2007

Le Canadien retirera lundi un autre chandail de son impressionnante collection. Le 29, celui d'un monument dans la tradition du hockey, mais aussi d'un homme qui n'a jamais ménagé les efforts pour améliorer le sort de sa communauté. Portrait.

On était dans un autobus entre l'aéroport O'Hare et l'hôtel Bismark de Chicago. Scotty Bowman était assis à l'arrière du bus avec Claude Ruel. Puis, il y avait habituellement les cinq journalistes qui accompagnaient l'équipe assis avec les vétérans des dernières rangées, Jim Roberts, Serge Savard, Guy Lapointe et Larry Robinson. Les fumeurs de cigare.

Cette fois-là, j'étais assis dans la première rangée du bus parce que j'avais été le dernier à grimper dans le véhicule. Une histoire de valise et de mauvais anglais.

On roulait tranquillement. Les joueurs étaient de belle humeur. Une couple de bières pendant l'envolée avaient détendu l'atmosphère. Et puis, à l'époque, le Canadien gagnait tout le temps. Seul Scotty Bowman pouvait rendre ses hommes de mauvaise humeur. Ou les maîtresses fatigantes…

Ken Dryden avait le nez plongé dans ses gros bouquins de droit. Il prenait des notes sur le dessus de son attaché-case. À un moment donné, Pointu a lâché du fond de l'autobus : « Hé ! Kenny ! À droite, un McDonald's ! »

Tout de suite se sont enchaînés les « Kenny ! Un Pizza Hut ! » ou un « Burger King ! » le tout couronné par « Hé Kenny ! Des vêtements usagés ! On demande-t'y au chauffeur d'arrêter ? »

Dryden était tout juste derrière moi, assis avec Doug Jarvis. Je m'étais retourné pour voir sa réaction. Il souriait. Un vrai sourire décontracté. Le sourire d'un grand frère qui trouve amusantes les taquineries et les pitreries de ses petits frères. Un sourire généreux.

Quand il avait fini de prendre des notes, il avait ouvert son attaché-case. Il y avait rangé trois ou quatre des sandwichs servis dans l'avion. De quoi souper à Chicago…

Des années plus tard, quand j'ai lu son extraordinaire livre *The Game*, j'ai retrouvé de ces scènes succulentes, c'est le cas de le dire. Racontées du point de vue de Dryden. Avec indulgence, avec un sens de l'autodérision et un amour de ses anciens coéquipiers transpirant à chaque page.

Oui, Kenny Dryden, le meilleur gardien de but de son époque, un géant appuyé sur son gros hockey de gardien quand le jeu se transportait à l'autre bout, était très économe. Les anecdotes se comptent par centaines à ce sujet. Comme la fois où Dryden a fait le tour du quartier à trois ou quatre reprises pour dénicher un parcomètre avec du temps à écouler… ou toutes les fois que les joueurs ont tenté de partager le montant d'une facture avec lui. Il refusait systématiquement puisque le frugal gardien se permettait rarement une bière au restaurant et que l'esprit d'équipe, selon lui, ne l'obligeait pas à payer pour le vin de Serge Savard…

Mais il était aussi économe de buts. Pendant toutes ces années où le Canadien a gagné six Coupes Stanley en huit ans, Ken Dryden a été la pierre d'ancrage de l'équipe. Il y avait de ces soirs où même le Big Three, Robinson, Savard et Lapointe, avait les pieds dans le ciment en première période. À Boston, Esposito, Cashman, Orr ou Vadnais, Park, Bucyk et compagnie sautaient sur la patinoire comme des enragés. Ils fonçaient vers le but du Canadien comme des kamikazes. Habituellement, le Canadien retournait au vestiaire en avant 1-0 après la tempête. Le ton était donné, les Glorieux allaient en gagner une autre.

En troisième, quand c'était 4-1 Canadien, il arrivait que le grand Kenny donne un mauvais but. Sa concentration diminuait. Mais quand c'était 0-0, ç'aurait pris une demi douzaine de Guy Lafleur pour le battre. C'est de ça dont se rappellent ses anciens coéquipiers.

Le nez dans les livres, Ken Dryden n'était pas un joueur de hockey comme les autres. Il avait complété son droit, il avait toujours le nez plongé dans un gros bouquin et il ne lui arrivait jamais de répondre par un cliché à une question niaiseuse. Comme Jacques Villeneuve, il répondait toujours sérieusement à un interlocuteur. À un moment donné, à 26 ans, après deux Coupes Stanley en trois saisons, il a pris une année de congé pour aller compléter son barreau dans une firme de Toronto. Fallait le faire.

Quand j'entrais dans le vestiaire du Canadien après une autre victoire, je déposais un petit magnéto à côté de Dryden et j'allais faire le tour des autres joueurs. Quand j'avais terminé, une demi-heure plus tard, Dryden répondait toujours à la première question. Pour un quotidien de l'après-midi comme *La Presse*, il était parfait.

Les joueurs l'aimaient sincèrement. Ils faisaient des blagues dans son dos parce qu'il était trop différent, mais ils l'admiraient. Ils le jalousaient un peu aussi parce que les journalistes de toutes les villes de hockey se pressaient autour de lui pour obtenir de bonnes entrevues.

Je ne l'ai vu en état de choc qu'une seule fois. C'était un matin de semaine et le club volait vers Toronto. On aurait entendu une mouche voler dans l'avion tellement la tension était épouvantable. Bertrand Raymond avait divulgué le salaire de 275 000 $ par saison de Dryden pour appuyer les revendications de Guy Lafleur, encore coincé dans un mauvais contrat signé dans des conditions pas très élégantes pour le Canadien. Dryden gagnait le double de Lafleur, de loin le meilleur joueur de son ère.

Dans l'avion, Dryden sentait les regards de ses coéquipiers qui gagnaient tous moins que lui. À l'époque, les salaires des joueurs n'étaient pas révélés au public, pour éviter l'effet de levier pour les joueurs. Dryden alternait du blanc au rouge quand les journalistes s'étaient approchés de lui pour lui poser quelques questions.

Ç'avait été une envolée d'enfer. La journée s'était poursuivie par une grève de Guy Lafleur dans sa chambre d'hôtel avant le match. Irving Grundman, qui chaussait les grands souliers de Sam Pollock, avait pris l'avion de Montréal pour venir négocier avec Lafleur et son agent Gerry Petrie dans la chambre de Lafleur.

Quand on était revenus après le match, Lafleur fêtait calmement son nouveau contrat à l'arrière de l'avion. Cette nuit-là, Ken Dryden n'était plus le joueur le mieux payé de l'équipe.

Un homme cultivé

Dryden a été davantage qu'un grand gardien de but. Dans mon esprit, il est clair que Patrick Roy aura été un meilleur gardien que lui.

C'est un homme cultivé, généreux malgré ses habitudes frugales, socialement impliqué et immensément amoureux du hockey, qu'on va honorer, lundi.

Ce géant a écrit des livres magnifiques. Il a mené des enquêtes sur l'éducation en Ontario, il a été un facteur de changement dans la société.

Après sa retraite, au milieu des années 80, il a écrit et s'est impliqué comme coproducteur de *The Game*, une fabuleuse série documentaire de six épisodes sur le hockey. J'ai eu le privilège de superviser la traduction des six heures pour la télévision francophone et de réaliser toutes les parties qu'on voulait insérer avec des personnalités du Québec. Pour ce faire, il fallait donc couper une dizaine de minutes dans le contenu original. C'était un cauchemar parce qu'enlever trois minutes à *The Game* pour glisser trois minutes avec Jean-Paul L'Allier, maire de Québec à l'époque, c'était un contraste choquant avec la passion de l'original. Mais ça m'a obligé à décortiquer, séquence par séquence, le travail colossal de Dryden.

Vingt ans plus tard, je demeure tout aussi admiratif de son œuvre. Et j'étais fort gêné qu'on me demande un autographe parce que j'étais à ses côtés lors du lancement de la série en français. Primo, c'est lui qui l'avait écrite. Deuzio, les cinq Coupes Stanley, c'était lui. Moi, j'étais sur la passerelle de presse à manger des chips en deuxième période. Faut pas confondre.

Poli, généreux, intéressant. J'ai parlé souvent à Dryden au fil des années. D'abord, quand il s'est retrouvé président des Maple Leafs de Toronto. Suffisait de lâcher un coup de fil, de laisser un message et, quelques minutes plus tard, la voix caverneuse de Kenny résonnait à mon oreille. Toujours poli, toujours généreux et toujours intéressant. Pour préparer une chronique avant une visite des méchants Leafs, 20 minutes au téléphone avec monsieur le président suffisaient amplement.

Député libéral, ministre libéral et candidat à la direction du Parti libéral fédéral, Dryden a toujours voué un amour profond au Canada. Un amour romantique, comme son amour pour le hockey. Il va sans dire qu'il m'a taquiné à plusieurs reprises sur mes tendances politiques. Personnellement, le Canada, je le respecte beaucoup…

J'ai eu de la peine pour lui juste une fois. C'était il y a deux ou trois ans, à Ottawa. J'étais allé rencontrer un ministre du gouvernement Paul Martin pour un dossier. Je m'étais retrouvé visiteur aux Communes. Et justement, un député du Bloc posait une question à Ken Dryden à propos de son ministère.

Dryden avait juste bougé un peu pour se lever mais Mme Lucienne Robillard avait été plus vite que lui. La question touchait le Québec et la sainte Jeanne-d'Arc de M. Martin n'allait pas laisser répondre un ministre aussi junior que M. Dryden.

Kenny, que je savais si intelligent, si socialement juste, si profond et si honnête, s'était fermé la trappe et s'était tassé sur son siège.

Ça n'a pas de câlisse de bon sens, avais-je dit à mon ministre.

C'est ça, la politique, m'étais-je fait répondre.

Heureusement, c'est le chandail du Canadien qu'on va lever ce soir.

Tout mon respect et toute mon affection au 29…

Les grands directeurs

Juste de beaux souvenirs

19 octobre 1995

Quelle conférence de presse ! La ville à ses pieds, au 36e étage de son hôtel, plusieurs dizaines de ses vieux amis venus l'écouter, des dizaines de journalistes, des caméras de télévision qui transmettaient en direct à tous les réseaux ce qu'il avait à dire, Serge Savard n'a pas raté sa sortie.

Savard a été applaudi quand il est entré dans la salle surchauffée. Il a souri, il a pris le micro, il a rassuré et remercié sa famille, salué son fils qui était dans la salle, les joueurs qu'il a dirigés, « l'homme qui m'a congédié parce qu'il m'a donné ma première chance » et il a dominé totalement, entièrement et absolument la situation.

Jamais un mot négatif, jamais de fiel, juste de beaux souvenirs.

Un contrastre frappant avec la conférence de presse de Ronald Corey, la veille au Forum. Il n'y avait pas d'amis de Corey dans la salle. Seulement des employés ou des gens intéressés. Et le congédieur avait le visage tourmenté et ravagé alors que le gros Sénateur, à part l'émotion du début, a toujours été serein.

Faut dire que si être congédié, c'est toujours une épreuve difficile à surmonter, ça se fait mieux quand on est plusieurs fois millionnaire, qu'on est copropriétaire d'un grand hôtel et qu'on est impliqué dans plusieurs compagnies. Ça aide à faire passer les journées d'hiver.

Savard a montré beaucoup de classe. Il a soutenu qu'il demeurait loyal à l'Organisation et que le prochain directeur général n'avait qu'à l'appeler quand il aura le poste pour avoir accès à ses dossiers, ses fiches et ses informations.

L'homme avait de la prestance. Et il ne sort pas diminué de ce congédiement brutal. Après le choc de la première heure, il a léché ses plaies en compagnie de ses amis, a dormi quelques heures et a préparé sa conférence de presse. Il a refusé de blâmer Ronald Corey, se contentant de répéter « qu'il avait le sentiment que ce congédiement était injuste. Qu'on travaillait à relancer l'équipe et qu'il laisse un bon groupe de joueurs, meilleur qu'on pense. »

« Mais il y a vingt ans, j'avais dit à Réjean Tremblay (excusez la citation) qu'un jour j'écrirais un livre. Le titre en serait : *Condamné à gagner*. Dans le hockey en général, à Montréal encore bien plus, t'es condamné à gagner. Depuis un an et demi, c'était plus difficile. M. Corey était le patron, il a pris une décision, je la respecte », a-t-il dit.

Après la conférence, plusieurs journalistes ont entouré Savard pour rebrasser de vieilles histoires, de celles qu'on ne raconte pas. Comme le soir à Winnipeg où il avait emmené quelques confrères se recueillir sur la tombe de Louis Riel.

Ou certaines soirées arrosées dans un vieil hôtel de Sarajevo, pendant les Jeux olympiques de 1984, alors que Savard, le regretté Claude Saint-Jean et le ministre libéral Jacques Olivier s'étaient acharnés sur les pauvres journalistes

« séparatistes » qui n'avaient pas encore compris la leçon du référendum de 1980.

« On s'est engueulés, mais on a eu plus de fun que d'autres choses », reconnaissaient autant Savard que les vétérans du beat.

Il y avait deux Serge Savard. Celui que le public, qui n'en percevait que l'image, trouvait arrogant et suffisant. C'est ce Savard qu'on huait lors des matchs d'anciens.

Et il y avait le Serge Savard fort, généreux et loyal envers les siens et ses patrons. Ce Savard était parfois colérique, jamais rancunier, souvent joyeux luron et, surtout, plus chaleureux qu'on pouvait le croire de prime abord.

C'était ce Serge Savard qui jouissait de l'amitié sincère de Jean Lapointe, de Claude Ruel, de Jean-Luc Lussier, de Jean-Louis Marinier, du docteur Claude Clément, de Marcel Aubut et de plusieurs dizaines de personnes.

Depuis plusieurs années, Savard consacrait temps et énergie à gérer sa fortune personnelle. On lui reprochait, dans son dos, de ne pas assez voyager pour des fins de recrutement. Il balaie du revers de la main ces insinuations : « Allons donc, je fais partie des propriétaires du Château Champlain, je n'en fais pas la gérance. J'ai toujours été impliqué dans des affaires et des entreprises. Je viens d'une famille qui s'intéressait aux affaires, et même quand j'étais joueur, on chuchotait que je consacrais trop de temps et d'attention à mes investissements personnels. Quand on a gagné la Coupe Stanley en 1993, qui donc s'est plaint de mes intérêts d'affaires ? » a-t-il rétorqué.

Il était trop conservateur. Il n'avait pas su s'ajuster à la réalité nouvelle que vivait l'équipe. Mais le Canadien perd quand même un bon homme.

Il chaussait du 14, ça fait de grands souliers à remplir.

Et puis, il ne craignait qu'une seule personne au monde.

Michèle Lapointe !

Le plan B va coûter cher…

Un informateur bien branché soutenait hier soir que Ronald Corey était en réunion avec Mickey Cohen, le président des compagnies Molson, pendant que Serge Savard rencontrait là presse montréalaise.

Il était impossible de confirmer cette rumeur en soirée. Ça ne me surprendrait pas du tout. Molson doit être inquiète. Les directeurs généraux bilingues ne courent pas les rues. Marcel Aubut avait parcouru le monde entier pour remplacer Maurice Filion. Pour finir avec Martin Madden et le désastre qui a suivi.

Corey doit mettre ses patrons au courant de son plan B. Et s'il espère débaucher un homme en place comme Bob Gainey, il doit certainement obtenir quelques millions de plus de Molson pour acheter le transfert.

Personne n'arrive à croire que Corey n'avait pas un candidat en tête au moment de congédier Savard.

Le Montréalais tranquille

23 septembre 2006

Le monde est drôle. Il a fallu que Bob Gainey tourne un message publicitaire pour les rôtisseries St-Hubert pour qu'on découvre qu'il pouvait sourire. Et les réactions des gens montrent bien que Bob Gainey est une bien plus grande vedette que Martin Matte. En tous les cas, c'est une vedette qui surprend davantage.

Il faut dire qu'on connaît bien mal Bob Gainey. Et il faut dire, surtout, que le directeur général du Canadien n'est pas le genre d'homme à étaler ses joies et ses tourments sur la place publique.

Gainey est la discrétion incarnée.

Robert Gainey est un vrai Montréalais. Il demeure boulevard René-Lévesque, en plein centre-ville, et peut se rendre à pied à ses endroits favoris quand le cœur lui en dit. Comme l'autre soir, quand il s'est rendu voir chanter Ziggy Marley au Spectrum : « C'était plus par curiosité, c'est quand même le fils de Bob Marley, tu sais, le reggae », raconte Bob Gainey.

C'est ce qu'il aime. De petites salles où il peut se fondre aux clients et communier en paix avec la musique. Il n'a pas le même feeling dans les gros shows de rue du Festival de jazz : « Mais le 13 octobre, j'aimerais pouvoir me libérer pour aller entendre Michel Rivard avec l'Orchestre symphonique. Entendre comment va sonner cette musique de qualité avec un grand orchestre », ajoute Gainey.

Il n'a pas dit « sonner », mais c'est ce qu'il voulait dire. Toute l'entrevue de deux heures s'est déroulée en français. Parfois, pour la facilité de la lecture, j'ai récrit en français littéraire ce qui avait été plus laborieux. Je pense avoir été toujours respectueux de la pensée de Gainey.

On connaît l'histoire. Et ceux qui n'étaient que des gamins connaissent les légendes. Bob Gainey, le gros et grand gamin de 19 ans qui est parti de Peterborough pour venir s'installer tout seul à Montréal. Et qui s'est taillé une place avec le Canadien : « C'est parce que Réjean Houle avait choisi de quitter pour les Nordiques que j'ai eu une chance », dit-il avec modestie.

N'empêche, l'an prochain, c'est le numéro 23 qu'on va retirer, pas le 15.

L'histoire, c'est un grand ailier gauche costaud et coriace que Victor Tikhonov a qualifié de meilleur attaquant au monde, c'est un gaillard tranquille dans les avions et les autobus qui jasait à voix basse avec Doug Jarvis ou qui avait toujours le nez plongé dans un livre. L'histoire, devenue légende, c'est un joueur courageux et dur qui a déjà gagné une Coupe Stanley après avoir eu les deux épaules luxées pendant les séries. Celles de 1979 quand les joueurs du Canadien l'avaient porté sur leurs épaules après la victoire finale. Parce qu'eux, ils savaient.

L'histoire, c'est le capitaine de 1986 qui a pris le contrôle de l'équipe pour la mener à la Coupe Stanley. Et qui, après la défaite en finale contre les Flames de Calgary, « tu te souviens, c'est le but de Lanny McDonald », est parti avec ses quatre enfants et sa femme Cathy pour Épinal...

C'est après 1989 que l'histoire est devenue la légende... J'ai choisi Épinal pour articuler l'entrevue parce que c'est l'épisode de la vie de Gainey qui le dépeint le mieux. Il était capitaine du Canadien de Montréal, finaliste de la Coupe Stanley, et le voilà qui débarque avec armes et bagages dans une petite ville des Vosges traversée par une belle rivière qui alimentait une atelier où on fabriquait les célèbres images... d'Épinal.

« Je pense qu'Épinal illustre bien un aspect de ma personnalité. Le sport m'a fait découvrir que je n'avais pas peur d'ouvrir une porte. Je n'ai pas peur de l'ouvrir et d'aller voir ce qu'il y a derrière. Je ne reste pas dans l'antichambre si je peux ouvrir la porte », dit-il.

N'empêche, ce fut toute une expérience : « C'est une année où j'ai beaucoup appris. Les premiers mois, je ne comprenais pas un traître mot. Je vivais dans un village de fermiers près d'Épinal. Il fallait même réapprendre à manger. J'ai alors mieux compris les difficultés rencontrées par des joueurs, comme

Mats Naslund, qui venaient d'Europe pour s'installer à Montréal. Et j'ai ressenti encore plus de respect pour les efforts d'adaptation qu'ils devaient déployer », raconte-t-il.

Aujourd'hui, les joueurs sont mieux préparés à ces exils. Le jeune Samsonov est marié à une Américaine et s'est adapté facilement à la vie nord-américaine. Comme Alexei Kovalev, qui est maintenant un vrai Américain. Par contre, Andrei Markov, selon Gainey, est très Russe : « C'est très important de retourner en Russie à chaque été. Les joueurs d'aujourd'hui, s'ils croient qu'ils ont une chance de jouer dans la Ligue nationale, se préparent mieux. Ils apprennent un peu d'anglais et savent à quoi s'attendre. Je crois que c'est moins difficile pour ces jeunes de s'adapter à leur nouvelle vie. Vous savez, le monde est bien différent en 2006 qu'il ne l'était en 1986. »

Reste que ce n'est pas toujours évident. Il y a la famille... « Mais j'ai aussi découvert à Épinal qu'on n'a pas à s'inquiéter pour les enfants. Ils s'adaptent très vite. Ils comprenaient le français après quelques mois et s'étaient déjà fait des amis.

« D'ailleurs, j'ai gardé des liens avec Épinal. Pendant le lock-out, mon fils Steven est allé jouer toute la saison pour l'équipe d'Épinal. Et après notre retour au Minnesota, mes enfants sont retournés passer un mois chaque été pendant quatre ou cinq ans. Nous, nous recevions des enfants français à la maison dans une sorte d'échange. Et puis, Anne, une jeune fille d'Épinal, est demeurée (sic) à la maison pendant deux ans à Dallas, où elle venait étudier. Je pense même qu'elle vit encore à Dallas », de raconter Gainey.

Et puis, monsieur Bob, comme l'appelaient les gens d'Épinal, a appris une autre chose très importante pendant son séjour en France : « Ici, en Amérique, on s'attend à ce que tout se fasse tout de suite. »

On demande quelque chose, on veut que ce soit tout de suite. On veut faire réparer la fenêtre, c'est immédiatement. Mais en France, y'a rien d'immédiat. On appelle et on se fait répondre : « Oui, monsieur Gainey, nous nous en occupons. » Tu te dis que c'est réglé. Trois ou quatre jours plus tard, on rappelle : Oui, monsieur Gainey, on ne vous oublie pas. » Finalement, neuf ou dix jours plus tard, le menuisier arrive, de belle humeur et répare la fenêtre. J'ai vite découvert que, dans la vie, il y avait plusieurs façons de régler des problèmes », de raconter Gainey en souriant.

Régler les problèmes. Bob Gainey a fait face à de très sérieux problèmes dans sa vie. Il a rarement montré à quel point ces difficultés pouvaient le bouleverser. Sa femme Cathy a été atteinte d'un cancer du cerveau quand il était au Minnesota. Ses North Stars disputaient la finale de la Coupe Stanley et après les matchs, gagne ou perd, Gainey allait retrouver Cathy, qui faisait des efforts inouïs pour l'appuyer dans son travail.

Et un peu plus tard, il s'est retrouvé confronté à un problème horrible. Une de ses filles est devenue accro à l'héroïne. On peut imaginer l'enfer pour un père seul tentant de sauver sa fille : « C'était une enfant, elle n'avait que 13 ans. Heureusement, aujourd'hui, ça va plutôt bien », dit-il.

Quand il en parle, il raconte surtout comment il a découvert que ces drames qu'on pense uniques peuvent être nombreux. Dans des groupes, il a rencontré d'autres parents aux prises avec des problèmes similaires. Demandant de l'aide, espérant, le cœur brisé, que le pire était derrière et que leur enfant s'en sortirait.

D'ailleurs, quand je demande à Gainey s'il y a d'autres passions que le hockey dans sa vie, il répond : « Je n'ai pas eu d'autre passion aussi forte que mes enfants. Maintenant, la plus jeune a 22 ans et ils vivent leur vie. Depuis, j'aime beaucoup de choses, mais je n'ai pas de passion », dit-il.

D'ailleurs, pour les intéressées, Gainey, 52 ans, condition physique de marathonien, amateur de musique et de lecture, est célibataire. Fin du message.

J'écris « amateur de musique », mais encore là, il faut pondérer. Gainey n'est pas dépendant de musique ou de télé. En fait, il le dit lui-même, il est très bien dans la solitude : « Je suis aussi très bien seul. Dans le silence. Je ne suis pas le genre d'homme qui ouvre la radio en entrant à la maison pour meubler la solitude. Quand je roule pendant cinq heures pour aller à Hamilton, je peux passer les cinq heures dans le silence. Je donne quelques coups de téléphone, mais je reste dans le calme. Je réfléchis. Je peux fort bien passer une semaine dans une chambre d'hôtel sans même ouvrir le téléviseur. »

Et il lit beaucoup. Ces temps-ci, il est plongé dans un vieux classique de Fenimore Cooper, l'auteur du *Dernier des Mohicans*.

Je disais que c'est un vrai Montréalais. Qui aime et défend Montréal : « Je trouve que la ville va bien. C'est vraiment une chance de vivre à Montréal. On sent une énergie positive. Et puis, quoiqu'on en dise, c'est une ville propre. Plus propre. Il ne faut pas oublier que des centaines de milliers de personnes utilisent cette ville à tous les jours. Il y a le métro où je ferais des efforts supplémentaires. Il y a des fois où je prends le métro et que je me demande si je laisserais ma fille s'y promener.

« Cette ville, je sens à quel point le Canadien y tient une place importante. D'ailleurs, si on me demande quand est-ce que je sens la pression de mon travail, je dirais que c'est au mois de septembre quand j'entends ce que les partisans espèrent. Le reste de l'année, je fais mon travail, jour après jour, en faisant de mon mieux. Mais à l'automne et peut-être avant les séries, quand j'arrête un peu et que je suis vraiment conscient des attentes des gens, alors là, je sens la pression », d'expliquer Gainey.

Il réfléchit quelques secondes quand je lui demande qui est son vrai patron chez le Canadien : « Monsieur Boivin. C'est Pierre Boivin mon patron. C'est à lui que je rends des comptes même si, dans les faits, les vrais patrons sont toujours les fans et les joueurs », ajoute-t-il.

Je connais Bob Gainey depuis plus de 30 ans. Je me rappelle de sa grosse tête bouclée de jeune homme de 20 ans déjà trop tranquille. Dans les autobus ou les avions, il était toujours à sa place. Posé et déjà plus mûr que des joueurs aguerris tels que Jim Roberts ou Pete Mahovlich. Dans le fond, c'est là que je l'ai connu. Pendant ces interminables voyages à Vancouver ou Los Angeles ou en attendant sur le tarmac d'un aéroport dans un autobus après une victoire.

« Pourquoi, Bob, avoir banni les quelques journalistes de l'écrit des avions et autobus de l'équipe ? C'est là que les journalistes peuvent le mieux connaître et comprendre les joueurs ? À long terme, vous vous tirez dans le pied… »

« C'est juste une question de compétition. Ailleurs dans la Ligue nationale, les joueurs voyagent seuls dans leur avion, on leur offre le même environnement. C'est comme le parking. Dans le temps, on stationnait Place Alexis-Nihon et on traversait la rue pour se rendre au Forum, et c'était bien correct. Mais aujourd'hui, les joueurs ont des stationnements intérieurs dans tous les édifices. On doit leur offrir les mêmes commodités. C'est comme les repas complets offerts après les matchs. Ailleurs dans la Ligue, ils ont ces repas, on leur en donne aussi à Montréal. C'est d'ailleurs logique, ils s'entraînent fort, c'est normal qu'ils mangent bien », répond-il.

« Et tu trouves normal qu'il n'y ait que quatre Québécois avec le Canadien ? T'as pas connu ça dans ton temps. »

« C'est évident que c'est important. Mais ce n'est pas une affaire qui va se régler en quelques semaines. Ça va prendre du temps. Si le hockey est encore plus populaire, s'il est mieux enseigné, alors, on pourra trouver plus de joueurs québécois. Mais je n'ai pas de réponse claire et complète à ce sujet. On trouve maintenant des joueurs partout, même en Californie ou à Dallas. Et puis, il y a d'autres équipes qui sont au courant qu'il y a des bons joueurs chez nous. Il y a de nombreux dirigeants qui viennent du Québec.

« On trouve vite les noms de Pierre Lacroix, de Jacques Lemaire, de Michel Therrien, d'Alain Vigneault, de Claude Julien et de quelques autres. Ça commence à faire du monde à la messe.

« C'est curieux à quel point les grands joueurs imaginatifs viennent surtout du Québec et de Vancouver. On dirait que des sociétés plus libérales permettent même à leurs joueurs de hockey de s'exprimer davantage. Les gens de l'Ontario me diront qu'il y a eu Wayne Gretzky, mais ça ne contredit pas ce que je dis », dit-il.

Il réfléchit quelques secondes et ajoute : « Je reconnais qu'il faut cependant faire notre travail avec compétence. Il faut que les fans sachent que nous faisons nos devoirs », dit-il.

Bob Gainey pense que son équipe a ce qu'il faut pour connaître une bonne saison. C'est lui qui demande ce que je pense de Carbo. Je lui réponds par une remarque de Patrick Roy, qui se demandait le printemps dernier si Carbo pouvait être assez « méchant » pour faire marcher tout un vestiaire. « À ce que je sache, on peut être une bonne personne et finir sa journée avec une besogne bien faite. Je ne suis pas inquiet, Carbo a ce qu'il faut », dit-il.

« Mais est-ce que tu es un directeur général patient avec un coach ? »

« Moi, je pense que je suis patient. (Il hésite et sourit.) Mais probablement que Claude Julien pense que je ne le suis pas assez », répond-il.

A-t-il été patient avec José Théodore ?

« J'aimais beaucoup José. C'est un bon garçon, mais je pense qu'il avait trop de pression sur les épaules avec ses histoires de famille. Je ne me rappelle plus exactement de la date (sic), mais Pierre Lacroix m'a appelé. Environ six semaines avant la transaction. Son offre ne me satisfaisait pas. Et puis, il fallait que je sois certain que Cristobal Huet était fin prêt. Mais finalement, Pierre et moi nous sommes entendus. C'est une transaction où tout le monde gagne », explique-t-il.

Marcel Aubut, qui avait rencontré Bob Gainey à Paris pour lui offrir le poste de directeur général des Nordiques en 1990, définit le travail d'équipe ainsi : « Beaucoup de monde qui font ce que je leur dis de faire. » Gainey a une autre définition de sa façon de travailler : « Je cherche à savoir comment je peux ajouter mon talent à celui des autres. »

C'est Robert Gainey, le directeur général si discret du Canadien, c'est lui.

la fenêtre, c'est immédiatement. Mais en France, il n'y a rien d'immédiat. »

Les grands coachs

Un livre qui a une âme

3 novembre 2005

Si Mario Leclerc écrivait samedi un nouveau chapitre à la biographie de Jacques Demers, il pourrait l'intituler : « Trois jours de la vie d'un homme libre ».

Jacques Demers a eu 61 ans, le 27 août dernier. J'ai terminé vers cinq heures et quart, hier, la lecture de sa biographie. C'est simple, Demers a été un prisonnier pendant plus de 55 ans. Prisonnier d'un père violent, prisonnier d'une face qu'il fallait offrir au voisinage, prisonnier d'un analphabétisme qui a empoisonné sa vie.

Je le reconnais sans gêne. Je suis encore sous le choc. J'essaie d'imaginer l'incroyable chaîne de mensonges que Jacques Demers a dû enfiler pour seulement espérer survivre dans le monde hyper compétitif du hockey. Comment convaincre Marcel Aubut ou le prof Caron à St. Louis, ou Mike Ilitch à Detroit de l'embaucher, de lui confier des organisations valant une centaine de millions alors que l'homme était à peine capable de déchiffrer une manchette d'un journal. À condition d'être seul et d'avoir du temps pour le faire.

J'essaie d'imaginer toute la structure intérieure de compensation que Demers avait mise en place pour bâtir sa carrière et sa vie. Être optimiste à outrance alors qu'une épouvantable anxiété lui serrait les boyaux, donner le change, toujours donner le change, ne pas savoir ce qui s'écrivait à son sujet, donner et encore donner le change. Être amoureux de sa Debbie et ne pas pouvoir lui avouer qu'il ne pouvait pas lire son contrat ou régler de simples factures, toujours, jusque dans la chambre à coucher, devoir inventer, devoir avoir sa garde levée pour protéger le secret.

Mon Dieu que Jacques Demers va vivre une belle journée aujourd'hui ! Sa première journée complète d'homme libre. Pouvoir signer un autographe et dire au jeune : « Tu vas écrire ce que tu veux comme dédicace, l'écriture n'est pas mon fort. » Et signer avec le sourire parce que tout le Québec saura. Je dis le Québec, mais j'ai déjà vérifié. L'article de *La Presse* d'hier est en train de faire le tour de l'Amérique. Parfait, Jacques va pouvoir appeler Mitch Album, le formidable journaliste-écrivain du *Detroit News* et répondre honnêtement à ses questions. Sans rien cacher. En riant. « C'est comme ça, mon Mitch, j'ai fait mon possible pour avoir le droit de vivre… »

Aussi simple.

Je connais Jacques Demers depuis 1972. Il était venu avec les Cougars de Chicago disputer un match à Chicoutimi. Et je lui avais parlé à l'hôtel de ville alors que Reggie Fleming et les autres Cougars attendaient pour signer le livre d'or. Si mon ami Jean Tremblay, l'actuel maire de Chicoutimi et féru d'histoire, prend la peine d'aller vérifier, il va pouvoir nous dire si Jacques avait signé le grand livre d'or de la Ville. Fin septembre ou début octobre 1972.

Ma première vraie entrevue remonte au Reine Élizabeth lors des assises de la Ligue nationale de hockey. Nous avions pris un café ensemble. Je l'avais trouvé chaleureux et ouvert.

Puis, j'avais couvert la première victoire des Nordiques contre le Canadien. Fin octobre, si ma mémoire est fidèle, Demers avait complètement outcoaché Bernard Geoffrion. Il s'était permis de faire jouer Curt Brackenbury sur deux trios.

Un soir, pendant la série entre les Red Wings et les Oilers d'Edmonton, j'étais entré dans le bureau de Demers à Detroit. Il devait être 6 h et on était à deux heures du match. Il m'avait dit en parlant de ses joueurs : « Les Oilers sont bien meilleurs... mais sais-tu ce qui compte vraiment, c'est que mes joueurs, eux autres, le savent pas et pensent le contraire. »

Les Wings avaient chauffé les puissants Oilers. C'est le cas de le dire, avec Demers, la foi déplaçait des montagnes.

J'ai été impliqué dans un imbroglio avec Jacques Demers dans une histoire impliquant Mathieu Schneider et deux ou trois de ses amis chez le Canadien. Le bruit a couru que Demers était ma source d'information. Comme si c'était possible. Il a été très mal à l'aise avec ces rumeurs, et je le comprends. Mais ça ne l'a jamais empêché d'être respectueux et correct.

Quand on fait une psychothérapie, arrive un moment où on réalise un phénomène étrange. C'est comme si on avait passé sa vie à côté de ses souliers. Ça danse mal...

Jacques Demers a enfin enfilé ses souliers. Il lui reste encore 30 ans pour nouer ses lacets. C'est pas extraordinaire...

Ça ne fait pas de Jacques Demers un saint. Mais ça en fait un homme maudiment utile à sa communauté. N'importe qui peut maintenant demander de l'aide. Qu'il ait 20, 40 ou 60 ans. N'importe qui peut se présenter à une classe pour adultes et demander des leçons pour acquérir certaines notions. Qui peut se permettre de se moquer du dernier coach du Canadien à avoir gagné la Coupe Stanley ?

Quant au livre, c'est une vraie biographie. Un vrai livre d'auteur. Je ne dis pas que c'est le chef-d'œuvre absolu, mais je dis que c'est un bon livre. La recherche est complète, et l'écriture est assez dépouillée pour ne pas occulter le sujet et les thèmes abordés. Rien n'est plus difficile à atteindre en écriture que la simplicité. Mario Leclerc, compte tenu de ses limites, s'est surpassé.

Hier soir, il était tellement ému lors de la conférence de presse qu'il n'a pu livrer sa pensée comme il en avait sans doute le goût. Quand je l'ai joint, hier après-midi, il était sur le point d'accueillir sa mère au Centre Bell. Il était heureux. « C'est le plus beau jour de ma vie professionnelle... même si je dois gérer une situation de crise à mon journal », a-t-il d'abord lancé. C'est *La Presse* qui a sorti le gros scoop tiré de la biographie de Demers, ce qui n'a pas plu à des patrons d'autres médias. On le comprendra.

« Mais c'est l'aboutissement de trois ans de travail. Un an et demi d'entrevues, plus d'une centaine d'heures sur cassettes et des entrevues avec 38 témoins ou acteurs de la vie de Demers. Puis, je me suis retrouvé avec un casse-tête de 10 000 morceaux à remettre en place. Je commençais l'écriture du livre quand mon propre père est tombé malade et est décédé. Je m'identifiais trop à l'histoire de Jacques, ça venait trop me chercher, et je n'arrivais plus à écrire. Ç'a duré trois mois au moins », m'expliquait

Leclerc tout en prenant soin de sa mère.

« Ce n'est pas parfait, c'est certain, mais c'est un livre d'auteur. Jacques m'avait confié sous le sceau du secret absolu son analphabétisme. Il m'avait dit que si je trahissais le secret, il était un homme mort. Plus jamais il ne pourrait travailler de sa vie. J'ai gardé le secret, mais j'ai senti que sa vie était une histoire digne d'être racontée. J'ai pris mon temps, je voulais que le livre soit digne du sujet et de l'histoire, j'espère y être parvenu. J'ai trouvé ça dur. Mais c'est un livre qui a une âme. C'est un livre de libération pour Jacques », de dire Leclerc.

Il a raison. Michel Villeneuve, qui a une formation universitaire en bibliothéconomie et doit lire deux ou trois livres par semaine, a confié que c'était sans doute la meilleure biographie de sportif jamais écrite au Québec. Je peux témoigner que je n'ai jamais senti et perçu pareille somme de travail. Et si Mario Leclerc, comme ça arrive souvent aux biographes, est tombé amoureux de son sujet, on le lui pardonne facilement.

Et puis, Rémy Girard est déjà trouvé pour jouer le rôle de Demers au cinéma…

Un homme heureux

12 mai 1987

DETROIT – Dans moins d'une heure, l'immense aréna Jœ-Louis allait être rempli à pleine capacité. Pour la 28e fois de la saison. Plus de 20 000 spectateurs. Si jamais les Wings se rendent en finale de la Coupe Stanley, Jacques Demers et ses joueurs auront attiré plus d'un million de spectateurs. Oui. « 1 » suivi de six zéros. Du jamais vu dans l'histoire du hockey.

« J'avais de la pression, tu sais. Gros salaire, gros défi. Je devais produire, mais je pense que j'ai pas à avoir honte de mon travail. »

Jacques Demers est assis à son pupitre. La porte est ouverte. Les joueurs commencent à arriver dans le vestiaire. Il est souriant, calme. Jamais on ne dirait que ce gars-là va diriger son équipe dans 55 minutes.

Sur le mur, encadré, le long reportage que lui a consacré *Sports Illustrated* : « C'est un grand honneur. Quand je commençais à désespérer à Fredericton, je rêvais juste d'avoir une autre chance dans la Ligue nationale. Et me voilà dans *Sports Illustrated*. Je suis fier, mais je reste le même homme. Dans ma vie, l'honnêteté m'a toujours payé à long terme. »

Jacques Demers est sans doute le coach le plus populaire de la Ligue nationale. Pas besoin de passer une semaine à Detroit pour réaliser qu'il est un des hommes le plus appréciés en ville.

Un homme qui travaille fort. Il se lève et me fait visiter la salle vidéo. Une des plus modernes dans le circuit Z. S'il évite d'abrutir ses joueurs avec d'interminables séances de cinéma, il l'utilise beaucoup pour sa préparation de matchs.

« C'est après avoir visionné un film pendant une heure que j'ai enfin résolu le problème posé par les Maple Leafs de Toronto. C'était le temps, les Leafs menaient 3-1. Je me suis aperçu que nos gars hésitaient devant Wendell Clark, qu'ils étaient comme intimidés. J'ai demandé à Jœ Kocur de le suivre pas à pas. De ne pas s'occuper de la rondelle, mais de rester collé à Clark, comme on pourrait le faire contre Gretzky. Les résultats ont été fameux », raconte Demers.

***

Et contre les puissants Oilers d'Edmonton, c'est quoi le secret ?

Demers réfléchit quelques secondes : « Vois-tu, si tu analyses objectivement les forces des deux équipes, tu vas inévitablement conclure que les matchs devraient finir sept ou huit à zéro. Et professionnellement, tu serais correct dans ton analyse. Mais eux autres de l'autre bord (Demers pointe du pouce le vestiaire des Wings), ils sont convaincus qu'ils sont aussi bons que les Oilers. Ils travaillent dans les limites de leur talent, ils pratiquent un système hermétique, et surtout, ils croient en eux et en l'équipe. »

Les Red Wings s'imaginent qu'ils sont bons. Et ils gagnent. Ils n'ont pas le talent pour passer à travers les Oilers, mais assez pour donner un bon show.

Et Demers, dans son for intérieur, doit le savoir. Comme il sait que les Wings devront dénicher quelques bons joueurs pour faire de l'équipe une force dans la ligue. La motivation et un système défensif à toute épreuve ne pourront pas toujours suffire.

Le talent, on le casse présentement dans les ligues mineures. Jœ Murphy, le premier choix au repêchage de la saison dernière, moisit encore dans la Ligue américaine : « J'ai reçu un rapport. L'autre nuit à Hershey, il est entré à 4 heures du matin. Il veut tester l'organisation, il veut tester Jacques Demers. Il risque de tester longtemps, Jacques Demers ne peut pas se permettre de laisser un joueur se croire plus important que l'équipe », assure Demers.

***

L'homme est heureux. Exilé à Fredericton, il s'était donné encore un an pour sortir des Maritimes et de la Ligue américaine. Cinq ans plus tard, il est au sommet de sa profession.

Mais il n'a pas oublié qu'il a déjà travaillé chez Coke. Et qu'il avait décidé de tout lâcher en 1983 pour s'en aller chez IBM quand le prof Caron est allé le chercher à Fredericton.

« On est terriblement chanceux de gagner notre vie en faisant ce métier. Au début de la saison, nous avons perdu 6-0 contre les Leafs. C'était gênant. J'ai ordonné aux joueurs de se lever à 5 heures et demie pour un exercice à sept heures et demie. Je voulais qu'ils connaissent ce que c'est que se lever à l'aube et de se noyer dans la circulation pour se rendre à l'usine. Et après avoir travaillé toute la journée, je les ai renvoyés chez eux dans le rush de cinq heures. « C'est ce que pourrait être votre vie, 49 semaines par année, cinq jours par semaine. Vous êtes choyés par la vie, ne gâtez pas ces belles années. » Ils ont compris, je n'ai plus jamais eu de problème par la suite », raconte Demers.

Ses joueurs le croient. Ils étaient la risée de la ville et de toute la Ligue nationale. Ils sont devenus les chouchous de Detroit. Leurs photos font la une des grands quotidiens, ils sont des héros. Lee Norwood, Gilbert Delorme, Dave Lewis, Jœ Kocur, Rick Zombo et tous ces autres braves inconnus savent qu'ils doivent leur nouvelle honorabilité à un homme.

Les p'tits durs vont prendre leur trou

2 juin 1988

Pat Burns n'est pas intéressé à revenir sur son passé de policier. À plusieurs reprises hier au Forum, il n'a pas répondu à ces questions piégées.

Mais Burns n'a pas le choix. Sa carrure, sa coiffure, sa stature, son allure sont celles d'un policier. Seize ans dans le corps de police de Gatineau ont laissé leurs traces.

Il n'y a pas de honte à avoir été flic. C'est un métier exigeant qui demande certaines qualités bien particulières. Et qui finit par marquer son homme. J'ai des amis policiers. Ils ont tous certains points en commun : une forme d'autorité acquise à porter le revolver et l'uniforme, un doute perpétuel dans le regard et, surtout, une façon de voir à travers les mensonges les plus habiles.

Les flics, aussi, possèdent le fameux sixième sens. Surtout quand ils ont été sergent-détective pendant sept ans, qu'ils ont interrogé des centaines de criminels, gros et petits, habiles ou débiles, qu'ils ont été confrontés avec la crasse de la société.

Et puis, un jour, Pat Burns se retrouve entraîneur-chef du Canadien. Un jour, ce type agréable est sur un podium, épinglette du Canadien au revers de son veston, bombardé de questions. Avec tout l'état-major, le mot n'a jamais été si juste, l'état-major du Canadien souriant béatement, debout devant le bar dans le milieu de la salle.

Nous avons parlé de Pat Burns, l'homme. Il est visiblement un excellent communicateur. Et il est aimable, chaleureux, convaincant. Une agréable surprise pour ceux qui le rencontraient pour la première fois.

Oui, il a été policier. Pendant seize ans. Il a commencé comme cadet dans la police d'Ottawa, en scooter, distribuant des contraventions aux voitures mal stationnées. Quand il a eu une offre de la police de Gatineau, tout à côté de Hull, il a accepté. Il y a passé 16 ans de sa vie.

On garde des acquis de 16 ans dans la police. Tout comme on garde des acquis de 10 ans dans l'enseignement. Entrer dans une classe et flairer les leaders, les trouble-fêtes, les suiveux. Entrer dans un bar et tout de suite avoir les sens en éveil, sentir ce qui cloche, voir le danger. « C'est tellement vrai que ma femme me disait quand on sortait " lâche un peu, t'es pas en devoir ". On garde quelque chose de ces années. J'ai tellement interrogé des menteurs et des hypocrites, tellement coffré de voleurs et d'escrocs que je flaire les menteurs. Tout de suite, c'est dans le pif. Le gars qui me conte une menterie, y'a quelque chose qui me le dit tout de suite… »

Voilà où commence le respect dans une équipe de hockey. La peur, la trouille. Les p'tits durs du Canadien, les Corson, Chelios, Lemieux et compagnie vont prendre leur trou. Ils parleront de respect, mais nous saurons tous que c'est la peur qui provoquera le changement dans leur attitude. La peur d'avoir les cinq frères de Burns en pleine gueule. Dans le hockey professionnel, il est impossible de dissocier respect d'avec peur.

Pat Burns a raison de vouloir être jugé comme entraîneur. Et rien de plus. Quand il a abandonné sa carrière de policier pour sauter dans l'aventure du hockey professionnel, il l'a fait en connaissant les risques qu'il prenait. Moins d'un an après, il se retrouve à la tête de l'équipe la plus prestigieuse du hockey.

***

Pat Burns est un p'tit gars de Saint-Henri. Né et élevé dans la rue Saint-Antoine, tout près d'Imperial Tobacco. Quatre sœurs et un frère qui tous ont travaillé chez Imperial. « Moi, j'étais le plus jeune et jamais il ne me serait venu à l'idée que je travaillerais là un jour », dit-il.

Son père meurt quand il a 15 ans. Il quitte Montréal pour Ottawa où l'accueille une de ses sœurs. Pendant toutes ces années, il joue au hockey. Il a le cœur mais pas le talent. Il affronte même Larry Robinson qui évolue pour Brockville en Ontario. Et puis, à 18 ans, c'est la police.

***

Hier, tout le monde a parlé de discipline. Sans jamais définir ce qu'était la discipline pour le Canadien. Serge Savard, qui était soulagé d'avoir quelque chose de positif à annoncer, a lui aussi parlé de discipline. Et on comprend mieux tout ce qui a pu se passer avec Jean Perron quand il soutient, le ton énergique : « Pour moi, la discipline, ça commence avec le respect. Et le respect, c'est une foule de petites choses. Moi, quand je vois un joueur fracasser son bâton et le lancer dans les estrades, ça me met le feu, j'suis pas capable de le prendre… »

Cet aspect de la discipline, Burns l'impose. Et plus encore, selon André Boudrias qui était son directeur général à Sherbrooke : « Il a une prestance, une autorité naturelle. C'est un gars facile à aimer. Il sait être très près des joueurs mais, en même temps, il fait observer cette ligne invisible que les joueurs ne doivent pas franchir. Et laisse-moi te dire qu'il est capable de régler ses problèmes tout seul dans la limite de ses fonctions. Il n'a pas besoin de personne pour établir son autorité. »

***

Toujours l'autorité. La hantise de Serge Savard, la hantise du Canadien depuis les beaux jours de Sam Pollock. Comme le faisait remarquer un confrère, « puisqu'il est impossible d'embaucher une gardienne d'enfants, on va confier la tâche à un ancien policier de carrière ».

Mais le défi de Pat Burns est plus complexe. Il doit faire oublier un entraîneur aimé et respecté par la population. Il doit aussi gagner une Coupe Stanley au plus vite et son équipe devra accumuler au moins 103 points. Il doit manœuvrer entre le deuxième étage et son vestiaire, il doit deviner qui dit la vérité et qui est hypocrite.

Être un bon coach professionnel et faire régner l'ordre selon Serge Savard. Les choses ont repris leur place au Forum. Jacques Lemaire est le seul à se vanter du titre d'homme de hockey et de fin stratège. Pat Burns ne sera qu'un coach en chef.

Hier, il a été impressionnant. Un bon début.

LES GRANDES SAGAS QUÉBÉCOISES

« Réjean, c'est plus qu'un journaliste pour moi. C'est même plus qu'un ami. C'est quelqu'un avec qui j'ai eu et aurai toujours des expériences uniques. »

MARCEL AUBUT

Réjean Tremblay selon

Marcel Aubut

Ah ! les Nordiques !... L'évocation de cette équipe provoque chez de nombreux Québécois des accès de nostalgie ou, au contraire, d'enthousiasme. Car les Nordiques ont représenté bien plus qu'une équipe de la Ligue nationale de hockey. Ils ont matérialisé pour beaucoup la « guéguerre » entre les villes de Montréal et Québec, les idoles Réal Cloutier, Marc Tardif et Michel Goulet, la rage derrière les bancs du « Tigre » Michel Bergeron, l'épopée des trois frères Stastny, les chandails bleu et blanc ornés de la fleur de lys... En fait, les souvenirs colorés liés à cette belle équipe ont marqué toutes les générations, y compris celles, plus jeunes, qui n'ont pu suivre les exploits et la descente aux enfers de ses membres.

Toutefois, si un seul nom devait encore aujourd'hui cristalliser cette incroyable aventure sportive et humaine, ce serait celui de Marcel Aubut. Pourquoi ? Parce qu'il a été le cœur et l'âme des Nordiques pendant plus de 20 ans. Parce que son travail acharné, son charisme et sa passion ont conduit cette formation de l'AMH à devenir une équipe adulée et performante. Parce qu'il a révolutionné les traditions du hockey en imposant entre autres le français au Colisée, et qu'il a été le premier à aller chercher des joueurs de talent dans l'ancienne Union Soviétique et en Tchécoslovaquie. Parce qu'il a bravé toutes les critiques pour mettre sur pied Rendez-vous 87, une manifestation dont le succès a finalement été retentissant. « Ce que ce diable d'homme a réalisé avec son équipe tient du miracle », écrivait déjà Réjean Tremblay dans un article de *La Presse* de 1979, alors que Marcel Aubut, à peine âgé de 31 ans, tenait fermement les rênes des Nordiques depuis deux saisons.

Toutefois, si le journaliste a tout de suite été fasciné par la force de caractère et les réalisations du « Kid de la Grande-Allée », comme il le surnommait affectueusement, ce dernier l'admirait tout autant. « L'actualité sportive a toujours été pour moi une grande passion, et depuis l'âge de 10 ans je lis régulièrement la section sportive de *La Presse* », raconte l'avocat. « Alors, même avant de le rencontrer, je lisais les chroniques de Réjean. C'est pas compliqué, je les ai même toutes lues. Quand je n'étais pas en ville, je me les faisais ramasser et les lisais en revenant.

Et j'ai toujours trouvé ses articles très bons. Il était différent des autres, son intelligence te marquait rapidement. Sa force d'imager une situation pour la rendre captivante est incroyable. D'ailleurs, c'est pour ça que c'est un auteur prolifique dans d'autres domaines. Il avait quelque chose que peu d'autres avaient. En effet, il n'y avait que Foglia et lui qui étaient d'une classe à part pour ce qui est de rendre vivante une histoire liée au sport. »

Il va donc sans dire que la rencontre entre ces deux jeunes loups, en 1976, a été mémorable. « Oui, ça a tout de suite cliqué, sans qu'on se connaisse mieux que ça. J'étais content de voir un journaliste que je lisais déjà s'intéresser à moi et à ce que je faisais. Et pas un intérêt ordinaire, un intérêt très fort. Parce que notre organisation représentait le nationalisme, le non-establishment, le peuple. Et lui, c'était son style. » Il faut cependant ajouter que si les deux hommes se sont immédiatement trouvé des atomes crochus, c'est essentiellement parce qu'ils avaient, chacun dans leur domaine, la même soif de réussite. « Réjean et moi, c'est comme si nos vocations respectives s'étaient croisées en même temps », confirme Marcel Aubut. « Il a commencé à s'imposer à *La Presse* au moment même où je commençais à m'imposer au sein des Nordiques. Nous avons ainsi partagé tous ces moments magiques, nos châteaux ont commencé à se bâtir ensemble. Et je pense que j'ai permis à Réjean de bâtir une partie du sien avec tout ce que je vivais. En effet, je vivais l'aventure des Nordiques, leur insécurité, le fameux rêve de les voir, un jour, dans la même ligue que les Canadiens ou les Rangers de New York. Et Réjean était auprès de moi pour vivre tout ça. Bref, nous vivions en parallèle des réalisations hors du commun dans chacune de nos sphères, mais ces dernières se rejoignaient parce que les Nordiques tout comme les médias avaient besoin les uns des autres. Donc, nos rôles étaient complémentaires. Et Dieu sait si ça l'a été au niveau des échanges qu'on a eus. »

Mais la ressemblance entre ces deux hommes ne s'arrête pas là, n'est-ce pas ? « Je dirais que nous avions en commun la même passion pour tout ce que nous faisions. Et puis, on pensait de la même manière. Réaliser des choses impossibles. Beaucoup de disponibilité. Faire dix mille projets à la fois. N'avoir peur de rien. Être prêts à travailler sept jours sur sept. Rien ne nous paraissait insurmontable. Et Réjean et moi, on est pas mal pareils. On a la force d'un bœuf, des gros os et on a du talent tous les deux. » L'avocat ajoute, en souriant, « Réjean a d'ailleurs un côté vraiment très imposant. Il est gros, grand, il a une voix forte. Alors, déjà à cette époque, quand il rentrait dans une salle, tu ne pouvais pas ne pas le remarquer. Et puis, il était aussi bourru dans le temps. En fait, ça ne fait pas si longtemps que ça qu'il est plus gentil et doux. C'était un « bousculeux », il lui arrivait fréquemment de se lâcher, de se chicaner avec tout le monde. Mais tu peux pas faire ta vie comme ça. Et il l'a compris un jour. Je pense que j'ai d'ailleurs participé à cette transformation. Saluer, dire merci. Et vraiment, on en a pris du temps, pour l'éduquer comme il faut ! »

Ce petit clin d'œil amical au caractère fort de Réjean Tremblay a cependant permis à ce dernier d'avoir la ténacité nécessaire pour se tailler une place à part dans le milieu de journalisme sportif, Marcel Aubut en convient : « J'ai toujours aimé son côté inquisiteur. Il était très fort pour enquêter, pour se faire des contacts et avoir un réseau redoutable. Et j'ai appris une chose avec lui au long de toutes ces années, c'est que son métier passe en premier. Parce que, pour lui, son intégrité et son professionnalisme, c'est plus fort que tout. La nouvelle, c'est sa concubine, sa maîtresse, sa conjointe. Y'a rien qui passe avant ça. Alors, même si t'es son ami, ça demande un certain ajustement. Au début, j'étais moins prudent et j'ai appris avec lui que le « off the record », ça existe, mais qu'en fait la nouvelle est juste remise à plus tard, dans un *timing* qui ne te fera pas de mal. Mais bon, quand il s'est fait une idée sur quelque chose, il est pas achetable, y'a rien à faire. Il n'y a aucun beaux yeux ou aucune supplication qui va l'arrêter. C'est sûr que ça peut être éprouvant et dangereux pour les autres, mais c'est admirable. Et puis, il travaillait généralement tellement fort que, quand il avançait quelque chose de très sérieux, il était crédible au point que tout le monde croyait ce qu'il disait. Il n'a d'ailleurs jamais été poursuivi pour diffamation, je pense. Et il a été à l'origine du dévoilement de bien des injustices. En fait, il n'a jamais été capable de tolérer l'injustice flagrante et il l'a toujours dénoncée. Mais avant de le faire, surtout quand il y avait des risques pour un journal sérieux comme *La Presse*, il allait vérifier ce qu'il fallait et il savait de quoi il parlait. Donc, il ne s'est trompé que rarement. Et ce genre de journalisme, c'est risqué, volontaire, dur. Il fallait avoir de la couenne pour le faire, et lui l'avait. »

Voilà sans doute en partie pourquoi Réjean Tremblay a été mandaté sur tous les événements très médiatisés des trente-cinq dernières années, qu'il a couverts avec une vision souvent fort différente de ses pairs. « Oui, il a transformé le journalisme sportif », assure Marcel Aubut. « Il en a fait quelque chose qui allait au-delà des reportages, des faits. Il en a fait des histoires. Et comme il est très polyvalent, il a pu écrire partout. Dans *La Presse*, *Le Devoir*, *L'Actualité*. Il pourrait bien écrire de la politique comme il écrit du sport. L'autre jour, il a d'ailleurs fait un reportage spectaculaire sur une partie de l'Afrique. Alors, il pourrait devenir demain matin le journaliste des grands reportages et il serait encore le meilleur. Et être le meilleur dans tout ce qu'on touche, ce n'est pas donné à beaucoup de monde. C'est vraiment un Wayne Gretzky de l'écriture, qui peut donner de l'excitation au lecteur sur n'importe quoi. Il a une manière unique d'imager ses textes et il sait parfaitement transmettre l'écho de son cœur à celui ou celle qui le lisent. Et à la différence de bien d'autres journalistes, on sent que Réjean aime ses lecteurs. C'est pour ça qu'il a fait les plus grands événements du monde. Muhammad Ali, les mondiaux de soccer, les World Series de baseball, les Coupes Grey, les Olympiques, les fameux Grands Prix de F1. En fait, il était l'homme qui était envoyé sur tout ce qui était *hot* dans le monde. »

Les deux hommes se rejoignaient d'ailleurs souvent lors de ces événements, au cours desquels ils ont vécu ensemble des moments mémorables. L'ancien propriétaire des Nordiques raconte : « Je me souviens par exemple de Sarajevo. J'avais trouvé – Marcel Aubut faisait déjà partie du Comité organisateur canadien des Jeux olympiques, poste qu'il occupe toujours – le seul restaurant « non communiste » de la ville et l'avais loué pour que tous les athlètes et les médias canadiens fêtent Gaétan Boucher, qui venait de gagner trois médailles. Et ça a été toute une nuit, je peux vous le dire, car on s'en parle encore ! Et après ça, on a fait tous les Jeux olympiques ensemble. Il a même réussi à me faire entrer dans la salle des nouvelles de Nagano, qui était pourtant extrêmement sécurisée. Je suis rentré dans la salle et me suis assis à côté de lui pendant qu'il faisait ses articles, et je n'avais aucune accréditation ! Ça, c'est fort. Bref, on a partagé tout ça ensemble. Alors, Réjean, c'est plus qu'un journaliste pour moi. C'est même plus qu'un ami. C'est quelqu'un avec qui j'ai eu et aurai toujours des expériences uniques. »

À la lecture d'une telle confidence, on peut comprendre à quel point Réjean Tremblay et Marcel Aubut se connaissent intimement. D'ailleurs, l'avocat associe leurs rencontres… à un confessionnal ! « Oui, c'était comme un confessionnal », avoue en riant le Kid de la Grande-Allée. « On se confessait mutuellement tous les deux. On se rencontrait dans les jardins du Ritz. On aimait ça parce que c'était beau, là, l'été. On prenait un repas sur place ou ailleurs, dans des restaurants ou même dans des *fast food*. N'importe où, en fait. Et on se confessait. « Qu'est-ce qui se passe de beau chez toi ? » Et il me contait tout, comme je lui contais tout, sauf bien sûr les petites parties ou j'avais peur du *off the record*. Et c'était « thrillant », exaltant. Ce n'étaient pas des soirées comme les autres. »

Plus encore, il semblerait que les deux hommes se soient vraiment supportés l'un l'autre lors des épisodes les plus durs de leur vie. Ce qui explique que Réjean, qui aimait profondément les Nordiques, se soit emporté en les traitant de « Merdiques de Québec » dans un article coup de poing destiné à les réveiller en 1994. Ou encore, qu'il ait défendu bec et ongles les tentatives désespérées de sauvetage des Nordiques menées par Marcel Aubut jusqu'à leur vente en 1995. « Il avait un avantage que les autres n'avaient pas », explique l'avocat. « Il a en effet vécu cette histoire à la minute avec moi. Il a toujours vu dans mes yeux ma sincérité. Il suivait tous les jours mes efforts pour sauver les Nordiques. Même qu'à la fin, il a dit qu'il n'en aurait pas fait autant. Il ne pouvait donc pas critiquer quelqu'un qui avait fait l'impossible pour sauver cette équipe. » De la même manière, Marcel Aubut a de son côté été un témoin privilégié de la période que Réjean Tremblay a eu la plus de difficulté à traverser, à savoir celle de sa rupture avec Fabienne Larouche. « C'est, je crois, le moment qui a marqué un tournant dans notre relation », avoue l'ancien propriétaire des Nordiques. « Je me rappelle que j'étais à Toronto et qu'il m'a appelé. Sa voix était comme un grand cri de désespoir, et j'ai senti qu'il pouvait faire n'importe quoi. Il l'aimait vraiment comme un fou, cette femme-là. Alors, j'ai laissé ma réunion, j'ai pris l'avion, je l'ai rejoint, on a soupé ensemble, j'ai fait mon possible pour le remettre d'aplomb, puis je suis retourné à Toronto le même soir. Donc, je dirais que parmi tous nos moments d'exaltation, de désappointement et de partage de tout, il n'y a rien qui a dépassé le niveau de ce moment-là. »

« Toutefois », ajoute Marcel Aubut, « Réjean est reparti à combien meilleur qu'il était après cette histoire. C'est vraiment incroyable de voir la force qu'il a aujourd'hui.

Parce qu'il ne s'arrête jamais, qu'il est avenant, gentil, disponible, drôle, très stable et qu'il ne s'en fait plus avec grand-chose. Et puis, il est toujours aussi prolifique. Il n'a même jamais pondu autant de belles choses. Alors, je lui souhaite sincèrement de rester comme il est. » Un beau témoignage d'amitié de la part d'un des plus grands hommes du Québec – **S.G.**

Les Nordiques

« Je me souviens d'avoir pleuré comme un enfant »

8 janvier 1977

Le Canadien s'enorgueillit aujourd'hui de posséder probablement le meilleur joueur de hockey d'Amérique en Guy Lafleur.

Mais l'histoire nébuleuse de la signature de son contrat de 10 ans avec le Canadien est encore plus fascinante que la description de ses multiples exploits.

L'histoire que raconte Lafleur, aujourd'hui, est fascinante, car elle éclaire les dessous des luttes que se livrent en coulisses les organisations de sport professionnel. Elle illustre bien aussi le rôle parfois obscur que joue un agent dans de telles négociations (ici Gerry Paterson, ancien partenaire de Jean Béliveau, devenu vice-président de la Canadian Arena). Enfin, elle montre encore une fois que sous un extérieur tranquille et calme, Guy Lafleur cache une sensibilité bouillonnante de contradictions.

Aujourd'hui, Guy Lafleur est heureux à Montréal. Il s'est enfin intégré à la petite société montréalaise : même si ses vrais amis demeurent à Québec ou n'ont rien à voir avec le hockey.

Mais Montréal ne sait pas comment elle a failli perdre son enfant chéri : « Si les Nordiques m'avaient fait l'offre que je désirais il y a deux ans, j'aurais accepté… mais probablement que je serais en train de brailler à l'heure qu'il est. » Lafleur pourtant se souvient d'avoir pleuré comme un enfant ce soir de printemps où, pressé de toutes parts par Sam Pollock et Gerry Paterson, il avait accepté un contrat de 10 ans avec les Glorieux.

« Je sais maintenant que d'avoir signé ce contrat à long terme avec le Canadien a été un des faits saillants dans ma vie… C'est vraiment un coup de dés… Ça m'a permis de découvrir moi-même qui j'étais, de corriger ce qui n'allait pas… Et je suis très heureux… Le soir où j'ai signé avec le Canadien, j'ai pleuré, j'ai pleuré pour vrai… J'étais en maudit que Québec n'ait pas fait leur offre avant que je ne signe à Montréal…

– Comment ça ?

– Ben, les Nordiques m'avaient offert quelque chose comme $ 90 000 par année il y avait déjà une semaine, et je leur avais dit que je n'étais pas intéressé à ce montant. Le Canadien avait bien vu que ça forçait du côté de Québec. Le samedi soir, juste avant une partie contre les Flyers de Philadelphie, dix minutes peut-être avant que le match commence, Gerry Paterson, mon agent et, Sam Pollock m'ont dit : « C'est ce soir que tu signes… et tout de suite ! » J'étais tout seul, je ne savais plus, j'avais pas bien le choix, j'ai signé… Le soir, après la partie, mon beau-père, M. Roger Barré, est arrivé avec l'offre des Nordiques… J'ai tout fait pour faire annuler mon contrat ce soir-là… ma femme était en maudit parce que je n'avais pas attendu l'offre des Nordiques… je me souviens qu'on a rappelé Paterson le soir même ; il avait répondu qu'il était trop tard parce que le contrat était déjà rendu aux bureaux de la Ligue nationale… Je suis certain que ce n'était pas vrai…

– T'as vraiment pleuré ce soir-là ?

– Ah oui... ben disons que j'étais plutôt bébé, que je pensais plus à la stricte sécurité financière... aujourd'hui, c'est différent, je veux être le meilleur parmi les meilleurs... je remercie le bon Dieu que Paterson ne m'ait pas écouté ce soir-là... remarque que M. Barré à cette époque était neutre, lui ce qu'il voulait, c'est que je sois heureux dans une place ou dans l'autre, mais ce soir-là... ç'aurait été Québec... Le club s'en allait dans le Nord, c'était durant les éliminatoires, et j'ai demandé à M. Pollock de demeurer à Montréal... on a appelé des avocats pour essayer d'annuler le contrat, un contrat signé sous pression... ç'aurait pu se débattre en Cour.

... Le lendemain, Sam m'a emmené avec lui dans sa voiture à La Sapinière... je me souviens qu'il répétait tout le temps : « Are you happy, Guy ? »... Moi, je répondais : Ouais, ouais... »

– Finalement, l'offre des Nordiques, c'était quoi ?

– Un million de dollars pour cinq ans... le double de celle du Canadien !

Guy Lafleur n'est pas le seul gros nom que les Nordiques ont perdu à cause d'une maladresse de dernière minute ; ils ont commis la même gaffe avec Gilbert Perreault qu'ils auraient pu avoir à un prix fort raisonnable.

Aujourd'hui, Québec est bien sorti de la tête de Lafleur. Il aime encore la ville, y a conservé de bons amis, mais, l'affirme-t-il lui-même, il a rompu les liens : « Un moment donné, tu deviens adulte, faut que tu partes, moi, c'est fait maintenant. »

Heureux père de famille, Guy Lafleur réalise présentement ses ambitions sur la glace.

Pourtant, éternel ambitieux, il reluque du côté de Jean Béliveau : pas pour lui prendre son job, loin de lui cette idée, mais pour trouver une inspiration, un guide.

Guy Lafleur, après avoir été premier sur la glace, se prépare déjà à être premier dans les coulisses.

Et il le dit ouvertement !

Aubut, un diable d'homme pour qui tous les défis sont passionnants

2 juin 1979

QUÉBEC – On le surnomme « le Kid de la Grande Allée » et dans un concours de popularité, il devancerait Réal Cloutier et Marc Tardif dans la Vieille Capitale.

Marcel Aubut est le plus jeune président d'équipe de l'histoire de la Ligue nationale ; il vient d'avoir 31 ans, travaille comme un dément sept jours par semaine et entend continuer à ce rythme tant que sa femme Francine va l'appuyer ou que son organisme va tenir le coup.

Président des Nordiques depuis deux ans, l'histoire de Marc Aubut pourrait être tirée d'un roman d'Harold Robbins ; parti de Saint-Hubert-de-Rivière-du-Loup, fils d'un important commerçant de bois, Aubut était déjà avocat à 21 ans, premier de classe évidemment, senior dans son bureau d'avocat, maintenant le plus important de Québec, à 26 ans, secrétaire et conseiller juridique des Nordiques à 27 ans et président de l'équipe à 29 ans.

Et ce diable d'homme se promène maintenant parmi les grands bonzes du sport professionnel, les John Ziegler, Ed Snider, Peter O'Malley, de la finance, qu'il s'agisse d'O'Keefe, les propriétaires des Nordiques, ou de Molson, propriétaire du Canadien, ou de la politique, qu'il ait à faire avec le bureau de René Lévesque ou du maire de Québec, Jean Pelletier, sans rien avoir perdu de sa bonhomie affable.

Peut-être parce qu'il a conservé toute sa faculté d'émerveillement.

Le Kid est toujours émerveillé ! Ça fait trois ans qu'on se connaît et toutes les fois que je le retrouve, il est enfoncé jusqu'au cou dans un projet « extraordinaire, emballant, fascinant », il se débat dans des difficultés « innombrables, incroyables, épouvantables » et son équipe travaille d'une façon « acharnée, terrifiante, poignante, affreuse »... Et il éclate d'un grand éclat de rire juvénile en rajoutant : « C'est passionnant tout ça. »

Décrire isolément les éléments du monde de Marcel Aubut ne rend pas justice à l'homme. Qu'on pense à ses bureaux par exemple ; qu'il s'agisse de son bureau à son domicile dans le quartier Sillery en plein cœur de Québec le plus huppé, de son bureau de président des Nordiques ou de son repaire dans son étude légale à Place Québec, c'est le même décor dans les trois pièces, les mêmes gadgets raffinés qui lui permettent par exemple de téléphoner sans prendre de temps à signaler un numéro ou à loger instantanément des appels conférences... « Je ne veux pas perdre de temps à me réhabituer à chacun de mes bureaux quand j'ai à travailler à deux ou trois endroits dans la même journée », raconte-t-il « émerveillé ».

Et ses quatre voitures ? C'est évident que c'est extravagant... pourquoi quatre voitures ? « Parce que j'aime les voitures, je suis un maniaque de la vitesse et une des initiatives gouvernementales qui m'a fait le plus mal fut l'instauration d'un système de points de démérite », avoue-t-il avec agacement.

Le Kid, je l'ai rencontré à peu près partout en Amérique... à Winnipeg, à Québec, à Montréal, à New York, à Chicago... et toujours son comportement contrastait avec celui des autres faces d'enterrement qui l'entouraient ; à la fin d'un meeting, les gouverneurs de la Ligue nationale sortaient des salles en rasant les murs, les traits hermétiques, fuyant les journalistes comme la peste ; le Kid, lui, s'épongeait le front, se grattait le cuir chevelu et, d'une accolade chaleureuse, soupirait : « Reggie, ça travaille, c'est écœurant... ça discute, c'est tough, c'est formidable. »

Émerveillé, toujours émerveillé par une vie passionnante ; tiens, en octobre, on s'était cachés au très sélect Garnison Club de Québec pour jaser en paix ; fier, très fier à 31 ans, d'emmener un invité dans le club le plus fermé de Québec, un club où le snobisme suinte sur les murs : « C'est fantastique, sens moi cette bonne odeur de vieux cuir qui monte des fauteuils... c'est trippant. »

Sa femme Francine, mère de deux jeunes enfants, a perdu espoir de le garder à la maison... d'ailleurs, des journées de 36 heures ne suffiraient pas à lui ramener son mari ; il a le don de prendre trois rendez-vous à la même heure, de devoir être dans deux villes la même journée et de travailler à trois ou quatre dossiers en même temps ; il est épuisant pour ses collègues, écrasant pour ses subalternes qui se sentent obligés de suivre le même rythme que lui. Mais il a l'enthousiasme si éclatant que tous lui pardonnent d'être parfois insupportable ; quand les Nordiques ont enfin été admis dans la Ligue nationale, il a eu l'extravagance de déclarer à la foule à l'aéroport de Québec : « C'est le plus grand jour de Québec depuis l'arrivée de Cartier. » On a souri à Québec mais on a aimé le Kid encore un peu plus.

Ce qu'il a réalisé avec son équipe tient du miracle ; on mesure mal l'envergure de la victoire arrachée par ces quelques hommes dont Aubut était le chef de file : « On parlait de loin, de creux... fallait d'abord convaincre O'Keefe d'investir $ 10 millions... ils l'ont fait en pensant peut-être que ça n'aboutirait jamais, puis, fallait convaincre les gouvernements d'injecter $15 millions dans l'agrandissement du Colisée, puis après, réaliser l'expansion... trois ans de travail incroyable, de découragements qu'il fallait camoufler derrière un optimisme de façade, c'était une bataille formidable. »

Pourquoi tout ça ? L'ambition ? Même pas, le Kid a ses défauts bien sûr... mais il ne vit pas à ce rythme fou par ambition : « Même pas, je fais ça parce que c'est passionnant, que j'aime ça... tu travailles avec des grands hommes d'affaires, des personnalités extraordinaires, ça donne des frissons... moi, je ne refuse rien, on me demande quelque chose, alors je dis oui, puis après je fonce... »

Habitué à surmonter des obstacles « colossaux » (évidemment !), il craint les règles strictes de la Ligue nationale dans l'AMH, son charme et sa débrouillardise lui permettaient d'obtenir tout ce qu'il voulait chez les « pros », il devra réapprendre les règles du jeu.

Mais il ne s'inquiète pas, quand je l'ai quitté tard dans la soirée de mardi, il était heureux... à un moment donné dans la journée, il se brassait des transactions en même temps avec tous les clubs de la Ligue nationale.

« C'est terrifiant de voir aller les affaires » m'a-t-il lancé en guise de bonne nuit.

Le Kid allait se coucher, la Grande Allée commençait à peine sa nuit.

« *Teraz sme* statsny »

26 février 1981

QUÉBEC – « Peter, Anton Stastny... *Terazme*».

L'affiche accroche immanquablement le regard, suspendue à un des balcons du Colisée ; parait que ça veut dire en français : Peter et Anton, vous nous rendez heureux... jeu de mots slovaques créé à partir de la double signification du mot stastny. (L'équivalent, si jamais le Canadien se décidait à coller un timbre-poste sur un mur à la « santé » de Mario Tremblay : Mario, tu nous fais trembler).

Hier matin, Peter n'avait pas besoin de banderole pour être heureux. Retiré dans un coin du Colisée, torche à la main, il façonnait la lame de son bâton.

Avec sur le visage un sourire aussi chaleureux qu'amical, un sourire que je ne lui avais jamais connu.

Heureux sur la glace... et de retour à la maison après une autre absence de quinze jours. « Darina va beaucoup mieux », me raconte Peter en parlant de sa jeune épouse : « Elle se débrouille mieux grâce à l'aide et l'amitié de Francine, l'épouse de Marcel Aubut, et de sa sœur Lise ; elle commence à comprendre l'anglais, écoute la télévision et se sent moins seule. »

Peter hésite : « Au début, Darina, Francine et Lise se parlaient en allemand ; mais elle faisait plus de progrès en allemand qu'en anglais... maintenant, c'est bien parti. »

Peter et Anton sont infiniment moins tendus qu'à leur arrivée ; Anton, surtout, bon vivant et toujours souriant : mais Peter lui aussi a appris à sourire.

Comme il apprend à mieux saisir certaines réalités occidentales.

En décembre, en jasant avec un journaliste, Peter laissa échapper : « J'aimerais donc ça, un jour, visiter le Japon ; c'est un pays fantastique... »

– Y'a rien là, Peter, avec ton salaire, achète-toi un billet et vas-y.

Et Stastny de hocher la tête après un moment d'hésitation :

– C'est pourtant vrai ; ici, on peut le faire…

Hier, Peter avait le goût de jaser.

« Le hockey est populaire au Québec, mais c'est encore plus fort en Tchécoslovaquie ; tous les matches (sic) internationaux sont télévisés et il n'y a pas moyen de bouger dans les villes sans être surveillés ; et les saisons sont encore bien plus longues. C'est comme en Russie, malgré toutes leurs victoires olympiques dans tous les sports, ce sont les joueurs de hockey qui sont les plus populaires… là-bas, ils sont traités comme des ministres. »

– Il y a au moins une chose qui doit être la même partout, ce sont les journalistes ?

Resourire de Peter. Au début, il a été surpris par les charges des journalistes dans les vestiaires, les avions, les hôtels… frondeurs et souvent impertinents.

Mais l'aîné des Stastny a saisi que ce journalisme, s'il est spectaculaire, a peut-être moins de portée que le journalisme en pays communiste où les scribes sont les porte-parole officiels de la ligne du parti.

« Chez nous, les journalistes n'ont pas accès au vestiaire ; mais ils jugent tout ce que nous faisons en se référant toujours au coach ; et ils écrivent dans le journal des choses comme : Untel a mal joué parce qu'hier soir à minuit, il n'était pas encore couché…

« Je me souviens d'une terrible histoire : un soir, mon frère Marian, déçu, avait lancé son bâton ; malheureusement, une jeune fille avait été atteinte à la joue : oh juste une petite égratignure ; mais le journaliste le plus influent de Prague avait fait une grosse histoire avec une grosse manchette… il parlait de grave blessure ; la fédération a fait venir Marian et puisque c'était un Slovaque et que la fédération est contrôlée par les Tchèques, il a été suspendu pour trois parties…

« Plus tard, ce même journaliste est entré dans le vestiaire pour venir s'en prendre à Marian ; le coach d'abord, puis le président du club sont venus, très poliment, le prier de sortir… Comme il semblait ne pas comprendre, Marian s'est levé… heureusement, nous l'avons empêché d'aller trop loin. Mais encore une fois, Marian a eu droit à une grosse manchette parce que le journaliste se plaignait d'avoir été molesté… »

Et Peter de conclure :

« Ici, c'est très différent ; tout le monde peut parler, tout le monde a le droit de donner son opinion ; les journalistes parlent au coach et demandent ensuite la version des joueurs ; je trouve cette façon de procéder très intéressante. »

J'espère pour les deux frérots qu'ils trouvent encore intéressante la méthode de travailler à la nord-américaine parce qu'hier le bureau des Nordiques recevait des appels de journalistes de partout en Amérique ; on quête des informations, on veut savoir ce qui se passe.

Et à Québec même, c'est le délire… un délire qui s'est exprimé hier soir par une ovation d'une minute et demie quand on a présenté un cadeau à Peter pour sa participation au match des Étoiles à Los Angeles.

Un délire qui est en train de gagner tout le Québec.

Teraz sme stastny !

Larocque le mal aimé

QUÉBEC – Ignoré, bafoué pendant toute sa carrière à Montréal, niaisé de façon ignoble par Claude Ruel, Michel Larocque a décidé que sa dignité d'homme ne pouvait en prendre davantage.

Il y a de nombreuses raisons aux problèmes qu'a éprouvés Larocque pendant sa carrière ; très peu proviennent de sa performance sur la patinoire. On dirait que Larocque n'a jamais su percer le mur qu'on a érigé autour de lui pendant ses années de noirceur dans l'ombre de Ken Dryden.

L'an dernier. Larocque a vu Denis Herron s'imposer comme homme de confiance de Claude Ruel et cette année, les succès de la Flanelle se sont cristallisés autour de Richard Sévigny.

Certains parleront de malchance, d'autre de mauvaise attitude, mais chose certaine, Michel Larocque ne méritait pas le traitement que lui a servi Claude Ruel depuis sa blessure à la main.

Comme le disait Pierre Bouchard, ce n'est pas la décision qui est cruelle, c'est souvent la façon qui est dégueulasse.

Michel Bergeron : un chat de ruelle… super-intelligent

30 avril 1982

UNIONDALE – Michel Bergeron a du charme. Et il est intelligent. A-t-il un cœur ? Probablement que oui. Quand il est avec sa femme, ses enfants ou son frère et ami, le commentateur sportif Richard Morency.

Mais qu'on s'y prenne de n'importe laquelle façon (sic) pour tracer un portrait de cet homme opportuniste et ardent, il y aura toujours des contrastes violents, des contradictions dans le tableau final.

C'est un chat de ruelle. Né et élevé dans le quartier Saint-Michel, pas loin de la Carrière Miron, il a respiré de la poussière de ciment toute son enfance. Pas surprenant qu'il ait la tête dure et la colonne vertébrale plutôt raide.

Un chat de ruelle habitué à se battre griffes sorties, à ne pas accepter de cadeau… mais à ne pas en donner non plus. Michel Bergeron peut être incroyablement insensible si la situation l'exige.

S'il lui faut écraser quelques individus pour que son équipe gagne, il va le faire. Il a écrasé Marc Tardif. Et il lui donne juste ce qu'il faut de corde pour que Tardif, ou bien produise, ou bien se pende. Et sans faire de cadeau. Il me racontait justement : « Il y a certains joueurs pour qui je fais un spécial. Si un soir, il ne s'habille pas, je vais prendre le temps de lui expliquer pourquoi. Mais il y en a d'autres à qui je ne parle pas. Tu joues ou tu ne joues pas ce soir, period, that's all. Ça se limite là. »

Le Tigre est intelligent. Et opportuniste. Il a une faculté extraordinaire pour jauger une situation. Il s'est vite rendu compte que Daniel Bouchard était un trop gros morceau pour lui après l'altercation survenue à Detroit. Le Tigre s'est fait matou, il a laissé passer le temps, il a pourléché ses plaies. Et Daniel Bouchard a battu le Canadien. Il a battu les Bruins dans le match décisif. Il a, bien plus, fait un grand clin d'œil de complicité à son entraîneur après l'ultime victoire de Boston.

« Michel Bergeron est super-intelligent ». Ce soir-là, tard en soirée, Charles Thiffault, le docteur Charles, se sentait en veine de confidences. Dans ce temps-là, il faut retenir son souffle et écouter religieusement. Parce que Charles Thiffault est aussi discret qu'une carmélite pendant le carême. « Oui, Michel Bergeron est super-intelligent. Il possède une faculté d'adaptation incroyable. Il sait juger les hommes et en tirer le meilleur parti possible ».

Le doc Thiffault, tout bardé qu'il est de diplômes universitaires, fait bien attention de ne pas trop se tenir sous les projecteurs. Une des grosses qualités de Bergeron, c'est d'avoir eu suffisamment confiance en lui pour travailler avec un docteur en éducation physique, spécialisé en hockey. D'être assez fort pour prendre ses conseils et faire à sa tête quand même. Quand il le juge à propos.

Bergeron a du Bowman dans le nez. On l'a déjà dit. Il veut tout savoir. Il lui arrive parfois de s'installer dans un coin à l'écart, dans un restaurant d'hôtel, pour observer ses joueurs. Savoir qui mange avec qui, qui se tient avec qui.

Au début, il ne se mêlait pas des listes des hôtels. Puis, quand quelques joueurs sont venus le voir pour qu'ils puissent changer de compagnons de chambre, il a mis son nez là-dedans aussi. « C'est grave quand un gars vient te dire qu'il ne peut plus supporter un tel. Faut s'aimer dans une équipe. Quand j'ai confié le jeune Randy Moller à André Dupont, je lui ai demandé d'en prendre soin. Depuis, le Moose le couve comme son fils. Je change selon le pif. Y a juste Marois et Alain Côté qui restent toujours ensemble. Un nerveux et un calme, ça faut un bon duo. »

Michel Bergeron est superstitieux. Terriblement. Et même s'il est capable de rationaliser cette superstition, il ne peut lui échapper.

Il a son veston chanceux, sa cravate chanceuse. « J'essaie de me souvenir de ce que j'ai fait le jour d'une victoire. Et c'est plus fort que moi, je répète le même cérémonial. L'autre jour, j'ai pris ma douche au Colisée avant le match et on a gagné. La fois d'après, je me suis préparé à la maison, douché, pomponné. Rendu au Colisée, je me suis souvenu de la douche de la veille. J'en ai pris une autre. Tant qu'à être propre ! »

La plupart des meilleures histoires sur Bergeron, on les apprend vers trois ou quatre heures du matin. Dimanche à Boston, il est allé au lit à 4 heures du matin. Lundi soir, à 3 heures et demie. Mardi, à 4 heures et quart.

Il raconte des histoires avec un sens du comique et de l'expression beau à voir. Quand il est bien réchauffé, le show devient complet. Auditif et visuel. L'autre soir, il a lancé la discussion sur le baseball en « jetant la balle en jeu » pour reprendre une de ses expressions. En quelques minutes, une douzaine de journalistes s'engueulaient à qui mieux mieux sur les mérites du vol du deuxième but au baseball... pendant que Bergeron, bien tassé dans son coin, assistait à la scène avec un sourire moqueur.

Une fois, Bergeron a laissé entrevoir ce qu'il considérait comme sa vraie victoire.

« En octobre 1982, quand l'arbitre va mettre la rondelle au jeu, on va inscrire mon nom dans le Guinness Book des Nordiques. Ça va être la première fois qu'un coach dure plus de deux ans à Québec. »

C'est presque aussi rare qu'uneCoupe Stanley sur les plaines d'Abraham.

Marcel Aubut doit s'impliquer davantage ; les Nordiques n'ont pas le droit de se complaire dans le ridicule et la médiocrité

1er novembre 1989

Marcel Aubut a fait de grandes choses pour les Nordiques de Québec. On ne compte plus les gestes spectaculaires et les coups d'éclat qu'il a à son actif.

Si les Nordiques sont dans la Ligue nationale et encore à Québec, c'est beaucoup grâce à lui.

Mais aujourd'hui, alors que l'on sent la panique s'installer dans toute l'organisation, et jusque dans le vestiaire, Marcel Aubut doit montrer qu'il est capable d'être un chef dans le quotidien comme il l'a été dans les grandes crises. Et il ne l'a pas encore fait.

Depuis trois ou quatre ans, on a pointé du doigt tous les dirigeants pour expliquer les déboires et le ridicule de l'organisation.

Maurice Filion a été mis sur une belle tablette dans le fond des bureaux des Nordiques. Ron Lapointe est à Milwaukee et Jean Perron est à CJRP. Les têtes roulent, mais le problème reste entier. Je pense que le moment est venu de discuter du cas Marcel Aubut.

***

La plus grande force d'un président d'entreprise est sa capacité de prendre des décisions éclairées. Marcel Aubut est capable de prendre des décisions. Sont-elles éclairées ? Ça dépend de qui il écoute. Ça dépend de qui il s'entoure.

Ronald Corey n'arrive pas à la cheville de Marcel Aubut dans plusieurs secteurs. Mais Ronald Corey a une qualité énorme. Il sait aller chercher le meilleur homme disponible pour un travail et lui donner un mandat clair et net.

Corey s'appuie sur des hommes solides. Et Serge Savard est le plus important de ces piliers du Forum et du Canadien. Marcel Aubut sait-il reconnaître la véritable force chez un homme ? Est-il capable de tolérer qu'on lui tienne tête ou qu'on lui résiste ? Est-il capable de donner une vraie carte blanche à un lieutenant?

Faites le tour des dirigeants des Nordiques depuis quatre ans et vous avez votre réponse.

***

Me Aubut doit s'impliquer davantage dans son équipe de hockey. Je ne veux pas dire qu'il doit faire le travail de Martin Madden ou de Michel Bergeron. Mais Marcel Aubut, président et copropriétaire des Nordiques de Québec, doit faire sentir à ses joueurs, surtout ses joueurs, qu'il les aime… qu'il les respecte et qu'ils sont la raison d'exister de toute l'organisation.

Ronald Corey a des défauts, mais il aime ses joueurs. Il est leur fan numéro un. Soir après soir, on voit Mon oncle Ronald à son siège derrière le banc du Canadien, encourageant ses petits gars. Et gagne ou perd, chaque Glorieux sait que monsieur le président va les appuyer et les encourager. Quand ils sortent de la patinoire après une victoire, ils voient son sourire. Quand ils ont perdu, ils entendent ses encouragements. Ils sentent qu'ils sont importants, essentiels.

Ça peut paraître enfantin, mais le hockey est un sport d'émotions. Et c'est par les émotions qu'on fait la différence entre deux équipes quand elles sont égales.

Si Marcel Aubut aime les joueurs de hockey et les respecte, il doit le montrer davantage. Il doit faire passer un courant électrique qui va survolter toute l'organisation, du soigneur René Lavigueur jusqu'à Martin Madden. Il faut que le dernier des dépisteurs, dans le fin fond du Yukon, sente que son président sait qu'il existe et qu'il est satisfait de son travail.

Pour l'instant, on a l'impression que Marcel Aubut s'intéresse seulement aux aspects « business » et « politique » du hockey. Ses grandes victoires ont toutes été remportées dans les bureaux ou dans les coulisses de la Ligue nationale.

Marcel Aubut doit aussi faire passer un message. À Montréal, l'homme le plus important dans le Forum n'est pas Ronald Corey. C'est Serge Savard. C'est du moins l'image et le feeling qui sont véhiculés autant dans le vestiaire que dans le public. À Québec, Martin Madden a une image de deux de pique. C'est mortel pour l'organisation.

Qu'on fasse une enquête. Qu'on demande à tous les joueurs des Nordiques, sous le couvert de l'anonymat, s'ils croient que leur président et copropriétaire les aime et est prêt à aller au bâton pour eux… La réponse va frôler l'unanimité… pour le non.

***

Marcel Aubut se retrouve dans une situation difficile. Il doit faire sentir sa présence en courant le risque de devenir la cible du mécontentement populaire. Mais il n'a guère le choix. Cette organisation a besoin d'un général qui va galvaniser les troupes. Elle a besoin d'un homme qui va prendre sur ses épaules la pression des jours difficiles. Pas seulement dans les bureaux du deuxième étage, mais aussi dans le vestiaire et devant l'opinion publique.

Les Nordiques ont encore moins le droit que toute autre équipe de la Ligue nationale de se complaire dans le ridicule et la médiocrité. Les Nordiques ont des responsabilités envers le peuple. C'est le peuple de tout le Québec qui est monté aux barricades l'automne dernier pour forcer O'Keefe à vendre l'équipe à des intérêts québécois. Et ce sont des Québécois, via la Mutuelle des Fonctionnaires et le Fonds de solidarité des travailleurs du Québec, qui sont propriétaires des Fleurdelisés. Croupir au fond du classement, c'est insulter les Québécois qui ont fait confiance à Me Aubut et à ses partenaires.

Si la tempête n'est pas terminée, si, pour le bien de l'équipe, il faut attendre encore, alors le capitaine doit être sur le pont pour donner l'exemple et inspirer son équipage. Quitte à se faire mouiller le premier.

« Moi, j'essaie juste de jouer au hockey. » À 17 ans, Eric Lindros doit répondre à toutes sortes de questions

29 janvier 1991

J'étais planté devant ce grand adolescent aux dents brochées et je me demandais lequel de nous deux pouvait être le plus à l'aise.

Eric Lindros a 17 ans. Oubliez ses six pieds et cinq pouces, oubliez son titre de futur sauveur des Nordiques, oubliez tout le reste, c'est le chiffre 17 qu'il faut retenir.

Dix-sept ans, c'est le secondaire V, la première année de cégep peut-être ? Alors, faites le test, prenez un gars de secondaire V, plantez-le dans une salle avec une trentaine de journalistes, cinq ou six directeurs généraux, deux douzaines de dépisteurs, des caméras de télévision… et faites-le parler.

Dans le cas d'Eric Lindros, c'est encore plus compliqué, il doit répondre à des questions depuis plus d'un an.

– Dis-nous, Eric, ta maman lave-t-elle ton linge à toutes les semaines ?

– Eric, vas-tu aller jouer à Québec ?

– Eric, as-tu commencé à faire ton épicerie tout seul ?

– Dis mon grand, tous ces dépisteurs t'énervent-ils ?

Ça en fait des questions plates depuis quelques mois…

Dans ce temps-là, quand on se retrouve tout seul avec « le phénomène », on essaie toujours d'en mettre un peu plus, d'être « brillant », de poser des questions plus « songées », différentes.

Ça fait qu'on se sent tout bête.

Son idole : Messier

« Tout ce bataclan ne m'énerve pas trop. Moi, j'essaie juste de jouer au hockey, de faire de mon mieux. J'ai de bons amis, j'ai de bons conseillers, pour le reste, je ne suis qu'un gars de 17 ans qui veut aider son équipe à gagner », dit-il pour bien orienter l'entrevue.

« Moi, je joue au hockey pour les Generals d'Oshawa, tout ce qui n'est pas strictement hockey, c'est mon agent qui s'en occupe. C'est évident que je suis conscient qu'il y a autre chose dans la vie que le hockey, mais c'est la méthode que nous avons choisie et ça fonctionne. »

Les gars de l'Ontario étaient regroupés à l'arrière de la Mise au Jeu, bande d'adolescents en goguette dans Montréal la vlimeuse. Et Lindros tentait de rester avec eux, de se fondre dans le groupe. En vain.

« Les gars sont corrects, ils sont intelligents. Ils savent que la publicité que je reçois rejaillit sur tout le groupe. Ils savent surtout que je suis un joueur d'équipe. Quand je porte le chandail d'Équipe-Canada, je joue pour mon pays, quand j'ai le chandail des Generals, je joue pour mon club et demain (ce soir), c'est ma ligue que je vais représenter. Pour moi, c'est important de bien jouer et de gagner… », dit-il en pesant chacun de ses mots.

Eric Lindros est la grosse star du hockey junior. Il va être millionnaire dans moins d'un an. Il ne sera sans doute pas un autre Wayne Gretzky ou un autre Mario Lemieux parce qu'il n'est pas ce type de joueur : « Moi, mon idole, c'est Mark Messier », précise-t-il.

Et quand on consulte sa fiche, on comprend pourquoi. Il a plus de minutes de punition que de points, un indicatif précieux sur sa façon de jouer au hockey.

Vive le Spectrum !

D'ailleurs, j'aurais aimé qu'il me parle du Forum, qu'il s'excite un peu. Pas du tout, c'est au Spectrum qu'il a hâte de jouer puisque les Flyers ont toujours été son équipe favorite. J'ai oublié de lui dire que les Nordiques ont toujours été allergiques au Spectrum et qu'il risque quelques déceptions à ses premiers voyages à Philadelphie.

Et le reste ?

Il a une blonde régulière qu'il aime bien. Mais merde, il a 17 ans, faut lui laisser le temps de respirer. Il aime beaucoup Billy Joel, il joue au baseball pour s'amuser, il ne lit pas et ne s'énerve pas avec ce qu'il ne peut pas contrôler.

Comme le fait d'être repêché par les Nordiques !

7 $ avant d'en payer 40 $!

Eric Lindros, Yanic Perreault, Patrice Brisebois, ça commence à garnir une affiche. Et Gilles Courteau, le président de la Ligue junior majeure du Québec, est conscient qu'il a un bon produit à offrir.

« Il y a Eric Lindros mais il y a Yanic Perreault, le meilleur compteur de tout le hockey junior canadien. D'ailleurs, Lindros a refusé une confrontation entre deux périodes. Tous les meilleurs juniors pour 7 $, c'est une aubaine. Les gens vont devoir payer 40 $ dans deux ou trois ans pour voir les mêmes joueurs », de dire Courteau le costaud.

Courteau a raison. Dimanche, contre les Bruins, il y avait douze anciens de la LHJMQ dans l'uniforme du Canadien.

Combien d'entre vous avaient déjà payé 5 $ pour aller les voir jouer à Trois-Rivières, Chicoutimi ou Shawinigan ? Dimanche, ça coûtait 32,50 $.

Mais ça, c'est la loi du show business. C'est plein de monde qui ont refusé de payer 2 $ pour aller voir André-Philippe Gagnon dans des salles paroissiales…

Un grand match, deux belles leçons

C'est le meilleur match de Super Bowl que j'aie jamais regardé. Et comme partisan des Bills de Buffalo et admirateur de Marv Levy, j'ai eu envie de fusiller Scott Norwood quand il a raté un placement de 47 verges avec huit secondes à jouer.

Quand on dispute le plus grand match de football de l'année, on n'a pas les moyens de rater un botté de 47 verges !

Heureusement, les partisans des Bills sont des bonnes natures. Hier après-midi, ils ont acclamé Norwood sur la place publique et ont été touchés par ses larmes de « repentir ». M'a semblé aussi que Levy écrasait une mouche dans le coin de son œil.

Mais dans le fond, ce n'est pas Norwood qu'il

faut crucifier sur la place publique, ce sont les Giants qu'il faut féliciter. Ils ont joué un grand match contre les Bills, réussissant à imposer leur plan de match, leur stratégie. Contrôler le ballon pour empêcher Jim Kelly de tailler en pièces leur unité défensive.

J'ai beaucoup apprécié le match et j'en retiens deux leçons.

– Un repos de deux semaines est beaucoup trop long. C'était la première fois en 25 ans que les deux finalistes s'affrontaient avec seulement une semaine de répit et c'était parfait. Les joueurs étaient impliqués, ils baignaient dans une atmosphère de football et n'avaient pas eu le temps de s'épivarder en ville et de perdre leur concentration.

– Le hockey a d'énormes leçons à tirer de la Ligue nationale de football, on le sait déjà. Marketing, promotion, décorum, tout y est. Mais il y a encore plus. Les joueurs de football se cognent avec une hargne et une violence à faire peur à Saddam. Quand le coup est donné, quand le plaqué est réussi, on donne la main à son adversaire, on l'aide à se relever, on lui donne une petite tape sur les fesses pour le féliciter d'avoir si bien encaissé la charge et on se donne rendez-vous pour le prochain jeu. Dans le respect et dans les limites du sportmanship.

Pourquoi ce ne serait pas possible au hockey ? Pourquoi on ne pourrait pas jouer dur et respecter l'adversaire ? Pourquoi a-t-on besoin de tous ces gorilles et fiers-à-bras qui ne servent qu'à se battre ?

Qui donc, dans une équipe de football, est embauché pour se battre ?

Et à ce que je sache, ce n'est pas un sport pour mauviettes.

Le meilleur est à venir !

28 avril 1993

Il y a un an, à peine un an, les Nordiques de Québec étaient encore les Nordindes, la risée du Village, du Québec et de toute l'Amérique du hockey.

Il y a un an à peine, personne n'aurait imaginé que les Bleus affronteraient les puissants Canadiens pour éviter l'élimination après avoir perdu deux matchs de suite en prolongation.

Les Nordiques seront sans doute éliminés ce soir. Toutes les prévisions le veulent. Le Canadien est sur une formidable lancée, Patrick Roy a enfin retrouvé tous ses moyens et Jacques Demers, à force de psychologie primaire, au niveau des joueurs de hockey en tous les cas, a réussi a convaincre ses poussins qu'ils étaient des aigles.

Les Nordiques seront éliminés, mais si j'étais Pierre Pagé, ce soir, avant le match, je féliciterais déjà mes hommes. Je leur dirais qu'ils ont déjà gagné le respect de tous les Québécois et de leurs adversaires. Je leur dirais qu'en forçant les Glorieux à se surpasser pour les vaincre, ils ont procuré un immense plaisir à plus d'un million et demi de personnes qui ont suivi les matchs à la télévision.

Je les féliciterais aussi parce qu'ils se sont comportés avec dignité, comme leurs adversaires de Montréal et qu'ils ont fait oublier la sauvagerie des séries éliminatoires d'antan entre le Canadien et les Nordiques. Lundi soir, à Québec, les deux équipes ont joué avec une énergie farouche et s'il y a eu des coups sournois et trop durs, qu'on pense à Steven Finn contre Stéphan Lebeau et Patrice Brisebois contre Valeri Kamensky, les joueurs ont su rester dans les limites du sport civilisé.

Et je les féliciterais parce qu'ils sont de gentils garçons, comme leurs adversaires, capables de comprendre le travail des journalistes et commentateurs, capables de respecter le public.

Enfin, je leur dirais de ne pas oublier après leur élimination, sans doute à la fin du match de ce soir au Forum, que, dans leur cas, le meilleur est à venir.

Si j'étais Pierre Pagé, je féliciterais . . mes Joueurs parce que ces Jeunes garçons en sont à leur première odyssée dans les séries, et qu'ils auraient besoin d'être regonflés. La confiance, ça se cultive, Jacques Demers en a fait la démonstration.

Pierre Pagé avait retrouvé sa belle humeur quand nous avons longuement discuté dans la salle des journalistes du Colisée, hier avant-midi.

« Hier, on parlait d'intensité. Nous avons monté d'un cran notre niveau d'intensité. Jusqu'au match, c'est le mot CROIRE qu'il faut cultiver, qu'il faut répéter. Il faut que nos jeunes croient. Qu'ils croient qu'il peuvent gagner s'ils jouent avec la même ardeur et un peu plus que dans le cinquième match. Il faut qu'ils croient même s'ils lisent qu'ils sont finis, qu'ils croient malgré tout ce qu'on pourra dire à leur sujet. Ils doivent trouver en eux, dans leurs tripes, la confiance qui fait les champions. Nous avons souvent gagné deux matchs de suite pendant la saison, nous pouvons le faire encore. Et ils le savent. Il faut qu'ils le croient, profondément en dedans d'eux», de dire Pagé.

« Nous avons tellement de chemin à parcourir. Mais nous progressons. Les jeunes de l'équipe apprennent à être fiers quand ils appliquent le processus. Dans la vie, il y a toujours un processus qui mène au succès. Il faut être satisfait quand on applique le processus même si, parfois, le résultat est décevant. Surtout dans le sport, on ne contrôle pas le résultat mais on peut contrôler le processus. Tu peux gagner parce que la rondelle a frappé le cul d'un gars et est tombée dans le but. Tant mieux. Mais tu peux perdre en jouant mieux et ça nous est arrivé lundi soir.

« Il faut garder confiance parce qu'à long terme, c'est en appliquant le processus que tu réussis. Les hommes d'affaires le savent. Ils ne crient pas : "Je veux être riche, je veux faire de l'argent !" Ils investissent leur capital, ils investissent leur talent, ils investissent dans le service à la clientèle. Ils rendent leurs locaux attirants et agréables, parfois, ils traversent l'enfer pendant quelques années. Mais ils continuent d'appliquer le processus parce qu'ils croient. Nous devons faire de même », d'expliquer Pagé.

Jacques Demers a réussi un véritable tour de force depuis le début de cette série. Demers a réussi à transformer ses joueurs les plus timides en de véritables kamikazes. On s'est un peu moqué de ses trucs de collégiens. Comme de leur remettre un chandail neuf après le dernier match de la saison. Comme de les faire pratiquer dans un chandail noir qui leur donne un air plus méchant. Comme de les encourager à vivre en groupe, à vivre le « un pour tous » et le « tous pour un » qui a donné les plus grands romans populaires de la littérature universelle. *Les Trois Mousquetaires*, *Vingt ans après* et *Le Vicomte de Bragelonne* d'Alexandre Dumas.

« C'est pour ça que nous prenons le train pour nous rendre à Montréal. Nous voulons que les gars relaxent, jouent aux cartes, soient ensemble deux heures et demie à trois heures et aient du plaisir. On aurait pu prendre l'avion et prendre le souper en équipe mais les gars mangent vite et, finalement, ça ne donne pas toujours les résultats espérés », de dire Pagé.

Le hockey est unique. Il y a un besoin d'intensité dans le hockey qu'on ne retrouve pas toujours dans les autres sports professionnels.

Certainement pas au baseball, ni au football où l'exécution prime souvent sur l'émotion. Quand bien même les Bucs de Tampa Bay auraient été cent fois plus « intenses », ils n'auraient jamais battu les Cowboys de Dallas.

« Mais trop d'intensité peut aussi jouer des tours, prévient Pagé. Quand un joueur est trop tendu, il ne réussit pas les jeux les plus faciles. J'ai demandé à Steve Duchesne de relaxer, je l'ai demandé à d'autres joueurs aussi. On fait beaucoup de relaxation pendant l'année, ça aide les joueurs. »

En 1981, Pierre Pagé était l'entraîneur adjoint des Flames de Calgary. Le 30 avril, les Flames s'étaient rendus au Spectrum de Philadelphie pour y disputer un septième match.

« Nous avions gagné. Je ne peux pas oublier cette victoire, le 30 avril, c'est mon anniversaire de naissance », de dire Pagé en riant.

Vendredi, ce sera le 30 avril. Vendredi, si jamais les Bleus évitaient l'élimination ce soir, ce serait le septième match de la série.

De toute façon, le meilleur est à venir.

L'infirmerie, chambre de secrets

C'est presque impossible de deviner quelle blessure soignent tel et tel joueurs. Quand, par hasard, on entre dans le vestiaire un peu à l'improviste, on peut voir Owen Nolan, un gros sac de glace sur l'épaule ou Bryan Bellows avec de la glace sur un avant-bras, ou Claude Lapointe, étendu sur un lit en train de se faire soigner…

Gaétan Lefebvre à Montréal et Jacques Lavergne à Québec, tentent de ramener au jeu des hommes qui devraient normalement être au lit ou sur des béquilles. À force de physio, d'ultrasons et d'autres techniques sophistiquées.

Parfois, dans certains cas exceptionnels, on gèle un membre blessé. Patrick Roy a reconnu qu'on avait gelé son épaule blessée dans le match de lundi pour lui permettre de revenir au jeu. Jacques Lavergne fait la moue quand on lui parle de cette décision : « Je ne veux pas me mêler des affaires des autres. Mais c'est généralement reconnu qu'on empêche l'organisme de réagir à la douleur quand on gèle un membre blessé. Mais ça ne me regarde pas », de dire Lavergne.

Par ailleurs, Lavergne, en regardant patiner Gaétan Boucher, a réalisé que les hockeyeurs avaient besoin d'exercices nouveaux et différents pour retrouver leur condition physique après une blessure à une jambe ou à l'aine. Des mouvements qui ressemblent plus au ski de fond qu'à l'éternelle bicyclette.

Jean-Paul L'Allier, le fossoyeur des Nordiques

30 mars 1995

Après avoir écouté les propos du maire Jean-Paul L'Allier lors d'une entrevue avec Radiomédia, j'ai perdu à peu près tout espoir de voir les Nordiques à Québec l'automne prochain.

Il est minuit moins cinq. Des villes comme Phoenix, Denver, Houston, Atlanta et Seattle se préparent à déposer des offres fermes et finales aux propriétaires des Bleus. Pendant ce temps, le maire L'Allier accumule demi-vérités et demi-mensonges et s'enfonce encore davantage dans son rôle de fossoyeur des Nordiques.

Quand les Nordiques auront quitté la Vieille Capitale, celui qui aura le plus contribué à leur départ aura été Jean-Paul L'Allier.

C'est évident que Marcel Aubut, Métro-Richelieu, la Mutuelle, le Fonds de solidarité de la FTQ, Dashawa et Marcel Dutil ont intérêt à vendre leur équipe et à réaliser un profit faramineux sur leurs investissements.

C'est évident que la logique des affaires exige que les propriétaires actuels vendent les Nordiques pour réaliser une passe de 100 millions $ canadiens.

C'est évident cependant que Marcel Aubut et ses partenaires seraient prêts à ne pas encaisser ces millions si on les aidait à rester à Québec en leur fournissant les moyens de rentabiliser les opérations de leur entreprise.

Mais je suis convaincu qu'il est trop tard parce que celui qui aurait dû monter aux barricades pour mener le combat, le maire de la Ville, hait le hockey à s'en confesser, hait Marcel Aubut encore plus et ne sera heureux que lorsque ces « emmerdeurs grossiers » qui ne viennent pas du monde des « Arts et spectacles » auront foutu le camp de sa Ville.

Il y a un tel mépris des gens dans les propos de Jean-Paul L'Allier que le cœur vous lève quand vous relisez ce qu'il a dit à Pierre Rinfret et à Michel Bergeron.

Vous vous rappelez l'insulte servie à Robert Bourassa par Pierre Elliott Trudeau qui l'avait traité de « petit mangeur de hot dogs » ? Jean-Paul L'Allier a imité le maître du mépris en déclarant, en parlant de l'impact négatif du départ des Nordiques : « Bien oui, l'impact négatif, qu'est ce que vous voulez que je vous dise ? L'impact négatif net. Quel est l'argent extérieur qui vient et qui reste dans la région du fait des Nordiques ? Moi ce que je sais, il y en a autant qui sort qu'il y en a qui peut rentrer. En gros, quand on paye 300 000 $ pour assister à un match, les salaires des joueurs, à ma connaissance, ce n'est pas réinvesti dans la région. Bon, quand les gens mangent deux hot-dogs là, ils ne les mangent pas à Limoilou. Peut-être qu'ils les auraient mangés à Chicoutimi ou à Montréal », a répondu le maire L'Alllier.

Comme si les amateurs de sport n'étaient que des mangeurs de hot dogs. Comme s'ils ne consommaient pas d'essence, comme s'ils ne couchaient pas à l'hôtel, comme s'ils n'allaient pas manger chez Michaelangelo, comme s'ils ne fréquentaient pas le Café de la Paix. Comme s'ils étaient tous des ignares et des ennemis de la « culture ». Des ennemis du projet Meduse, l'abîme à saveur artistique dans lequel le maire L'Allier est en train d'engouffrer l'argent des contribuables sans espoir d'un retour de taxes intéressant.

J'étais des premiers combats pour la survie des Nordiques. J'ai couvert pour *La Presse* toutes les rencontres qui ont mené à la fusion de l'Association mondiale et de la Ligue nationale. Les journalistes d'Edmonton, de Winnipeg et de Montréal ont forcé Molson à virer capot et à voter en faveur de la fusion.

Puis, j'ai pris en position en faveur des Nordiques et d'O'Keefe quand est venu le temps de régler les droits de télédiffusion des matchs des Nordiques. Parce que j'estimais que les citoyens de Québec, du Saguenay, de la Côte-Nord, et même de Montréal, avaient droit à ces matchs. Autant qu'ils avaient droit aux matchs du Canadien.

Les Nordiques représentent un actif colossal pour la ville et la province de Québec. Les amateurs de hockey de Montréal seront tout aussi orphelins que ceux de Québec, quand les Nordiques joueront aux États-Unis. Surtout que jamais plus, jamais, jamais, la Capitale n'aura la chance de remettre la main sur une équipe de la Ligue nationale. Ce sera une perte irréversible.

Marcel Aubut est un bon ami. Sur le plan personnel, s'il vend et déménage les Nordiques après avoir tenté l'impossible pour les garder à Québec, je vais être bien content pour lui. J'espère seulement qu'il va changer son Shadow pour un Harley avec ses millions. Le reste, c'est de ses affaires.

Mais sur le plan professionnel, il me semble que notre responsabilité penche vers les partisans, les amateurs, ceux qui aiment les Nordiques et qui profitent de leur présence à Québec pour se distraire et oublier la morosité d'une vie pas toujours facile.

C'est pour ça que je rage quand je lis la phrase suivante du maire L'Allier : « Écoutez, mon petit cœur, il fait mal quand je vois que les Nordiques menacent de s'en aller et puis, qu'est ce que vous voulez que je vous dise ? »

Mon petit cœur… et les mangeurs de hot dogs ! Si ce mépris effrayant ne vous révolte pas, gens de Québec, c'est que vous n'avez plus de ressort, plus de colonne vertébrale.

Et pensez que ce maire méprisant, qui refuse de lever le petit doigt pour sauver une de ces institutions qui font la Capitale, est un intime du premier ministre Jacques Parizeau. Tellement qu'il a regardé le *Bye Bye* en direct du salon de l'Élisette ! Si vous ne paniquez pas, si vous ne réagissez pas, si vous laissez passer ces demimensonges et ces demivérités sans vous défendre, vous êtes faits. À l'os !

Quand on relit les notes de l'entrevue, on trouve dommage que Rinfret et Bergeron aient laissé dire n'importe quoi au maire L'Allier sans intervenir.

Et puis, il ne dit pas que la Ville touche plus de 3 millions en revenus via les Nordiques.

Quand le maire dit que les Nordiques ne payent pas de taxes à Québec, c'est faux. Ils verseront 160 000 $ de taxes cette année.

Enfin, quand les Nordiques seront partis, le poulailler, faudra encore l'entretenir, le chauffer, le surveiller. Ça va coûter 2 millions par année. Sauf qu'il n'y aura plus les revenus des Nordiques. Ce sont les contribuables de Québec qui vont payer.

Mais le comble du mépris, le comble de la mauvaise foi, le comble de l'arrogance grossière et vaniteuse, c'est quand le maire L'Allier a tenté de convaincre les animateurs que les Nordiques représentaient une activité économique et sociale de seulement quelques heures par année : « La saison de hockey dure combien ? Combien de parties par année, M. Bergeron ? Bon, 42 parties multipliées par combien d'heures ? Faut compter comme ça. Trois heures vous dites ? Bon, ça fait 120 heures par année », de dire L'Allier.

Précisons cependant que M. L'Alllier voulait montrer que les Jeux olympiques représentaient une activité qui dépassaient largement les deux semaines des Jeux. Mais ça vous donne une idée.

Avec Jean-Paul L'Allier comme maire, pensez-vous qu'il y aurait eu un métro à Montréal ? Et l'Exposition universelle ? Et les Expos ? Et les Jeux olympiques ?

M. L'Allier a écouté le *Bye Bye* avec Mme Lisette Parizeau et c'était charmant. Mais le premier ministre doit faire le travail que le maire du Village refuse de faire.

Il doit prendre le dossier en main. Personnellement. S'il décide qu'il n'y a rien à faire, au moins, on pourra croire quelqu'un qui aura été sérieux.

Le départ des Nordiques

Dommage, on aimait tellement les haïr

26 mai 1995

C'était à West Palm Beach, pendant les vacances des fêtes. Nous avions soupé en compagnie de Marcel Aubut, de sa famille, de Daniel Doyle, un chirurgien cardiaque de l'hôpital Laval à Québec, et de sa petite famille, et le repas avait été joyeux.

On avait parlé de chirurgie cardiaque, de médecine et… des Nordiques.

Pendant de longues heures. Assez pour avoir l'heure juste. À l'époque, Marcel Aubut rêvait encore de convaincre le premier ministre Jacques Parizeau malgré l'inertie et la mauvaise volonté du maire de Québec.

Puis, nous nous étions retrouvés dehors dans la chaude nuit de la Floride. Impatient comme toujours, Aubut nous avait laissés devant l'entrée du resto pour aller chercher lui-même son auto. C'est le moment qu'avait choisi Francine Aubut pour me parler. Brièvement, à voix douce comme elle le fait toujours, mais avec une passion contenue dans le ton et des yeux brillants de conviction : « Le gouvernement ne pourra pas investir 150 millions dans un nouveau Colisée. Pas dans le contexte actuel. Il faut lui expliquer. Marcel en a assez fait, qu'il arrête, qu'il profite un peu de la vie », m'avait-elle lancé en quelques secondes.

L'incident m'avait troublé. Tout au long de ses folles aventures dans le monde du hockey, Marcel Aubut avait toujours pu compter sur l'appui indéfectible, inconditionnel et absolu de Mme Aubut. Si elle avait atteint ce niveau d'écœurement, ça voulait dire que Marcel Aubut approchait lui aussi le bout de son rouleau.

Et que la survie des Nordiques était beaucoup plus en danger que les gens ne voulaient bien le croire à Québec.

C'était le deuxième avertissement involontaire que je notais. Une dizaine de mois plus tôt, à Lillehammer en Norvège, je m'étais encore retrouvé dans un restaurant avec Marcel Aubut. En jasant, il avait fait le bilan de la situation : « Si j'arrivais à me motiver autant que j'en suis capable, je pense que je pourrais convaincre le gouvernement. Mais on dirait qu'il y a quelque chose qui m'en empêche. Mais ça fait rien, je vais y arriver », m'avait-il confié.

Ça fait maintenant 18 ans que je connais Marcel Aubut. En 18 ans à côtoyer quelqu'un, on finit par connaître sa gestuelle. Cette fois-là, à Lillehammer, j'avais été frappé par son regard. La flamme qui l'anime quand il s'engage dans une bagarre n'était pas là. Le doute était déjà entré dans son esprit.

Ou, diront les plus cyniques ou les moins naïfs, l'appât du gros profit avait déjà commencé à hanter les nuits de Me Aubut et de ses associés. Il préparait déjà la vente de l'équipe.

Déjà, en février 1994, j'avais écrit dans *La Presse* que les propos et les réactions de Marcel Aubut devraient inquiéter les partisans des Nordiques. Déjà, une guerre sourde l'opposait au maire de Québec, M. Jean-Paul L'Allier.

Le troisième avertissement, c'est quand les propriétaires de la Ligue nationale ont plié l'échine devant les joueurs. J'avais eu une autre longue conversation avec l'économiste Pierre Fortin. Il avait résumé l'entente survenue entre les propriétaires et les joueurs par une phrase lapidaire : « Les gros marchés ont laissé tomber les petits. » Le sort des Nordiques était joué, et le 12 février dernier, j'écrivais : « Les Nordiques ne survivront pas dans le nouveau contexte de la Ligue nationale ».

C'était le titre, et dans l'article, je précisais que « d'ici trois mois, Marcel Aubut et ses associés vont avoir l'occasion de réaliser un profit plantureux en vendant leur concession à moins que Marcel Aubut ne réussisse à convaincre les leaders politiques de s'impliquer dans la survie de l'équipe. »

Malheureusement, trop peu de leaders, trop peu d'hommes d'affaires et trop peu de citoyens n'auront vu ces signes avant-coureurs de ce qui se préparait.

Quand les hommes d'affaires se sont enfin manifestés, mercredi, il était trop tard : Marcel Aubut était dans le Maryland à signer les contrats.

J'ai déjà longuement écrit sur cette vente. Marcel Aubut a gagné sa game d'homme d'affaires, il a perdu celle de l'homme politique. Les gens se sont ligués contre lui et lui ont fait porter le chapeau du méchant. Pourtant, les offres et les conditions du gouvernement n'avaient pas de sens dans le contexte du hockey professionnel ; mais elles ont été présentées de façon telle que le grand public les a trouvées valables.

Vox populi vox dei.

Mais M. Parizeau ne gagne pas, c'est tout le Québec qui perd une institution de prestige et une entreprise qui rapportait plus de 8 millions par année en impôts et en taxes directes.

Sans parler d'André Lestourneau, de Nicole Bouchard, de Jacques Labrie, de Sylvain Lamothe et de tous ces employés qui perdent leur emploi.

C'est également la démonstration foudroyante que le hockey, sport national du Canada, est contrôlé par les financiers américains. L'argent est aux États-Unis, et avec un pays et des provinces endettés jusqu'au cou, il n'est plus possible de faire contrepoids aux dollars américains.

Il ne faut pas oublier que Gary Bettman était vice-président de la NBA avant d'accepter le poste de commissaire de la Ligue nationale de hockey.

Or, les nouveaux propriétaires des Nordiques sont également propriétaires des Nuggets de la NBA. Ce n'est pas un hasard.

La démonstration aussi que le Québec est une société qui rétrécit. Non seulement on n'a plus de grands projets collectifs, mais on n'arrive pas à préserver les acquis durement payés dans le passé. Les Nordiques sont perdus, et malheureusement, ça ne sauvera pas un seul lit d'hôpital ni un seul chèque de bien-être social. Au contraire, les impôts que payaient les millionnaires des Nordiques vont aller enrichir les coffres de l'État du Colorado et ceux du gouvernement fédéral américain.

Nous autres, les Québécois, on va contribuer environ une dizaine de millions aux engagements financiers d'Ottawa pour construire un nouvel amphithéâtre pour les Jets de Winnipeg.

Le gouvernement Parizeau n'a pas voulu d'un casino à Québec, j'ai hâte de voir comment il va s'y prendre pour empêcher la construction d'un casino illégal à Akwesasne…

Voilà, c'est la fin. Hier, en fouillant dans les 8 500 articles écrits depuis que je suis à *La Presse*, j'en ai retrouvé qui parlaient de Serge Bernier et qui remontent à 1974, d'autres qui racontaient les exploits de Marc Tardif, d'autres qui expliquaient tous les tours de passe-passe d'un jeune coach moustachu avec les Cougars de Chicago qui s'appelait Jacques Demers…

J'ai retrouvé une déclaration de Marcel Aubut, en 1988, quand il avait racheté l'équipe de la brasserie O'Keefe : « Les Nordiques sont à Québec pour toujours ! »

Toujours, c'était sept ans !

J'espère que Claude Brochu n'a jamais déclaré que les Expos étaient à Montréal pour toujours…

Salut Peter Stastny, Peter Forsberg, Marc Tardif, Michel Goulet, salut Michel Bergeron, Maurice Filion, salut Pierre Lacroix, Marc Crawford, salut Larochelle, Cadorette et les autres, salut les fans, salut les Villageois !

Salut les Nordiques ; à Montréal, on aimait tellement vous haïr…

Les Expos

Ah, si j'étais Carter, il n'y a pas d'argent qui me retiendrait...

15 octobre 1981

LOS ANGELES – On prend la San Diego Freeway, on descend vers Newport Beach sur une immense autoroute de 10 voies, le Pacifique à sa gauche et les vergers à sa droite.

Puis, quand on arrive dans l'Orange County, on commence à surveiller les sorties pour Disneyland et Anabein.

Quelque part dans ce paradis, il y a la belle ville de Fullerton ; c'est là que vivent les familles de Gary Carter et de son épouse Sandy ; c'est à Fullerton aussi que Gary a acheté une maison l'hiver dernier.

Il faut avoir visité toutes ces splendides banlieues de Los Angeles pour comprendre à quel point la Californie du sud est fascinante, belle, envoûtante.

... Et si j'étais Gary Carter, il n'y a pas d'argent qui pourrait me tenir loin de ce paradis...

Après la saison

« Nous avons acheté cette maison, Sandy et moi, pour passer plus de temps auprès de nos parents ; mais ça ne veut rien dire de plus ; c'est certain que le désir de revenir jouer dans ma ville, dans ma Californie, pèse lourd dans la décision que je prendrai avec Sandy ; mais John McHale sait que je garde un esprit totalement ouvert quant à mon avenir ; j'adore Montréal, je me sens bien là-bas, nous aimons la ville et ses gens... et, à vrai dire, il n'y a absolument rien de nouveau dans l'histoire publiée dans *La Presse*. La situation est exactement la même qu'au printemps. »

« Il n'y a absolument rien de nouveau dans les négociations entre Gary et les Expos » explique John McHalle. La grève du baseball m'a empêché de tenir de nouvelles séances pendant l'été ; en septembre, et c'est le seul développement nouveau, nous avons convenu, Jerry Petrie et moi, de reprendre les pourparlers à la fin de la saison. Jamais Gary n'a émis le moindre commentaire défavorable... D'ailleurs, il ne sait pas du tout ce qu'il désire ; il y a encore une année à jouer et il va songer à son avenir pendant ce temps ; mais cet hiver, on s'attaque à son contrat... »

C'est certain que Carter, de toute façon, ne peut parler autrement. En pleine série éliminatoire contre les Dodgers, la veille du premier match au Stade olympique. Carter ne peut quand même pas admettre publiquement qu'il rêve déjà à Los Angeles.

En fait, il y a du nouveau puisque l'agent de Carter, Jerry Petrie, a rencontré John McHale il y a dix jours pour reprendre les négociations et que les deux parties ont convenu d'ajourner les pourparlers jusqu'à ce que la saison soit terminée : « Les chiffres publiés sont assez proches de la réalité mais les négociations sont plus complexes, puisque j'ai une clause qui m'autorise à renégocier pour la dernière année de mon contrat avant d'entreprendre les négociations pour mon prochain contrat. Et soyez réaliste, en obtenant mon statut d'agent libre, je me retrouverai dans une situation qui n'arrive qu'une fois dans une vie. La décision sera très difficile…

100 000 anciens Québécois heureux

Il y a tout près d'un demi-million de Canadiens qui sont venus s'installer dans la région de Los Angeles. Et de ce demi-million, plus de100 000 sont des anciens Québécois.

Pour les besoins d'un reportage, j'ai déjà interviewé une cinquantaine de ces Québécois. Et tous, sans aucune exception, adoraient leur nouvelle vie ; un jour, Jacques Carignan en a eu assez de l'hiver et de la bureaucratie canadienne ; il s'est installé à Irvine, tout près de Newport Beach, a fondé une compagnie de produits de station-service, et est maintenant millionnaire.

Charles Lavoie, en banlieue de San Diego, a fait une crise de nerfs en plein cœur d'une tempête de neige à Rimouski, il y a seize ans.

Trois jours plus tard, il descendait à l'aéroport de Los Angeles avec sa jeune femme et son fils de six mois pour recommencer une nouvelle vie ; c'était le 29 décembre : il possède aujourd'hui sa bijouterie à Venice, à quelques milles de la frontière mexicaine.

Denis Roy, de Saint-Jean, était un jeune gardien de but qui s'est amené au camp d'entrainement des défunts Blades de Los Angeles, de l'ancienne ligue Pacifique.

Même pas gardien régulier, il vécut dans sa vieille automobile avec sa paire de patins et ses jambières ; plus tard, il entrait au Consulat du Canada comme commis… et devint vice-consul il y a quelques années.

Il travaille maintenant dans sa compagnie de construction.

Et en les écoutant parler, on finit toujours pas poser la même question : « Quelles sont les obligations qu'il faut remplir pour obtenir un permis de travail en Californie… et on se met à rêver à ces hivers doux et agréables, aux palmiers et aux belles filles blondes et dorées qui abondent sur les plages interminables.

Et si j'étais Gary Carter, il n'y a pas d'argent qui pourrait me retenir loin de ce paradis…

Au pays du showbizz

Hier, je suis allé visiter une autre fois Hollywood et Beverly Hills en compagnie d'un confrère qui en était à son premier voyage en Californie.

C'est une sensation étrange de se promener devant le Chinese Theater, sur le trottoir où sont incrustés des étoiles signées par les plus grands noms du show business. Glenn Miller, Fred Astaire, Johnny Carson.

Sur Sunset Boulevard, on voit l'édifice de CBS, de Capitol Records… un peu plus loin, on grimpe les collines de Beverly Hills en admirant les domaines de plusieurs millions de $ $ $ que se sont offerts les grosses stars du cinéma et de la télévision.

Toute la vie de Hollywood, de Beverly Hills, de Burbanks, de Los Angeles, est ajustée sur le show business ; les panneaux d'affichage regorgent de visages de stars ; même Mike Schmidt et 7 Up ont leur coin. Et il y a encore de la place pour Gary Carter, le parfait All American Boy… né dans la Californie dorée.

… Et si j'étais Gary Carter, il n'y a pas d'argent qui pourrait me retenir loin de ce paradis…

« C'est vrai que j'aurais probablement plus de publicité, plus d'« exposure » si je jouais pour une équipe de la Californie », admet Gary Carter, traquée par un bon groupe de reporters à l'entrée du dugout des Expos. « Mais il ne s'agit pas là d'une vraie priorité ; l'argent non plus n'est pas la priorité absolue, c'est notre bonheur, à Sandy et moi, qui vient en premier lieu. »

– Ça veut dire que Sandy aura un très gros mot à dire dans la décision finale… et on sait ce qu'elle désire?

– C'est évidemment vrai que Sandy aura son mot à dire… mais c'est faux qu'elle tient absolument à revenir vivre à Los Angeles. Nous nous sommes créé des racines à Montréal… et notre idée est loin d'être faite. Soyons clair; je n'ai jamais refusé l'offre des Expos, je n'ai pas décidé de venir jouer en Californie et c'est de l'irresponsabilité de reprendre ce genre d'histoire pendant une série comme celle-là…

J'écris cette chronique sur la galerie de presse du Dodger Stadium pendant que le match se déroule un peu plus bas.

À la hauteur de mes yeux, il y a les collines du Ravin Chavez ombragées par des palmiers longilines (sic). Il fait doux et bon et bon, les taxes sont moins élevées qu'au Canada, les Dodgers sont riches à craquer et sont de sérieux aspirants à toutes les courses au championnat du monde…

Lundi, pendant le léger exercice des deux équipes, Gary a emprunté la casquette des Dodgers de Reggie Smith et s'est fait tirer le portrait par un photographe mexicain…

… Et si j'étais Gary Carter, si j'étais un fils de la Californie, si mon père, ma mère, ma femme me demandaient de revenir vivre chez nous, il n'y a pas d'argent au monde qui pourrait me retenir loin de ce paradis.

Charles avait perdu le goût de dormir… – Carter: un dossier personnel!

16 octobre 1981

Il s'agit d'un moment privilégié dans une longue saison de chroniqueur aux sports.

Quatre heures et demie du matin, à l'arrière de l'avion, la plupart des Expos dorment dans leur fauteuil; à l'avant, les dirigeants des Expos, les coachs, les invités du club essaient de dormir eux-aussi.

Mais Charles Bronfman, le propriétaire majoritaire de vos Amours, n'a pas du tout le goût de dormir.

« Je suis trop excité par notre victoire pour pouvoir dormir », dit-il en venant vers le milieu de l'avion où quelques journalistes veillent encore.

Bronfman jase

M. Bronfman se campe dans l'allée, allume sa Dunhill qu'il n'aura pas le temps de fumer, on entreprend une longue conversation où on jasera de la *Dynastie des Bronfman*, le livre de Peter Newman, dans lequel il avait trouvé personnellement 299 erreurs factuelles, de la gigantesque bataille livrée par Seagram contre Dupont pour mettre la patte sur Mobil Oil, de sa vision du monde de la fiance, de Paul Desmarais, « cet homme si attachant et sensible qu'il aime beaucoup », de John Turner, un ami de longue date, toujours en attente d'un job de premier ministre du Canada, du père Wrighley, l'ancien propriétaire des Cubs de Chicago qui s'en était tiré avec un pourboire d'un dollar après un repas commun, de Beethoven qu'il aime beaucoup même si la musique n'est pas son fort, du monde des artistes qu'il ne comprend pas vraiment parce qu'il manque d'affinités avec eux, de cet argent qu'il possède à satiété et qu'il faut bien faire rouler…

Et Carter…

Et on a jasé des Expos et de Gary Carter.

Beaucoup. Beaucoup de Gary Carter. Des propos que je vous résume en quelques points plus importants.

– Charles Bronfman en personne a l'intention de s'occuper du cas Gary Carter, comme il s'est déjà occupé dans le passé des dossiers « Dawson, Rogers et Reggies ».

– Plus encore. Bronfman a l'intention de déléguer un de ses meilleurs hommes, (probablement un fiscaliste) pour préparer une proposition globale qui pourrait assurer l'avenir de Carter dans le baseball.

Je suis prêt à fournir l'expertise pour préparer ce contrat ; j'ai été élevé dans le monde de la finance et ça m'a pris 30 ans avant de vraiment comprendre comment ça se passait : je doute beaucoup qu'un athlète de 26 ou 27 ans, ou un agent négociateur, puisse évaluer correctement toutes les implications d'une offre globale. Ce qui compte vraiment, ce n'est pas le montant total, c'est ce qui reste à l'athlète comte (sic) tenu des clauses du contrat », d'expliquer M. Bronfman qui ne semble pas avoir un très grand respect pour Gerry Petrie, l'agent de Carter.

Une dette…

– M. Bronfman ou le club de baseball des Expos, réalisent parfaitement que Carter n'a pas reçu le salaire qu'il méritait depuis trois ans : « Et nous avons prévenu Gary que nous estimons lui devoir un ajustement de salaire pour les saisons 1979, 80 et 81 ; compte tenu de l'explosion qu'a connue le baseball ces dernières années, Gary Carter a signé un contrat médiocre que nous sommes prêts à ajuster ; Carter a été le meilleur receveur du baseball pendant ces années et il sera payé en conséquence. »

– Mais M. Bronfman, s'il est prêt à offrir du travail au père de Gary, s'il est prêt à plusieurs concessions pour garder son receveur à Montréal, « n'est pas fou pour autant » : « Si Carter demandait $ 2 millions par saison, ça serait tout juste *Bye Bye* Gary : il y a quelques années, un joueur pouvait tenir la concession à lui tout seul, ce n'est plus le cas… », de soutenir M. Bronfman.

Le premier à Rome

– Mais je ne pense pas que Gary sache exactement ce qu'il veut ; nous allons d'abord clarifier ce point ; soyons réalistes, il n'y a que l'argent et les abris fiscaux qui peuvent le retenir au Canada ; être le numéro un dans tout le Canada n'est pas plus important qu'être le numéro un dans la seule ville de New York ou en Californie ; c'est le même marché potentiel. On veut Gary, John McHale veut garder Gary ; on va d'abord s'asseoir à une table de négociations pour savoir ce qu'il veut. S'il veut absolument tâter du marché des agents libres, ce sera son choix.

– Et finalement, il n'est pas question que Carter ne signe un contrat personnel avec M. Bronfman ou négocié une entente dans une autre des compagnies de son grand patron : « Ce sera dans les limites du baseball… et de la légalité… et il reste encore bien du temps avant d'arriver à la date d'échéance », de dire Charles Bronfman.

La tentation…

Puis, pendant que le soleil rougissait l'horizon au-dessus des nuages, M. Bronfman a élargi le débat ; il a parlé de ses Expos, de l'extraordinaire satisfaction qu'il recevait de son équipe, des défis nouveaux à relever.

« Dans le fond, c'est bien différent d'une autre business ; supposons qu'on gagne la série mondiale, ce serait le temps idéal pour vendre l'équipe tandis qu'elle est à son sommet et qu'elle représente la meilleur (sic) valeur sur le marché… mais avec les Expos, on va avoir bien plus le goût de repartir à la conquête d'un deuxième titre… de rester au moins un aspirant sérieux et respecté… »

Dans son monde clos de la haute finance, Charles Bronfman livre des batailles éternelles qu'il ne gagne ou ne perd qu'au fil des années.

Avec ses Expos, il gagne ou perd chaque soir. Et il le sait tout de suite.

C'est pour ça qu'il ne pouvait dormir en revenant de Los Angeles.

La fin du conte de fées

20 octobre 1981

Toute la ville aurait souhaité que le conte de fées dure encore une dizaine de jours.

Dans les banques, dans les restaurants, dans les usines, dans les ascenseurs des édifices à bureaux, les voix de Claude Raymond et Jacques Doucet avaient pris la place de la musique sucrée de Musak. On vivait au rythme de ces 25 jeunes Américains qu'on avait vite récupérés au profit de l'unité canadienne.

Et on rêvait que le conte de fées se poursuive aujourd'hui à New York contre les légendaire Yankees.

« C'est la fin du conte de fées, faut maintenant vivre la réalité ; et la réalité, c'est que j'ai accordé un coup de circuit à Rick Monday et que nous avons perdu. »

Steve Rogers avait mal : le héros de ces victoires dramatiques contre les Mets de New York, les Phillies de Philadelphia et les Dodgers de Los Angeles, semble être destiné aux grandes douleurs, aux grands affronts. Parce qu'il est le meilleur de son équipe, c'est toujours lui qui doit marcher le premier à la bataille.

La vallée de la mort

Et parfois, comme hier, il perd, et dans ce temps-là, dit-il, c'est toujours plus difficile d'oublier la dernière manche fatale que tous les extraordinaires matches (sic) lancés au cours du dernier mois. « Je suis dans ma Vallée de la Mort présentement... mais je sais que demain, ce sera différent : nous avons perdu une partie de baseball, c'est du sport... et dans le fond, les gens n'ont perdu, eux, que trois matches (sic) supplémentaires et dix jours d'amusement : ça aussi, c'est la réalité. »

On pourrait épiloguer longuement sur le rendement de Cy en relève ; ou sur la décision prise la veille que Rogers serait l'homme désigné pour lancer en relève, ou sur la faiblesse du bullpen des Expos, à quoi bon, les Expos ont perdu 2-1, en neuvième manche, avec dignité... et leur peine était belle à voir. Merci Steve d'avoir fait vibrer le stade, d'avoir fourni des sujets de discussion à des gens qui ne se seraient jamais parlés.

Dawson : J'ai failli à la tâche

Si Rogers pouvait se consoler avec le souvenir de ses quatre victoires décrochées sous tension, André Dawson ne pouvait que broyer du noir. Et il est demeuré prostré sur sa chaise, pendant de très longues minutes, fixant Warren Cromartie qui s'était réfugié dans son casier en avant de lui.

Je sais, vous savez tous, Dawson le sait encore mieux, le Hawk n'a pas joué à la mesure de son immense talent. Pire, à l'attaque, il a coûté de nombreux points aux Expos par son incapacité chronique à frapper solidement la balle.

« Je me sens responsable, je pense que si l'on n'est pas dans les Séries mondiales, c'est de ma faute ; comme frappeur de puissance, je suis celui qui devait faire compter des points ; mais je ne sais pas ce qui s'est passé, je me sentais bien, mais rien ne fonctionnait ; j'ai voulu faire des ajustements, mais c'est en vain ; même Tom Seaver est venu me dire d'avancer mes mains à la fin de mon élan. »

C'est dans la tête qu'il aurait fallu que Dawson fasse le grand ménage. Habitué à porter l'équipe à bout de bras pendant toute la saison, Dawson a trop voulu en faire pendant la série. Malgré les conseils de Jim Fanning, malgré les suppliques de John McHale. Dawson a voulu assumer son rôle de leader dans le clubhouse et sur le terrain au risque de s'épuiser mentalement.

« Je suis désappointé, pas pour moi mais pour mes coéquipiers ; nous sommes rendus tellement proches de la série mondiale, tellement proches, nous avons presque accompli ce que tout le monde jugeait impossible en septembre dernier... Il n'y a pas de consolation dans la défaite ; fier de ce que nous avons fait, peut-être, mais ça fait mal, même si nous avons fait un pas de plus que les deux années passées. »

Il y a deux ans, les Expos ont perdu contre les Pirates... et les Pirates ont gagné la série mondiale ; l'an dernier, c'était au tour des Phillies, et les Phillies ont été champions du monde ; cette année, c'est au tour des Dodgers... « Et les Dodgers sont mon choix pour aller jusqu'au bout », de dire Dawson.

Merci André, pour avoir donné l'exemple à bien des envieux qu'on peut être millionnaire et demeurer conscient de ses voisins...

Ce sera la décision de McHale

Et enfin, sans oublier Carter, Cromartie, Raines, Parish et tous les autres qui nous ont fait passer six semaines accrochés à leur bataille, sans oublier que, pendant tout ce temps, les taux d'intérêt se sont maintenus dans des hauteurs folles, que Michel Dunn a été reconnu coupable de meurtre, que le fédéral nous a pollué nos soirées de télévision avec sa publicité constitutionnelle, sans oublier que le baseball n'est qu'un passe-temps industrialisé, faudrait donner un grand coup de chapeau à cet homme merveilleux qu'est Jim Fanning.

Pardonné l'échange affreux qui a expatrié (ou rapatrié devrait-on dire) Ken Singleton et Mike Torrez, oublié le départ de Rusty Staub, Jim Fanning s'est gagné le respect et l'affection de tous les fans des Expos.

Et hier, encore plus que les autres fois, il a su trouver les mots et les attitudes qu'il fallait ; dans cette défaite comme dans les victoires qui avaient précédé : « Je ferai ce que John me demandera de faire l'an prochain ; c'est sûr que j'ai adoré mon expérience comme gérant et que je reviendrais avec plaisir comme pilote de cette belle équipe ; mais j'aurai de toute façon un travail intéressant. Comment réagir après cette défaite ? La vie a été tellement passionnante depuis six semaines ! Nous sommes passés tellement proche... jamais ces petits gars ne peuvent passer plus près de la série mondiale... nous étions à un tir de la victoire... mais ce fut un happening formidable, inoubliable, j'ai appris tellement de choses... et ils ont tellement parcouru de chemin pour se rendre à cette neuvième manche... ils devraient se sentir comme des géants de 10 pieds quand ils vont quitter le vestiaire... ils en ont le droit... ils sont aussi bons que les Dodgers, c'est tout juste qu'il y a eu petit point de différence à la toute fin. »

Peut-être que demain, je vous causerai des négociations qu'entreprend Gary Carter dans le bureau de Charles Bronfman, peut-être que je vous apprendrai avec plus de détails que c'est loin d'être au beau fixe entre le clan Carter et les Expos, peut-être mais, pour moi aussi, le happening est fini, la saison de baseball, terminée.

Je me sens exactement comme après la Coupe Canada... quand je ne voulais rien savoir de la banalité quotidienne du baseball et des Expos.

Bah, les Glorieux s'exercent ce matin à 11 heures... et la vie continue pour tout le monde.

Jusqu'au prochain trip de sports, Marx l'a écrit, le sport, c'est la coke du peuple.

Des illusions perdues… à jamais ? – Les expos cherchent à recréer les liens avec leur public

15 novembre 1985

Quand j'ai quitté le Café Laurier hier soir, en souliers, les deux pieds dans la neige mouillée, grelottant dans mon imper, j'ai pensé : « Encore quatorze semaines avant le début du camp d'entrainement des Expos. »

C'est une façon masochiste de voir les choses. D'autres, le nez en l'air, les yeux plissés, recevant sur le visage de lourds flocons qui venaient y fondre, comptaient plutôt le nombre de jours avant l'ouverture des pistes de ski.

Novembre est bête. Le midi, John McHale, Murray Cook, Bill Stoneman, la grosse gomme des Expos, recevaient quelques journalistes pour le lunch. Frisquet, mais ce n'était pas l'hiver. Un temps où c'est encore parlable de baseball. À six heures, c'est moi qui déraillais, ce n'était plus un temps pour penser baseball, c'était de ski qu'il fallait rêver.

Et le midi, on a parlé de quoi ? Je ne sais pas au juste. Murray Cook a expliqué où en étaient rendues les négociations avec André Dawson et Tim Raines. Il a admis que les Expos laisseraient aller David Palmer, qu'ils se demandaient comment au juste évaluer le travail et le talent de Mike Fitzgerald derrière le marbre.

Mais en fait, les Expos n'avaient pas grand chose à dire. Ils voulaient bien plus rencontrer les chroniqueurs et les commentateurs qui sont supposés flairer l'évolution des goûts du public. Pour essayer de rétablir le lien subtil qui doit exister entre une organisation de sport professionnel et des partisans.

On ne joue pas à l'autruche chez les Expos. Non seulement les assistants aux matchs des Z'Amours ont subi une chute libre en « quantité » par le nombre de billets vendus mais surtout, et c'est encore bien plus inquiétant, il y a une baisse dans la « qualité » de la foule. Pas que les gens qui se sont rendus au stade étaient moins brillants que par le passé, mais bon Dieu que c'était plat dans le gouffre à Taillibert. Plat, mais plat à s'endormir sur son ordinateur au milieu d'un article. Pas de vie, pas de chaleur, du monde amorphe, un organiste qui joue des pinpons de pompiers, un Youppi qu'on est tanné de voir, un stade mal foutu pour le baseball. Et pourtant, le club roulait bien.

« Le match clé, c'est celui du 19 août contre les Mets de New York », note Murray Cook : « Les Expos arrivaient de voyage, c'était un match remis à cause de la grève, il n'y avait pas eu de vente préliminaire de billets et, pourtant, plus de 30 000 personnes étaient debout pour le match, applaudissant à tout rompre. Ce soir-là, pour la première fois de la saison peut-être, il y avait de l'ambiance dans le stade. Et nous avons perdu 1-0. Puis les Padres nous ont lessivés trois fois de suite, Joe Hesketh s'est cassé la jambe et ce la fut la fin de l'intérêt des fans pour le reste de la saison », de dire Cook.

C'est une façon un peu grosse d'expliquer une situation. Et Cook l'admet : « C'est vrai, le manque de chaleur de nos partisans est une préoccupation importante de notre service de marketing. Mais c'est tellement difficile de saisir et définir les problèmes. »

C'est vrai. Certains diront que les Expos ont payés en 1985 pour le fiasco de 1984. Et qu'ils ont trainé avec eux les malheurs de l'année précédente. Mais alors, que vont-ils traîner en 1986 ? Les malheurs de 1985 qui étaient une suite de ceux de 1984 ?

Changer l'organiste n'est pas une solution. Modifier le costume de Youppi non plus. Mettre sur le terrain une bonne équipe de balle ? Tous vous diront que c'est la vraie réponse. Et pourtant, la saison passée, même si les jeunes Expos ont tenu le coup jusqu'au 20 août, les assistances n'ont jamais levé. Le gâteau est resté dans le plat.

« Le baseball manque de héros. Et quand nous avons un joueur suffisamment talentueux, nous n'avons pas la capacité d'en faire un héros pour le fan. »

Murray Cook s'est-il demandé pourquoi le baseball n'avait plus de héros ? À cause des salaires astronomiques que les joueurs touchent ? À cause des scandales entourant la consommation de cocaïne ?

« Non, je ne pense pas que les gens réagissent négativement au Québec aux histoires de dope. Moi, je n'ai jamais rien entendu de tel, en tous les cas. »

Moi, si ! Cette semaine, je rencontrais des amateurs de sports à la bibliothèque municipale de Saint-Jean-sur-Richelieu. Et c'est dommage que Murray Cook n'ait pas été présent. Il aurait entendu les questions, commentaires et accusations de nombreux partisans des Expos. Il aurait pu palper de lui-même la profonde désillusion de ces pères de familles qui se demandent encore comment ils ont pu être bernés de la sorte.

« Comment vous, les journalistes, avez-vous pu vous faire complices de cette situation et ne pas nous prévenir de ce qui se passait réellement en 1981, 1982 et 1983 ? » demandait un vrai mordu des Expos. « On aurait moins fait rire de nous-autres. Moi, quand Rick Monday a frappé son coup de circuit contre Steve Rogers, j'étais sur le pont Champlain. Et tout d'un coup, quand Doucet et Raymond ont crié que la balle franchissait la clôture, mes épaules ont tombé. Et on aurait dit que dans toutes les voitures qui étaient embouteillées sur le pont, les conducteurs avaient eu la même réaction… »

Il n'a pas complété sa pensée ce soir-là dans la salle. Mais j'ai très bien saisi ce qu'il n'avait pas dit, exprimé tout haut : « …et dire qu'on s'en fait tellement pour quelques drogues ».

Il n'y a que quelques drogués, il n'y a que quelques vrais égoïstes, il n'y a que quelques grossiers personnages. Mais les gens ont perdu leurs illusions au baseball. Et des illusions perdues, c'est ce qu'il y a de plus difficile au monde à retrouver.

Le ténébreux

Michel Goulet et Dale Hunter n'ont pas accompagné les Nordiques lors d'une visite de promotion à Montmagny. La direction de l'équipe n'a pas émis de commentaires mais, entre quatre murs, on est loin d'être satisfaits de l'attitude et de l'influence de Michel Goulet.

« Il boude, vous savez comment il peut-être têtu quand il s'y met, là, il a décidé de bouder », soulignait un membre de la direction des Nordiques.

Bouder, ça veut dire se contenter de faire ce que Michel Goulet pourrait faire les deux yeux fermés : marquer des buts : « Il va marquer les buts dont il a besoin pour toucher des bonis », assurait par ailleurs un autre patron des Nordiques.

Il y a plus. On est inquiet également du jeu et du manque d'enthousiasme de Dale Hunter. Selon un des informateurs contactés hier, Hunter parlait à Goulet tous les jours pendant la grève de ce dernier : « Ils sont comme les deux doigts de la main. Hunter est le centre de Goulet, pas surprenant que les deux fonctionnent au même rythme de ce temps-ci. »

L'homme que la haute direction des Nordiques pointe du doigt pour son influence néfaste sur Goulet est Marc Tardif. Le grand Marc n'a plus aucun lien avec les Nordiques, mais on voit son ombre un peu partout. Par exemple, c'est l'avocat des patrons des concessionnaires d'automobiles dont fait partie Marc Tardif, M. Marc-André Isabel, qui représente maintenant les intérêts de Goulet. Le même Isabel qui avait arraché Réal Cloutier à Mr Guy Bertrand.

Toujours le même Tardif qui y était allé d'une grève lors de l'entrée des Nordiques dans la Ligue nationale et qui a appuyé le geste de Goulet en octobre dernier.

Après un début de saison fabuleux sans Michel Goulet, les Nordiques connaissent présentement un vilain passage à vide. Il faut dire que l'absence de l'entraineur Michel Bergeron dérange l'équipe. Et comme Bergeron en a encore pour plusieurs semaines avant de reprendre sa place derrière le banc, va falloir que le ténébreux ailier de Péribonka sorte de sa bouderie pour prendre charge des Nordiques.

Sinon, Marc Simoneau va devoir lire *La Presse* à l'envers pour retrouver les Nordiques au sommet de leur division.

Dans le calepin – C'est la course folle aux billets pour la visite des Bruins de Boston et des Oilers d'Edmonton lundi et mercredi prochains. Même les billets « d'honneur » du département de marketing et de relations publiques du Forum se sont envolés. Il faut dire que la venue de Wayne Gretzky n'a pas besoin d'être très publicisée pour faire accourir les foules. Comme, de plus, le Canadien vient de compléter un excellent voyage sur la route, les gens ont hâte de retrouver le Forum. Va y avoir de l'atmosphère dans le Sanctuaire. Et de la classe !

Huez-les, ils ne se sont pas battus ; les « vieux Expos » eux, avaient au moins du cœur au ventre

13 septembre 1989

J'ai déjà écrit des articles de lendemain de défaite. J'en ai écrit en 1979, en 1980, en 1981, en 1983 entre autres.

Je me souviens de ces textes. Ils remerciaient les Z'Amours pour les formidables émotions données aux amateurs, ils les remerciaient parce qu'ils s'étaient battus comme des chats de ruelle. Et je n'avais que de bons souvenirs à raconter après l'élimination toujours crève-cœur.

Cette fois, il n'y a pas matière à ce genre d'articles. Quant à moi, vous pouvez huer à satiété les Z'Amours à leur prochaine visite au stade, vous pouvez rester chez vous... à part quelques exceptions, vous pouvez parfaitement faire connaître votre frustration, votre colère et votre déception aux millionnaires qui ne pensent déjà qu'à sacrer le camp chez eux... aux States.

En 1979, on pouvait applaudir les Dawson, Carter, Lee, Cromartie, Valentine, Parrish, Cash et Cie. Ils avaient perdu en se battant de toutes leurs forces contre un adversaire au moins aussi bon qu'eux. Les Pirates comptaient sur Willie Stargell, Dave Parker, Kent Tekulve, Omar Marino. Ils avaient coiffé les Expos et gagné la Série mondiale.

En 1980, les Phillies venaient à bout des Expos le samedi soir, avant-dernier match de la saison, en onze manches. Il y avait Pete Rose, Joe Morgan, Steve Carlton, Mike Schmidt. Et les Phillies avaient remporté la Série mondiale.

Et en 1981, on se rappelle du circuit de Rick Monday qui avait permis aux Dodgers de se rendre à la Série mondiale… et de la remporter.

***

Ces Expos méritaient pleinement qu'on les encourage et qu'on les applaudisse. Ils avaient du caractère, et un voyage avec Ron Leflore, Tim Raines, Ellis Valentine, Cromartie et Bill Lee prenait l'allure d'une visite au zoo. Mais ces gars-là voulaient gagner et savaient le démontrer. Et ils sortaient égratignés de leurs bagarres.

Je n'ai rien senti de tel avec vos Z'Amours, cuvée 1989. Pour un Dennis Martinez et un Tim Wallach qui semblent avoir du chien dans le corps, il y a dix Mark Langston beaucoup plus préoccupés par leur belle image, Jésus, leurs investissements et leur famille… dans l'ordre.

Oh, ils sont parfaits ! Ils sont polis, ils ne boivent pas dans les avions, ils lisent la Bible, ils assistent à l'office religieux du dimanche, ils appellent leur comptable à tous les trois jours… et, surtout, ils font leur possible.

« Leur possible »… comme si c'était assez pour gagner au baseball professionnel. Comme si Gary Carter n'en faisait pas un peu plus quand ça comptait vraiment, comme si Steve Carlton, un vrai gaucher de $ 3 millions, n'en donnait pas un peu plus quand les Phillies avaient absolument besoin d'une victoire.

Il n'y a pas de chimie possible avec des éléments semblables. C'est dans la diversité que la Nature trouve toute sa richesse. Les Z'Amours sont trop pareils. Tous des bons gars. Pas de gueulards, pas de méchants, personne d'intimidant, autant dans le vestiaire que sur le terrain. Ces mignons garçons ne font peur à personne.

« Nous aurions besoin d'un Kurt Gibson », reconnaissait Buck Rodgers après la défaite de lundi. C'était la première fois que Rodgers admettait publiquement que son équipe souffrait de l'absence d'un vrai leader.

Spike Owen a tenté de faire son petit boss dans le vestiaire après la défaite. Honnêtement, ses cris ne m'ont pas dérangé un seul poil de barbe. Ce n'est pas de sa faute, mais il n'a pas la stature requise pour être un vrai leader dans un vestiaire d'équipe. J'aurais voulu voir ce qui serait arrivé si ça avait été Willie Stargell ou Dave Parker qui avait fait la même scène.

La veille, Stan Bahnsen, un ancien joyeux drille, surnommé avec justesse Stan The Man, à cause de ses qualités « physiques », avait dit lors du match des anciens, au Stade olympique : « Il y a trop de ces liseurs de Bible, ça diminue l'esprit de compétition. »

« Je ne suis pas d'accord, ça n'a rien à voir », a répliqué Buck Rodgers : « Nous avons un bon groupe de gars. Il y a des types très religieux, des types familiaux, mais il y a aussi quelques gaillards qui ne veulent rien savoir. Le problème n'est pas là. »

Le problème, ce n'est pas la Bible. Le problème, c'est qu'il y a trop de joueurs pour qui gagner ou perdre est d'une importance toute relative. Perdre, quand le bébé va bien, ce n'est pas grave. Perdre, quand son épouse est heureuse, y a rien là. Perdre, quand ses actions à Wall Street sont en pleine remontée, pourquoi s'en faire… Et finalement, perdre quand la Bible dit qu'il suffit d'être en paix avec son effort personnel, c'est une façon de témoigner hommage à Dieu.

Finalement, ça donne ce qui se passe présentement chez les Expos. On perd avec le sourire, l'âme tranquille, le portefeuille bien garni. Les défaites ne suffisent pas à rendre les joueurs de mauvaise humeur. Mais que les valises ne retardent pas à l'aéroport… alors, là, oui, on maugrée et on devient mauvais.

Relisez le petit article de Denis Arcand à propos de Jeff Huson, vous allez voir que lui aussi s'inscrit dans cette lignée. Le bébé va bien, alors pourquoi s'en faire avec une défaite au baseball. Remarquez qu'il a raison… sauf qu'il ne gagnera jamais les gros matchs.

***

L'effondrement de cette saison va coûter effroyablement cher à Charles Bronfman. Et il ne le mérite pas.

Comment pourra-t-on regonfler la confiance des amateurs après le fiasco du mois d'août ? Va-t-on s'emballer en juillet en pensant que, dans quelques semaines, nos bons garçons vont s'étrangler sous la pression ?

Qu'on les enterre et qu'on passe aux choses sérieuses.

Comme de savoir comment Stef se débrouille maintenant qu'il a dit à Tom Lapointe qu'il n'était pas une tapette.

Felipe Alou « Il faut arriver à être dominant à Montréal comme c'était le cas dans les grosses années »

28 février 1993

WEST PALM BEACH – La gentillesse et la bonhomie de Felipe Alou sont trompeuses. Autant il a l'air d'un papa gâteau quand on le voit à la télévision ou dans une conversation mondaine, autant cet homme respire la vraie force. La force tranquille, celle qui n'a pas besoin d'être spectaculaire pour être sentie.

Quand on demande aux « vétérans » des Expos quel sera le leader de cette équipe de jeunes, ils cherchent du regard dans le clubhouse, retiennent quelques noms qui leur viendraient aux lèvres et finalement, comme s'ils avaient un peu honte de le reconnaître, donnent le nom de Felipe Alou. Même la « grande gueule » à Dennis Martinez est d'accord. Le vrai leader des Expos est Felipe Alou.

Pourquoi ?

« Parce qu'il n'a pas peur de prendre des décisions. Parce qu'il n'a peur de personne ni de rien. »

Et Alou n'est pas un faux humble. Quand je lui ai rapporté les propos de Martinez, il a haussé les épaules : « Dennis a raison. Mais il y a des leaders naturels dans l'équipe qui vont prendre leur place. Martinez en est un. Larry Walker en est un autre. On va voir, on n'impose pas des leaders, ils s'imposent d'eux-mêmes. ».

Le camp des Expos est tout jeune. Mais déjà on sent une grosse différence entre le spectacle d'un Tom Runnels déguisé en général Schwartzkopf, s'escrimant à travailler des jeux compliqués de trappe et la concentration calme d'un Alou faisant répéter des jeux de routine : « Les gens ont dit que l'équipe avait connu un bon camp d'entraînement l'an dernier. Peut-être… mais les joueurs ont passé beaucoup de temps à travailler sur des jeux complexes qu'ils n'utilisent jamais pendant la saison régulière. À quoi bon consacrer temps et énergie à des jeux qu'on n'utilise à peu près jamais ? » de demander Alou.

C'est un bon résumé de la philosophie de Felipe Alou. L'homme est pragmatique. Il a frappé plus de 2 000 coups sûrs et plus de 200 coups de circuit dans les majeures. Il sait reconnaître une bonne étoffe de la dentelle. Aller à l'essentiel et laisser aux autres les fioritures. Ça explique pourquoi, dans la course au championnat de la saison dernière, ses jeunes Expos ne se sont pas écroulés contre les Braves d'Atlanta ou les Reds de Cincinnati.

« Le camp a été bien préparé. Nous allons nous concentrer sur les jeux que vous allez voir en 1993. Le baseball est simple, il faut qu'il reste simple. Les complications, c'est pour les gérants », de dire Alou.

Ce ne sont pas des mots en vain. Ainsi, le baseball moderne est axé sur la vitesse. Même les gros gaillards comme Larry Walker peuvent voler des buts presque à volonté. Des lanceurs qui connaissaient de bons matchs étaient complètement déstabilisés quand ils se retrouvaient avec un coureur sur les sentiers. Et un jeune receveur devient tellement obsédé par ce voleur potentiel qu'il en oublie la principale responsabilité d'un bon receveur dans le baseball majeur : diriger son lanceur et commander de bons tirs.

Felipe Alou a une nouvelle théorie concernant les vols de buts : « Je ne veux pas que les lanceurs et les receveurs deviennent fous à cause des coureurs. Je ne veux pas qu'ils perdent leur concentration. Cette année, la responsabilité du coureur adversaire sera la mienne. C'est mon travail de deviner les intentions du coureur, de commander les bons tirs et de prendre les bonnes décisions. Je me fous qu'on vole des buts contre nous dans certaines situations. À 6-1, s'ils veulent voler, parfait, qu'ils volent. Ce qui compte, c'est de vraiment faire la vie dure aux voleurs quand c'est important. Et là, ce sera mon travail de prendre les bonnes décisions », d'expliquer Alou.

Ça ne change pas grand-chose aux faits. C'est encore le lanceur qui devra lancer une rapide avec une motion plus brève et le receveur qui devra garrocher une prise au deuxième-but ou à l'arrêt-court. Sauf que le receveur et le lanceur n'auront pas la pression supplémentaire d'être pointés du doigt en cas de réussite de l'adversaire.

Puisque c'est Alou qui est responsable !

On jasait depuis un bon moment déjà quand Alou lui-même a abordé un sujet qui lui tient à cœur.

« Quand j'analyse notre dernière saison et que je cherche les raisons qui nous ont fait rater le championnat, j'en trouve une, énorme, et dont je n'arrive pas à saisir les causes : notre piètre rendement au Stade olympique », de dire Alou.

Et à partir de là, l'entrevue devient un long monologue.

« Si nous avions seulement connu autant de succès à la maison que sur la route, nous aurions facilement été champions. Mais c'est à peine si nous avons joué pour .500 au Stade olympique. C'est incompréhensible. J'ai beaucoup réfléchi, nous avons eu des meetings à ce sujet mais nous n'avons pas trouvé d'explications valables.

« Comment une équipe aussi combative, aussi douée, aussi bagarreuse sur la route a-t-elle connu autant de problèmes au Stade olympique ? Ce n'est pas à cause de la foule, je pense que les partisans ont été chaleureux et ont appuyé leurs joueurs. Nous formons une équipe que les gens aiment, même sur la route. Partout où nous avons passé, nous avons eu de bonnes réactions. Mais pourquoi ces difficultés chez nous ? C'est une priorité pour moi de trouver les réponses et d'apporter les correctifs qui s'imposent. Il faut arriver à être dominants à Montréal, comme c'était le cas dans les grosses années de 1979 et 1980 », de dire Alou.

Pierre Pagé connaît le même phénomène avec ses jeunes Nordiques ; il a même prétendu que ses jeunes célibataires mangeaient mal et ne dormaient pas assez à Québec et vivaient une vie plus disciplinée quand ils étaient pris en charge par la direction de l'équipe sur la route. Les jeunes Expos vivent-ils le même syndrome?

Alou hausse les épaules: « Peut-être, pourtant nous leur donnons des notions de nutrition. À un moment donné, je me suis demandé s'ils n'arrivaient pas trop de bonne heure au stade. Moi, j'aime être là à 2 heures de l'après-midi pour les matchs en soirée. À toutes les fois, le clubhouse était rempli de joueurs qui étaient déjà arrivés », dit-il.

Puis, comme s'il était gêné d'aller plus loin dans ses pensées, il a un sourire un peu crispé: « J'en suis venu à me dire que notre abri était peut-être trop vaste. Le dug out au Stade olympique est confortable et il est tellement vaste que les joueurs ne sont pas serrés les uns contre les autres, qu'ils ne se parlent pas autant. Il n'y a qu'une autre ville à avoir des abris aussi vastes que ceux des Expos et c'est à Houston. Or, la saison dernière, nous avons connu toutes sortes de difficultés contre les Astros. Je vais peut-être demander qu'on réaménage notre abri. Je ne sais pas trop, mais il faut gagner plus souvent chez nous », de dire Alou.

C'est certain que Larry Walker ne pense pas à l'abri des joueurs quand il se présente au bâton. Mais au baseball, c'est dans la tête que ça se passe. Alors, tout devient possible...

C'était le premier hiver de Felipe Alou... gérant d'un club majeur. Emballant?

Pas particulièrement. Alou n'a pu s'adonner à son deuxième vice favori, la pêche, il n'a presque pas eu le temps d'aller visiter ses parents en République dominicaine et, finalement, s'est retrouvé à travailler plus souvent qu'à son tour.

« Je pensais acheter un bateau, mais je n'aurais pas eu le temps de m'en servir. Je rêvais de faire de la pêche sous-marine et de travailler un peu autour de la maison. Je n'ai pas pu. En fait, je me retrouve dans mon bureau pour entreprendre une nouvelle saison et j'ai l'impression que la dernière vient tout juste de prendre fin », de dire Alou.

C'est pareil pour les fans. La vente des billets de saison est supérieure de 25 pour cent cette saison. Et tout le marketing et la mise en marché des Z'Amours a de l'avance sur ce qui se passait l'an dernier à pareille date. En fait, même si les Glorieux continuent d'être la grande passion du bon peuple, compte tenu qu'ils devraient se faire éliminer en première ou deuxième ronde, les Expos pourront compter sur l'attention des Montréalais à partir de la mi-mai.

Ce qui est merveilleux cette saison, c'est que l'on écrit des noms qui résonnent dans le cœur et l'esprit des lecteurs. Alors qu'il y a un an à peine, le grand public se foutait totalement des joueurs des Expos.

Walker, vous connaissez, Grissom, vous connaissez, DeShields, vous connaissez...

Et Felipe Alou, ben, vous aimez.

Felipe et sa troupe de scouts...

1er juin 1995

Les Expos, c'était la meilleure équipe des majeures. L'an dernier. La grève des joueurs et la volonté ferme de Claude Brochu de fonctionner dans les limites d'un budget serré ont forcé la direction à démanteler cette merveille.

Vous le savez, je le sais. On ne perd pas Larry Walker, John Wetteland, Ken Hill et Marquis Grissom sans en payer le prix.

La perte la plus lourde, c'est certainement celle de Walker. C'est un gros tôton, mais quand tu joues au baseball comme Walker, t'es pas obligé d'être très intelligent. Un frappeur gaucher de sa trempe, il n'en pleut pas dans le baseball.

Mais Felipe Alou, avec sa troupe de scouts, a réussi à tenir tête aux meilleures équipes de la Ligue nationale. Sauf que pour y arriver, Alou doit exiger de ses joueurs qu'ils se défoncent à chaque jeu.

Ils doivent exécuter le court et frappe, ils doivent voler des buts, ils doivent foncer comme des béliers avec un compte de deux prises, ils doivent être agressifs dans toutes les phases du Jeu.

Avec un risque évident. Celui de se blesser en poussant la machine à fond.

Felipe l'a reconnu hier : « Il faut être très combatif. Il y a des risques. Nous poussons les chevaux au maximum, soir après soir, le camp d'entraînement a été très court et on vient de disputer 20 matchs consécutifs. C'est énorme, vingt matchs. Or, nos gars courent fort. Ce n'est pas pour rien que nous étions bons derniers parmi les équipes qui frappaient dans des double-jeux. Mais il y a un prix à payer, ce sont les blessures », expliquait Alou hier.

Claude Brochu et Kevin Malone ont « vendu » les quatre grandes vedettes de l'équipe. Voilà qu'Alou vient d'en perdre quatre autres. Cliff Floyd, Mike Lansing, Rondell White ne sont pas des deux de pique. Lansing va rater au moins quinze jours. En plus, Alou a perdu Sean Berry et Luis Aquino et on dit que Darrin Fletcher cache une blessure lui aussi, même s'il a joué hier soir.

Ces élongations musculaires arrivent souvent après un long séjour au Stade olympique. Le gazon artificiel est dur pour les ligaments des meilleurs athlètes.

On demandait à Felipe si les Expos ne devraient pas tenter d'aller chercher un partant supplémentaire ?

« On ne peut pas en demander davantage à nos partants. La relève a connu des matchs difficiles mais quand tu affrontes Barry Bonds et Matt Williams, c'est normal de connaître des moments de faiblesse. Et de toute façon, avec tous ces blessés, qui voulez-vous que Kevin Malone offre dans une transaction ? » de répondre Alou.

Lundi soir, j'étais avec Claude Brochu. On jasait de la situation chez les Z'Amours. Quelqu'un a suggéré aux Expos de faire passer un examen médical mensuel à leur gérant pour s'assurer de sa bonne santé.

C'était une boutade mais cela trahissait l'importance d'Alou dans cette équipe. Sans Felipe, on se demande comment survivraient les Z'Amours dans leur grand stade et leur petit budget.

L'équipe est jeune. Tellement jeune qu'on ne trouve pas de « vétérans modèles » pour inspirer ou guider les autres imberbes du clubhouse.

Pas de Stargell, pas de Rose, pas de Lenny Dyksdra.

« Notre modèle ? C'est notre façon de nous préparer, notre façon d'attaquer les matchs, c'est ça notre modèle. Nous savons que nous ne pouvons attendre les gros coups de Bonds et Williams, que tous les joueurs doivent produire, doivent se battre. Il faut travailler dur et être compétitif. Les joueurs qui passent par Montréal disent souvent qu'ils ont beaucoup appris pendant leur séjour avec les Expos. C'est une forme d'hommage rendu à l'organisation », de dire Alou.

J'admire Felipe Alou. Vous l'admirez tous. C'est le coeur et l'âme des Expos. Mais je me dis qu'il doit passer par des périodes de noir découragement quand il se retrouve tout seul sur sa chaloupe en train de sortir une truite du lac.

Il avait pris une jeune équipe et l'avait formée à son goût. Au point d'en faire la meilleure équipe de tout le baseball. La meilleure que j'aurai vue de mes yeux en tous les cas. À soixante ans, à cause d'une grève qui n'a rien réglé, Felipe se retrouve avec une équipe encore plus jeune qu'il doit tenter d'éduquer et faire gagner en même temps.

C'est vrai que les mineures et les filiales semblent produire des talents à profusion. Mais ces jeunes, il faut leur apprendre ce qu'est (sic) la compétition et la vie dans les majeures. Et chaque soir, depuis le début de cette saison écourtée, Alou doit donner un cours 101 de baseball sous pression.

Certains soirs, ces élèves réussissent, d'autres soirs, ils commettent des erreurs… d'enfants. Sauf que ça ne paraît jamais sur le visage buriné d'Alou. Il peut avoir l'air soucieux, on l'a vu mardi soir, mais jamais il ne laisse entrevoir du découragement…

Faudrait lui demander de diriger le ministère des Affaires sociales !

Sous la toile, c'était humide…

Faisait chaud dans le Stade olympique hier soir. Dehors, Montréal se vautrait dans une belle soirée douce. Dans le stade, sous la toile, c'était humide.

Et si on a une bonne imagination, c'était étouffant.

Claude Brochu regardait la toile jaune orange et semblait se demander ce qui se passerait quand la toile va s'abîmer (sic) pour de bon.

« Trois choses sont possibles. On installe un toit rigide comme le voulait une recommandation de la RIO. On construit un toit rétractable qui respecte la vocation originale du Stade olympique. Ou encore, on laisse le stade décapoté et on le laisse se détériorer en quelques années », de répondre Brochu.

La solution que choisit Brochu est évidente. Le toit rétractable.

« Nos amateurs ont le droit d'assister à un match en plein air si la température le veut. De plus, la différence entre un toit rigide et fixe et un toit rétractable n'est pas si énorme », de dire Brochu.

Mais que vont dire les Québécois d'un investissement d'une centaine de millions pour compléter le plus grand bol de toilette du monde ?

« Écoutez, on a investi trois milliards capital et intérêts pour ce stade. Il faut toujours bien protéger cet investissement énorme. Ce serait de la pure folie que de tout laisser tomber maintenant », de dire Brochu.

Qui semble respecter M. Taillibert. Beaucoup, beaucoup.

Une leçon d'El Presidente

10 septembre 1998

J'ai passé un après-midi merveilleux. Un après-midi qui a fini de me réconcilier avec le baseball. Un après-midi qui a réveillé de vieilles passions que l'incompétence de certains dirigeants des Expos avait endormies.

J'étais avec Dennis Martinez et quelques amis, assis à la terrasse de Chez Alexandre. C'est Martinez qui avait attiré mon attention alors que je marchais sur le trottoir.

– Salut Presidente ! Maudit que je suis content de te revoir !

On a jasé, on a ri. Et surtout, on a parlé des Expos… et de Montréal.

Et Dennis Martinez a fait plus pour me convaincre de ne pas abandonner le projet d'un stade au centre-ville que tous les commerciaux plus ou moins réussis des Expos. Et j'ai senti plus d'amour et de fierté dans le cœur du vieux Presidente que chez tous les actionnaires des Z'Amours réunis.

« Montréal est une ville merveilleuse. Une belle grande ville. Il faut le dire, il faut la montrer. Les Expos sont vivants, ils existent, ils jouent au baseball. Et le Stade olympique est un bon stade où des millions de personnes se sont déjà entassées pour encourager leur équipe. Montréal est une ville de baseball. Allons donc, s'agit de redonner son équipe aux partisans », a dit Martinez en cours de conversation.

« C'est tellement une belle et bonne ville que, pendant quatre saisons, l'argent a été un facteur secondaire dans ma décision de rester avec les Expos. J'aimais la ville, j'aimais les fans. Je ne comprends pas les Expos de détruire ainsi leur produit. C'est incompréhensible », de dire Martinez. Un après-midi merveilleux. À parler de baseball, à se raconter des histoires des belles années. À comparer Martinez à l'autre Martinez, Pedro de son prénom, à Steve Rogers, à parler de Gary Carter, d'Ellis Valentine, de Larry Parrish, de Cromartie, de Bill Lee, de Tim Raines, de tous les autres que nous avons aimés à Montréal et au Québec.

« J'ai tellement aimé Montréal que j'accepterais volontiers de tourner un commercial pour la télévision si on me le demandait, de dire Martinez. Et même s'il joue pour les Red Sox, Pedro le ferait aussi. Et Carter, et Valentine, et Pascual Perez, et Raines et tous les autres. L'histoire des Expos est belle et riche », d'expliquer El Presidente.

Malheureusement, les Expos n'appelleront pas Martinez. Ils n'ont même pas répondu à la lettre de Steve Rogers. Le cher Cy en personne a écrit pour offrir ses services. Si on avait besoin de lui, si on pensait que lui, Steve Rogers, un des trois meilleurs lanceurs de l'histoire des Expos, pouvait être utile à la cause du baseball dans la métropole, il était prêt à donner un coup de main.

Carter serait prêt, Valentine aussi. Al Oliver et tous les autres. Mais on ne parle pas d'eux. On ne rappelle pas aux partisans que les Expos ont été la puissance des années 80 et qu'en 1994, c'était la meilleure équipe du baseball majeur : « L'année de la grève, les Indians de Cleveland et les Expos se dirigeaient droit l'un sur l'autre pour la Série mondiale. J'aurais lancé contre les Expos, j'aurais été nerveux en diable », de dire Martinez.

El Presidente n'a pas changé. Toujours aussi affable, toujours aussi généreux de son temps. Un jeune garçon de 10 ans est venu lui serrer la main. Quand Martinez s'est levé pour lui tendre la main, le jeune a presque perdu connaissance tellement il était ému. D'autres passants se sont arrêtés pour ajouter un mot à la conversation.

On a discuté du commercial des Expos pour tenter de vendre le stade : « Ce n'est pas mauvais. Mais avez-vous remarqué que toutes les personnes qui attrapent la balle des Expos sont blanches ? Pas un Noir, pas un Latino, pas un seul représantant des minorités », de souligner le commentateur Terry Haig. Avec raison.

« On ne montre pas un seul joueur de la grande histoire du baseball à Montréal. Pourquoi ne pas montrer des extraits de la partie parfaite du Presidente ? Ou des images de tous ces grands moments de l'histoire des Expos ? », de demander Haig.

Ça fait repartir la conversation sur les souvenirs. Les beaux souvenirs. Et les douloureux. Les quatre victoires en deux soirs contre les Mets de New york en 1979 alors que Gary Carter avait joué les quatre parties derrière le marbre.

Le triste lundi de Rick Monday. Le programme double perdu à St. Louis en 1987, si ma mémoire est fidèle, alors que Dennis

Martinez avait perdu le premier match 1-0 : « Personne ne pourra dire que je n'étais pas là quand venait le temps des gros matchs. Le baseball est un jeu de couilles. Faut en avoir. On peut tricher dans les matchs de routine. Mais quand ça compte, c'est là qu'on voit la différence entre les hommes et les autres », de se rappeler Martinez.

On s'est chicanés à propos de Mark Langston, la précieuse, qui devait donner un championnat aux Expos. Martinez a été lapidaire dans son jugement : « Il n'en avait pas ! Il lançait pour lui, pas pour l'équipe. »

Je lui ai dit : « Tu te rappelles, Presidente, du voyage à St. Louis ? »

Je n'avais pas à préciser.

« Oui, je n'ai jamais oublié. L'avion était bondé. Il avait fallu placer des bagages sur les fauteuils. Langston avait refusé de partager sa rangée de sièges avec un autre joueur parce qu'il devait se reposer pour la série contre les Cards », de se rappeler Martinez.

Ouais… ça avait fini que Martinez avait fait le voyage avec une valise à sa gauche et un gros sac d'équipement à sa droite. Le lendemain, il perdait 1-0 dans un match colossal.

Ça, c'était en avoir…

Hier, c'était Martinez. Le Vieux Presidente n'avait pas fini de dire ce qu'il pense.

« On se raconte de belles histoires. Ça serait génial de les montrer à la télévision pour rappeler aux fans de Montréal qu'ils ont une belle histoire de baseball. Mais il faut aussi leur dire qu'on doit agir si on veut raconter les belles légendes de Vladimir Guerrero dans vingt ans. Sinon, il ne restera que de beaux souvenirs… »

La rue Peel était achalandée hier midi. Chez Ferreira, Claude Brochu a mangé avec le président de la Ligue nationale de baseball, M. Leonard Coleman.

C'est déjà un bon signe que M. Brochu ait choisi un des meilleurs restaurants de Montréal pour y inviter M. Coleman. On aurait pu s'attendre à une visite au Montreal Pool Room.

« Montréal est une ville merveilleuse. Une belle grande ville. Il faut le dire, il faut la montrer », soutient Dennis Martinez.

Le Stade des cœurs brisés

30 septembre 2004

C'est encore le Français qui m'a touché le plus. Il devait y avoir une centaine d'anciens et de journalistes sur le terrain. Un peu avant cinq heures. Faisait une éternité qu'il n'y avait pas eu tant de monde sur le losange avant un match.

Certains avaient la mine basse. Je pense à Jacques Doucet qui devra accrocher son micro après 36 ans de baseball. Et qui, toujours, a travaillé avec un sérieux exemplaire. Même quand Rodger Brulotte était complètement déchaîné à ses côtés.

Je pense à Monique Giroux qui, après tant d'années de travail pour accommoder tous ceux qui représentaient un média quelconque, va enfin prendre sa retraite. Elle était là, devant l'ascenseur, m'attendant pour descendre au niveau du terrain. Quand Monique a commencé avec les Expos, je courais vers l'ascenseur. Hier, avec mon foutu genou, je marchais à peine. User un genou, ça doit prendre une trentaine d'années…

Mais le Français m'a ému. Claude Raymond était en uniforme des Expos. Il est entraîneur avec l'équipe. Il a 67 ans et est droit comme un chêne bien entretenu. Hier, il avait le visage fermé. « C'est inconcevable. Ce qui se passe aujourd'hui, ça n'a pas de bons sens. Perdre son équipe de baseball, une ville ne peut pas se permettre ça. C'est dans le cœur que ça fait mal. En plein cœur. C'est 50 ans de ma vie qui s'en va. J'ai signé mon premier contrat professionnel dans la classe D à West Palm Beach à 17 ans. Au bas de l'échelle. Le baseball, pour ceux qui ont pratiqué ce beau sport, c'est les amitiés, les batailles, les liens. C'est les enfant. Mon père m'emmenait au stade voir les Royaux. Les pères, où est-ce qu'ils vont emmener leurs enfants ? » de dire Raymond d'une voix blanche... Au football ou au soccer, je suppose.

Sur la galerie de la presse, « Marcel » et « Monsieur Milo » étaient déjà au travail. Marcel, c'est Michel Lajeunesse et « Monsieur », c'est Richard Milo. Les deux ont couvert les Expos depuis plus de 20 ans pour la Presse Canadienne. Ces dernières années, Marcel ou Monsieur étaient souvent tout fin seuls dans le bureau du coach ou dans le vestiaire des Expos.

« Depuis que les grands quotidiens ont cessé de couvrir tous les matchs des Expos, on est restés fidèles au poste, racontait Michel Lajeunesse. Un de nous deux a toujours été sur la route. On a voyagé par nos propres moyens. Depuis deux ou trois ans, c'est l'enfer voyager aux États-Unis. À Cincinnati, les soldats de la garde nationale nous attendent avec une mitraillette. Cincinnati, désespoir, les terroristes savent même que ça existe ! » On sait que le Canadien, depuis l'arrivée de Bob Gainey, ont expulsé (sic) les journalistes des vols nolisés de l'équipe. Même si les quotidiens payaient un billet classe affaires. « Sont aussi bien de faire attention, les résultats peuvent être désastreux », soutiennent Marcel et Monsieur.

Mais avant que Marcel et Monsieur ne se retrouvent fin seuls sur la route, on aura eu du plaisir. Beaucoup de plaisir.

Les Expos, pendant plus de 20 ans, aura été LE beat du journalisme sportif au Québec. Les joueurs étaient colorés, les voyages bien organisés et les journalistes et commentateurs affectés à l'équipe étaient tous de joyeux lurons.

C'est en 1979, l'année des Pirates de Pittsburgh, que je me suis joint au groupe. J'ai connu et aimé Pantoufle, Groutcho, Touche, le Français, Marcel the tongue of the lizard, Downtown Milo, Parking Marion, Monsieur Arcand, Jay-Pee, Mac, Bijou, Monsieur De, Rimmer, surnommé Double F par Gary Carter...

C'était un tourbillon. Gary Carter, Warren Cromartie, Bill Lee, Woodie Fryman, Ellis Valentine...

Des stars qui formaient une équipe formidable. En plus, ils avaient une grande gueule et étaient menés par un leader coriace, Dick Williams.

Dans les envolées, fallait savoir comment ça marchait. On avait une demi-heure pour parler à Williams. Il s'assoyait dans la première rangée avec Jacques « Groutcho » Doucet et entreprenait son premier verre de scotch. Dans un grand verre à bière. Une question pas trop allumée après le premier verre était une déclaration de guerre. Ça m'est arrivé d'en poser une pas mal éteinte...

Ouf...

Le fun a repris dans les années 1990 avec Felipe Alou. Je montais dans le Nord, c'était le dernier match de la série contre les Braves d'Atlanta, et j'avais téléphoné à Claude Brochu. C'était plein à craquer. Et Brochu commençait à rêver à la Série mondiale. Deux ou trois jours plus tard, c'était la grève.

Y a plus jamais eu de fun... même pas quand un journal compétiteur a placardé sa une et quatre pages à l'intérieur avec la photo de Jeffrey Loria obtenue en exclusivité. C'était son comptable !

J'ai cru qu'on pourrait sauver les Expos. Lucien Bouchard avait débloqué les millions pour un stade au centre-ville et Jeffrey Loria, le Messie, descendait en ville. Avant même la fin de la première conférence de presse, j'avais des doutes. Il avait refusé de confirmer le 100 millions de Labatt en commandite pour le nom du stade.

Quelques mois plus tard, Gerry Frappier, le président de RDS, venait me retrouver à Dorval avant le départ pour un Grand Prix de FI. Frappier m'avait démontré, noir sur blanc, que les demandes de Loria pour les droits de télé étaient démesurées. Complètement déconnectées du marché local.

Après avoir vu Loria mépriser les actionnaires québécois au camp d'entraînement en Floride, j'ai compris que c'était fini.

Hier, Tony Tavares, le président des Expos, s'est mis le pied dans la bouche. Les propriétaires et les présidents des Expos ont des problèmes avec les souverainistes québécois.

En 1976, Charles Bronfman avait menacé de déménager les Expos si le PQ prenait le pouvoir. Hier, Tavares a dit qu'une des raisons du départ des Expos était la présence des souverainistes au Québec.

Mettons que ce n'était pas sa meilleure…

Tavares est venu nous retrouver dans la salle des journalistes sur l'heure du souper. Il s'est assis et a longuement tenté d'expliquer ce qu'il avait voulu dire.

Si on lui accorde le bénéfice du doute, il a tout simplement dit que l'exode des sièges sociaux vers Toronto avait fait mal aux Expos pour la location des loges. Par contre, a-t-il ajouté, l'économie de Montréal s'améliore depuis trois ans et rien ne dit que dans dix ans, Montréal ne pourrait pas retrouver une équipe de baseball.

Il a aussi raconté que Bud Selig et sa clique de suiveux n'avaient même pas eu la décence de l'appeler pour le prévenir que c'était fini, que les Expos déménageaient à Washington : « Il a fallu que je téléphone moi-même pour obtenir l'assurance que c'était terminé. Ils m'ont dit qu'ils croyaient que quelqu'un m'avait téléphoné », de fulminer le président.

Il va aider Claude Delorme à fermer les livres à Montréal et il va aller assurer la transition à Washington. « Je ne sais même pas quels employés je vais pouvoir emmener avec moi aux États-Unis. Les lois américaines d'immigration sont très sévères. Si Claude Delorme veut suivre, ça ne sera pas un problème parce qu'il est une personne avec une compétence vraiment particulière. Les autres, je ne sais pas », de dire Tavares.

Il a ajouté avec une sincérité émue dans la voix et le regard : « Les employés des Expos ont été extraordinaires. Depuis quatre ans, ils se sont dévoués sans savoir combien de temps allait durer l'aventure, avec un engagement total. Il n'y avait qu'un objectif qui comptait : tout faire pour que l'organisation soit dirigée avec professionnalisme. » Encore hier soir, tout était pro.

Quand j'ai commencé à couvrir les Expos, les gars s'appelaient Dawson, Carter, Valentine, Cromartie, Parrish, Scott, Perez, Staub, Lee, Rogers, Fryman…

Pour mon dernier match, ils s'appelaient Izturis, Church, Diaz, Harris… tous des bons gars de AAA.

Bonsoir, ils sont partis ! !!!!!!!!!!!!!!

Depuis longtemps déjà…

Les Alouettes

La Coupe Grey

On l'appelait The Rifle

Même s'il n'a jamais gagné la Coupe Grey comme joueur, Sam Etcheverry a été le plus grand quart de l'histoire des Alouettes

26 novembre 2000

Il y avait Maurice et il y avait Sam. Le Rocket et le Rifle. Un patinait comme une fusée, l'autre tirait comme une carabine.

Maurice Richard a pris sa retraite en 1960, et Sam Etcheverry s'en est allé jouer dans la NFL avec les Cards de St. Louis. Pendant les 40 ans qui ont suivi, journalistes et écrivains ont contribué à forger la légende du Rocket. Et Sam, s'il est toujours extraordinairement vivant dans les souvenirs des moins jeunes, est redevenu un citoyen presque ordinaire après être revenu gagner la Coupe Grey comme entraîneur des Alouettes en 1970.

Mais quand j'avais dix ans, mon idole n'était pas Maurice Richard. Celui que je vénérais portait le numéro 92 sur son chandail. Il avait le regard d'un aigle et bombardait le terrain de football de passes précises à Hal Patterson et Red O'Quinn. Il n'y avait pas d'asphalte dans la route rurale devant la maison familiale à Falardeau, et un nuage de poussière nous prévenait de l'arrivée d'une voiture. On pouvait jouer tranquille. J'étais Sam, mon frère était Patterson, et on passait des heures à se faire des passes. Je reculais de trois pas, mon petit frère courait 20 verges. C'est lui qui était maigre.

« Il y avait 10 000 personnes qui venaient assister à nos matchs inter équipe le samedi pendant le camp d'entraînement. Les Alouettes, c'était gros dans la ville dans les années 50. On jouait le samedi après-midi au Stade Molson et on venait souper dans un restaurant à côté du Forum. On rencontrait les joueurs du Canadien en s'en venant. Les fans venaient des Maritimes ou de l'Ontario pour assister au football l'après-midi et au match du Canadien en soirée. Mais ce qui était le plus fabuleux, c'était Montréal. La plus formidable ville au monde et nous étions tous jeunes », riait Sam Etcheverry quand je suis allé le rencontrer cette semaine à son bureau du Westmount Square.

Faut dire que j'avais l'air pas mal picpic. Rien de pire que d'interviewer une idole. La même chose m'était arrivée avec Muhammad Ali. On dirait que les questions ne sortent pas parce qu'on a envie de raconter ses histoires personnelles. Etcheverry était là, chemise blanche et cravate, grosses pattes qui savaient tenir le gros ballon du Big Four de l'époque, solide comme le roc à 70 ans. La veille, lui et Larry Smith avaient donné une leçon à deux jeunes lors d'un éprouvant match de balle au mur. Un tue-monde puisque, sans raquette, il faut se rendre à la balle pour la frapper.

Sam est arrivé à Montréal en 1952. Ça fait tout près de 50 ans. Il jouait au football à l'Université du Colorado. « À l'époque, il n'y avait pas de système de dépistage comme aujourd'hui. Peahead Walker, le coach des Alouettes, avait vu ma photo dans une revue de football. Il m'a écrit pour m'inviter à Montréal. Mon dépistage a dû coûter 25 cents », de raconter Etcheverry.

Il n'y avait pas grand différence entre les salaires de la NFL et de la LCF, et le dollar canadien avait la même valeur que le dollar américain. Aussi, Sam s'est vite retrouvé avec les Alouettes.

« J'ai appris l'humilité. On a gagné seulement deux parties dans cette saison. Je jouais au quart et j'étais secondeur à la défense. Mais à l'époque, on ne se préoccupait pas tellement de la défense. Pendant les exercices, Walker consacrait une heure et trois quarts à l'attaque et quinze minutes à la défense. On avait deux formations défensives et c'était tout », se rappelle Etcheverry.

D'ailleurs, si Jackie Parker, le demi des Eskimos d'Edmonton, fût un des plus grands joueurs à l'attaque du football canadien, on n'a jamais oublié que c'est alors qu'il jouait à la défense qu'il avait récupéré l'échappé de Chuck Hunsinger pour briser le cœur de tous les Québécois en 1954. Les Alouettes menaient 25-20 avec quelques minutes à jouer et ils étaient près de la zone des buts quand Hunsinger a tenté une passe latérale que Parker a récupérée pour courir d'un bout à l'autre du terrain. La transformation donnait la victoire de 26-25 aux Eskimos. En 1954, un touché valait cinq points seulement.

Un demi-siècle plus tard, Etcheverry serre encore les dents : « Les gens ont oublié qu'on s'est fait voler deux fois dans ce match de la Coupe Grey. Herb Trawick avait récupéré un botté échappé, et l'arbitre avait sifflé trop tôt. Et le jeu de Hunsinger était une passe avant, ce n'était pas un échappé. C'est tellement vrai que je n'ai même pas réagi en voyant Parker prendre le ballon, j'attendais le sifflet. »

Il n'y a pas eu de sifflet. Les Eskimos avaient gagné la première de leurs trois Coupes Grey (1954, 1955 et 1956) malgré des gains de 695 verges des Alouettes.

C'était une équipe formidable. La plus belle attaque jamais vue à Montréal. Patterson, O'Quinn, le numéro 73 qui devait revenir à Montréal comme directeur général des Alouettes, Joey Pal, Alex Webster qui s'en alla chez les Giants de New York en 1955, remplacé par Pat Abbruzzi, Tex Coulter, Tom Hugo, Herb Trawick, un des rares Noirs du football. Et leurs adversaires étaient tout aussi méritants. Les coachs, Pop Ivy à Edmonton ou le « professeur » Frank Clair à Ottawa, ou les quarts, Bernie Faloney avec les Eskimos en 54 puis grand quart des Tiger-Cats avant de venir à Montréal dans les années 60, Tobin Rote avec les Argos, Tom Dublinski puis Russ Jackson, qui faisait son apprentissage à Ottawa, sans parler des terrifiants demis des Eskimos, Johnny Bright et Normie Kwong.

« Normie est devenu mon grand ami, raconte Etcheverry. Pour mes 70 ans, mes enfants m'ont offert un billet d'avion pour Calgary. Ils sont venus me rejoindre là-bas du Nouveau-Mexique ou du Colorado, et on a eu une belle grande fête. Normie Kwong était là, et j'ai mangé à ses côtés. Ça fait 46 ans qu'on s'obstine à propos du jeu de 1954. J'ai toujours dit que c'était une passe et Normie que c'était un échappé. Le soir de mes 70 ans, Kwong m'a glissé à l'oreille : "Tu sais, Sam, c'était une passe…" »

Etcheverry sourit encore quand il raconte l'anecdote.

« On paquetait (vingt-cinq mille) spectateurs au Stade Molson. À l'époque, on installait des gradins à prix populaire jusqu'aux arbres, et il n'y avait pas d'édifice à l'extrémité ouest du terrain. On y avait construit des gradins. Les gens arrivaient presque une heure avant le match pour assister au réchauffement, et il fallait se frayer un chemin à travers la foule pour entrer sur le terrain », se rappelle The Rifle.

En 1954, l'année du premier voyage à la Coupe Grey, Etcheverry gagnait 6 000 $. En 55, il eut droit à 6 500 $. « Après la saison 1955, Léo Dandurand, le directeur général, m'a fait venir à son bureau. Il m'a dit qu'il allait déchirer mon contrat de trois ans pour m'offrir une augmentation de salaire. Ça faisait mon affaire puisque j'avais des enfants. Après, il a fait monter Hal et il lui a offert la même augmentation. Hal était célibataire et il a répondu à M. Dandurand: "Je suis célibataire et je n'ai pas besoin d'argent. Donnez ces augmentations aux joueurs canadiens de l'équipe."

« Aujourd'hui, Hal a 70 ans comme moi et il vit sur une ferme dans le Kansas. Il répare des tracteurs. Il mène une vie simple comme tout au long de son existence », de raconter Etcheverry.

Vous voyez ça d'ici, Trevor Linden qui dirait à Pierre Boivin de distribuer une partie de son salaire aux moins fortunés de l'équipe?

Ces années folles sont restées dans la mémoire des amateurs de football de l'époque. Ces milliers de verges gagnées dans les airs par le duo O'Quinn-Patterson, cette passe de 109 verges de Sam à Patterson contre les Tiger-Cats de Hamilton… Et ces matchs de fast-ball disputés entre les Alouettes et le Canadien qui remplissaient les stades à craquer. « Je n'ai jamais été capable de retirer sur trois prises Doug Harvey et Don Marshall. Ils avaient mon numéro », raconte Etcheverry.

Flash-back. Un dimanche de septembre 1960. Pensionnaire au Petit Séminaire de Chicoutimi, j'étais supposé être dans la salle d'études à deux heures de l'après-midi. Mais j'étais plutôt devant la télé chez ma tante à Chicoutimi-Nord pour assister au premier match de Sam Etcheverry avec les Cards de St. Louis. Radio-Canada présentait le match avec Yves Létourneau à la description et la voix nasillarde de Jean Séguin à l'analyse. Ça se passait en noir et blanc, et jamais je n'oublierai les échappés à répétition d'Etcheverry lors des mises en jeu. Heureusement, les Cards avaient quand même gagné contre Y.A. Tittle et les Giants de New York.

« Ce qu'on a oublié, c'est que j'avais été blessé pendant le camp d'entraînement et que je ne m'étais jamais exercé avec le centre de l'équipe. J'ai commis six échappés, mais j'en ai récupéré cinq sur le lot. L'an dernier, Al Michaels a parlé de mon record de six échappés. Le lendemain, je lui ai fait parvenir un fax pour lui dire que, la prochaine fois, il devrait ajouter que j'ai aussi le record de cinq échappés recouvrés », de dire Sam.

Il n'a jamais oublié sa première présence dans un match. C'était contre les Lions de Detroit, dernier match hors concours de la saison, troisième quart. Sam, remis de sa blessure, vient s'installer derrière le centre pour appeler le jeu:

– Up one…

Il entend le terrifiant Alex Karras, qui lui crie à tue-tête:

– Hey! Etcheverry, you f… Canadian, you c… sucker!

– Up two… Fuck you Karras… Up three…

Sam rit en racontant l'histoire: « Plus tard, Karras m'a dit en riant qu'il tentait seulement de me déconcentrer. »

Sam est revenu à Montréal pour diriger les Rifles dans la Ligue continentale, une ligue qui n'a pas survécu. Et en 70, il dirigeait un groupe de guerriers à la conquête de la Coupe Grey derrière Pierre Desjardins,

Sonny Wade, George Springate, qui a mal tourné en finissant député libéral (salut George !), Moses Denson et d'autres gaillards dans un uniforme vert.

Juste avant le match, il avait enlevé son chandail à Dennis Duncan, le gros centre-arrière qui avait manqué un couvre-feu. Sam n'avait pas juste un bon bras et un regard de feu. Il avait des couilles d'acier.

« C'était des leaders extraordinaires. Pierre Desjardins avait une force de caractère peu commune. Je n'oublierai jamais quand je lui avais annoncé que je devrais le couper de l'alignement, que son genou ne lui permettait plus de continuer. Il m'a regardé droit dans les yeux et il a dit qu'il n'en était pas question. Je l'ai emmené sur le terrain avec deux autres joueurs et je lui ai demandé de me montrer qu'il n'était pas blessé si gravement. Après avoir été coupé, il a poursuivi les Alouettes avant de régler hors cour avec M. Sam Berger », de dire Sam.

Cet après-midi, Etcheverry va rouler avec sa blonde jusqu'à Quaig Cee, une petite ville de l'Ontario pour regarder le match de la Coupe Grey avec des amis.

Des centaines de « soupers de football » sont en train de s'organiser dans tout le Québec. Anthony Calvillo ne sera jamais Sam Etcheverry, mais Mike Pringle a fait oublier Pat Abbruzzi et s'est trouvé une niche aux côtés de George Dixon et de Don Clark.

Ça nous rappelle tous qu'avant le passage désastreux de Joe Scannella et Nelson Skalbania, il y avait du grand football à Montréal.

Et que 68 000 personnes s'entassaient dans le Stade olympique pour applaudir Joe Barnes et Marv Levy.

Bon match, M. Etcheverry, et excusez les questions un peu téteuses...

Un syndicat de coachs

Paraît qu'une douzaine de coachs de la Ligue nationale de hockey sont réunis à Montréal pour étudier la possibilité de créer une Association des coachs de la Ligue nationale.

C'est un vieux projet auquel rêvait déjà Scotty Bowman quand il était avec le Canadien.

Mais c'est un syndicat difficile à mettre sur pied puisque les coachs font évidemment partie du personnel de direction des équipes qui les embauchent.

Toutefois, il y a des points essentiels qui pourraient faire partie d'un contrat collectif. Comme le traitement en cas de congédiement. Tout comme il devrait y avoir moyen de protéger les assistants quand un coach en chef se fait congédier.

Mais que les entraîneurs se parlent, c'est déjà un début. Même si on est encore loin de la CSN et de la FTQ.

Don Matthews est parti de loin

« J'ai découvert au high school que, sur un terrain de football, j'étais l'égal des mieux nantis »

23 novembre 2002

EDMONTON – Edmonton n'est pas Los Angeles, et la Coupe Grey n'est pas le Super Bowl. Pourtant, Don Matthews, le « terrible » coach des Alouettes de Montréal, est satisfait et fier de son parcours. « Ce n'est pas tellement où on est rendu qui compte pour moi, c'est le chemin parcouru à partir d'où on est parti. Et moi, je suis parti de très loin », dit-il.

De loin ? D'Amesbury dans le Massachusetts, d'une famille pauvre, comme on pouvait être pauvre aux États-Unis dans les années 40 et 50. Le petit Matthews était trop pauvre pour être bien habillé, trop pauvre pour avoir des livres scolaires neufs : « Mais j'ai découvert au high school que, sur un terrain de football, j'étais l'égal des mieux nantis. Ce fut une grande révélation pour le garçon que j'étais. Je pouvais m'accomplir par le football », de raconter Don Matthews.

Hier était un moment privilégié. Matthews l'a dit et répété toute la saison. Il accepte de parler football pendant des heures. Mais parler de lui, parler de choses qui sont plus personnelles, pas question.

Hier après-midi, après l'exercice de ses Alouettes, ça lui tentait… « À 17 ans, fallait que je gagne un peu d'argent. J'ai choisi de m'enrôler dans les Marines. Les vrais Marines, le véritable entraînement. Et ce n'était pas G.I. Jane. J'ai duré trois ans. J'avais 20 ans quand j'ai écrit la lettre la plus difficile à écrire de toute ma vie. J'ai écrit aux dirigeants de mon ancien high school pour leur expliquer que je voulais revenir compléter mon diplôme. Je savais que, sans une bonne instruction, je n'arriverais à rien dans la vie. »

Plus tard, Don Matthews s'est retrouvé à l'Université de l'Idaho. Mais sans bourse d'études, il n'avait des économies que pour durer un seul semestre. Quelques mois pour jouer sa vie. Encore une fois, c'est le football qui allait lui permettre d'être l'égal des privilégiés. Il se taille une place au sein de l'équipe de football. À chaque match, il a l'impression de jouer son avenir. Match après match, il allait compléter l'équivalent d'un bac en éducation et devenir enseignant. « Ce diplôme, cette vie d'enseignant, c'est encore le football qui me l'a permis », dit-il.

C'est à Ely, au Nevada, une petite ville de 5 000 habitants qu'il entreprend sa carrière de prof… et de coach. « J'enseignais pendant la journée et j'étais le coach après les heures de classe. Le high school le plus proche était situé à 190 milles. Certains se trouvaient à 300 milles. On voyageait dans les autobus scolaires jaunes. Fallait être jeune », raconte-t-il avec un sourire illuminant son visage.

Il est resté quatre ans dans son high school, menant ses équipes à des victoires surprenantes. Tellement qu'il s'est retrouvé à Spokane, dans l'État de Washington. Toujours enseignant et coach. Finalement, c'est dans son alma mater, à l'Université de l'Idaho, à Moscow, qu'il sera assistant-entraîneur à temps plein pour la première fois. « Mais je m'ennuyais de mes gars du high school et, après quelques années, je me suis trouvé un poste d'enseignant et de coach à Portland, en Oregon. Un bon high school dans la ligue la plus forte de l'État. »

C'est le triomphe. Son équipe est championne de l'État deux ans de suite. Dont une saison parfaite. Aucune défaite. « Cet automne, j'ai vécu un grand moment. Les anciens de l'équipe se sont réunis à Portland pour célébrer le 25e anniversaire de leur victoire. Ils étaient 60. Ils m'ont écrit pour m'inviter. Ils avaient réuni un gros livre comprenant les articles des journaux de l'époque et aussi ce qu'ils ont appelé les « Matthewseries », soit mes petits discours ou mes méthodes pour les diriger. Leur réunion se tenait un vendredi soir, et on jouait à Winnipeg au même moment. J'ai tenté d'organiser un appel-conférence, mais j'étais sur le terrain au moment du souper. Je tenais à leur parler. Aujourd'hui, ces petits jeunes du temps sont plus âgés que je ne l'étais quand j'étais leur coach. Pour une fois, l'électronique m'a bien servi. J'ai envoyé un courriel aux 60 gars pour leur dire comment je les avais aimés, comment j'avais appris d'eux et comment aujourd'hui, même chez les pros, il y a des choses que je faisais avec eux qui marchent encore bien. Comme le comptage d'après-match.

Et Louis-Philippe Dorais peut en témoigner. Matthews avait les yeux rougis en se rappelant ces moments...

Et le comptage, c'est quoi ?

Quand les Alouettes gagnent, avant d'ouvrir le vestiaire aux journalistes, tous les joueurs et Matthews comptent à pleins poumons tous les points marqués dans la victoire. Dimanche dernier, ils ont compté jusqu'à 35. Ça ne manque jamais, les joueurs ont des frissons...

Matthews est un Américain né de parents canadiens. Son père venait de l'Île-du-Prince-Édouard, et sa mère, Ida Babine, était une Canadienne française de Tracadie. Américain qui a passé 25 ans au Canada à diriger des équipes canadiennes, à part son passage avec les Stallions de Baltimore devenus les Alouettes, comment perçoit-il la différence entre Américains et Canadiens ?

« La plus grande différence, c'est le lavage de cerveau patriotique qu'on fait subir aux jeunes Américains. Je regarde comment on a réagi après le 11 septembre et je sais que c'est typiquement américain. On inculque une grande fierté d'être Américain et on joue très fort sur ce sentiment. Même après 25 ans au Canada, je mets encore ma main sur mon cœur quand on joue l'hymne national du Canada avant les matchs. J'ai été élevé ainsi. Il y a aussi une grande différence dans la reconnaissance qu'on voue aux institutions qui nous ont permis une bonne éducation dans la vie. Les Américains contribuent au financement de leur université pendant toute leur vie s'ils le peuvent. Je sais que moi, j'envoie de l'argent à l'Université de l'Idaho à chaque année. Ici, c'est différent. »

(Sans doute parce que le système d'éducation est différent. Faut pas s'inquiéter, on envoie l'argent au gouvernement toute sa vie...)

Don Matthews est le père de trois enfants. Trois garçons issus de son premier mariage. Le plus jeune a 32 ans. Malgré quelques divorces, il a toujours refusé d'être ce qu'il appelle « un père de vacances ». « Je suis toujours au téléphone à leur parler. J'en ai un qui est installé à Portland et qui a un bateau. J'y vais le plus souvent possible, et on va à la pêche au saumon et on joue au golf. Je n'ai plus une relation de père-fils avec mes gars, rien à voir avec une relation d'autorité. Nous sommes des amis. Ça me permet d'être proche de mes six petits-enfants. Quatre filles et deux garçons. J'espère qu'il y aura un Tiger Woods dans le lot », dit-il en riant.

C'est curieux, mais ce coach dominant dans son équipe ne croit pas à une approche fondée sur l'autorité. Il le dit sans vantardise, sachant qu'il ne fait que rapporter un fait, une vérité. « Je n'ai pas à jouer un rôle, je n'ai qu'à être moi-même. C'est quelque chose qui émane de ma personnalité. J'ai tellement d'expérience, j'ai tellement vécu de situations au football, j'ai gagné tellement de Championnats que les joueurs sont convaincus que je sais de quoi je parle. Ils savent que s'ils acceptent mes principes de football, ils vont gagner. Je n'ai pas à imposer quoi que ce soit, ça vient tout seul. Surtout, ils savent que je vais toujours être le premier à monter au combat pour eux et avec eux. Jouer au football, c'est comme monter au front.

« Moi, je suis peut-être le général du groupe, mais je vais dans les tranchées avec eux. Ils le savent », dit-il avec beaucoup de passion dans la voix et le regard. Il a déjà dit et répété qu'il ne plaquait pas, qu'il ne passait pas, qu'il ne courait pas avec le ballon. Mais alors que fait-il pour l'équipe ?

« J'ai un feeling de l'équipe. Disons que je sais

quand il faut appuyer sur un bouton ou le relâcher. Je sens bien le pouls de la game et d'une équipe. J'adore diriger une équipe, je vais être coach tant que j'aurai l'énergie et le plaisir à le faire. C'est une partie très importante de ma vie, et j'adore me trouver avec ces gaillards et leur montrer un chemin. »

Encore cette semaine, Elfrid Payton l'a serré contre lui et a clamé haut et fort que Matthews était le meilleur entraîneur qu'il ait jamais eu.

« Ça fait chaud au cœur quand je retrouve mes anciens. C'est une émotion très prenante que de sentir qu'on a joué un rôle positif dans leur vie. Je sais que la perception des journalistes n'est pas toujours positive, mais il faut comprendre qu'ils peuvent faire leur travail tout en respectant les limites imposées pour protéger l'équipe. C'est comme ça. »

Matthews continue d'être coach de football parce qu'il a besoin de ces poussées d'adrénaline qui le font triper (sic) à chaque match. Pas pour l'argent. Il n'est pas immensément riche, ses divorces y ont vu, mais il est à l'aise. De toute façon, ça ne change rien : « C'est drôle à dire, mais dans ma tête, je suis resté pauvre. Comme quand j'étais enfant. Je peux donner 10 000 $ à quelqu'un qui est dans le besoin, mais avant de dépenser 80 $ pour une paire de souliers, je vais me demander si j'en ai vraiment besoin. On reste marqué par ses racines. »

Don Matthews participera à son 13e match de la Coupe Grey comme assistant ou comme entraîneur-chef. Il dit que c'est le football qui aura été le grand égalisateur dans sa vie…

Il ne devrait pas sous-estimer ce que LUI a donné au football.

Toute une vie, c'est important…

SPORTS TOUS AZIMUTS

« Il y a très peu de journalistes qui savent rester droits comme Réjean Tremblay. »

JACQUES VILLENEUVE

Réjean Tremblay selon

Jacques Villeneuve

Le 28 mai 1995, des millions de téléspectateurs ont assisté à l'émergence d'un nouveau champion lors des 500 milles d'Indianapolis, une course majeure de formule CART. Son nom n'était toutefois pas inconnu, puisque son père, 13 ans plus tôt, avait plongé dans le deuil le Québec dans son ensemble après un tragique accident lors des qualifications du Grand Prix de Formule 1 de Belgique. « Les héros meurent trop jeunes », avait alors écrit un Réjean Tremblay visiblement ému.

Vivre une telle commotion lorsqu'on a seulement 11 ans peut perturber toute une vie. Pourtant, Jacques Villeuve, qui voulait lui aussi devenir pilote depuis l'âge de cinq ans, s'est accroché à son rêve et a fait vivre au milieu de la Formule 1 ses plus grands moments. Au volant d'une Williams-Renault, il a décroché en 1996 la pôle position dès sa première course au circuit de Melbourne, en Australie. Puis, il a remporté un premier Grand Prix à Nürburgring quelques semaines plus tard. Mais c'est véritablement lors de la saison suivante qu'il est passé du statut de pilote à celui de mythe vivant en remportant un défi épique contre Michael Schumacher au circuit de Jerez.

Devenu champion du monde, Jacques Villeneuve, dont les propos politiquement incorrects faisaient couler autant d'encre que ses performances, a vécu par la suite des années difficiles au sein des écuries BAR et BMW Sauber, avant de quitter la Formule 1 pour la NASCAR. Cette douloureuse expérience lui a cependant permis d'effectuer du ménage dans sa vie et ses connaissances. C'est donc avec beaucoup de sérénité qu'il envisage aujourd'hui sa nouvelle existence à Montréal auprès de sa femme Johanna et de ses deux fils. Une vie dans laquelle Réjean Tremblay s'est gagné une place privilégiée. « Oui, c'est vrai que maintenant l'aspect journalistique de notre relation est vraiment minuscule », avoue Jacques Villeneuve. « Tant que j'étais en Formule 1, il y avait toujours un petit aspect travail qui restait là. Mais à présent, on va se voir pour manger ensemble ou pour aucune raison. On peut parler de plein de choses très ouvertement en sachant qu'il ne l'écrira pas. Bon, il y a toujours un moment, chaque fois, où on se dit qu'il va quand même falloir écrire quelque chose. Alors, on prend cinq minutes pour le faire. Mais je lui fais de toute manière confiance et je sais qu'il composera quelque chose de bien. »

La confiance : un maître-mot pour un homme qui, depuis sa plus tendre enfance, a continuellement été sous les feux des projecteurs et suivi à la trace par des meutes de paparazzis. Il n'est donc pas étonnant qu'il ait développé une certaine méfiance vis-à-vis des journalistes, dont il dit d'ailleurs, avec sa franchise légendaire : « La majorité d'entre eux ont un problème d'ego. C'est comme ça partout, je le sais bien, mais dans mon domaine, ce sont la plupart du temps des gens frustrés de ne pas avoir été eux-mêmes pilotes et qui prennent leur pouvoir à travers leur plume. C'étaient d'ailleurs souvent les mêmes journalistes qui venaient me voir un jour en me disant : « On aime bien faire des entrevues avec toi parce que tu dis réellement quelque chose » et qui, le lendemain, coupaient la moitié du matériel pour me casser, ce qui avait un effet très négatif. Et puis, comme ils allaient dîner avec l'équipe de sponsors, ils jouaient sur les deux terrains, mais revenaient tout de même me trouver comme si de rien n'était. Ben non, ça ne marche pas comme ça, et je leur disais évidemment d'aller voir ailleurs. »

Alors, comment Réjean Tremblay a-t-il réussi là où tant d'autres ont échoué ? « Pour tout dire », avoue Jacques Villeneuve, « je ne me souviens pas vraiment de l'avoir rencontré quand j'étais petit. J'habitais en Europe et je ne suivais pas l'actualité d'ici, d'une part, et de l'autre c'est bizarre, c'est comme si la mort de mon père avait fermé une porte, gommé la majorité des choses que j'avais vécues avant. De plus, comme ça prend un certain temps pour que je sois en confiance avec les gens, c'est sûr que mes premières rencontres, c'est purement du travail. On fait l'entrevue, et deux secondes plus tard je l'ai complètement oubliée. Ma relation avec Réjean s'est donc construite tranquillement, car on se rend compte au bout d'un certain temps si la personne en face de vous va être juste là pour vendre du papier ou pour faire un truc intelligent. Et avec Réjean, ça a toujours bien collé, car il ne dégageait pas l'image d'un homme frustré cherchant à vous tendre un piège. Au contraire, il était là par passion, pour découvrir et comprendre un milieu qui l'intéressait, puis écrire des choses intelligentes sur le sujet. Grâce à cette approche humaine, il réussit à faire sortir le fond des gens, on a plus l'impression d'être dans une entrevue avec lui. »

Un autre élément a rapproché les deux hommes : les racines. « On était juste quelques Québécois dans le milieu de la Formule 1 », raconte Jacques Villeneuve, « donc c'était un petit îlot qui se retrouvait régulièrement. Il est certain qu'il y avait du bon, et du moins bon selon les personnes qu'on rencontrait, mais c'était néanmoins un petit groupe qui se serrait les coudes, même si ça critiquait un peu comme dans toutes les familles. » Mais c'est véritablement la personnalité peu commune du journaliste qui l'a marqué : « Réjean, c'est un artiste, et sa vision de la vie va en ce sens. Quand il se passionne pour quelque chose, il le fait vraiment. Et moi, j'adore les gens passionnés. Alors, en fait on faisait déjà à l'époque très peu d'entrevues en tant que telles parce qu'on finissait juste par jaser. C'était donc à la fois amical et enrichissant, puisqu'en même temps il en sortait toujours quelque chose qu'il pouvait utiliser. Et lui comme moi avons une approche personnelle et un respect mutuel, ce qui est extrêmement important. »

Réjean Tremblay est pourtant réputé pour tenir des propos des plus directs, voire très critiques. Le pilote n'a cependant jamais été agacé par cette manière de faire : « Plusieurs personnes m'avaient effectivement dit : “Attention, il peut être méchant ou dangereux.” Mais chaque fois que j'ai lu quelque chose de lui, même si c'était critique, c'était une critique vraie avec des exemples à l'appui et avec un vrai raisonnement. Donc, il n'y a pas de problème, il ne faut pas s'énerver parce que quelqu'un écrit quelque chose de vrai. » Puis, il ajoute : « Bon, c'est vrai que Réjean écrit aussi selon sa vision personnelle, ce que certains ont pu moins apprécier. Mais ça, on le sait avant de lire son papier qu'il n'est pas un journaliste neutre et qu'il est plutôt de type éditorial. Et personnellement, je n'ai aucun problème avec ça tant qu'il s'agit d'un journalisme intelligent. Je dirais même que le journalisme neutre, c'est ennuyeux. Alors, oui, Réjean a pris des positions, et heureusement. C'est important les prises de position assumées parce qu'il y a trop de gens qui deviennent politiquement corrects de nos jours. C'est honteux, c'est nul et ça sert à rien. Il faut se positionner, et puis si on n'est pas capable de vivre avec, eh bien, il faut faire autre chose ! » Jacques Villeneuve insiste d'autant plus sur ce point qu'il a lui-même souvent défrayé la chronique lorsqu'il osait dire tout haut ce que ses collaborateurs avaient tendance à cacher au grand public. « Oui, j'ai toujours été très droit, et si quelque chose m'énerve je vais le dire. Le problème, c'est qu'en tant que sportif il y a toujours un énorme prix à payer, parce que ça va choquer des gens importants et qu'on finit par se prendre une claque. »

Un constat d'autant plus véridique que le pilote s'est vu plus d'une fois écarté d'une écurie en raison justement de son franc-parler. Réjean Tremblay n'a cependant pas subi le même sort que lui, en dehors peut-être du jour où il lui a été interdit de monter à bord de l'avion du Canadien parce qu'il avait critiqué un peu trop durement cette équipe la veille. « Réjean peut malgré tout se permettre de faire des coups de gueule », précise Jacques Villeneuve, « car le journalisme est devenu son *hobby*. Son vrai gagne-pain n'est en effet plus là, mais à la télévision avec ses séries. Étant lui-même devenu une personnalité, il peut donc se permettre ces excès, écrire ce qu'il veut comme il le pense. Et c'est très bien, parce que ce n'est pas facile de se rendre à ce niveau-là... et de ne pas en abuser. »

« S'il n'avait en fait qu'un défaut, ce serait celui d'écrire des papiers trop intelligents », ajoute Jacques Villeneuve en souriant. « Parce que certains de ses propos peuvent être mal interprétés par les personnes qui lisent vite les journaux. Mais en même temps, il sait que si j'ai quelque chose en travers de la gorge, je vais l'appeler et lui dire : « T'es vraiment un couillon, là. » Et ça ne va pas le gêner, du moment que je lui en explique les raisons. Mais bon, ce n'est que rarement arrivé, et de toute manière, comme il est très cartésien, il doit s'en rendre compte quand il se relit. »

Jacques Villeneuve a ainsi beaucoup d'estime pour Réjean Tremblay, qu'il considère non seulement comme un journaliste intègre, mais aussi comme un battant qui a fait sa marque dans notre Québec contemporain. « Il est difficile de le résumer », confie le pilote, « mais je dirais que Réjean est un homme excessif et qui prend de la place parce qu'il a un charisme impressionnant. C'est quelque part un leader, qui n'a pas la grosse tête, mais qui sait qu'il mérite ce qu'il a. Et c'est un homme loyal. Il y a d'ailleurs peu de journalistes qui savent rester droits comme Réjean. Le seul autre, à ma connaissance, c'est Dominique Fugère (*Journal de Montréal*). Sinon, tous les autres – y compris Christian Tortora, qui a pourtant été un proche de la famille Villeneuve depuis que Jacques est tout petit –, il y a toujours eu un moment où ils se conduisaient comme "je veux me montrer plus important que toi", ou "je vais faire ta carrière ou la détruire". Mais Réjean, ce n'est pas ça. J'aime sa joie de vivre, ce

n'est pas quelqu'un d'amer. Il est heureux, il sait qu'il a accompli des grandes choses et qu'il est une personnalité spéciale. » Un tel portrait, brossé par l'un des sportifs les plus sincères qu'il nous ait été donné de connaître, est sans doute le plus bel hommage qui soit.
– **S.G.**

« C'est un journaliste, mais également un contributeur social. »

Richard Legendre

Réjean Tremblay selon

Richard Legendre

Richard Legendre est aussi connu dans la sphère sportive que dans celle de la politique. Ancien joueur de tennis professionnel de 1974 et 1979, il a par la suite occupé plusieurs fonctions importantes dans les arcanes de ce sport, dont celle d'entraîneur de l'équipe du Québec en 1980 et de directeur de Tennis Canada de 1988 à 2001. Toutefois, c'est lorsqu'il a décroché le poste de directeur de l'Omnium du Maurier, qu'il a fait la connaissance de Réjean Tremblay d'une manière pour le moins précipitée, puisqu'il a dès sa première saison dû faire face à un impondérable de taille : la défection de plusieurs têtes d'affiche du tournoi !

« Je me souviens que Réjean Tremblay a fait irruption dans mon bureau, personne n'avait pu l'arrêter à la réception. Puis, il s'est assis à côté de moi et m'a lancé : « C'est un désastre ! » J'étais pris de court, alors je lui ai répondu en toute franchise : « C'est vrai, ça n'a aucun sens, c'est une catastrophe. » J'ai alors réalisé ce que je venais d'avouer et me suis empressé d'atténuer mes propos. Mais le mal était déjà fait. Malgré tout, en lisant le lendemain l'article de Réjean, j'ai réalisé qu'il avait repris mes propos disant que le tournoi avait effectivement perdu plusieurs têtes d'affiches, mais qu'il restait encore beaucoup de joueuses importantes. » Richard Legendre a évidemment été soulagé de ce que le journaliste avait écrit et a immédiatement compris que Réjean Tremblay était un homme avec lequel il valait mieux être sincère, car il savait habilement déjouer les tentatives de déguisement de la réalité. « Il faut être honnête et intègre avec Réjean », poursuit l'actuel vice-président exécutif de l'Impact de Montréal et du stade Saputo. « Il faut être transparent. Autrement, il peut assez rapidement flairer le manque de véracité de son interlocuteur. »

Voici comment Richard Legendre résume sa première expérience avec le journaliste. Une expérience qui lui a appris à cerner un homme dont il respecte depuis beaucoup la franchise et l'honnêteté. « Mieux vaut toujours lui dire ce qu'il en est, parce qu'il est direct. Il faut lui donner l`heure juste. Ainsi, même s'il a son opinion, il transmet l'information fidèlement. Mais il ne faut surtout pas que tu penses manipuler Réjean. »

Le gestionnaire peut d'autant plus insister sur ce point qu'il a également côtoyé Réjean Tremblay lorsqu'il a évolué en politique, de 2001 à 2007, notamment lorsqu'il a été nommé ministre délégué, puis ministre responsable de la Jeunesse, du Tourisme, du Loisir et du Sport entre 2001 et 2003. A-t-il d'ailleurs alors remarqué une différence dans l'attitude du journaliste à son égard ? « Non, je n'ai pas trouvé qu'il était différent, et j'ai apprécié cela », répond Richard Legendre. « C'est le même homme direct dans un cas comme dans l'autre, et il faut être aussi direct avec lui. Alors, des informations sous le saut de confidentialité, il n'y en n'a pas eu. Lorsque j'ai par exemple soupé avec lui au Jeux olympiques de Salt Lake City, je savais que ce que je lui dirais pourrait se retrouver dans les journaux le lendemain. Ce n'était en effet pas parce que je le connaissais que ce que je lui dirais allait s'évaporer. C'est pour ça que je vais toujours lui donner l'heure juste. Si tu ne veux pas que quelque chose soit écrit, ne le dis pas. »

Néanmoins, Réjean Tremblay ne s'est pas fait que des amis en affichant ce pendant très direct de sa personne. « Peut-être », approuve le gestionnaire. « Mais je trouve personnellement qu'il est facile d'approche justement parce qu'il est direct et qu'il n'y a pas de demi-mesure avec lui. On sait toujours à quoi s'attendre. » Alors, lorsqu'on demande à Richard Legendre s'il considère le journaliste comme un ami, il répond sans hésiter que oui, et ce, même s'ils ne sont pas très intimes. « Compte tenu que Réjean est quelqu'un avec qui il faut être transparent, cela facilite les rapprochements humains », explique-t-il avant d'avouer avoir même à l'occasion demandé conseil au journaliste lorsqu'il était en politique : « J'ai toujours apprécié sa vision de la politique, d'autant plus que Réjean n'a jamais caché ses allégeances et qu'il s'intéresse depuis toujours à la politique ».

Richard Legendre respecte également Réjean Tremblay au plus haut point et le décrit comme quelqu'un d'intègre et de branché. Deux qualités qui selon lui permettent au journaliste d'écrire de bonnes histoires. « C'est quelqu'un qui met souvent le doigt sur le bon angle parce qu'il est bien informé, qu'il voit clair et qu'il n'a pas peur de froisser qui que ce soit », explique-t-il. « Il n'est pas calculateur, et avec lui les gens sont encouragés à ne pas l'être non plus. »

Le gestionnaire estime finalement que Réjean Tremblay est un personnage dont il est appréciable d'avoir le point de vue, et ce, que l'on évolue dans le monde sportif ou politique. « C'est en effet un journaliste, mais également un contributeur social », dit-il. « Je suis certain que Réjean continue d'être journaliste par passion, puisqu'avec tous les autres atouts qu'il a développés, il n'est pas obligé de continuer. De plus, dans un monde où les nouvelles sont souvent négatives, je n'ai jamais senti que Réjean était quelqu'un de négatif. Il peut être très incisif, je l'admets, mais il est rarement négatif. Alors, dans le fond », conclut-il, « Réjean veut l'avancement du Québec, il veut nous voir réussir. Il n'est donc pas un simple spectateur, mais un acteur de ce dernier. » – **S.G.**

La course automobile

Quand les héros meurent…

10 mai 1982

Hier, à Monaco comme à Berthierville, ç'aurait dû être la fête de toutes les mères.

Hier, à Monaco, ç'aurait dû être matin de joie pour Mélanie Villeneuve qui devait faire sa première communion. Ou comme me le disait ma petite fille il y a quinze jours, « qui devait recevoir Jésus dans son cœur ».

Hier, et aujourd'hui, et de demain, et longtemps encore, ce sera jours de deuil pour des femmes.

Pour Georgette Villeneuve qui a perdu un fils, qui l'a vu s'envoler devant un écran de télévision comme un pantin désarticulé, qui tôt ou tard verra des photos de son fils étendu contre une clôture, la nuque brisée.

Pour Joann Villeneuve qui perd un mari. Pour Joanne Villeneuve que j'avais rencontrée à plusieurs reprise dans les « pitts » où elle aidait à tenir les chronos toujours plus rapides de son homme. Aujourd'hui, alors qu'elle repose en état de choc à Monaco, Joanne Villeneuve n'a plus d'époux, elle est une veuve.

Pour Mélanie, la petite Mélanie, qui devait recevoir Jésus. C'est une fête extraordinaire pour un enfant que cette première rencontre avec son Dieu. À Monaco comme à Montréal, on offre une belle robe blanche à la petite, on lui accroche quelques fleurs dans les cheveux et on l'accompagne à l'église. Hier, papa Gilles ne pouvait même plus partager en pensée la joie de sa fille. D'ailleurs, il n'y avait plus de joie, il n'y avait qu'une immense peine d'incompréhension.

Séville Villeneuve l'a dit. Il fallait que Gilles Villeneuve pourchasse son démon, il fallait qu'il fasse son métier, qu'il aille encore plus vite. Il était beau quand il s'installait dans sa carlingue, que Joanne lui faisait un clin d'œil et qu'il vrombissait vers la piste. Et quand il laissait aller la pédale d'embrayage, la pensée du danger faisait place à une immense concentration, à un bien-être que personne au monde ne pouvait partager, ne pouvait comprendre. Il faisait ce qu'il aimait.

Les héros meurent trop jeunes

Mais pendant que Gilles faisait corps avec sa voiture (quelle tragique ironie que cette éjection de voiture…), qu'il imposait à une mécanique de plus en plus difficile à dompter toute la volonté, toute l'intelligence, toute la technique et toute la passion de la vie, des femmes souffraient en silence. Georgette, dans sa cuisine, qui ne voulait même pas voir un départ de course à la télévision, Joanne, dans les pitts, qui ne vivait que les deux ou trois secondes d'un passage devant le stand Ferrari.

Les héros meurent trop jeunes. De tout temps, les hommes ont joué aux héros. Ils ont fait la guerre dès qu'ils ont su se tenir debout, ils ont voulu s'éblouir en s'attaquant à des animaux dix fois plus gros qu'eux, et quand ils n'ont plus eu de guerre pour s'amuser, ils se sont inventés d'autres manières de défier la mort, de se mesurer contre la nature, contre la technique. Ils se sont tués en grimpant des montagnes, en se battant dans un ring, en tentant de nouvelles acrobaties en avion, en allant toujours plus vite dans des voitures qui auraient dû être conduites par des ordinateurs.

Et même si, enfin, les femmes commencent à se libérer des guerres et des jeux des hommes, ce sont encore elles qui restent avec la douleur quand les héros meurent.

Hier, des centaines de milliers d'hommes ont philosophé sur la mort de Gilles Villeneuve. On essayait de deviner le moment de sa mort, pour essayer d'imaginer quel flash épouvantable il avait pu avoir quand sa voiture s'est envolée.

« Une belle mort pour un pilote comme lui », ont même prétendu certains. « Au moins, il n'a pas eu le temps de souffrir », ont noté d'autres cœurs sensibles.

Je connaissais Gilles Villeneuve. Il venait parfois au Forum et on restait dans la salle de presse pendant les périodes pour jaser un bon coup.

Je l'avais rencontré une dizaine de fois, la dernière fois à Berthierville l'an passé, pendant l'exposition Berthierville-Gilles Villeneuve, organisée en son honneur.

Assez pour que je me sente touché personnellement par l'annonce de sa mort. Mais c'est une femme qui a peut-être changé le cours de mon émotion. Elle aussi était songeuse.

« Ce n'est pas sur lui qu'il faut pleurer. Il a vécu et est mort, comme il l'a choisi. On devrait penser à sa mère, sa femme, ses enfants qui restent. C'est toujours comme ça, vous avez toujours été comme ça. » Oui, toujours comme ça. Gilles Villeneuve voulait couper une autre demi-seconde à son temps. Une demi-seconde qui était là. Une demi-seconde, c'est moins qu'un soupir. Une demi-seconde qu'il fallait attaquer. Parce que c'était son métier, sa vie. Le sens de sa vie. Le seul sens de sa mort.

Un pressentiment

Il s'était passé quelque chose chez Gilles Villeneuve. Quelques chose qui laissait présager un malheur à ses intimes, aux vrais connaisseurs.

Lundi dernier, je discutais dans le bureau de Jean-D. Legault, le vice-président des Nordiques, des dernières courses de Gilles Villeneuve.

Legault, pour ceux qui l'ignorent, a déjà été un coureur sur piste et, surtout, un des bons coureurs de [*race*] des dernières années. Et il a été le directeur des communications au Grand Prix du Canada pendant quelques années. Il connaît la business, il la sent, il la palpe.

Et comme ça, sans d'autre motifs que son intuition d'ancien pilote, Legault m'a déclaré : « Ça ne marche plus, Villeneuve, je te le dis, il va lui arriver quelque chose de grave. Il ne passera pas l'été sans un accident important. Il pousse trop. Il a trop de choses dans sa tête, trop de contrats, trop de contrariétés... et cette histoire avec Pironi, c'est pas bon... Faut qu'un pilote garde la tête froide, faut qu'il se concentre parfaitement. Aie, ça va vite ces bebelles-là ! »

Mon confrère Guy Robillard de la Presse canadienne, qui était à Zolder le jour de l'accident, a fait part du même sentiment lors d'une émission spéciale présentée à TVA. Selon mon confrère, un des meilleurs journalistes canadiens en course automobile, plusieurs connaisseurs, y compris certains pilotes, craignaient que le malheur ne frappe Gilles Villeneuve qui courait toujours aux limites du possible.

Le Québec perd son plus grand athlète international de tous les temps. Gilles Villeneuve a toujours fait honneur aux siens, à ses compatriotes, à son métier de coureur.

Il mérite tous les hommages qu'on lui rend.

Imola, le Grand Prix maudit

Le frisson ultime

2 mai 1994

J'ai été hanté toute la journée par la mort d'Ayrton Senna. Pas autant que ce samedi matin de mai où j'avais appris la mort de Gilles Villeneuve. Il était dix heures, et j'étais en train de planter un arbre quand j'ai appris que le petit Prince s'était tué. J'espère seulement que l'arbre a repris, a grandi et donne un peu d'ombre.

En Formule 1, si ce sont les raisonnables qui gagnent le plus souvent, ce sont les fous qui entrent dans la légende en se tuant pendant que les raisonnables consolent leurs veuves. Ce sont les fous qui donnent les frissons, et les fans réclament toujours plus de frissons. Et le frisson ultime, c'est la mort.

Le 9 mai 1981, j'écrivais que les pilotes se tuaient en faisant ce qu'ils aimaient le plus au monde. Courir en frôlant la mort. J'écrivais que depuis le début des temps, les hommes aimaient défier la mort et que les femmes restaient seules pour pleurer leurs maris, leurs amants, leurs pères ou leurs fils.

C'était vrai pour Joann Villeneuve et pour Mme Villeneuve. La veuve et la mère ont souffert atrocement par la mort de leur mari ou de leur fils.

Quand bien même Ayrton Senna aurait gagné 30 millions par année, quand bien même il aurait été un des humains les plus connus sur la planète, une mère va continuer à pleurer son fils.

La semaine dernière, un boxeur est mort des suites d'un combat à Londres. Tout de suite, le lobby des téteux s'est mis en branle pour réclamer qu'on bannisse la boxe.

En fin de semaine, deux pilotes se sont tués à Imola devant un milliard de téléspectateurs. Le lobby va rester bien tranquille. Normal, la Formule 1, c'est Molson, Labatt, Benetton, Ford, Foster, Parmalat, Renault, c'est la télévision mondiale, c'est les pitounes et le jet-set. La Formule 1, c'est la mort honorable et chevaleresque en direct sur des voitures rendues incontrôlables à cause de la vitesse. La boxe, c'est le rappel des ghettos et de la brutalité de la vie.

C'est chic d'abaisser tous ces nègres qui sont sortis de la crasse en se battant avec leurs poings. C'est gênant de s'attaquer aux gosses de riches qui finissent par piloter en Formule 1.

J'aime la Formule 1, j'aime la boxe. Et j'adore Chostakovich, Bach et Elvis. Et je pense qu'il faut que l'homme reste libre de tenter sa chance.

« Un fils pilote, c'est comme un fils parti à la guerre » Joann Villeneuve essaie de ne pas penser au téléphone qui va annoncer de mauvaises nouvelles

30 mai 1995

Avoir un fils coureur automobile, c'est un peu comme avoir un fils parti à la guerre. T'essaies de vivre, t'essaies de ne pas penser au coup de téléphone qui va annoncer de mauvaises nouvelles, mais t'arrives pas à oublier », racontait Villeneuve hier après-midi. À Monaco, Mme Villeneuve était de belle humeur, heureuse des succès prodigieux de son fils, mais consciente, terriblement consciente que Jacques vivait une passion qu'elle aurait souhaitée autre : « Il avait

envie de faire du ski, ce n'est pas un sport de tout repos non plus. Disons que s'il avait été ingénieur, j'aurais été pas mal plus rassurée », d'ajouter Mme Joann Villeneuve.

C'est vrai, Jacques aurait pu être ingénieur, d'ailleurs, les vrais bons pilotes le sont tous un peu. Ou champion de ski puisqu'il a été élevé tout près des plus belles pistes de ski au monde. Il a choisi d'être pilote de course automobile : « Il aurait pu être ingénieur, mais aurait-il eu un aussi beau sourire et des yeux aussi brillants ? » demande la mère du gagnant des 500 milles d'Indianapolis. Sais pas. À vingt-quatre ans, quand on est installé derrière des centaines de chevaux-vapeur et qu'on se défonce devant 400 000 spectateurs et des dizaines de millions de téléspectateurs à travers le monde, je suppose qu'on ne pense pas tellement à sa mère qui s'inquiète à Monaco.

« J'ai suivi la course chez un ami qui possède une antenne parabolique. J'étais heureuse pour lui. Il m'a téléphoné en revenant chez lui. Pas longtemps, une petite minute parce qu'il était demandé par la télévision. Il était content mais, comme c'est un garçon réservé, il n'a pas été exubérant. Il reste toujours la tête froide. Mais je savais bien qu'il était très heureux », de dire Joann.

Elle n'a pas vu son champion depuis le mois de mai. Elle était venue à New York assister à un récital de Mélanie. Depuis, elle suit la carrière de Jacques par les journaux et la télé. Avec, de temps en temps, un coup de fil.

« Ces coups de fil, je les aime. C'est l'autre coup de fil dont j'ai toujours un peu peur. Celui qui annonce l'accident. On s'habitue un peu, on apprend à vivre avec l'angoisse mais c'est toujours là. Et puis, moi je sais que le danger, ce n'est pas toujours les jours de course. Il y a les essais, les qualifications, il y a toujours ce danger qui guette. Un fils pilote, c'est un peu comme avoir un fils parti à la guerre »... À Monaco, à Paris, à Milan, à Rome surtout, on parlait beaucoup de la victoire de Jacques Villeneuve à Indianapolis : « On en parle en France mais beaucoup plus encore en Italie.

C'est Indianapolis, c'est le premier Canadien et... c'est le fils de Gilles Villeneuve, il faut le reconnaître. C'est gros », de dire Mme Villeneuve.

Et on spécule. Déjà, Alain Prost a conseillé à Jacques de faire le saut le plus rapidement possible en Formule 1. Dès l'an prochain, ce serait l'idéal.

Joann Villeneuve ne veut pas se mêler des affaires de son fils, mais elle entend les rumeurs et les bruits qui circulent partout dans les milieux de la course en Europe : « Il y a beaucoup de spéculations. On parle beaucoup de Ferrari mais je sais que trois ou quatre grosses écuries sont dans les discussions. Mais Jacques est un grand garçon et à partir du moment où on joue dans la cour des grands, il faut se comporter en grand. Ce sera son choix et celui de Craig Pollock, son gérant », de dire Joann Villeneuve.

Une victoire aux 500 milles d'Indianapolis vaut une fortune pour l'écurie et... pour le pilote.

Des firmes spécialisées ont déjà entrepris de « comptabiliser » la valeur commerciale des « Unes » et de l'espace médiatique qu'ont value à Player's les exploits de Villeneuve. Incommensurable, a déclaré un des responsables de l'entreprise hier.

Déjà, les recherchistes de David Letterman offraient de l'inviter à la populaire émission mardi prochain.

Player's investit environ 8 millions dans son programme de courses cette année. Il ne faut pas oublier que les retombées de cette commandite sont essentiellement canadiennes puisque Imperial Tobacco ne vend pas de Player's aux États-Unis ou en Europe.

C'est pourquoi, si Villeneuve décide de faire le saut en Formule 1 la saison prochaine, il serait impensable que Player's puisse continuer son association avec le coureur. Sa valeur commerciale va atteindre des sommets qu'on peut difficilement imaginer. Qu'on pense qu'Ayrton Senna a touché 30 millions par année.

Il ne faut pas oublier non plus que la venue de Villeneuve en Formule 1 va se négocier, de toute évidence, avec Bernie Ecclestone. La Formule 1 vient de connaître deux saisons difficiles et attirer le champion des 500 milles, et surtout le fils du légendaire Gilles Villeneuve dans le giron de son grand cirque, devient un coup fumant à réaliser.

Mais où ? Chez Ferrari ? C'est ce qu'aimeraient les tifosi et les romantiques. Mais Ferrari, à part le mythe, n'a pas gagné beaucoup de courses depuis une décennie. Alors que les Williams et les Benetton, à cause des conflits de contrats impliquant leurs pilotes comme Schumacher, peuvent offrir des voitures fabuleuses à un jeune comme Villeneuve.

Les profanes abusaient du « il conduit comme son père » hier soir aux émissions de radio. Ce n'est pas le cas. Gilles Villeneuve pilotait toujours à la limite et était un bagarreur de tous les instants. Comme Ayrton Senna. Alors que Jacques pilote plutôt comme Jody Scheckter, l'ancien compagnon de Gilles chez Ferrari. Gilles donnait le spectacle mais Scheckter gagnait les titres.

C'est vrai, Jacques pilote en calculant davantage...

– Je n'aime pas cette expression, répond Joann Villeneuve. On n'a pas le temps de calculer en course, il se passe trop de choses et c'est trop vite. Mais Jacques a un flair de la course, un sens tactique très développé. Il sait attendre ses chances et en profiter.

– Et tu aimerais qu'il aille courir en Formule 1 comme son père ?

– Il serait en Europe. Je le verrais plus souvent. Ce serait plus facile.

Le ton de Joann Villeneuve trahissait bien ce qu'elle espérait. Comment dire non à sa mère ?

Que faisiez-vous quand Gilles est mort ?

8 mai 1996

Le 8 mai 1982, il était dix heures du matin, quand j'ai appris que Gilles Villeneuve avait eu un accident. J'étais en train de planter un arbre devant la maison au 3090, rue Savard à Saint-Hubert.

On ne m'a pas dit que Gilles Villeneuve était mort, mais je l'ai su tout de suite. Tellement qu'une heure plus tard, je suis parti rouler sur la 30 pour me perdre dans mes feelings.

Ça m'était arrivé à la mort d'Elvis, le 16 août 1977. J'étais allé prendre une marche dans l'après-midi. La vie est drôle, j'avais couvert les funérailles d'Elvis à Memphis pour *La Presse* et j'allais couvrir les funérailles de Gilles à Berthier.

Les années ont passé. Mais je me rappelle la sortie de Joann Villeneuve au bras de Pierre Elliott Trudeau. Elle était complètement stone à cause des calmants qu'on lui avait prescrits, et Trudeau en avait profité pour offrir l'image du « père » solide et fort protégeant la veuve éplorée. J'étais en maudit parce que René Lévesque, chaussé de ses wallabies, s'était fait tasser par les responsables du protocole et les gars de la GRC.

J'étais en maudit et j'avais beaucoup de peine. Gilles Villeneuve n'était pas un ami intime, mais j'avais eu l'occasion de le côtoyer à plusieurs reprises. Nous avions passé deux périodes de hockey ensemble dans la salle de presse du Forum. C'était un gars de char, et Guy Lafleur l'avait vite ennuyé.

Avant les funérailles, Christian Tortora était un ami. Après, c'était un frère. Ça l'est resté.

Normand Legault était déjà directeur général du Grand Prix du Canada. À l'époque, c'était le Grand Prix Labatt : « Quand j'ai appris la nouvelle de l'accident de Gilles à Zolder, j'ai appelé Armand Torquia et Pierre Desjardins puis Gaston Parent, l'agent de Gilles. Puis, nous nous sommes rendus à Berthier trouver Georgette et Séville Villeneuve. En entrant dans le salon, je suis tombé sur une affiche en carton découpé de Moto-ski avec Gilles grandeur nature.

« J'étais en contact aux dix minutes avec Torto à l'hôpital de Louvain en Belgique. Le soir, nous sommes allés acheter un cercueil pour Gilles. Un mois auparavant, j'étais revenu avec lui du Grand Prix de Long Beach. On était tous un peu dans le brouillard », se rappelle Legault.

Cinq semaines plus tard, il fallait présenter le Grand Prix du Canada. Legault avait commandé 10 000 posters de Villeneuve, 100 000 dépliants et un million de napperons à l'effigie de Villeneuve. Il avait fallu jeter tous ces articles promotionnels et rebâtir la publicité.

Mais c'était des détails à côté de l'organisation des funérailles. Le rapatriement du corps dans un avion des Forces armées, le protocole, les enfants, la veuve, les médias...

La vie est drôle. Mardi, Normand Legault va s'envoler pour Monaco pour assister au Grand Prix. Je pars en même temps que lui.

On s'en va voir courir le fils...

Des nouvelles des Huskies et d'Aubut

Les Nordiques ont bel et bien été vendus 75 millions US. Les frais de transfert ont été assumés par les nouveaux propriétaires des « Huskies ». Selon un informateur de la LNH, c'est une somme d'environ 8 millions que Denver devra payer. Ce qui voudrait dire que, dans les faits, les Nordiques ont été vendus... 83 millions.

Quant à Marcel Aubut, il était toujours impossible de le rejoindre en fin de semaine. Il était quelque part aux États-Unis pour se remettre du stress de la vente de son équipe.

Les rumeurs les plus folles couraient en fin de semaine sur les conditions de vente imposées par Aubut pour protéger « son avenir ». Selon un autre informateur qu'on estime fiable, on a offert à Aubut de respecter son contrat à la présidence de l'équipe. On estime à Denver qu'il devra être disponible pendant une année environ pour finaliser toutes les modalités de la vente et du transfert.

À ce niveau dans les affaires, c'est très raisonnable.

Il reste évidemment à confirmer ces informations.

Le Grand Prix Molson du Canada

La première voiture de Jean Chrétien

17 juin 1996

La plus belle chance pour le premier ministre Jean Chrétien d'avoir un peu de plaisir au volant d'une voiture, c'est en conduisant le « pace car » du Grand Prix du Canada qu'il aurait pu se l'offrir.

Parce que, voyez-vous, quand on est premier

ministre du Canada, on a un chauffeur et un peloton de gardes du corps quand on se déplace.

« Et si je voulais conduire ma propre voiture, j'aurais une auto de la sécurité tout juste derrière, je pourrais pas aller vite », racontait en souriant M. Chrétien. Le premier ministre était l'invité d'André Tranchemontagne, dans la loge du Paddock Club de Molson, hier au Grand Prix.

Entouré et couvé par ses conseillers, son entourage et la sécurité. Comme il se doit.

Mais on ne peut pas accuser M. Chrétien de s'être pointé au Grand Prix juste pour se faire voir. C'est un vrai sportif qui se couche souvent très tard parce qu'il veut connaître le résultat du match des Expos, même quand ils jouent sur la côte du Pacifique. Et sans être un « gars de char », c'est un homme qui a toujours aimé conduire des bagnoles qui ont du coffre et qui s'est permis de téléphoner à Jacques Villeneuve en Australie à trois heures du matin… heure d'Ottawa.

Puis, dans un Grand Prix, c'est le moment de parler automobile. Comme de son premier char…

« C'était une Morris Oxford. Une bonne voiture dans le temps que les Anglais construisaient de bonnes autos. Un peu sport avec des sièges en cuir. J'étais un jeune avocat, je venais d'ouvrir mon bureau, on parle de 1959 à peu près.

« Je me rappelle que la Morris pouvait démarrer avec une manivelle. Un soir, après un souper en tuxedo, j'avais sorti ma crank devant tout le monde pour faire démarrer l'auto. Tout le monde se demandait ce qui se passait.

« Puis, un de mes amis, Pierre Garceau, s'était acheté une Riley. Ça, c'était un vrai char sport. Je me rappelle qu'une fois, on s'était organisé une petite course de Chicoutimi à Québec. Disons qu'on était jeunes et que ça n'avait pas pris de temps », de raconter M. Chrétien.

« J'étais déjà marié, j'avais dû payer mon auto moins de 3 000 $… et hum, je pense que je l'avais montrée à Aline avant de l'acheter », de dire le premier ministre avec un air un peu… gamin.

Aujourd'hui, M. Chrétien se déplace constamment en limousine. Sa femme a sa propre voiture, une Honda, mais lui ne peut plus écraser l'accélérateur : « J'ai eu une Saab 9000 quand j'étais chef de l'opposition. C'était une voiture très performante. Il m'est arrivé de faire le trajet Ottawa la Mauricie assez vite. Mais depuis que je suis premier ministre, j'ai décidé d'accrocher mes patins », de dire le premier ministre.

Il suit avec intérêt la carrière de Jacques Villeneuve : « D'ailleurs, j'ai connu son père. Berthier, c'est entre Trois-Rivières et Montréal. Je regarde les courses par plaisir et par intérêt. Jacques a été surpris quand je l'ai joint en Australie. Il savait qu'il était trois heures du matin chez nous. Mais j'étais fier de lui et je voulais qu'il le sache », dit-il.

C'est un vrai partisan du Canadien et des Expos : « Je ne m'en cache pas. À Ottawa, je suis partisan du Canadien, quand je vais à Toronto, je suis un partisan du Canadien. Et quand c'est le baseball, c'est les Expos », raconte-t-il.

D'ailleurs, ceux qui n'aiment vraiment pas M. Chrétien et honnissent son règne devraient haïr le baseball. Il rit en racontant l'histoire.

« L'ancien premier ministre Lester B. Pearson était un très grand connaisseur de baseball. Il pouvait te donner la moyenne au bâton du troisième-but des White Sox de Boston en une seconde. C'était tellement un grand amateur et connaisseur, qu'à la fin de sa vie il disait que sa grande ambition dans la vie aurait été de faire un joueur de baseball », de raconter M. Chrétien.

Mais la carrière politique, c'est quoi le rapport ? On y arrive…

« M. Pearson organisait une partie de baseball annuelle entre les journalistes et les députés. C'était bien important pour lui. J'avais 29 ans, j'étais pas mauvais et j'avais lancé une bonne partie pour notre équipe. Je pense que c'est là qu'il m'a remarqué », de dire le premier ministre.

« La dernière fois que je l'ai rencontré, c'était à l'aéroport de Québec, quelques mois avant sa mort, il m'a confié qu'il ne se couchait jamais avant d'avoir le résultat du match des Expos… même quand ils jouaient dans l'Ouest. Aline, ma femme, avait même glissé dans la conversation : « Tiens, lui aussi ! » Ça n'a pas beaucoup changé, je vais voir les résultats des matchs à la télé aux réseaux qui donnent les scores des matchs dans le bas de l'écran », raconte M. Chrétien.

Le premier ministre est dans la jeune soixantaine. Pas de graisse, beaucoup d'énergie. Il fait de la natation, joue au golf, fait du ski alpin, (« Je suis encore trop jeune pour le ski de fond »), du ski nautique, (« Je suis capable de faire un beau splash »), ne mange pas trop et boit très raisonnablement. Nos grands hommes d'État n'ont pas entrepris leur carrière au volant de grosses Mercedes. À une loge d'à côté, Lucien Bouchard suivait le Grand Prix avec sa femme et ses deux jeunes garçons. De beaux gars.

La première voiture de M. Bouchard était allemande. Une Volks. Une Coccinelle que le premier ministre, jeune étudiant à l'université et journaliste à *La Presse*, usait à la corde entre Québec et Chicoutimi.

Une de ces Volks sans chaufferette, sans suspension qu'on rêvait de se payer quand on avait vingt ans et qu'on avait (600 $ pour en acheter une d'occasion…

Aujourd'hui, les limousines attendent nos premiers ministres à la sortie des Grand Prix. J'espère que c'est encore le fun…

Question de délicatesse et de respect

La cérémonie de remise des trophées ne m'a pas semblé très réussie. En tous les cas, Lucien Bouchard s'est retrouvé avec le seul trophée plate à présenter. Celui décerné au meilleur constructeur du Grand Prix. C'est sans doute un mécanicien qui est venu le chercher.

Que M. Chrétien donne le trophée au gagnant, ça lui revenait de droit selon le protocole ; mais le premier ministre du Québec, dans la province hôtesse du Grand Prix, aurait pu remettre son trophée au Québécois Jacques Villeneuve. Une question de délicatesse et de respect.

Mais comme le dit M. Bouchard, le respect, ça ne se quémande pas, ça se prend.

Jean Chrétien et Lucien Bouchard ont eu une petite rencontre au sommet… du podium, hier. Il n'y a pas eu de chicane !

« C'était un simple accident… » Schumacher dit avoir été exonéré par les commissaires

27 octobre 1997

JEREZ, ESPAGNE – Michael Schumacher et Ferrari avaient fait imprimer 100 000 t-shirts et des casquettes rouges clamant : Michael Schumacher, trois fois champion du monde !

Ces t-shirts étaient recherchés par les gens de Williams et de Renault et on a vu Jock Clear, l'ingénieur de Villeneuve, faire le tour du paddock avec sa perruque jaune sur la tête et le t-shirt de Schumacher sur le dos.

Le grand Schummi a été le grand perdant de la journée. Mais il n'a jamais voulu reconnaître qu'il avait une part de responsabilité dans l'accident qui l'a contraint à l'abandon. « J'ai freiné tard, mais Jacques a freiné encore plus tard. Je suis convaincu qu'il n'aurait pas pu négocier la courbe si on ne s'était pas heurté. Malheureusement, c'est moi qui me suis retrouvé à l'extérieur », a-t-il déclaré en entrevue après la course.

C'est évidemment un gros mensonge même pas subtil, puisque 800 millions de téléspectateurs, le nombre estimé à travers le monde, ont vu Schumacher tendre un piège à Villeneuve en lui offrant une ouverture. Ils ont surtout vu le coup de volant vers la droite qui a projeté sa Ferrari contre la Williams de Villeneuve.

« Il y a déjà eu des jours plus heureux dans ma vie mais c'est ca, la course. Vous pouvez avoir de bons et de mauvais jours. Après mon dernier changement de pneus, Jacques était plus rapide que moi mais j'étais capable de le maintenir derrière moi. Quand il a tenté son dépassement, disons plutôt optimiste, ç'a bien tourné pour lui et mal pour moi. Je veux le féliciter parce qu'il a connu une bonne saison, mais nous allons être de retour l'an prochain.

« Je n'ai pas commis d'erreur puisque j'avais déjà freiné très tard. D'ailleurs, les commissaires m'ont convoqué après la course et, après avoir écouté mes explications, ils ont jugé avec raison que c'était un simple accident de course. »

Son frère Ralf, de la classe

Les pilotes ont offert un rare spectacle de classe et d'esprit sportif pendant la course. Par exemple, à part Norbert Fontana qui a coûté trois secondes à Villeneuve en le retenant après avoir laissé passer Schumacher, les pilotes ont fait très attention pour ne déranger Schumacher et Villeneuve dans leur duel pour le titre mondial : « Dans le cas de Fontana, c'est sans doute dû au fait qu'il conduisait une Sauber à moteur Ferrari », a indiqué Villeneuve avec un sourire en coin.

On sait que le moteur Petronas de la Sauber est en réalité un moteur fourni par Ferrari. La réputation de tricheur de Jean Todt lui collant à la peau, des dizaines de journalistes ont vite fait le lien entre Petronas, Ferrari et l'obstruction de Fontana.

Même Ralf Schumacher a fait preuve d'un esprit sportif qui mérite d'être souligné. Il a laissé passer son frère et, dans le même geste, il a ouvert la porte à Villeneuve pour que la lutte continue à armes égales.

Qui crache en l'air...

Ce fut une lutte très dure. Villeneuve a exercé une pression constante sur Schumacher pour le pousser à user ses pneus et à commettre une erreur.

Quand finalement Schumacher, en désespoir de cause, a tenté de provoquer un accident qui lui aurait permis d'être champion du monde en cas d'abandon de Villeneuve, il a raté son coup par quelques pouces à peine.

La roue avant droite de sa caisse a frappé le ponton gauche de la Williams de Villeneuve quelques pouces à peine avant le radiateur.

Après la course, Damon Hill, qui avait été sorti de championnat dans des circonstances similaires à Adelaïde, en Australie, lors du dernier Grand Prix de l'année en 1994, a eu un bref commentaire : « Je crois dans le karma. On finit par recevoir ce qu'on a donné. »

En québécois, ça se traduirait par : « Quand on crache en l'air, ça nous retombe sur le nez. »

Jacques Villeneuve et Michael Schumacher se sont entretenus quelques minutes pendant que ça festoyait chez Williams, une heure après la course. Le Québécois espérait un mot d'excuse ou d'explication de Schumacher. Michael l'a félicité mais jamais il n'a fait allusion à un geste prémédité de sa part. Il s'est contenté de répéter que c'était un incident de course…

Champion du monde à sa deuxième année en F1 !

Villeneuve : « Je savais que j'avais Schumacher. »

27 octobre 1997

JEREZ, ESPAGNE – Jacques Villeneuve a gagné les 500 Milles d'Indianapolis. À sa deuxième saison en Formule Indy, il a gagné le titre. Et voilà qu'à sa deuxième saison en Formule 1, le niveau le plus élevé et le plus féroce de la compétition en sport automobile, il est champion du monde.

Il a mérité le titre hier dans une course dramatique en terminant troisième au Grand Prix d'Europe disputé à Jerez, en Espagne, derrière Mika Hakkinen et David Coulthard au volant d'une McLaren. Avec ces quatre points, Villeneuve devançait Michael Schumacher qui s'est sorti de la course en percutant la voiture du Québécois quand ce dernier était sur le point de le dépasser au 48e tour de la course.

Villeneuve a raté son départ, surtout que sa Williams était chaussée de pneus usés en essais et en qualifications. On avait préféré garder les deux trains de pneus neufs pour les deux derniers tiers de la course. Schumacher a donc pris la tête et a augmenté son avance jusqu'à cinq secondes. « Comment Michael peut-il prendre ces départs canon depuis la mi-saison, je ne le sais pas », a dit Villeneuve dans une allusion évidente aux accusations de tricherie qui pèsent sur Jean Todt et Ferrari depuis le milieu de la saison.

Un marché avec McLaren

La bagarre a été féroce et propre jusqu'au moment dramatique choisi par Villeneuve pour tenter son dépassement contre Schumacher. Le pilote allemand, sans doute paniqué à l'idée de voir Villeneuve gagner régulièrement, a donné un violent coup de volant vers la droite pour percuter Villeneuve et provoquer l'accident. « J'étais à vingt mètres derrière lui et je l'ai sans doute surpris au freinage. Mais je savais que je l'avais. C'était un risque mais ça ne me donnait rien de terminer deuxième. Il a alors rabattu sa voiture. Je n'ai pas été vraiment surpris puisqu'il avait déjà fait le coup à Damon Hill. Le choc a été très dur et j'ai eu peur de casser ma suspension parce que la voiture a bondi dans les airs. Mais j'ai pu continuer, même si elle tirait vers la droite et que les pneus usaient d'une drôle de façon », a expliqué Villeneuve.

Quand il a vu Schumacher dans le gravier, le Québécois a pensé : « Bien fait pour lui. »

Villeneuve s'est battu jusqu'à la toute fin, maintenant en tête sa Williams malgré ses pneus qui se dégradaient. À dix tours de la fin, Villeneuve a demandé par radio à Patrick Head de conclure un marché avec McLaren. « Qu'ils ne me poussent pas à la limite d'ici la fin et, dans le dernier tour, je les laisserai passer », a-t-il dit. Head est allé chez McLaren pour savoir si ça pouvait marcher.

Il est évident que personne, ni chez Williams ni chez McLaren, ne peut confirmer l'histoire. Mais les sources sont fiables et sur la tribune, en conférence de presse, Villeneuve a dit avec un sourire amusé : « Échanger un championnat du monde pour une victoire et une deuxième position, c'est un bon marché. »

Jacques... Joann... Gilles...

20 mai 2000

NÜRBURGRING – L'agenda de Jacques Villeneuve, le week-end d'un Grand Prix, est précis à la minute près. À son arrivée au circuit de Nürburgring, il devait approuver l'agenda de Monaco. Toutes ses rencontres et entrevues sont prévues. Dix minutes avec tel président de compagnie, quinze minutes avec telle vedette de la télévision italienne, vingt minutes avec tel journaliste à 10 heures et vingt la journée de congé du vendredi.

L'agenda de Villeneuve pour Nürburgring prévoyait une rencontre de quinze minutes à 18 heures avec le journaliste du *Journal de Montréal*. Et une vingtaine de minutes avec celui de *La Presse* à 18 heures et 20.

Parfois, il y a de ces moments magiques qui s'étirent. À 19 heures, quand on a commencé à venir rappeler à Villeneuve que le temps prévu était écoulé, il a préféré s'informer si le chef était encore dans la cuisine du motor-home de BAR. Quelques minutes plus tard, Villeneuve dévorait un énorme plat de spaghetti avec deux steaks posés sur les pâtes et avait repris la conversation. Il parlait de Joann, sa mère bien sûr, mais surtout son amie...

– Tu parles toujours de Joann comme d'une amie. Même dans les années qui ont suivi la mort de ton père. C'était ta mère, pas une amie?

– Non, c'était vraiment une amie. C'est tellement important de pouvoir compter sur une amie. On dit des choses à une amie qu'on ne dirait pas à sa mère. Chez nous à Monaco, la maison était toujours remplie de copains. Parfois, il y en avait cinq ou six qui passaient tout leur temps à la maison. C'était un halfway home. Même quand je suis parti au Japon, un de mes copains est resté six autres mois à la maison de Joann. Et puis, Joann nous comprenait. Ce n'était peut-être pas strict comme éducation, c'est ailleurs que j'ai acquis le sens de la discipline, mais il y avait tellement plus. Par exemple, quand j'avais 16 ans et que je prenais l'auto, la nuit en cachette pour aller me balader, elle savait fort bien ce que je faisais. Mais elle feignait de ne rien voir, ça me laissait le feeling un peu rebelle de faire quelque chose de défendu. C'était encore meilleur. Mais elle savait. Elle était mon amie...

– Pourtant, lors de ton premier Grand Prix à Monaco, elle n'était pas là pour t'encourager?

– C'est normal. Monaco, c'est mon bureau. C'est là où je travaille. Tu le sais, le Grand Prix de Monaco, c'est le pire pour les pilotes. Nous sommes coincés, il n'y a pas d'espace. Qu'est-ce que tu voulais que ma mère fasse là? Et puis, faut le dire: Joann a connu les roulottes sur les circuits de motoneige quand elle avait 18 ans. Elle se faisait geler à moins quarante pour suivre les courses de mon père. Elle n'a rien à apprendre d'une course. Et puis, elle n'est quand même pas pour prendre l'avion pour venir me voir courir. Parfois, quand ça adonne, que ma grand-mère est là, qu'il y a des parents et des proches et si elle est dans les parages, elle va venir à la course. Mais ça ne veut pas dire qu'elle ne suit pas mes courses à la télévision. Quand je l'appelle après un Grand Prix, elle a souvent des remarques à me faire. C'est mon amie.

Assis devant lui, j'ai un moment de distraction. Je comprends maintenant le sens des questions de Villeneuve plus tôt en fin d'après-midi à propos du livre de Jean Beaunoyer. La vérité, c'est que Jacques se fout pas mal de ce que Beaunoyer a pu écrire sur lui. Et la vie de Gilles est publique. Ce qu'il craignait vraiment, c'était qu'on salisse sa mère, que Gaston Parent, l'ancien gérant de Villeneuve qui a rompu tous les ponts avec Joann Villeneuve, n'ait profité de cette biographie pour régler des comptes avec la veuve du légendaire pilote.

C'est pour sa mère, pour son amie, que Jacques craignait. Et dans ce moment magique, tout devient tellement clair et limpide que je me demande comment on n'a pas vu plus tôt l'immense amour de Jacques pour Joann...

Plus tôt, pour la première fois dans toutes ces années de Formule 1, Jacques Villeneuve parlait de son père. De sa relation avec lui, de ce qu'il avait vécu depuis sa mort.

Cet homme de 29 ans, profondément amoureux de Dannii Minogue, cet homme qui ne cesse de réfléchir sur sa vie, sur la droiture, sur l'amour et l'amitié, cet homme qui, plus jeune, réagissait parfois sèchement à toute question sur son père, cet homme a trouvé la paix.

– As-tu trouvé la paix avec ton père?

– Mais j'ai toujours été en paix avec Gilles. On aurait dit que ce sont les autres qui n'arrivaient pas à l'être. Moi, quand mon père est mort, j'avais 11 ans. J'étais assez jeune pour recréer ma vie dans un autre contexte. J'ai trouvé à l'internat l'entourage dont j'avais besoin. Comme j'ai toujours été très rationnel, très logique, presque mathématique, j'ai accepté la mort de Gilles.

– Mais est ce possible de garder un lien avec un père quand il est mort? Est-ce qu'il t'arrive de lui parler, de sentir une présence?

– Non, ça c'est plus le truc de Mélanie. Elle avait une relation différente avec Gilles. Moi, je suis trop logique. Mais je le répète, j'ai toujours été en paix avec mon père. J'ai toujours été conscient de ce qu'il a réalisé, de ce qu'il a fait. C'est les autres qui ne cessaient de revenir sur le sujet, qui semblaient mal à l'aise. Moi, j'étais bien avec lui, avec son souvenir. C'est quand je suis devenu champion du monde à Jerez que ces pressions de l'extérieur ont cessé. On aurait dit qu'il y avait eu la boucle, que j'avais terminé l'œuvre qu'il avait commencée.

– On a parlé d'une série de télévision que tu produirais. Vas-tu permettre un jour qu'on tourne un film ou une série sur la vie de Gilles Villeneuve?

– Je ne pense pas. La vie de mon père, la vie de ma mère, la vie de nos parents, la vie privée, la vie personnelle, c'est la seule chose en ce monde qui n'a pas de valeur parce que ce n'est pas à vendre. Si jamais mes enfants désiraient mieux connaître ce qu'était leur grand-père par le moyen du cinéma ou de la télévision, alors, on verra. Je le ferais pour eux, certainement pas pour moi.

Maurice Richard avait 77 ans quand on a enfin réalisé le documentaire sur sa vie, ça ne presse pas trop...

Il s'est offert un monument avant sa mort, c'est super...

Le gamin rebelle qui, à sa première saison, a ébranlé le monde stéréotypé de la Formule 1 en se battant jusqu'au dernier Grand Prix de l'année au Japon pour le Championnat du monde a fait place à un homme mature. On n'a pas idée à quel point Jacques Villeneuve a mûri, à quel point, sous ses dehors un peu gavroches, il est un homme de réflexion et un homme de décision.

Il se retrouve maintenant à un autre tournant dans sa vie. Il y a deux ans, il a suivi son grand ami Craig Pollock dans l'aventure folle de BAR. L'aventure n'a pas été aussi glorieuse qu'on la rêvait. Elle a vite tourné à la catastrophe. Son contrat avec BAR se termine à la fin de la saison. D'ici quelques semaines, deux mois au plus, Villeneuve fera connaître ses plans pour les prochaines années.

Restera-t-il chez BAR ? Sinon, avec quelle écurie ira-t-il se battre pour un titre mondial ?

Il ne peut répondre pour l'instant. Soit qu'il n'a pas pris sa décision, soit qu'il ne peut rendre publique l'entente déjà intervenue entre lui et une écurie. Tout le paddock parle de McLaren, mais si c'est McLaren, il n'y aura pas d'annonce officielle tant que l'écurie sera impliquée dans la course au Championnat des pilotes.

Mais on peut connaître ses critères qui vont guider sa décision.

Quels sont-ils ?

– Le tout premier critère, c'est la confiance. Je dois avoir confiance dans les gens qui dirigent l'écurie. C'est essentiel.

Le deuxième critère, c'est la capacité de gagner. Dans le court terme, je veux gagner des courses dès l'an prochain et me battre pour le titre mondial la saison suivante.

Ensuite, je ne veux pas aller jouer les seconds violons dans une équipe.

Et il y a aussi l'argent. Je pourrais courir pour le simple plaisir puisque je suis déjà à l'aise financièrement. Mais dans cet univers, c'est avec l'argent qu'on mesure la valeur d'un individu. L'argent sert d'étalon. J'ai construit ce que je suis devenu en Formule 1. Je ne suis pas pour repartir à zéro alors que j'ai toutes les possibilités devant moi et que mon travail et ma loyauté chez BAR m'ont permis de garder ma cote à son plus haut niveau au cours des dernières saisons. Et surtout, faut que j'aie encore du plaisir. La Formule 1 est un sport, ça doit être agréable de pratiquer son sport.

Après, ça dépend du nombre d'équipes qui me veulent. Mais ça, il y a moyen de le savoir.

– Te sens-tu lié à BAR par ton amitié indéfectible avec Craig Pollock ?

– Justement à cause de cette amitié, Craig ne me demanderait pas de rester si je n'étais plus heureux ou si cela devait m'empêcher de progresser dans ma carrière. Je suis maître de ma destinée. D'ailleurs, contrairement à ce qui s'est passé il y a quatre ans avec Williams où je n'étais pas connu en Formule 1, je fais moi-même mon repérage. Je parle aux patrons des écuries, je parle aux gens, j'ai une bonne idée de ce qui se passe et de ce qui se prépare. Après, c'est David Moore, mon conseiller, qui prend la relève pour régler les questions de business.

Honnêtement, à voir et à sentir sa sérénité, on a l'impression que Villeneuve sait déjà où il sera l'an prochain. En tous les cas, il sait déjà qu'il pourra choisir. Il respire la confiance et le sens de la sécurité.

– Tu es une célébrité mondiale depuis quelques années déjà ? Qu'est-ce que tu as découvert pendant cette période ?

– À une époque, celle du Championnat du monde, c'était plus une célébrité de jet-set international. J'étais blond, j'étais champion du monde et, à un moment donné, j'étais célibataire. Depuis, je dirais que la célébrité a été remplacée par une notoriété qui est plus professionnelle. J'ai beaucoup moins de travail médiatique à consacrer à mon métier.

Finalement, ma vie est assez posée. J'ai des amis, je suis amoureux. J'essaie toujours de rester droit. D'être moi-même. C'est le grand piège de la célébrité. Il faut faire un effort, il faut rester conscient si on veut rester soi-même. Parfois, ça me semble plus facile parce que j'ai la sécurité financière. Mais ça ne m'empêche pas d'aller au marché avec un vieux t-shirt troué et des shorts confortables. Je me donne ce droit.

J'ai également découvert que j'avais beaucoup de mal à être "politiquement correct". J'essayais pendant 30 minutes de dire les bonnes choses, celles que les gens veulent entendre et c'était plus fort que moi, j'étais incapable de boulechiter (sic) plus longtemps. Je finissais par dire ce que je pensais vraiment. Quand je suis devenu pilote dans l'équipe Players, on m'a fait suivre un cours de communications. Quoi dire, comment le dire, tu vois le genre. Je suis allé au premier cours et j'ai tout laissé tomber. Je ne voulais pas jouer ce jeu du "politically correct", j'en étais incapable, c'était contre mes principes de droiture.

C'est à cause de cette droiture que Villeneuve se retrouve parfois dans l'eau chaude. Quand on lui demande d'analyser le début de saison d'Alexandre Tagliani, il répond exactement ce qu'il pense. Et ce qu'il pense, c'est exactement la vérité. C'est à dire qu'Alex est capable d'être rapide, mais qu'il ne peut se permettre de répéter les erreurs grossières qui lui ont coûté deux victoires. Certains fans ou certains esprits mesquins peuvent lui en vouloir, mais il n'a dit que ce qu'il pensait. Et ce qu'il pense, que ça plaise ou non aux fans de Tagliani, correspond à la réalité.

C'est du Villeneuve tout craché.

Il y a l'amitié, il y a l'amour. Tous ceux qui ont vu Jacques Villeneuve avec Dannii Minogue l'été dernier ont senti qu'il venait de se passer quelque chose de très important dans la vie de l'homme. À Magny-Cours, vingt-cinq minutes avant la course, je l'avais vu traverser lentement le paddock en tenant son casque dans une main et Dannii de l'autre. Le chevalier partant pour une croisade en disant au revoir à sa bien-aimée. L'image n'est pas exagérée quand on connaît la passion de Villeneuve pour tous les romans qui se passent dans des royaumes de magie et de chevalerie.

Depuis, il y a eu mille rumeurs. Mariage, fiançailles, tout y a passé : « On va se marier quand ça va nous tenter », disait-il hier en riant dans le « ic » motor-home « MONM » pendant que passait une vidéo, au « ic » Much Music « MONM » allemand de Kylie Minogue, la sœur de Dannii. Scène assez étrange que de voir l'hyper sexy belle-sœur chanter à la télé pendant que Jules, la meilleure amie et coloc de Kylie, gérante des affaires de Dannii, dirige le trafic dans le « ic » motor-home « MONM » comme agent de presse pour Villeneuve : « Les affaires restent dans la famille », lance-t-il à la blague.

Mais il ne blague plus quand vient le temps de parler de son amour. De parler de l'amour.

– C'est quoi maintenant l'amour pour toi ?

Cette fois encore, il a réfléchi un bon moment avant de répondre. Villeneuve a déjà connu l'amour, mais c'était un autre amour. Disons plus torturé…

– L'amour, c'est être capable de passer 24 heures par jour avec celle qu'on aime et de se sentir bien, d'être heureux de seulement tenir sa main, d'être rempli de sa présence. D'être heureux de seulement se réveiller à ses côtés. C'est un partage, dans l'amour, c'est l'osmose. Il n'y a pas de domination, pas de dominé…

Il s'arrête, cherche une comparaison.

« Quelqu'un qui aime les roses, qui adore les roses, sera merveilleusement bien, totalement heureux d'être simplement assis au milieu d'un grand champ de roses. D'être là lui suffira… », dit-il en cherchant des mots, une comparaison qui pourrait traduire justement l'amour immense qui l'habite.

Entre Dannii Minogue et Sandrine Gros D'Aillon, il y a eu une joyeuse période de célibat.

– Ça doit être quand même plus facile de lever une fille quand on s'appelle Jacques Villeneuve que si on est un gars ordinaire ?

– Ça dépend. C'est moins évident que ça paraît. D'abord, la fille, elle, elle te connaît. Elle sait qui tu es, qui est ton père, ce que tu fais dans la vie. Parfois, à cause de tout ce qu'elle a lu ou entendu à la télé, elle en sait plus sur ta vie que toi-même. Par contre, moi, je ne connais rien d'elle. Comment tu jases ? Je lui demande son nom et après ? Comment on peut échanger ? En plus, tout le monde dans le bar sait qui tu es. Si tu prends un râteau dans la face, tout le monde va le voir. Et pour la fille, c'est parfois plus compliqué. Elle en veut plus que si elle était avec un simple mec rencontré au hasard ce soir-là. Elle veut une forme d'engagement qu'elle ne demanderait pas d'un gars ordinaire. Et il faut aussi être capable de flairer les filles à problèmes.

Il part à rire : « Mais c'est pas toujours compliqué. J'ai été célibataire et j'ai eu beaucoup de plaisir. Mais je suis ainsi fait que je n'ai pas de demi-relation. Dans la vie, t'es célibataire ou tu ne l'es pas. Il n'y a pas de milieu. Tu t'engages ou tu t'engages pas. »

Ça pourrait être le titre de la prochaine biographie de Jacques Villeneuve : *Portrait d'un homme engagé*…

Soirée de foot chez Mercedes

4 juillet 2000

PARIS – Jamais, dans mes rêves les plus fous, j'aurais cru vivre pareille soirée. Jamais. Impossible.

C'était donc dimanche. Vers sept heures et demie. Je venais d'envoyer mon dernier texte au journal et, à dire vrai, j'étais d'une humeur massacrante. Je sais que ce n'est pas votre problème, mais je raconte l'histoire.

Faisait encore une chaleur lourde et écrasante, j'avais faim et soif, mon ordinateur et mon sac pesaient au moins trois quarts de tonne, et j'attendais encore après Torto qui devait régler le sort de l'humanité avant de quitter la salle de presse.

Je voulais juste une chose. Sacrer mon camp, me trouver enfin une chambre d'hôtel pour dormir dans un vrai lit et prendre une vraie douche. Vous savez, quand l'eau coule longtemps sur le dos et vous chatouille les pieds en tombant dans le bain.

« Allez, tu viendras pas dire que je ne suis pas un frère ! »

C'était Torto. Tout excité. Il avait une autre de ces invitations dont il a le secret. Gauloises, la marque de cigarettes qui commandite l'écurie Prost-Peugeot, invitait quelques journalistes à suivre le match France-Italie sur sa terrasse dans le paddock :

« Viens, y a de la bouffe », a lancé Torto pour finir de me convaincre.

Il y avait de la bouffe, de l'eau, du vin et deux téléviseurs. On s'est vite retrouvé une trentaine au moins chez Gauloises à suivre le match avec une passion bruyante. Surtout qu'il y avait le cuisinier italien de Prost et Jarno Trulli, le pilote de Jordan, ancien de Prost, dans la première rangée devant la télé qui hurlaient des encouragements pour les Italiens… sous les huées amusées des Français.

Mais j'avais perdu Torto. Et je tombais de sommeil. À la demie, j'ai dit : « Fuck le football, je me trouve une crèche pour la nuit. » Mais j'avais l'auto, fallait que je trouve Torto, qui m'avait quitté dès le coup d'envoi. Où était passé Torto ?

Pas chez Benetton, l'équipe italienne de Flavio Briatore, où on avait arrêté les travaux de démontage des autocaravanes pour installer des téléviseurs devant lesquels les Italiens hurlaient des encouragements à leurs joueurs. Ni chez Ferrari puisque Torto et Jean Todt, c'est connu, ne s'aiment pas d'un amour tendre.

Je désespérais, j'étais prêt à laisser Torto seul dans la nuit et à foutre le camp de Magny-Cours quand j'ai entendu une voix excitée dans la nuit :

– C'est incroyable, c'est génial ! Tu ne pourras jamais imaginer ! Impossible de deviner où je suis le match ! Je suis un frère pour toi, j'ai tout arrangé ! Viens !

– Je fous le camp, je suis mort !

– T'es fou ! Ça fait quatre ans que Norbert Haug te parle bêtement en te disant le minimum. Je lui ai parlé de toi, je lui ai dit comment t'étais un gars sympa (merci Torto), ils t'attendent avec du vin, de la bière, des saucisses allemandes. Merde, j'ai tout arrangé pour toi. C'est quand même le grand patron de l'équipe Mercedes !

– Je fous le camp ! Je veux rien savoir ! Je me fous de Norbert Haug, je me fous de Mercedes, je veux dormir dans un vrai lit !

– Oui... mais il y a la climatisation...

– Là, t'as un point !

« Non, rien de rien, non, je ne regrette rien...

Ni Jean Todt, ni Ferrari, ni Schumacher... »

Un quart d'heure plus tard, je ne m'endormais plus. Faisait frais, une bière allemande, douce comme les blés murs, descendait dans mon gosier séché, et je croyais rêver debout.

Je suivais la deuxième demie du match dans l'autocaravane privée des dirigeants de Mercedes avec Norbert Haug, avec Wolfgang Schattling, le directeur des relations publiques de Mercedes, et avec Tortora, qui parlait au téléphone avec la fille de huit ans de Norbert. La petite apprend le français à l'école, et son père voulait que Tortora lui parle dans la langue de Paul Arcand.

Et la grosse voix qui entonnait la chanson d'Édith Piaf, *Non, je ne regrette rien*, ben, c'était le gros Norbert, le plus enjoué du quatuor.

En français évidemment. Dans quelle langue voulez-vous que Norbert Haug parle à Torto ?

– Vous devriez voir Jarno Trulli ! Il est chez Prost, les Français vont le faire mourir !

– Quoi, Trulli est chez Prost !

Norbert a vite retrouvé son autorité teutonne. Une secrétaire s'est pointée, et il lui a ordonné d'aller chercher Trulli tout de suite chez les Français.

« Non, rien de rien, non, je ne regrette rien... »

Ni Jean Todt, ni Schumacher... juste un peu Jarno Trulli... », chantaient maintenant à tue-tête Haug, Schattling, Torto et l'humble chroniqueur.

– Dire que t'as appris à piloter dans notre équipe de Formule 3000 ! Petit ingrat ! T'es allé ailleurs, tu voulais tout l'argent, je suppose !

C'était Norbert Haug, moustache joyeuse, grosse voix, qui taquinait le pauvre Trulli.

– Je piloterais pour vous autres... et ça ne serait pas une question d'argent, vous le savez bien, s'est défendu Trulli en se tortillant sur sa banquette.

Ils rêvent tous de piloter une McLaren-Mercedes...

Goal !

La Presse met la main sur la fameuse lettre de Bernie Ecclestone

Legault prouve sa sincérité

11 août 2003

Malheureusement, Normand Legault a dit la vérité. Et Bernie Ecclestone a menti. Il était 16 h 44, heure de Londres (11 h 44 à Montréal), le 6 août dernier, quand Formula One Management (FOM) a fait parvenir une lettre à Normand Legault pour confirmer que Montréal

avait perdu son Grand Prix pour 2004.

Tout le Québec se demandait qui, de Legault ou d'Ecclestone, disait la vérité. *La Presse* publie aujourd'hui la fameuse lettre envoyée par la FOM au Grand Prix du Canada :

« Cher Monsieur Legault,

M. Ecclestone m'a demandé de vous écrire à la suite de votre rencontre avec lui au Grand Prix de Hockenheim le week-end dernier.

Comme convenu lors de cette réunion, nous vous écrivons pour vous aviser que le Grand Prix du Canada ne sera pas inclus au calendrier de la FIA du Championnat du monde de Formule 1 en attendant l'évolution de certaines questions. (*Pending the outcome of various issues*). Dans l'éventualité où le Grand Prix du Canada ne serait pas inclus au calendrier pour la prochaine année, la clause 26.2 du contrat de promotion s'appliquera.

Meilleurs sentiments,
Michelle Drake
Service du contentieux
Formula One Management Limited »

Si la lettre de la FOM pouvait laisser place à l'interprétation, la rencontre entre Bernie Ecclestone et Normand Legault il y a huit jours, en Allemagne, balaie tous les doutes possibles. Legault est entré dans le motor-home de Bernie Ecclestone vers 13 h 30, invité par ce dernier. Ecclestone avait reçu quelques jours plus tôt une opinion juridique sur la loi antitabac canadienne, préparée par des avocats spécialisés : « On ne pourra pas aller à Montréal à cause de votre loi », lui a brutalement annoncé Ecclestone.

Legault a demandé que l'annonce reste confidentielle, le temps qu'il prévienne ses employés, ses partenaires et les gouvernements. Mais sans doute Ecclestone était-il trop content d'afficher son pouvoir puisque le ministre de la Belgique responsable du dossier du Grand Prix de Spa a vite annoncé à tout le paddock que la Belgique prendrait la place du Canada le 6 juin.

Normand Legault, en route pour Francfort en fin d'après-midi, a reçu de Christian Tortora un coup de téléphone lui apprenant que la nouvelle courait déjà dans le paddock. Il a alors joint Ecclestone pour lui rappeler que la chose devait demeurer confidentielle pour quelques jours : « Je vais rencontrer Tortora demain pour arranger les choses », lui a répondu Ecclestone.

Le reste, vous l'avez vécu la semaine dernière.

Normand Legault se retrouve dans une situation impossible. En démentant sa propre lettre lors d'une conversation téléphonique d'une quinzaine de secondes avec un journaliste britannique, Ecclestone a miné la crédibilité de Legault. Heureusement, on sait aujourd'hui qui a dit la vérité. Mais ça ne règle pas le problème pour les Montréalais, qui adorent leur Grand Prix et ses retombées.

Jusqu'à Hockenheim, Normand Legault avait une très grande confiance en Bernie Ecclestone. Aujourd'hui, il ne peut faire confiance au grand manipulateur de la F1.

Legault doit-il se tourner vers les patrons d'écurie et les grands manufacturiers pour essayer de les convaincre de forcer la main à Ecclestone ? C'est une action risquée puisque la FOA, holding qui inclut la FOM, détient les droits de commercialisation des Grand Prix.

Doit-il espérer que les gouvernements fédéral et provincial vont lui donner une petite marge de manœuvre en alignant leur loi antitabac sur la loi européenne, qui bannira toute publicité sur le tabac à compter du 1er août 2005 ?

« Quand la loi antitabac a été adoptée en 1997, j'ai dit que le délai de sept ans qu'on nous donnait pour régler nos problèmes me semblait très raisonnable. Je vais pas me contredire et revenir quémander un autre délai parce que la Formule 1 tarde à s'ajuster aux lois des pays où elle évolue. Si les gouvernements m'offrent de m'aider, je vais accepter cette aide avec reconnaissance, mais je ne me sens pas le droit moral d'exercer des pressions », a expliqué Legault hier soir.

En fait, Bernie Ecclestone aurait voulu que Normand Legault joue le jeu du chantage avec le Canada pour donner l'exemple aux pays européens. Mais on voit mal maintenant comment Ecclestone peut reculer dans cette histoire. S'il permet la présentation d'un Grand Prix du Canada sans publicité de tabac, comment peut-il justifier le retrait du Grand Prix de Belgique et d'Autriche ? Et s'il plie devant le Canada, comment pourra-t-il jouer ses dernières cartes le 1er août 2005 dans toute l'Europe ? Le contrat liant la FOM (Bernie Ecclestone) et le Grand Prix du Canada (Normand Legault) donne à peu près tous les droits à Ecclestone. Il couvre les années 2002 à 2006. Il reste donc trois ans. Les sommes versées chaque année par Legault pour les droits du Grand Prix dépassent largement 20 millions de dollars canadiens.

Legault a toujours payé rubis sur l'ongle, et Ecclestone n'a aucune prise sur le Grand Prix, sauf la clause 25.1 (L), qui dit : « FOM peut mettre fin à ce contrat [...] si des lois et/ou des règlements sont imposés qui restreignent de quelque façon la publicité du tabac lors de l'événement.

On le sait, la loi antitabac interdira à compter d'octobre prochain la présence des marques de tabac sur les voitures de Formule 1. Même si ces marques – West, Mild 7, Marlboro – ne sont pas commercialisées au Canada.

Quant à la clause 26.2, à laquelle fait allusion la lettre envoyée au nom d'Ecclestone, elle dégage les deux parties de leurs obligations advenant la fin du contrat.

Normand Legault doit se battre sur plusieurs fronts. Il réfléchit à la possibilité de se rendre au Grand Prix de Hongrie le 24 août, même si son Molson Indy est présenté au même moment. Les Frank Williams, Ron Dennis, Jean Todt et compagnie adorent Montréal. Et les cotes d'écoute internationales du Grand Prix du Canada sont les meilleures au monde. C'est important pour leurs commanditaires. Legault va tenter de les convaincre d'exiger la présence du Canada au calendrier de la Formule 1.

Encore faut-il que (son laissez-passer) soit acceptée à l'entrée du paddock. Avec Bernie Ecclestone, on ne sait jamais.

On peut s'attendre aussi à ce que la Belgique se retrouve avec une date en juillet pour permettre à Max Mosley, de la FIA, de sauver la face. En ce cas, c'est sans doute le Grand Prix d'Europe qui obtiendrait le 6 juin 2004.

Et si jamais les gouvernements canadien et québécois se rendent compte que d'harmoniser leur loi avec celle des gouvernements européens n'a rien de dramatique, alors Bernie Ecclestone se retrouverait avec un contrat qu'il serait obligé de respecter. Et Montréal sauverait son Grand Prix pour deux ans. Le temps de mener la lutte du côté des écuries et des fabricants.

Mais en même temps, il gagnerait encore plus de poids politique pour faire fléchir l'Europe. Et pour mettre la main sur les dizaines de millions de l'Asie en présentant ses courses dans des pays qui n'ont pas de loi antitabac.

Le chevalier sans monture

11 octobre 2003

« Je comprends pas ! Ça marche pas ! Ça va pas avec le Jacques Villeneuve qu'on connaît ! Ça va pas non plus avec la haine que se vouent Craig Pollock et David Richards ! Faut qu'il y ait une raison cachée, faut qu'il y ait un contrat en poche pour Villeneuve, faut que Honda ait payé une somme astronomique pour qu'il se ferme la gueule, je sais pas quoi, mais ça marche pas avec la psychologie des gens en cause. »

Il était sept heures et demie, jeudi soir, quand le téléphone a sonné. C'était Luc Dionne, l'auteur d'*Omerta* et un connaisseur en Formule 1. Un gars qui est venu au Grand Prix de Hongrie, à celui de France à Magny-Cours, un gars qui consulte les sites Internet de F1 tous les matins.

Et surtout, un spécialiste ès magouilles... dans la fiction. Prenez une histoire banale, confiez-la à Luc Dionne et vous allez avoir mal à la tête quand vous l'aurez enfin démêlée.

On a jasé un gros quart d'heure. Quand j'ai raccroché, je comprenais encore moins. Et hier, après avoir lu tous les journaux disponibles et les sites Internet, je ne comprenais toujours pas ce qui s'est passé au Japon. Dionne non plus.

Dans la vie, les gens finissent presque toujours par agir selon leur personnalité profonde. Le Jacques Villeneuve que je connais avait le goût de courir au Japon pour un dernier Grand Prix. Il me l'a dit à Indianapolis. Même si ça voulait dire qu'il ferait peut-être gagner un million en boni à David Richards par une bonne performance. Il voulait terminer sa saison et peut-être sa carrière en F1 avec dignité. Villeneuve est un grand amateur de jeux de rôles basés sur le Moyen-Âge et la chevalerie. Il est important pour lui d'avoir l'illusion qu'il se comporte avec un esprit chevaleresque. Quand il critique un coéquipier, c'est par esprit de vérité qu'il le fait. C'est du moins le motif qui l'inspire, ce qu'il se raconte.

Villeneuve voulait partir en gentleman. En chevalier. Il est parti par la porte d'à côté, sans saluer et remercier ceux qu'il a fréquentés pendant huit ans. Ça ne colle pas avec le Jacques Villeneuve que je connais.

Certains disent qu'il a accepté quelques millions de Honda pour assumer son retrait du Grand Prix. Ça ne colle pas non plus. Villeneuve était profondément déçu par Honda et il m'a même dit, il y a deux semaines, qu'il avait eu envie de flanquer son poing au visage de M. Tanaka, le président de Honda Sport.

Soit dit en passant, c'est pour faire de la place à Sato que Honda a fait lever les pieds à Jean Alesi chez Jordan après la saison 2001. Ce n'est pas la première fois que la multinationale japonaise joue cette petite game.

Du côté de Craig Pollock et de David Richards, c'est encore plus nébuleux. À Indianapolis, Richards a tenté de faire gober aux journalistes qu'il espérait encore sauver Villeneuve chez BAR. Pourtant, il avait déjà offert depuis plusieurs semaines le poste d'ingénieur de Sato à Jock Clear. En sachant que Clear le dirait à Villeneuve.

De plus, Villeneuve avait déjà prévenu les journalistes à Monza que Richards et Honda essaieraient de le sortir pour le Grand Prix du Japon. Les informateurs de Villeneuve étaient au courant de la vraie histoire.

Craig Pollock n'a jamais cru une seconde que Richards était sincère. Il a carrément sauté les plombs après la course désastreuse d'Indy et a dit que les gens de BAR ne seraient pas capables d'organiser un concours de pissage dans une taverne. Le même Pollock a uni ses efforts à ceux de Richards pour émettre un communiqué qui allait dans le sens de celui de BAR et de Richards au Japon. Allons donc !

Villeneuve savait depuis vendredi qu'il ne serait pas le pilote de BAR la saison prochaine. Il s'est quand même rendu à Tokyo pour remplir ses obligations contractuelles avec des commanditaires. S'il avait voulu sauter le dernier Grand Prix, il serait rentré chez lui. Les informations veulent qu'il se soit engueulé avec Richards dans la journée de lundi lors d'une conversation téléphonique.

Pour avoir frayé avec Richards quand il était chez Benetton et chez BAR, je peux imaginer la tournure des conversations. Cet homme est un serpent au sang froid, même s'il a le regard visqueux.

Par ailleurs, même si Villeneuve avait un contrat avec une autre écurie, ça n'expliquerait pas son absence du Grand Prix du Japon. J'ai connu plein de pilotes de F1 qui étaient sous contrat avec une autre écurie et qui complétaient leur saison en se battant de toutes leurs forces. Ça ne tient pas.

Je ne comprends toujours pas. Il manque des pièces au puzzle qui me permettraient d'avoir une image convenable de la situation. Pas obligé que ce soit clair – c'est rarement clair en F1 –, mais au moins pour avoir une idée de ce qu'est l'histoire. Et quand on ne comprend pas, on ne peut pas juger, et c'est difficile d'expliquer.

Aussi, je n'explique pas et je ne juge pas.

Pas encore.

Quelle triste fin pour une belle décennie. Champion en Formule Indy en CART, champion des 500 Milles d'Indianapolis, champion du monde en Formule 1 et membre fondateur de l'écurie BAR, le petit prince est parti tout seul sur son rocher à Monaco.

Riche, mais le cœur brisé.

En laissant derrière lui Torto qui l'avait accompagné dans l'avion militaire canadien qui ramenait le cercueil de son père Gilles. Il tenait la main du gamin en le réconfortant.

L'autre jour, Torto pleurait contre une clôture à Suzuka.

Pas riche et le cœur brisé.

Dans le calepin – Pendant 34 ans, j'ai toujours préféré *Le Guide de l'auto* de Jacques Duval dans la guerre que se livrent les éditeurs pour le marché fort lucratif des livres de l'auto. C'était le mieux écrit et celui qui fleurait bon la passion, même si *Le Carnet de route* de Daniel Hérault a été un dangereux rival pendant plusieurs années. Ça ne sera pas le cas en 2004. Pour deux raisons. D'abord, *L'Annuel de l'auto* du groupe Crépeault contient plus d'informations, même si certains essayeurs sont franchement moumounes devant les manufacturiers. Et surtout, il n'y a pas de règlements de comptes. Jacques Duval a eu des problèmes avec sa voiture personnelle. À le lire, on comprend que la compagnie n'a pas donné suite à ses récriminations. J'ai vérifié. En 2003, dans son *Guide*, toutes les Audi étaient des merveilles. En 2004, les mêmes voitures sont des poubelles. Je me dis qu'il aurait peut-être suffi de changer de concessionnaire au lieu d'écrire un livre. Comment lui faire confiance pour le reste du livre ?

La boxe

Même Chantigny sanctionne la dernière bouffonnerie de Régis

« ... une vieille et profonde amitié »

21 mars 1985

Il m'arrive de me tromper. De bonne foi. Et dans ce temps-là, je me fais un devoir de vous donner les précisions qui s'imposent. Hier, je ne vous ai pas dit que Joe Frazier était déjà en ville parce que Régis Lévesque m'a menti quand je l'ai rejoint en soirée. Je m'excuse pour lui, il avait vendu ce qui lui restait de crédibilité pour un « front-page ». Il l'a eu. Bien sûr.

Le délire se poursuit donc. Joe Frazier, 41 ans, affrontera (?) le pauvre Robert Cléroux, 47 ans, (il est né le 23 février 1938, cf Louis Chantigny, *Magazine McLean*, février 1962), 260 livres, à la retraite depuis 16 ans. Déjà magané quand il avait accroché ses gants. J'arrête là, il serait injuste d'être méchant ou trop dur pour Robert Cléroux. Si vraiment il touche $ 160 000 pour la bouffonnerie à Régis, tant mieux pour lui. Surtout s'il sort indemne physiquement de ce numéro de vaudeville.

Il y aura des binnes, a promis Régis. Si elles sont aussi vieilles que ses vedettes, ça ne sentira pas bon à Laval ce soir-là. Belle façon de fêter le 23 juin, beaux feux d'artifice pour la Fête nationale du Québec ! Régis n'en est pas à une contrepèterie près !

Je suis passé au steak house de Régis hier. Pour des raisons professionnelles. J'ai vu Frazier, J'ai vu Cléroux. Et j'ai vu Louis Chantigny. Chantigny que j'ai tant admiré au *Petit Journal*, que j'ai louangé pour ses prises de position courageuses sur la boxe québécoise il n'y a pas plus d'un mois. Et en voyant Chantigny, luisant de sueurs entre Cléroux et Frazier, prêter trente ans de carrière pour sanctionner cette comédie bouffe, le cœur m'a levé. Je suis sorti. Chantigny, président de la Fédération de la boxe professionnelle, veut peut-être aider son ami Robert Cléroux à faire une « passe » pour assurer ses vieux jours. Mais bon Dieu...

Peut-on descendre plus bas ? Frank Valois et Gino Brito étaient de la conférence. Leur show n'est pas triste. La lutte n'essaie pas de faire croire au monde qu'elle est sérieuse.

La Régie pourrait déposer une plainte

Mes relations avec la Régie de la sécurité dans les sports n'ont pas toujours été au beau fixe dans le passé. Et je n'ai pas été souvent d'accord avec les façons de travailler de son président, M. Gilles Néron. Mais cette fois, les faits prouvent que Gilles Néron avait raison quand il mettait en doute le sérieux de la Fédération professionnelle de boxe et de son président Louis Chantigny. « C'est une situation déplacée. Et qui montre le manque de sérieux d'un président de Fédération de boxe qui se dépêche de pourfendre ceux qui lui posent des questions et qui endosse pareil cirque », déclarait M. Néron hier lors d'une entrevue téléphonique.

M. Néron, qui a choisi la voie de la persuasion et de l'éducation populaire depuis la mise sur pied de la RSSQ, se fait beaucoup plus mordant dans cette affaire grotesque : « Il n'y a pas de commission athlétique à Laval et l'article 81 du code criminel est clair : on ne peut organiser un combat de boxe sur le territoire du Québec sans la surveillance ou l'autorisation d'une commission athlétique légalement établie. Or, on ne peut créer une commission athlétique au Québec puisque la loi autorisant une municipalité à le faire a été abrogée en 1939. »

Il y a eu tolérance dans le passé. Comme dans le cas du kick-boxing à Verdun. Mais cette fois, si la Ville de Laval semble prêter à cette aventure, si le chef de police de Laval refuse de faire observer la loi, il se pourrait que la Régie de la sécurité dans les sports force la main aux policiers en déposant une plainte en bonne et due forme : « C'est une position qui est encore personnelle mais qui va être étudiée par le conseil d'administration. Tout citoyen a le droit et le devoir de déposer une plainte s'il s'aperçoit que la loi est bafouée », de dire M. Néron.

Un conseil amical de l'auteur...

Il y a la loi et s'il faut se rendre au ministre de la Justice, Me Pierre-Marc Johnson, pour obtenir les précisions qui s'imposent, on va le faire.

Il y a l'homme. Joe Frazier peut se tirer d'affaires dans un ring. Mais Robert Cléroux a lâché son premier gros mensonge hier à CKVL en disant à l'animateur qu'il était âgé de 44 ans.

Il y a l'homme. Voici ce qu'écrivait Louis Chantigny dans *La Patrie* du 5 juin 1963, après une « clinique de sang » patronnée par Zora Folley.

« Cléroux devra décider de son avenir. Abandonné par nombre de ses soi-disant amis, déserté de toute part par tous les flatteurs qui lui faisaient jadis une cour aussi assidue que servile, il se retrouve à la croisée des chemins. Il n'a guère de choix possibles. Il peut s'acharner... jusqu'à ce qu'il succombe enfin sous les coups d'une infirmité ou de l'âge.

« Il peut aussi se retirer sans honte et la tête [bien] haute d'une arène qu'il aura toujours purifiée (sic) de sa présence et ennoblie de son courage. C'est la voie que je lui conseille de suivre au nom de la vieille et profonde amitié que je lui porte depuis si longtemps.

« (...) Aussi m'est-il extrêmement pénible de dire aujourd'hui à Robert Cléroux que le temps est venu de renoncer à la boxe. Mais qu'il sache surtout qu'il n'aura jamais trahi la confiance et l'admiration de ses véritables amis. »

C'était Louis Chantigny d'il y a 22 ans. Avant qu'il ne se lance en politique !

Les Soviétiques instaurent le Grand Prix Gaétan Boucher

Quelques coins de rue et l'impression d'avoir changé de pays. Du steak house à Régis au dîner du club de la Médaille d'or. De Robert Cléroux à Gaétan Boucher. De la truculence grossière aux propos pleins de sérénité et d'intelligence de Gaétan Boucher, Gilles Blanchard, Pierre Durocher. Des tablées de bénévoles, des athlètes charmants capables de se battre au sommet de l'échelle internationale. Claude Mouton, Yvon Robert et Camil Desroches à la table du Canadien, Julie Dupuis, invitée d'honneur à toutes les tables, Conrad Payette qui se sent la lourde responsabilité d'être drôle à chaque phrase. Un autre monde.

Gaétan Boucher va bien. Il a encaissé sa deuxième place avec cette force de caractère qui l'a propulsé jusqu'à Sarajevo.

Et le comportement des Québécois depuis son retour au pays a de quoi le réconforter. Les gens sont corrects avec lui. On a compris que terminer deuxième à ce niveau, c'est se retrouver en pleine bagarre pour le titre mondial. Et qu'une défaite par une demi-seconde en 1985 peut mener à une victoire par un centième de seconde en 1986.

Gaétan a droit à son boulevard à Saint-Hubert. Voilà qu'il aura droit au Grand Prix Gaétan Boucher. Et pas n'importe où. Ce sera en URSS. Soit à Medeo, soit à Moscou : « Les Soviétiques m'ont demandé la permission de m'honorer de cette façon en janvier dernier. J'ai accepté. »

Avec le recul des mois, Gaétan réalise qu'on a peut-être abusé de ses services au cours de l'été et qu'il a consacré trop d'heures à des banquets et des représentations officielles : « C'est difficile à évaluer, mais j'étais peut-être un peu fatigué. Assez pour changer quelque chose à ma façon de patiner. »

Ce sera plus tranquille l'été prochain. Mariage et voyage de noces ont de quoi ralentir le plus fougueux des relationnistes. Parlez-en à Claude Mouton, grand-père depuis avant-hier.

Noyé dans son image

28 mars 1992

WASHINGTON – Mike Tyson passe le week-end en détention. Derrière les barreaux. Si l'appel lancé par ses avocats est rejeté par les trois juges chargés de l'affaire, Tyson va se retrouver dans un vrai pénitencier.

Lui, l'ancien champion du monde des poids lourds, lui, l'homme aux 100 millions gagnés dans le ring et en endossements commerciaux, lui, l'homme des belles femmes prêtes à se jeter à ses pieds, lui, l'homme aux BMW, aux Ferrari, aux Porsche…

Lui, le bum qui se battait dans les quartiers sordides du Bronx aux petites heures du matin, lui, le pauvre type qui parlait de suicide devant son ancienne femme Robin Givens, lui, qui se plantait en auto dans des arbres dans des tentatives de destruction mal camouflées…

« Je pense que la juge avait raison quand elle a dit qu'il y avait deux Mike Tyson », notait Pat Burns, hier avant le match du Canadien contre les Capitals à Landover, en banlieue de Washington.

Burns, encore plus que ses joueurs, est conscient de ce qui peut arriver à Tyson. Lui-même, dans ses années comme détective aux stups, s'est retrouvé dans une prison pour y recueillir des informations.

« D'habitude, un violeur subit un traitement épouvantable des autres détenus. Mais dans le cas de Tyson, je pense que les "brothers" vont prendre soin de lui. Il y a de l'argent qui va circuler en dedans pour assurer sa protection », de dire Burns.

« Je suis convaincu qu'ils vont envoyer Tyson dans une prison à majorité noire. Personne ne va le défier à un contre un, je pense plutôt qu'il va être reçu comme un dieu. Le cas est tellement spécial », de dire Burns.

Alex Hilton n'a pas eu droit à un traitement spécial en prison. Au contraire, il lui est arrivé de devoir se battre pour sauver sa vie. « En prison, il arrive un moment où c'est sa vie qu'on sauve. On n'a pas le choix. C'est lui ou moi », m'avait-il confié deux jours avant son premier combat à sa sortie de prison.

Brent Gilchrist estime que Tyson va risquer sa peau au pen : « Il devra survivre. Je n'ai aucune idée comment ça va se passer, mais chose certaine, Tyson devra choisir. Ou bien il va sortir de prison en étant un bien meilleur homme ou bien il va être bien pire. Il doit prendre conscience de la réalité, il devra mentalement être bien plus fort qu'il ne l'est présentement », de dire Gilchrist.

Russ Courtnall soutient que Tyson va être protégé et entouré en prison. « Ce sont les millions qui vont parler. Si Tyson peut sortir dans trois ans, on va lui offrir 50 millions pour un combat de championnat du monde. Même si ses gérants et les sangsues qui l'entourent prennent 50 ou 60 p.cent de ses revenus, il va lui en rester », dit-il.

Le mot narcissisme vient de Narcisse. Narcisse se trouvait beau et s'aimait beaucoup. Un jour qu'il s'était agenouillé près d'un beau lac tranquille pour y boire, Narcisse a aperçu son image dans l'eau. Il s'est trouvé si beau qu'il s'est penché pour mieux voir ce visage qu'il chérissait. Tellement qu'il s'est noyé dans son image.

Se noyer dans son image, c'est ce qui est arrivé à Elvis Presley, à Janis Joplin, à Marilyn Monroe, à Jim Morrison. L'image devient immensément plus grande et plus importante que la personne elle-même. Et si l'homme en vient à croire qu'il est cette image, il se noie.

Et Mike Tyson s'est noyé dans cette image gonflée par les suceux qui l'entourent, par Don King qui lui tape sur l'épaule aux dix pas en lui donnant du « Champ », par toutes ces filles qui se donnaient des frissons à la simple pensée de baiser avec cet animal qui était champion du monde.

Et quand l'image devient trop lourde, trop pesante, trop envahissante, quand il n'y a plus moyen de faire la différence entre la réalité et l'illusion, alors certains individus tentent de s'en sortir en se détruisant. Rien de conscient, bien entendu, mais ils cherchent le risque, ils posent des gestes de défi, ils s'automutilent psychologiquement.

Je ne suis pas un psychiatre, mais j'ai déjà écouté Claude Charron raconter certains épisodes de sa vie. Tyson a assailli une jeune fille, Charron a volé un veston chez Eaton.

C'est tellement vrai que le juge qui a comdamné Tyson a ajouté l'obligation de suivre des traitements psychiatriques à la sentence de six ans de prison. C'est peut-être ce qui va sauver Tyson du désastre complet.

Peut-être que son appel sera entendu et qu'il va s'en tirer encore sans devoir mettre de l'ordre dans son âme. Peut-être sera-t-il envoyé en prison, et on doit le souhaiter alors, peut-être verra-t-il enfin clair dans l'eau boueuse de sa vie, peut-être le retrouverons-nous dans quatre ans, champion du monde... et enfin heureux.

Dans le calepin – Quelques journalistes de Laval ont fait le voyage à Washington et Pittsburgh pour encourager leurs Canadiens. Huit fans de Québec sont également venus de la Capitale pour assister au match d'hier soir. Aujourd'hui, ils sont au New Jersey pour le match entre les Nordiques et les Devils.

Stéphane Ouellet : « Dans le fond, je n'ai jamais été un boxeur, je suis un artiste. »

22 décembre 1994

Il faut le reconnaître, Stéphane Ouellet n'est pas un talent ordinaire. Je ne sais pas ce que ça va donner quand il va se retrouver de nouveau avec un adversaire de son calibre, je ne sais pas s'il va avoir le goût de faire des rimes dans le ring, mais si on parle de talent brut, de talent physique, il est déjà dans une classe à part au pays.

J'avais des doutes. Je les ai encore, mais ça n'a rien à voir avec ses jabs ultra-rapides et secs comme un coup de fouet ni avec sa force de frappe.

C'est la tête de Stéphane qui me fait douter. Ce gars-là est trop intellectuel, trop songé, trop complexe et trop compliqué pour faire une carrière rectiligne dans la boxe.

Il parle trop vite avec un accent bleuet le plus pur depuis l'arrivée de Mario Tremblay à Montréal. Mais dans la tête, ça roule encore plus vite. Les concepts, les mots, les rimes, les flashs se bousculent. Impossible d'obtenir une réponse banale à une question banale.

Ainsi, après sa victoire contre Kenneth Kidd, il s'est retrouvé dans le salon VIP du Forum, entouré de son père, le peintre Angémil Ouellet, de sa mère, de notables de Chicoutimi et de Jonquière qui avaient traversé le parc des Laurentides pour venir l'encourager et du cinéaste Pierre Falardeau, un amant et un connaisseur de boxe.

Le jeune était heureux. Heureux et un peu euphorique. Il faut comprendre que Darren Morris lui avait flanqué une joyeuse trouille en le gelant sur le ring du Forum. C'était la première fois que Stéphane se retrouvait dans le gros trouble dans un combat professionnel, et avant le combat, il était loin d'être assuré d'avoir retrouvé tous ses moyens.

« Je sais maintenant comment c'est plaisant et formidable de monter dans le ring quand on est en bonne forme. Tout devient tellement plus facile. Il n'y a plus de limite », racontait Stéphane.

Y a rien de simple. Quand on demande à Alex Hilton c'est quoi le feeling de monter dans le ring, il hausse les épaules. C'est le feeling du combat, du sport, de la victoire. J'ai posé la même question à Stéphane le poète.

« Monter dans le ring, c'est comme aller à l'église. Tu marches dans l'allée, et au bout, il y a la mort. Il faut vaincre la mort, il faut être plus fort que la mort, il faut battre sa peur de la mort. L'adversaire, c'est la mort qui m'attend. Le thrill, c'est de vaincre sa propre mort. Contre Darren Morris, c'est ma propre peur qui m'a paralysé. Je n'étais pas prêt, je n'étais pas en forme, je n'étais pas là mentalement. Je sais maintenant ce qu'il faut faire. Dans le fond, je n'ai jamais été un boxeur. Je suis un artiste », expliquait Ouellet.

Dans le ring, on a eu droit à un fauve. Kenneth Kidd n'a jamais eu la moindre chance. Ouellet était concentré, appliqué et, à moins que je ne m'y connaisse plus du tout, il ne s'est jamais laissé aller à vouloir donner un spectacle à tout prix. Stéphane avait raison, c'est un artiste.

Mais avant le match, on était loin de cette belle assurance. Ouellet a commencé à se réchauffer au moins une demi-heure avant le début de son combat. Il était assis quand je suis entré dans la pièce, les yeux fixés devant lui. Jean-Marc Brunet discutait santé et entraînement avec Yvon Michel ; Éric Lucas, qui se battait en finale, relaxait dans un fauteuil quand Stéphane s'est levé.

C'était un signal. Il a commencé une série d'exercices tapant des jabs à une vitesse foudroyante. Yvon Michel, qui connaît bien son moineau, lui répétait que, cette fois, il était prêt et qu'on verrait le vrai Stéphane Ouellet.

« Dans le fond, c'est comme si Stéphane disputait son premier match professionnel. On va savoir au premier round comment il va réagir quand il va recevoir ses premiers coups de poing », m'a dit Michel entre deux rounds de réchauffement.

Stéphane parle vite. Et parle songé. Je lui ai dit que c'était un match important pour lui : « C'est vrai. C'est comme un premier combat. Remarque, c'est peut-être un premier ou dernier combat. Faut que je sache ce soir ce que sera le destin », m'a-t-il dit.

Avant d'ajouter : « C'est le destin. Je me bats contre le destin », de dire Stéphane.

Je pense que j'ai bien fait de lui rappeler qu'il se battait surtout contre Kenneth Kidd.

Ce ne fut pas une grande soirée de boxe. Au contraire. Sur une note de 10, je dirais 5,5. Même pas la note de passage. Les promoteurs, Gaby Mancini et Yvon Michel, devront apprendre à connaître ceux avec qui ils brassent des affaires.

Mais comme l'autre soirée du groupe KO'ntact avait été un grand succès, les gens vont excuser les promoteurs. Surtout que les boxeurs locaux ont bien fait et ont livré la marchandise. Vrai qu'Alain Bonnamie a eu sa part de problème, mais ce n'est pas la première fois qu'Anthony Ivory donne du fil à retordre à un adversaire.

Donc, 9,5 à Stéphane Ouellet, 9,8 à Éric Lucas et 6,0 à Alain Bonnamie.

On peut décerner une note de 5,0 à l'annonceur maison qui tente d'imiter le toto qui présente les combats à Atlantic City et 10 sur 10 à l'habilleuse des « filles à cartes ». Pour la première fois dans une soirée de boxe à Montréal, on a eu droit à des maillots à ficelle.

Tous les journalistes présents au bas de l'arène se sont voilé les yeux et ont protesté contre cette exploitation éhontée de la femme. Sauf le caricaturiste de l'intellectuel *Devoir*.

Haro sur Stéphane !

Un mal qui répand la terreur,

Mal que le ciel en sa fureur

Envoya pour punir les maux de la terre.

Le lock-out, puisqu'il faut l'appeler par son nom…

Vous connaissez la suite. C'est la fable *Les Animaux malades de la peste* de Jean de La Fontaine.

Quand la peste frappe tous les animaux de la terre, les puissants se réunissent pour chercher un coupable. On fait le procès du lion, du tigre, de l'éléphant, et tous leur trouvent des excuses. Arrive un âne, beau niais, qui avoue avoir mangé du gazon. On se rue sur lui, on l'accuse de tous les maux, et il finit par être condamné.

Le baudet, c'est Stéphane Richer. Les joueurs se sont faits un plaisir de le pourfendre et de même le rendre responsable d'un recul dans les négociations à cause de ses déclarations de la semaine dernière.

Le conflit n'est pas réglé parce que les propriétaires veulent une taxe et que les joueurs n'en veulent pas. Celui qui va trouver une formule entre la taxe et le *statu quo* va avoir trouvé la solution à ce lock-out insensé.

Stéphane Richer n'a rien à voir là-dedans. Il n'a fait qu'émettre une opinion comme tout citoyen dans cette Amérique a le droit de le faire.

Dans le calepin

– Joyeux Noël à tous les lecteurs. Un job en 1995, le reste, ça peut toujours s'arranger, même l'amour.

Très fatigué, mais pas en dépression

14 avril 2005

La voix de Stéphane Ouellet est calme à l'autre bout. Il est à Jonquière, chez sa mère où il s'est réfugié pour quelques semaines, le temps, justement, de repartir sa vie de zéro.

Il y a eu ce texte dans *La Presse* d'hier et quelques interventions à la radio et à la télé. C'est à *Caféine* qu'il m'a entendu : « J'ai bien compris que vous ne vouliez pas me faire de la peine et je sais qu'il y a des gens qui sont inquiets à mon sujet, mais je suis correct, indique Stéphane. Je n'ai pas besoin d'un docteur pour ma tête, je ne suis pas malade. Le seul médecin que je vais rencontrer ces jours-ci, c'est pour mon nez. J'ai besoin d'une opération, il est obstrué, je respire mal, et ça cause des problèmes d'élocution.

« Je n'ai plus rien, je n'ai plus d'argent, je n'ai plus de femme, mais quand t'as plus rien, t'as plus de dette non plus. C'est fini les saisies qui me lâchent pas depuis 1998. J'ai plus rien. Je demande de l'assistance sociale, le temps de voir un peu clair. Ça prend une grosse dose d'humilité quand on est aussi connu que je le suis pour aller demander de l'assistance sociale, mais je le fais. Je reprends mes cours pour compléter mon secondaire le 24 avril puis, après, j'entreprends mes études pour devenir soudeur. C'est un métier physique qui devrait me convenir. C'est ce qu'on me conseille », raconte Stéphane. La voix très posée.

« Je voulais vous dire aussi, je n'ai pas besoin de l'aide financière de personne au Saguenay. Un jour, j'arriverai à avoir mon centre d'entraînement où je pourrai enseigner ce que j'ai appris dans la boxe. Mais je vais le gagner par mes propres moyens. J'ai payé des impôts, j'ai le droit de recevoir de l'aide sociale. Dès que je vais pouvoir, je vais me prendre un petit loyer et recommencer ma vie. Je peux pas repartir de plus bas, j'ai plus rien. Il y a deux semaines, on s'est quittés, ma femme et moi. Je l'aime, je l'adore, mais elle a le droit de mener une vie correcte avec un homme qui a un peu d'argent. Si je réussis à refaire ma vie, peut-être que je pourrai reconquérir son cœur, on sait jamais. Mes trois enfants sont corrects, je vais faire ce que je peux.

« Je ne pense pas être en dépression. Mais je suis fatigué, je suis très fatigué. C'est normal avec la vie que j'ai menée, les combats que j'ai eus. Et puis, j'ai été déçu par des gens en qui j'avais confiance. Fernand Marcotte savait que je ne voulais plus boxer. Il m'avait dit que je pourrais être entraîneur de boxe, mais il m'a appris par la suite qu'il ne pouvait pas me payer. Il était prêt à s'acoquiner avec Régis Lévesque pour lancer une promotion autour de moi. Je ne veux plus boxer, ça fait pas partie de la nouvelle vie que je veux bâtir. »

Ce diable d'homme sera toujours surprenant... et attachant. Il parle de Joachim Alcine avec beaucoup d'amour. « Je peux devenir entraîneur. La boxe n'a plus besoin de moi dans le ring. La relève est là et elle est bonne. Joachim Alcine est fort et vite, il est bien meilleur que moi. J'ai tout risqué en l'affrontant, mais c'est un très bon boxeur. Dans un sens, je suis content, je lui ai rendu service en le faisant mieux connaître. C'est comme ça dans la vie », dit-il.

Voilà, je vous ai transmis ce que Stéphane m'a expliqué. Il ne voulait pas de publicité, il ne voulait pas faire de bruit. Il voulait tout juste que les gens aient le côté de son histoire. Et qu'on ne pense pas qu'il est fou. Fatigué, oui, usé, sans doute, fauché, évidemment, de retour chez sa mère, c'est certain.

Et puis, je peux témoigner. Calme. Stéphane Ouellet est calme. Il l'était hier matin quand il m'a appelé, il l'était tout autant quand je l'ai rappelé en début d'après-midi.

Il s'en allait justement rencontrer le médecin pour son nez...

De toute façon, le doc Mailloux le dit, ça commence toujours par la mère.

L'avenir de Honda et Toyota en IRL

On soutient depuis quelques semaines que Toyota et Honda en sont à réévaluer leurs investissements en Indy Racing League. Les deux constructeurs japonais complètent la dernière année de leur contrat avec l'IRL, et on chuchote qu'ils trouvent la note trop salée pour les retombées en spectateurs aux sites de course et, surtout, à la télévision.

Ce serait un coup très dur pour l'IRL, mais certainement pas un coup mortel. Il y a encore des constructeurs, que ce soit General Motors ou Chrysler, qui pourraient prendre la relève. Et rien ne dit que Mecachrome ne pourrait pas faire pour GM ou Chrysler ce que Cosworth a fait pour Ford, c'est-à-dire développer et peaufiner des moteurs de compétition pour le client. Ou même les construire à son usine de A à Z. C'est le métier de Mecachrome de construire des moteurs.

La série Champ Car est à l'abri de cette mauvaise surprise puisque les propriétaires de Champ Car sont également propriétaires de Ford Cosworth.

Ils sont assurés de toujours compter sur de bons moteurs pour leur Championnat.

Par contre, ça fait dix ans qu'on dit et écrit que l'IRL est en danger à cause des faibles assistances à ses courses, et la série est toujours là. Tant que les 500 Milles d'Indianapolis demeureront une course mythique, comme les 24 Heures du Mans et le Grand Prix de Monaco, il y aura des commanditaires et des investisseurs qui croiront dans l'entreprise.

Par contre, le retrait de Toyota et de Honda serait un gros coup de pouce pour ceux qui rêvent d'une fusion entre l'IRL et le Champ Car. À peu près tous les amateurs de course...

La retraite, avec une très belle classe

4 février 2006

Juste voir la vidéo présentée aux journalistes et aux proches d'Éric Lucas aurait suffi pour que l'événement soit un succès.

Revoir les plus beaux moments d'une longue carrière de quinze ans dans la boxe professionnelle, revivre les grandes victoires de Lucas, avoir en tête ses défaites toutes honorables, se rappeler que ce grand garçon s'est battu huit fois pour le titre mondial, qu'il a affronté, la même année, Roy Jones et Fabrice Tiozzo, lui donner la main pour le remercier, ç'aurait fait mon après-midi. Mais Éric Lucas a fait encore mieux. Il s'est présenté à la centaine de personnes qui l'attendaient avec le sourire. Un sourire qui camouflait sa grande nervosité. Il s'était bien préparé, avait un bon texte dont il a largement débordé quand est venu le temps de remercier ceux qui l'avaient aidé depuis ses débuts dans la boxe.

Il avait onze ans. Et un dénommé Yvon Michel tentait l'aventure comme entraîneur lui aussi. Aujourd'hui, Michel et Lucas sont les présidents des deux compagnies qui se disputent le marché de la boxe au Québec. InterBox et Gym. Et même si ça joue dur entre les deux groupes, Lucas a pris le temps d'épiloguer sur son long parcours avec Michel. En le remerciant chaleureusement. Avec une très belle classe.

Yvon Michel est resté stoïque en écoutant les hommages de son ancien boxeur, mais il était ému. Plus tard, il m'a raconté comment Lucas l'avait impressionné la toute première fois qu'il l'avait vu. « Il avait onze ans. Un gamin. Pourtant, il était monté sur un tremplin de dix mètres et s'était élancé pour plonger la tête première. La tête première ! J'ai vite compris que le gamin avait un cran du tonnerre. »

Quand il parle ainsi, Michel oublie qu'il est pris dans une compétition féroce avec Lucas, l'autre président de la boxe.

Lucas a aussi remercié les personnes les plus importantes dans sa vie. Marie et ses filles. Les larmes ont noyé son regard, et il a dû faire une pause avant de poursuivre. Je le comprends. À Copenhague, le 14 janvier au soir, Marie avait assisté au massacre de son mari aux poings de Mikkel Kessler. Elle avait les larmes aux yeux après les combats. Lucas, le visage ensanglanté, a eu le tout premier geste envers elle. Il lui a fait signe qu'il était correct, qu'il n'était ni ébranlé ni blessé.

Il avait raison hier d'être ému à son tour…

Mon vieil ami Gilles Proulx aimerait que Lucas continue à se battre sur la scène locale. Je ne suis pas d'accord avec lui.

Lucas a atteint de trop hautes sphères pour ne pas profiter de son prestige et de sa crédibilité pour asseoir sa nouvelle carrière. Jean Bédard, le président de la chaîne de restaurants La Cage aux Sports, accompagnait son ami et associé, hier. Lucas est déjà copropriétaire d'une Cage et va intégrer de proche le groupe de dirigeants de l'entreprise. D'ailleurs, les bureaux d'InterBox vont sans doute se trouver avec ceux de La Cage aux Sports.

Bédard et Lucas vont prendre le temps de travailler ensemble. Lucas va apprendre beaucoup dans ces conditions. Quant à la direction quotidienne d'InterBox, c'est Stéphane Larouche qui va y voir. « Stéphane est excellent et il adore ce travail. C'est lui qui va s'occuper de tout ce qui concerne la boxe dans la compagnie », a répondu Lucas à une question.

C'est parfait. Larouche a du vlimeux dans le nez. Il est coriace et intelligent. Je l'ai vu aller à Copenhague, et il est respecté par les promoteurs et les officiels de la WBA. J'ai été témoin de certains échanges qui le prouvent.

C'est une extraordinaire carrière qui prend fin. Extraordinaire parce qu'elle permet de prendre une des plus grandes mesures de l'homme. C'est-à-dire d'où il est parti et jusqu'où il s'est rendu. Le chemin parcouru est très souvent plus significatif que le point d'arrivée.

Lucas est parti de loin. Pas riche, pas un talent énorme. On l'avait pris dans l'équipe pour qu'il serve de partenaire d'entraînement à Stéphane Ouellet. Et c'est lui qui est devenu champion du monde. Ça vous donne une idée du chemin parcouru.

Hier, il a montré quel genre d'homme il était. Lucas ne parle pas anglais. Il a fait préparer un texte pour remercier les médias et les fans anglophones qui l'ont suivi pendant sa marche jusqu'à la journée d'hier.

Il s'était soigneusement préparé. Il a lu son texte avec un accent fort compréhensible. Un million de fois mieux que le français de Saku Koivu.

Ce fut un honneur de couvrir ses grands combats.

Et les plus humbles aussi.

Saku Koivu doit agir en capitaine

C'est la pagaille. L'équipe est toute croche. La défensive en arrache, et l'attaque est anémique.

Dans le vestiaire, c'est l'indifférence qui règne. On ne se hait pas, on se sacre de…

Où sont Jean Béliveau, Yvan Cournoyer, Serge Savard, Bob Gainey, Guy Carbonneau et les autres capitaines de l'histoire des Glorieux ?

Où est le capitaine ?

Le tennis

La gloire n'empêche pas Yannick Noah de réfléchir sur lui-même et les hommes

Cameroun ou Français ? « Je ne me suis jamais senti l'obligation de choisir, d'éliminer. »

13 août 1983

Vous voulez savoir qui est Yannick Noah ? Pas besoin de grands mots pour décrire ce merveilleux bonhomme. Juste à raconter une petite anecdote toute simple qui est arrivée jeudi soir.

Noah, sévèrement handicapé par une blessure au genou, venait de se faire sortir des Internationaux par Peter Fleming.

Et seule tête d'affiche francophone du circuit, il venait de tenir l'habituelle conférence de presse, il avait accordé des entrevues à la télévision, à deux journalistes de *La Sève*, le journal de l'association des Camerounais du Québec, une autre à un reporter de Radio-Canada international. Pour crémer le gâteau, nous venions de passer une heure et quart dans un bureau du parc Jarry en tête à tête au-dessus d'un magnétophone. Une longue entrevue, douce, chaleureuse, humaine et intime.

Il était minuit moins vingt quand Noah épuisé, blessé, ses raquettes à la main, se dirigeait (sic) vers la sortie de la salle de presse.

Un reporter d'un hebdo régional s'est approché timidement de Noah. Celui-ci a poursuivi son chemin en hésitant. Puis s'est arrêté

– Vous avez attendu tout ce temps-là pour me parler ? Oui ? Bon. Venez, nous allons prendre cinq minutes pour votre interview...

***

Délicatesse, douceur, une fascinante capacité de réfléchir sur lui et les hommes, belle bête de tennis, amoureux du soleil, de la mer, de la musique, Camerounais et Français ou bien ni l'un ni l'autre, Yannick Noah est la bouffée d'air frais du tennis professionnel. Une tête et un cœur splendides. Et les mots sont mesurés, pesés, réfléchis.

L'entrevue ? Une longue conversation où Noah a parlé de la drogue, de la musique, de l'amour, des filles, du circuit maudit du tennis professionnel qu'il hait profondément, de sa dualité de Français de culture et de nationalité et de Camerounais de feeling. Une heure et quart sans une minute mièvre.

Noah est le fils d'une Française et d'un Camerounais. Né en France, élevé dans les deux pays. Son père vit toujours au Cameroun. Et Noah est devenu un héros qu'on s'arrache dans les deux pays. Lui-même se sent bien dans sa peau parce que. dit-il, il n'a jamais ressenti le besoin de choisir entre les deux cultures, les deux races : « Je sais qu'au Cameroun on ne peut pas admettre que je ne sois pas Camerounais. Si c'était ma mère qui était du pays, on comprendrait mieux, mais le fils d'un père camerounais ne peut qu'être camerounais. Et de fait, puisque mon grand-père Noah était le chef de la tribu, je suis encore, de droit, le chef de ma tribu. D'ailleurs, je parle encore le dialecte du pays. La race, c'est une question de feeling en dedans de soi. Et ce feeling me porte vers l'Afrique. Mais je suis aussi Français de culture, d'éducation. Mais est-il possible pour un Noir d'être Français ? Le Français est très sectaire, vous savez. Je me sens bien parce que je ne me suis jamais senti l'obligation de choisir, d'éliminer. Je suis Yannick Noah et j'essaie d'être bien. »

Après sa victoire à Roland-Garros, Noah a accompagné le président Mitterrand dans une tournée au Cameroun. Il a rencontré le président Paul Blya. On a cherché des connotations politiques à cette tournée, surtout que la présidence au Cameroun est le fait d'un seul parti. Et que le contrôle policier est important sur la société du pays. Noah refuse tout engagement politique. Et il mesure le poids de ses propos, de ses déclarations. Tout ce qu'il dit est précis, recherché. Et il attend d'être bien en confiance avant de parler « au second degré » pour reprendre son expression.

***

Il y a quatre ans, alors qu'il était en montée sur la scène internationale, des reporters de la revue *Rock'n folk*, le magasine de rock français le plus important, avaient réalisé un reportage avec Noah. Dans le ton et l'ouverture d'esprit propres à un magazine de rock où les tabous sont moins épeurants : « Et dans l'entrevue, j'avais raconté tout simplement que parfois je fumais du hash et que je ne serais pas surpris, compte tenu de l'argent qui circule dans le circuit du tennis, que des joueurs se dopent. Dans *Rock'n Folk*, c'était bien, mais quand la grande presse avait repris en gros titres : « Noah : « Je fume du hash », l'effet avait été très négatif. Par la suite, j'avais tenté d'expliquer ce qui s'était passé à mes collègues du circuit. J'étais très mal à l'aise surtout que, jamais, jamais, je n'ai vu de mes yeux un joueur se doper. Moi-même, je ne fume plus. Je n'ai plus besoin d'un joint. Je suis bien dans ma peau et le travail physique que nous nous imposons ne supporte pas la drogue. J'ai fumé quand j'étais plus faible, quand je n'étais pas bien. J'ai appris autre chose depuis. »

Noah est un être complexe, tout en teintes, tout de nuances. Sa coiffure rasta n'est pas tout a fait vraie. Ces belles tresses qui volent pendant un match sont tissées à ses cheveux. Il aiment beaucoup le reggae, Bob Marley et la musique de ses Whalers qui nous vient de la Jamaïque, mais lui-même n'est pas rasta : « Je ne suis pas rasta, même si, moi aussi, j'aime le soleil, la musique, l'harmonie et que souvent j'ai peur des conséquences de l'argent.

Mais l'argent, Yannick, il coule à flots dans ton compte de banque ?

« C'est agréable, l'argent. Tout le monde aime ce que l'argent apporte. Et l'argent est là, on me l'offre, le n'ai qu'à le prendre. C'est de l'argent propre que je gagne en jouant au tennis. Et j'aime le tennis, c'est un beau sport, tout en mouvement. J'aime le tennis comme j'aime le rock. »

Noah est un amant invétéré de la musique rock, du reggae. Ses amis sont musiciens. Il aime le rock parce qu'il faut être en harmonie pour en faire. Basse, guitares, drum doivent s'unifier.

Il y a aussi la gloire : « Ici, au Québec, vous avez ressenti les dernières vagues de la victoire de Roland-Garros. Mais en France, ce fut cent fois, mille fois, plus gros. Des gens pleuraient, des mômes de trois ans priaient et venaient me parler. Putain, c'est fantastique. C'est le bon côté de la victoire, de la célébrité. Vous contribuez à créer une formidable énergie qui est bonne.

« L'autre jour, à Paris, une toute petite vieille, toute courbée, soutenue par une jeune fille, m'a entrevu du coin de l'œil. Elle s'est tout illuminée, s'est redressée et m'a dit qu'elle avait prié pour ma victoire et qu'elle avait pleuré quand j'avais gagné. Tout convergeait vers Roland-Garros. Je m'étais préparé pour ce tournoi, spécialement, pour la première fois, je m'étais donné rendez-vous, je m'étais entraîné et préparé spécialement pour ce moment. Tous mes amis étaient là, mon père, pour la première fois de sa vie, était présent pour un match. Jamais ma famille n'avait assisté à un de mes matchs. C'est un sommet et je sais que je ne pourrai plus vivre pareille émotion. Dans un sens, c'est le signal qu'il ne me reste plus que deux ou trois ans avant d'accrocher ma raquette. »

Surtout que Noah ne se cache pas. Il hait le circuit professionnel : « Je trouve écrasante, inhumaine, l'atmosphère du circuit. Nous sommes une cinquantaine de gars, en santé, fortunés, qui parcourons le monde et nous ne nous parlons pas. Je n'ai jamais dit plus de trois mots à Jimmy Connors. Et les grands bonzes du tennis qui exercent un pouvoir totalitaire sur un jeu merveilleux ! Il me semble que nous pourrions vivre en harmonie, nous parler, quitte à nous bagarrer sur le court quand vient le temps du match. L'atmosphère est meilleure en formule 1. Probablement que les pilotes sont conscients des risques énormes de leur métier. Eux risquent leur vie, nous risquons la défaite. Ie circuit est tellement inhumain que je ne me sens pas capable de disputer un grand nombre de tournois. Je dois respirer de temps en temps, me retirer, retrouver mes amis, plonger dans la musique. Cette suspension injuste qu'on m'a imposée aura eu un bon coté, elle m'aura permis de réfléchir sur moi, sur ce que je suis et je fais. »

***

Il sait qu'il a toujours eu ce qu'il voulait dans la vie. Il lui suffisait de le vouloir. Ce qui peut le choquer, l'embêter, ce sont des détails. Le reste, question de destinée, de chance, il ne sait trop, arrive comme souhaité.

Pourtant, il sent le piège de la gloire et de l'argent. Et il s'en méfie avec une conscience presque douloureuse.

L'image de Yannick Noah prend des proportions gigantesques. La francophonie s'en empare, les Noirs du monde entier veulent le récupérer. Et cette image l'oblige maintenant à la défensive. Malgré lui : « Avant, j'avais des amis qui venaient me trouver. J'étais ouvert, c'était facile. Là, quand mille fois des gens viennent me dire la même chose, je finis par me protéger. Et ça devient difficile de sentir à qui ces gens parlent vraiment. Même chose avec les filles. Je n'ai jamais été aussi seul. On peut être entouré de mille personnes, mille filles, et être seul. J'avais une copine fantastique, elle avait 19 ans, elle s'appelle Jill. Mais c'était devenu invivable pour elle. Plus moyen d'aller acheter une baguette de pain, toujours être dans l'ombre de la célébrité. Moi, je suis préparé à ça, je joue au tennis, je connais mes responsabilités, mais elle, je l'ai perdue. C'est ma copine, je la respecte, je l'aime, je la respecterai toujours, mais je ne suis plus avec elle. Je suis seul. J'aimerais rencontrer une fille, avoir des gosses. J'aimerais pouvoir choisir comme avant. On voit une fille dans un bar, on fait un clin d'œil, on dit « Salut. Je m'appelle Yannick, et toi, c'est quoi ton nom », et on clique ensemble. Là, ce n'est plus ça. Tiens, regarde, j'ai terminé mon match depuis deux heures et je suis encore au stade. Elle m'attendrait dehors, ça m'énerverait, elle serait fatiguée et ça ferait des tensions.

« On voyage, tout se passe très vite, on est entouré de gens et on réalise vite qu'on ne contrôle plus, qu'on est seul. Et les gens ne comprennent pas que toutes ces idoles souffrent de solitude. Je n'aime pas en parler parce que c'est le mauvais de notre truc. Je regrette que certains ne soient pas lucides devant cet appel. Mais dans le fond, ceux-là sont sauvés. Moi, j'essaierai toujours de démystifier l'image. Je ne peux pas accepter qu'on dise que je suis intelligent parce que j'ai gagné Roland-Garros. Parce qu'il se trouve qu'en France, maintenant, on écoute ce que je dis, on ne me juge plus comme on me jugeait avant, et ça, je ne le veux pas parce que la victoire de Roland-Garros il faut que ce soit juste une victoire, la plus [rude], mais pas plus.

***

Yannick Noah respecte profondément John McEnroe. Lui-même est révolté contre l'administration du tennis mondial. Et il en est venu à détester, à haïr le circuit professionnel et ce qu'il représente : « C'est complètement malsain, je ne connais pas les motivations de ces gens-là, mais je suis certain que c'est malsain. Il y a des trucs de règlements qui sont une aberration invraisemblable. Et le jour où je trouverai que c'est trop, je m'en irai, je n'ai pas besoin de ces gens. Ils sont venus chercher du fric et du pouvoir. Et ça me tue. Nous, on gagne de l'argent. Mais on joue, on est jeune, Mc Enroe, il a 23 ans, Lendl [21] ans, j'ai 23 ans. On est jeunes et on joue. Et il y a tous ces gens qui viennent, au-dessus de nous pour faire des règlements bizarres.

« Ainsi, les relations que nous avons avec les arbitres, c'est incroyable. Ce sont les relations qu'un mec peut avoir avec un flic quand il attrape une contredanse. Cet homme avec lequel on voyage, avec ce système dément, il peut me priver de 500 $ parce que je m'écrie « Merde » dans un match. Ce sont des trucs idiots [qui se font dans ce] sport. Le sport, ce n'est pas ça, il faut des règlements, mais il faut de la souplesse.

« Ça me déçoit parce que j'aime bien ce que je fais. J'aime le tennis, c'est très beau, on peut deviner la personnalité d'un joueur. Mais on américanise le sport, tout est américain.

« Mais McEnroe n'est pas fou, tu sais. Loin de là. C'est peut-être le moins fou de nous tous. Moi, je préfère dix fois McEnroe à plein d'autres. Il dit ce qu'il pense. Il n'esquive pas, il se tient debout. Prends le problème des garanties, McEnroe est le seul qui se tient debout, qui dit : « Tiens, c'est comme ça. » Moi, j'aime bien Connors, mais Connors, qu'est-ce-qu'il apporte, qu'est-ce-qu'il dit Connors ? Rien. Qu'est-ce-qu'il dit Lendl ? Rien. Mais John, il se tient debout. On peut le juger comme on voudra, il pourra faire ce qu'il voudra sur un court, mais John, il joue la Coupe Davis, Il est capable de s'oublier pour son pays et il porte les lettres USA sur son coupe-vent. Je ne suis pas patriote, mais je sais que pour le faire, il faut être quelqu'un d'important, de fort et de sensible, John est intelligent. Il est sensible. Il lance sa raquette ? qu'est-ce-que c'est que de lancer sa raquette ? John a tout simplement les problèmes d'un numéro 1 mondial. Avec sa sensibilité, c'est très dur à supporter. »

Et toi, Yannick, c'est quoi demain ?

Je ne sais pas. Mais je vais travailler, même si je ne suis plus obligé. Ça, c'est certain.

Un immense pique-nique

6 juillet 1991

WIMBLEDON – Wimbledon, c'est le tennis. Mais c'est aussi le gazon.

En fait, les momies qui gèrent le All England Club ont parfaitement compris que sans le gazon, il n'y aurait plus de Wimbledon. Et ils ont raison de faire la sourde oreille à tous ceux qui demandent qu'on déménage le tournoi dans un site « plus moderne », mieux « approprié aux années 90 ».

Autrement dit, dans un site qui garantirait aux télés internationales un horaire fixe tellement plus facile à mettre à l'affiche.

C'est vraiment étrange. Ce sont les premiers jours de Wimbledon qui sont vraiment consacrés au tennis. Les 29 000 personnes qu'on accepte sur le site du tournoi suivent les matchs avec attention, marchant d'un site à l'autre, passant de Jimmy Connors sur le 14 à Michael Chang sur le 3.

Dans ces jours-là, surtout cette année où il a plu tous les jours de la première semaine, le gazon est merveilleusement vert et tendre. Et les gens le respectent au point de faire de grands détours pour ne pas l'abîmer.

Mais dans les derniers jours du tournoi, alors que tous les grands matchs sont disputés sur le Central, comme c'était le cas hier, et sont donc réservés à ceux qui ont les moyens et la chance d'avoir un ticket, Wimbledon devient un immense pique-nique.

Hier après-midi, des milliers de Londoniens et de visiteurs étaient étendus sur l'herbe ou attablés à des tables de bois pour suivre le match Edberg-Stich sur un écran Diamond Vision installé au bout du terrain.

Pendant ce temps, on mangeait des sandwichs, et, à ma table, un couple d'amoureux vidait doucement une bouteille d'un mousseux sorti d'une glacière. En se murmurant des mots qu'on pourrait trouver ridicules dans n'importe quel autre endroit au monde. Parce que, ce qu'ils se murmuraient dans l'oreille en se regardant avec des yeux humides, c'était des statistiques de John McEnroe et de Jimmy Connors !

Wimbledon, c'est aussi beaucoup d'hypocrisie. Mais une hypocrisie qui permet de faire illusion et qui a son charme.

Ce n'est plus vrai que Wimbledon est réservé aux seuls gentlemen et aux ladies. Ce n'est pas vrai que Wimbledon résiste à l'odeur de l'argent. La preuve, c'est que Nastase, Connors et McEnroe ont envoyé valser les momies au moins dix fois et qu'ils sont toujours accueillis au All England Club.

Mais les momies sauvent la face. Si on a vendu les droits de télévision à IMG pour 17 millions, si on a déménagé la finale du samedi au dimanche pour les besoins du réseau américain NBC, on continue d'exiger le port du blanc et de bannir toute publicité sur les courts, incluant le court central.

À Flushing Meadows, on est inondé d'affiches publicitaires, même chose à Roland-Garros où même les marches de la chaise de l'arbitre sont « vendues ». À Wimbledon, comme vous allez pouvoir le remarquer si vous suivez les finales à la télé américaine, la seule publicité permise est celle de Rolex. On a sans doute cru qu'une marque aussi prestigieuse avait sa place devant les yeux de Lady Di et de la duchesse de Kent.

À Flushing Meadows, ce serait Timex !

Mais le gazon, c'est souvent aussi du mauvais tennis. Si les filles donnent un spectacle formidable sur cette surface rapide, chez les hommes, c'est souvent ennuyeux. Ça devient du « pinball tennis ». Je sers, tu retournes, je volleye. Ou, je sers, tu rates…

La technologie moderne fournit aux bons serveurs des raquettes qui sont de véritables bazookas. Hier, Stefan Edberg et Michael Stich ont joué pour rien. Ils se seraient contentés de disputer des bris d'égalité qu'on serait arrivé au même résultat.

Dans les trois premiers sets, Edberg a brisé le service de Stich une petite fois. Ce fut tout. Comme variété de coups et comme échanges, on repassera.

On se retrouve avec cette situation paradoxale où plus on avance dans le tournoi, plus le jeu est stéréotypé.

Autre paradoxe, si les joueurs veulent s'en donner la peine, vous allez voir du plus beau tennis, disons du plus intéressant, au parc Jarry que j'en ai vu à Wimbledon. La surface dure du parc Jarry permet des échanges, des passings, des coups brossés, alors qu'à Wimbledon, les Edberg, Becker et Stich servent, retournent et volleyent. Point, set et match.

Mais ces constatations ne peuvent rien enlever à la mystique Wimbledon.

Quand bien même je vous donnerais cent exemples de la fourberie bien camouflée des Angliches, quand bien même je vous expliquerais comment les plus complets, vus de loin et portés avec une élégance raffinée, parapluie à la main, sont souvent élimés et usés à la corde vus de près, je ne pourrais rien enlever au prestige de Wimbledon.

Parce que les joueurs aiment cette atmosphère, parce qu'ils jouent le jeu à fond.

J'ai demandé à Gabriella Sabatini pourquoi Wimbledon était si important pour les joueurs ? Et sa réponse explique bien Wimbledon, comme elle explique bien aussi les autres tournois du Grand Chelem.

« C'est parce que Wimbledon et les trois autres tournois du Grand Chelem sont les seuls tournois où tous les meilleurs se retrouvent ensemble. Le reste de l'année, nous sommes souvent éparpillés à travers le monde. Ici, ça se passe entre nous, et quand on gagne, on sait qu'on a vraiment gagné », a-t-elle répondu.

Dans tous les sports, les champions aiment à se retrouver pour régler un vieux différend. Qui donc est vraiment le meilleur ?

Le gazon, voyez-vous, n'est qu'un prétexte à débattre cette question…

Martina s'est fait plaisir

3 juin 2000

À Roland-Garros

PARIS – Elle était habituée à faire son entrée sur le central de Wimbledon et à faire une petite révérence à la duchesse de Kent et à Lady Di.

Du trio, seule Lady Di n'est plus en fonction.

Habituée aussi à saluer la foule du central à Roland-Garros et à se battre avec acharnement pour gagner le cœur des Français qui la trouvaient trop carrée, pas assez femme.

Elle s'est entraînée comme une folle, a minci et s'est musclée, a pleuré après des défaites et après une victoire dramatique au US Open, elle a affiché son homosexualité et l'a fait avec tellement de courage et de dignité qu'elle a tué dans l'œuf toutes les mauvaises blagues qu'on préparait sur son compte.

C'est une dame de 43 ans que j'ai vue faire son entrée sur le court n° 1 hier à Roland-Garros. Fin d'après-midi, soleil de plomb, les gradins étaient remplis à capacité pour voir le retour de la grande Martina Navratilova. Et le public n'a pas été déçu. Pas par Martina en tous les cas.

Elle était visiblement nerveuse. À 43 ans, elle avait posé et répété tous ces gestes des centaines de fois. Prendre une serviette, préparer sa bouteille d'eau, s'installer pour le réchauffement, venir au filet pour le tirage au sort avec l'arbitre. Vêtue d'un short blanc et d'un t-shirt qui lui donnait l'allure d'un gamin, Navratilova tentait de chasser la nervosité en souriant et en parlant avec sa partenaire en double, la costaude Mariaan De Swardt, 200 livres de muscles (!), d'Afrique du Sud.

« Ce n'est pas un retour au jeu. C'est un plaisir que je me fais. J'avais le goût de revivre la camaraderie, l'amitié, le feeling de la compétition une autre fois », a-t-elle expliqué après le match.

La paire Navratilova-De Swardt a fort bien commencé en gagnant les trois premières parties. On a constaté que la grande Navratilova savait encore jouer au tennis. Sa volée reste au-dessus de la normale, et elle place sa balle dans le trou presque à volonté. Elle souriait, échangeait de brefs commentaires avec sa partenaire et était en train de gagner la faveur de la foule, même si elle affrontait la Française Sabine Appelmans.

Et puis c'est arrivé tout d'un coup. Mariaan De Swardt s'est effondrée, absolument incapable de réussir un coup gagnant. Peut-être était-ce le fait de jouer à côté d'une légende qui l'a saisie, mais on a vu son visage changer, ses gestes se durcir et la solide joueuse qui matraquait des coups gagnants du coup droit dans les premières parties s'est transformée sous les yeux du public en une jeune femme nerveuse incapable de réussir quoi que ce soit.

Appelmans et Grande, qui avaient comme plan d'attaque en début de match de jouer sur Navratilova et de profiter de la lenteur de ses 43 ans, se sont vite ajustées. Elles ont gagné le premier set 7-5 en s'acharnant sur De Swardt, profitant de sa nervosité et la rendant encore moins capable de jouer avec confiance.

Chez les journalistes, on se disait qu'on aurait dû inviter Pam Shriver, son éternelle complice, qu'à elles deux, elles auraient pu gagner le tournoi.

Finalement, Navratilova a mis autant d'efforts à calmer De Swardt qu'à frapper la balle. Elles ont gagné les deux premières parties du deuxième set, mais vous savez qui a recommencé à frapper des balles dans le filet et hors les lignes. Pauvre fille, c'est tellement stressant quand on se met à accumuler des gaffes en double. Elle devait se sentir affreusement coupable et aurait donné n'importe quoi pour aller se cacher.

Mais la vieille pro n'a pas lâché. En plus, Sabine Appelmans a reçu une balle ricochet dans l'œil et a semblé déstabilisée pendant un moment. Moment dont avait besoin De Swardt pour reprendre confiance.

Martina Navratilova et sa partenaire avaient repris le match en mains. Deux petits sets, 6-1 et 6-3, leur permettaient de conclure un après-midi de rêve.

Et Martina est sortie avec un sourire épanoui et une seule pensée en tête.

Demain sans doute, elle marcherait encore sur la terre ocre de Roland-Garros. Elle lirait peut-être les journaux et rirait des extravagances de ce qu'elle lirait.

Mais demain, elle jouerait encore au tennis dans un tournoi du Grand Chelem.

Des dizaines de milliers de filles en rêvent dans le monde. Martina, elle, elle joue.

Miami en noir et blanc

31 mars 2001

Ce sera LE match du « cinquième Grand Chelem » ! Aujourd'hui à Key Biscayne, à quelques kilomètres de Miami : finale des femmes pour le titre du Ericsson. Venus Williams, Américaine, Noire, vivant en Floride ; contre Jennifer Capriati, Américaine, enfant prodigue, vivant en Floride.

J'ai hâte de voir comment les amateurs de tennis du grand Miami vont se comporter. Ça fait plusieurs années que la famille Williams, surtout Richard, le père, enfonce une grosse aiguille dans les fesses de l'Amérique blanche bien pensante. Les deux sœurs Williams sont belles, elles sont intelligentes, elles fréquentent l'école dès qu'elles ont quelques mois de congé, Serena apprend le français pendant ses temps libres lors des voyages, elles sont Témoins de Jéhovah et Richard Williams est tout sauf politiquement correct et homme de relations publiques.

Il y a un racisme lourd et omniprésent aux États-Unis. Après les manifestations du Black Power dans les années 60, les Noirs ont choisi une autre façon de faire sentir leur présence dans la société américaine. Depuis une vingtaine d'années, c'est de bon ton de ne plus dénoncer ce racisme larvé. Sauf pour Richard Williams qui, encore la semaine dernière, a fustigé les amateurs de tennis d'Indian Wells en Californie et a égratigné au passage les joueuses du circuit féminin en parlant de racisme dans les journaux de la Floride.

Martina Hingis a dit des propos de M. Williams « que ça n'avait pas de sens ». Quand on a demandé à Serena ce qu'elle pensait de la réaction de Martina Hingis, elle a répondu : « Ça n'a pas de sens. »

Peut-être avez-vous raté ce qui s'est passé à Indian Wells il y a deux semaines. En demi-finale, Serena devait affronter sa sœur Venus. Quelques heures avant le match, Venus s'est retirée sous prétexte qu'elle était blessée à la cuisse. Effectivement, elle a joué tout le tournoi de Miami avec un bandage au genou. Mais les amateurs ont copieusement hué Serena lors de sa finale contre la jeune joueuse belge Kim Clijsters. « Comment pensez-vous qu'une jeune fille de 19 ans qui n'a rien à se reprocher peut se sentir quand 15 000 personnes la huent dans son propre pays ? Que dirait-on d'une jeune fille de 19 ans qui huerait un bébé ? y a-t-on pensé ? Une fille de 19 ans ! Je me demande encore comment j'ai eu la force de passer à travers », soulignait Serena lors d'une conférence de presse d'après-match à Miami plus tôt cette semaine.

Les journalistes ont tenté de coincer tant Venus que Serena toute la semaine. Les deux jeunes femmes s'en sont brillamment tirées : « Mon père a le droit de dire ce qu'il pense. Et j'espère que vous êtes conscients qu'il y a du racisme en Amérique », a ajouté Venus en répondant à une question.

Contre Martina Hingis, Venus a été la favorite des spectateurs. Il faut dire que Martina Hingis n'est pas la plus aimée des joueuses du circuit. Et puis, les Américains sont habituellement chauvins. Sauf à Indian Wells quand l'Américaine s'appelle Serena Williams.

Les sœurs Williams sont un formidable fer de lance pour la percée des Noires dans le tennis et le marketing basé sur le sport… et la jeunesse.

Elles sont le support publicitaire de nombreuses compagnies et sont le sujet de reportages dans une multitude de magazines féminins et sportifs.

Mais le comportement parfois fantasque de leur père commence à hypothéquer leur immense popularité. Jeudi, Richard Williams portait un t-shirt affichant son… portrait. Et si les Williams forment une famille très unie, l'omniprésence du paternel dérange. Tellement qu'on chuchote déjà que les matchs entre Serena et Venus pourraient être « arrangés » par M. Williams. Ça se dit, ça se chuchote à Miami que la victoire de Venus contre Serena à Wimbledon aurait pu être décidée dans la suite d'hôtel du père Williams la veille du match.

Personnellement, je ne le crois pas. Mais entre la fierté noire et l'arrogance, il n'y a parfois qu'une fine ligne à franchir. Venus et Serena sont de formidables modèles pour des centaines de milliers de jeunes dans le monde. Il y a une certaine retenue qui serait de bon ton dans la gérance de leurs affaires… et de leur image.

Hier, Jennifer Capriati a rossé la grande Russe Elena Dementieva, 6-2, 6-0. Dementieva est 11e au monde. Hier, elle avait l'air de Mario Langlois contre l'humble chroniqueur dans le temps qu'il avait deux genoux. Quant à Andre Agassi, on a vu pourquoi il durait et perdurait au sommet du tennis international.

Son match avait été arrêté à cause des orages qui se sont abattus sur Miami la veille. Quand il a repris sa raquette, il tirait de l'arrière dans le premier set. Il a serré les dents, s'est concentré sans un moment de relâche et a varloppé le grand et solide Croate Ivan Ljubicic 6-4, 6-4. La demi-finale opposant Patrick Rafter à Agassi sera disputée aujourd'hui. Avec des airs de finale…

Mais ce qu'il ne faut pas rater aujourd'hui, c'est Jennifer contre Venus. Ça va cogner dur et il va y avoir de la tension dans l'air. Surtout qu'on annonce du temps couvert et une chaleur humide.

Vous pouvez parier ce que vous voulez que la foule va appuyer Jennifer. C'est toujours attachant un enfant prodigue.

La leçon de tennis…

2 avril 2001

À Miami

Il faisait chaud hier à Miami. Mais rien à voir avec la chaleur écrasante de la Malaysia (sic). Faisait chaud, et le soleil faisait cligner les yeux quand il arrosait le béton des immeubles ou des stades.

Fallait fermer les yeux pour revoir « l'ancien » Andre Agassi pendant que l'actuel numéro un mondial donnait une terrible raclée doublée d'une implacable leçon à son successeur américain Jan-Michael Gambill.

Agassi a 30 ans, tout bientôt 31. Il est numéro un mondial au classement ATP après avoir empoché des victoires aux Internationaux d'Australie et aux Masters d'Indian Wells. Avec sa victoire d'hier au Ericsson Open à Key Biscayne, Agassi a plus de points que les numéros deux et trois ensemble au classement de la saison. Ça vous donne une idée.

Hier, après avoir pris le premier set gagné au bris d'égalité pour s'ajuster au service puissant du jeune Gambill, il a fini le travail 6-1 et 6-0, laissant son adversaire assommé, démoli, complètement abasourdi. D'ailleurs, en conférence de presse, Gambill n'était pas encore remis de la leçon : « Il est le meilleur au monde, il est certainement celui qui a la meilleure tête de tennis, celui qui lit le mieux le jeu et qui sait exploiter toutes les occasions », expliquait Gambill pour tenter de faire comprendre ce qui lui était arrivé.

Et il ajoutait : « Il faut voir comment il varie la vitesse, les effets et les angles de ses services. C'est pas croyable. »

Fermer les yeux et tenter de reculer dans le temps. Sur le court du stade de Key Biscayne, un homme de 30 ans, cheveux rares et rasés, torse aux muscles découpés, jambes fines pour un joueur de tennis de son calibre, un homme incroyablement concentré point après point, à l'abri dans sa bulle, découpant l'adversaire sous le regard amoureux de Steffi Graf.

Sur le court central à Wimbledon, un jeune homme de vingt ans. L'année précédente, Andre Agassi avait boudé Wimbledon. Vous vous rappelez de cet Andre Agassi ? Les longs cheveux bouclés, les bermudas multicolores, les polos trop courts pour dévoiler son ventre quand il cogne ses coups droits et faire se pâmer les filles.

On l'attendait sur le central. Agassi s'était fait avertir par les dirigeants du All England Cricket and Tennis Club qu'aucun manquement à la tradition ne serait toléré. Il faudrait que le blanc domine. On admettait les polos blancs avec motifs en couleurs d'Ivan Lendl, mais fallait que ce soit discret.

Le central s'était levé d'un souffle quand Agassi avait fait son apparition. Tout blanc. Short, polo, foulard, bas et souliers. Agassi avait gagné sa partie. Tout le cœur de Londres lui avait été gagné avant même qu'il ne s'installe à une extrémité du court pour commencer sa période d'échauffement.

Je n'ai jamais compris l'acharnement des journalistes américains contre lui. Pendant des années, tout ce que pouvait dire Agassi était digéré et vomi par la presse américaine. Pourtant, il était gentil, intelligent, il répondait aux questions, il rendait hommage à ses adversaires et il semblait sincère. Mais la presse américaine le haïssait. Peut-être parce qu'il avait les cheveux longs, qu'il faisait de l'argent et qu'il avait déclaré : « *Image is everything.* »

La contradiction était tellement évidente entre ce qu'on lisait dans la presse américaine et le comportement affable d'Agassi lors de ses passages à Montréal que certains confrères ne savaient plus comment traiter leur sujet. Hypocrite ou victime ?

Hier en Floride, Andre Agassi pouvait rester naturel. Il y a longtemps que les jaloux ont cessé de dénaturer ses propos. Il venait de donner une leçon de tennis, il venait surtout de donner une leçon de concentration. Même à 5-0, avec balle de match, il n'a jamais relâché son attention. Il l'avait dit la veille : « C'est excitant de jouer contre un Américain de la nouvelle génération. Oui, c'est excitant avant et après le match. Mais pendant le jeu, il n'est pas question de se laisser aller à une distraction quelconque. Ce sera business as usual », avait-il dit.

Pete Sampras est peut-être le plus grand joueur de tous les temps. Même s'il n'a jamais été capable de gagner sur la terre rouge de Roland-Garros. Sa collection de triomphes en Grand Chelem lui accorde une place à part dans l'histoire du tennis. Disons avec Rod Laver.

Mais Agassi a d'autres points à faire valoir. Il a gagné sur toutes les surfaces où on peut jouer au tennis. Gazon, terre battue, béton et surface artificielle. Et après avoir abandonné entraînement et travail, après avoir sombré dans les classements, il s'est repris en mains et au prix de sacrifices énormes, d'un entraînement spartiate, il est remonté tout au sommet du classement mondial. Et aujourd'hui, à 30 ans, il est le meilleur au monde : « Je dirais même que je suis meilleur présentement qu'en tout temps dans ma carrière. Je suis plus fort, je suis plus rapide et j'ai plus de résistance. Et j'ai de l'expérience », a indiqué Agassi hier.

Et il a ajouté : « Ce qui s'est passé pendant ces années où j'ai décroché du tennis ? Je ne le sais pas trop. Mais j'ai passé des nuits à essayer de m'imaginer ce qu'aurait été ma carrière si je n'avais pas tout lâché pendant ces années. »

À Las Vegas, derrière sa maison, il y a une colline. Agassi l'appelle la colline de la mort. Avant Noël et jusqu'à son départ pour l'Australie, Agassi est retourné à la colline de la mort pour se préparer. Des dizaines de fois, jusqu'à épuisement complet, il a gravi à la course sa colline des tortures.

Hier, le soleil de Miami n'était pas plus chaud que le soleil de Las Vegas. Quand Jan-Michael Gambill, 23 ans de jeunesse, a commencé à ralentir, à chercher son souffle, à souffrir quand les échanges s'allongeaient, Andre Agassi n'était qu'à mi-montée dans sa colline de la mort.

Des légendes sous nos yeux

13 septembre 2005

Il y a de ces légendes qui transforment un excellent set de tennis en un match fabuleux. Dimanche, c'est ce qu'Andre Agassi a réussi.

Parce que, dans le fond, le premier set a été routinier. Le deuxième, tout à l'avantage d'Agassi, a chauffé le stade où se déroulait la finale du US Open qu'il disputait à Roger Federer.

Mais la troisième manche, excusez-là, la troisième valait le prix du ticket. C'est là que s'est joué le match, c'est là qu'Agassi aurait pu créer une énorme surprise et c'est là que Roger Federer a fait la démonstration qu'il était le meilleur joueur de tennis au monde...

Et peut-être même de tous les temps.

J'étais collé à l'écran quand Agassi a brisé Federer pour prendre les devants 4-2. Et c'était à lui de servir. Il gagnait son service et il menait 5-2 dans la manche et 2-1 dans le match. Était-il nerveux ? Était-il fatigué ? Ou bien Federer a-t-il vraiment hissé son jeu d'un cran ou deux ?

Agassi s'est fait ravir son service, Federer l'a assommé avec deux as en partant, à la partie suivante, et dès lors, on a senti jusqu'à Ste-Adèle qu'Agassi était dominé. Qu'il ait tenu le coup jusqu'au bris d'égalité n'est que la démonstration de sa grande détermination et de son immense talent. Après, c'était un homme fatigué de 35 ans contre une superbe jeunesse de 24.

J'ai profité de son passage à Montréal pour écrire tout le bien que je pensais d'Agassi. Il a été malmené par une mafia du journalisme « tennistique » américain pour des raisons qui n'étaient pas évidentes. Je pense simplement qu'Agassi était trop gentil et trop bien élevé. Les Amerloques ne pouvaient croire que c'était sincère.

Quand même, un gars ne peut pas jouer la comédie pendant vingt ans ! Vous l'avez vu hier remercier les fans de New York ? Et vous l'avez vu féliciter Roger Federer ? Dites-vous que dans le tennis de haute compétition, les joueurs ne font pas de cadeau aux magouilleurs. Ils se connaissent trop. À Montréal, c'était Rafael Nadal qui disait et montrait à quel point il était honoré d'affronter Agassi en finale. À New York, Federer a même ajouté qu'il espérait retrouver Agassi pour disputer d'autres de ces matchs endiablés.

Agassi, qui joue au tennis depuis 94 ans comme a blagué John McEnroe, a dit que Federer était le meilleur joueur qu'il ait affronté dans sa longue carrière. Nick Bollettieri, qui a formé Agassi et Monica Seles entre autres, est allé plus loin en disant qu'il était le meilleur joueur de tous les temps. Comme Bollettieri a 72 ans, il doit savoir de quoi il parle.

J'ai vu jouer en personne Bjorn Borg, John McEnroe, Ivan Lendl, Pete Sampras, Boris Becker, Stefan Edberg et Jimmy Connors. Tous des champions, tous des superstars, et c'est Federer qui est le plus complet et le plus puissant.

Sampras a gagné 12 tournois du Grand Chelem, mais n'a jamais gagné Roland-Garros. Federer est rendu à six. Il n'a que 24 ans.

Quant à Agassi, il est le seul joueur à avoir remporté les tournois du Grand Chelem sur quatre surfaces différentes. Ça aussi, ça aide à entrer dans la légende.

En tous les cas, tout le monde va être d'accord avec moi. Agassi et sa femme Steffi Graf forment la plus fabuleuse paire de double mixte de l'histoire.

Samedi, la finale féminine a été décevante. Mais la présence de Mary Pierce en finale était déjà une très belle histoire. Mme Pierce a trente ans, et dans le tennis féminin, à part Martina Navratilova à une autre époque, 30 ans, c'est l'âge d'être grand-mère.

Quelle évolution ! J'étais à Melbourne en 1995 quand Mary Pierce a remporté son premier Grand Chelem. Mary était retournée vivre en France avec sa mère et avait été forcée de demander l'interdiction d'accès aux stades de tennis pour son père Jim Pierce. Il harcelait sa fille et se conduisait comme un butor.

Mary était mal à l'aise dans sa nouvelle identité. Les journalistes français de *L'Équipe* ou du *Figaro* se demandaient comment traiter cette Américaine française ou cette Française américaine ? Mary Pierce, 20 ans, ne les aidait pas. Elle tentait désespérément de les charmer, mais tout sonnait faux chez elle. Du moins avec la presse française.

Coup de chance, j'étais encore là quand elle a gagné les Internationaux de France, cinq ans plus tard. Cette fois, elle avait découvert Jésus et témoignait de sa foi de nouvelle convertie avec une insistance qui dérangeait passablement certains des plus républicains de la République. À Melbourne, Mary Pierce était mille fois mieux dans sa peau. Elle a toujours le Christ dans son cœur et le fait savoir avec délicatesse. Mais il y a encore bien plus. Elle s'est réconciliée avec son père Jim, qui vient souvent la retrouver dans les villes où elle dispute des tournois. Et qui a retrouvé le droit d'encourager et de donner des conseils à sa grande fille.

Qu'elle ait perdu en finale, pensez-vous vraiment que ce soit si important ?

Autres sports

Morts depuis décembre 1999

2 juin 2001

Les Expos sont morts le 10 décembre 1999. Le lendemain de la grande conférence de presse au cours de laquelle les actionnaires québécois ont présenté le Sauveur et le fils du Sauveur.

Cette journée-là, le bon peuple s'est levé heureux. Il était prêt à croire aux Expos, à un nouveau stade et à un avenir radieux du baseball à Montréal.

Puis, le 10 au matin, Jeffrey Loria et David Samson se sont « mis à l'œuvre ».

Ça n'a jamais cessé. On dirait deux extraterrestres descendus sur une autre planète.

Si toutes les gaffes des deux dernières saisons faisaient partie d'un plan pour sortir les Expos de Montréal, on peut déjà conseiller à Loria et Samson de cesser leurs efforts, c'est gagné. Plus personne ne se préoccupe de l'équipe et les Québécois ont maintenant atteint le stade de l'indifférence. Dans le sport, c'est l'équivalent de la mort.

C'est pour ça que Loria et Samson auraient pu avoir un peu de classe quand ils ont congédié Felipe Alou. Ils n'étaient pas obligés d'agir en grossiers personnages. Ils auraient pu montrer un minimum de respect à un homme solide, valeureux et généreux qui a donné 27 ans de services loyaux et compétents à une organisation qui ne le méritait pas.

J'ai rencontré régulièrement Felipe pendant une vingtaine d'années. J'ai voyagé avec lui quand Dick Williams était le gérant de l'équipe. Déjà, Alou faisait sa marque par son élégance, sa profondeur et sa belle éducation.

Felipe était un homme de principes. Et un homme politisé qui savait interpréter les mesquineries de ceux qui dirigeaient le baseball et l'Amérique. C'était et c'est un homme de respect.

Felipe savait que je devais m'absenter de longs moments du baseball pour couvrir le hockey, le tennis, la Formule 1 ou la boxe. Quand je le retrouvais, il avait la patience de répondre à des questions qui devaient certainement l'ennuyer. Mais il le faisait parce qu'il respectait les lecteurs qui liraient ma chronique du lendemain. Ils n'avaient pas à payer parce que je n'avais pas mis les pieds au stade depuis trois mois.

C'est dommage qu'Alou n'ait pas décidé d'imposer la même politique à Vladimir Guerrero. Mais avec les joueurs de baseball, ça fait longtemps que j'ai perdu la foi dans leur bonne volonté. Sans doute n'y avait-il rien à faire.

Montréal vient de perdre un Scotty Bowman, mais en plus raffiné et en plus universel. D'habitude, ces hommes ne sont pas remplaçables.

Quoique, à Montréal, ça ne veut rien dire. Bientôt, il n'y aura plus personne à remplacer.

Gracias, Felipe.

L'autre BAR de Jacques

La nouvelle est restée confidentielle, mais elle m'a été confirmée plus tôt cette semaine à Monaco.

Ce n'est pas avec sa voiture habituelle de course

que Jacques Villeneuve a si bien couru lors du Grand Prix de Monaco : « Jacques a tellement aimé la voiture avec laquelle il a mené ses tests à Valence que c'est cette voiture qu'il a conduite à Monaco », m'a assuré un membre de l'écurie BAR.

Ça ne fait que confirmer ce que disait Jock Clear tout de suite après la course à Monaco. C'était la première fois depuis le début de la saison que Villeneuve pilotait une caisse réglée pour lui. Auparavant, et c'est normal puisqu'Olivier Panis a beaucoup travaillé pendant l'hiver, Villeneuve avait piloté des voitures réglées autour de Panis.

Le cas Adrian Newey

Jaguar et McLaren ont annoncé « officiellement » par voie de communiqués que le grand ingénieur Adrian Newey, concepteur du merveilleux châssis McLaren, avait accepté les offres de leur écurie. Jaguar pour cinq ans et McLaren pour trois ans. Les deux offrent une citation de Newey exprimant sa joie d'avoir accepté l'offre de Jaguar... et de McLaren.

Rien n'est jamais certain dans le merveilleux monde de la F1, mais il est certain que Newey négociait avec Jaguar et que McLaren a eu vent de la chose. Newey s'était-il engagé ? McLaren a-t-elle réagi à temps ? La suite dans le prochain épisode du grand téléroman qu'est la Formule 1.

Personnellement, je pense que Newey va rester chez McLaren.

TSN s'énerve

Mathias Brunet, qui a du cœur, des couilles et du jugement, a remis à sa place David Amber, de TSN, le grand réseau de Toronto. Amber fulminait dans le vestiaire de l'Avalanche du Colorado parce que François Lemenu prenait trop de temps avec ses questions en français. C'est arrivé la semaine dernière.

Mathias a rapporté l'histoire. Et voilà que les grands patrons de TSN, déjà engraissés par les profits que RDS doit leur envoyer à chaque fin d'année fiscale, s'excitent le poil des jambes.

Ce sont eux qui accusent Mathias Brunet de racisme.

Mettons quelque chose au point tout de suite.

Ou bien David Amber tapait du pied et grognait parce que Lemenu posait ses questions en français, et c'est un raciste.

Ou bien David Amber tapait du pied et grognait parce que Lemenu posait trop de questions dans l'exercice de son travail de journaliste et alors c'est un grossier personnage qui se croit tout permis comme il y en a tant à la télévision.

Le grand patron de TSN devrait être content. Il a le choix entre deux hypothèses.

Ménard serait écorché

Daniel Poulin continue de travailler au livre de Claude Brochu sur la saga des Expos. Paraît qu'il y a des copies de procès-verbaux qu'il va être passionnant de lire.

Selon M. Poulin, certains partenaires, dont Jacques Ménard, pourraient être écorchés dans certains chapitres du livre, et déjà des avocats seraient sur un pied d'alerte.

Quant à Daniel Poulin, journaliste sportif et également grand mélomane, il prépare une série de concerts avec Louis Lortie qui va interpréter les 32 sonates de Beethoven pour piano seul, les dix sonates pour violon et piano avec James Ehnes, un des grands violonistes canadiens, plus les trios pour piano, violon et violoncelle, et pour terminer, M. Lortie va s'offrir les cinq concertos pour piano... en agissant comme chef d'orchestre et soliste avec l'Orchestre symphonique de Montréal.

C'est encore plus fort qu'une partie du Canadien contre les Thrashers d'Atlanta.

Ne me demandez surtout pas ce que je choisirais le cas échéant…

Que Dieu protège l'Amérique

3 octobre 1985

ST. LOUIS – Il y a quelque chose de fascinant dans le rythme du baseball. C'est le sport professionnel qui a subi le plus de coups durs depuis quelques années. Grèves, trafic et consommation de drogues illégales, millionnaires gâtés qui méprisent ceux qui payent leur salaire, les maux du baseball sont purulents.

Et pourtant, le baseball survit avec ses dopés, ses stars extravagantes et ses traditions. Comme le blues, les racines du baseball prennent force dans son rythme même.

Hier par exemple au Bush Stadium à St. Louis. Match important s'il en est un. Les deux meilleures équipes de la division Est et surtout les deux meilleurs droitiers du baseball s'affrontaient : Dwight Gooden et Joaquin Andujar.

Et pourtant, à quatre heures de l'après-midi, les deux clubhouses respiraient normalement. C'était tout juste une partie comme une autre. Chez les Mets. Keith Hernandez faisait les mots croisés du *Post-Dispatch*, George Foster jasait doucement dans un coin avec Dwight Gooden, immensément longiligne, l'air timide et fragile, ne rappelant en rien le monstre épeurant qu'il devient sur le monticule quand il se prépare à propulser une balle rapide à 150 kilomètres à l'heure.

Gary Carter était impliqué dans une partie de cartes avec un de ses coéquipiers. Une partie qui s'est éternisée jusqu'à cinq heures et demie. Une partie disputée à grands coups d'éclats de rire et de poings sur la table.

Rusty Staub (il ressemble de plus en plus à Gérard Vermette en vieillissant) essayait d'enfiler son pantalon par-dessus la gaine qui tient sa bedaine en place. Gooden s'est permis une petite taquinerie, tous les journalistes de New York se sont fendus de rire, espérant attirer Doctor K dans une conversation d'avant match qui fournirait une bonne petite histoire : « Je vous verrai après la partie », a précisé gentiment Gooden. Le groupe s'est alors dirigé vers Davey Johnson, le gérant des Mets.

***

Les deux meilleurs droitiers du baseball. Le grand et timide Gooden et Joaquin Andujar.

J'étais planté devant son casier en train de lire un article découpé et collé au-dessus de son banc. Un commentaire écrit par le directeur des sports du *Post-Dispatch*. Et le pauvre Andujar mange sa claque. Tout est bon pour montrer comment cet enfant gâté de la République dominicaine passe son temps à cracher sur les bons et généreux États-Unis, comment il a snobé le match des Étoiles, comment les journalistes de St. Louis ont été miséricordieux envers lui au fil des ans, comment il devrait remercier les partisans des Cards, la direction des Cards, les habitants de St. Louis et les États-Unis en général qui permettent à cet ingrat garçon des Caraïbes, unilingue espagnol, de venir empocher $ 1 million par année à lancer une balle de baseball à tous les quatre jours.

« Perds pas ton temps à lire ça, c'est du fumier ! Ça pue un mille à la ronde », lance quelqu'un dans mon dos.

C'est Andujar en personne.

– Qui donc a collé cet article à ta place ?

– C'est moi, pour que les journalistes comprennent le message et ne viennent pas me parler.

Ah bon ! Andujar commence à se déshabiller. Ozzie Smith arrive dans le clubhouse : « Hé ! Le petit négro puant, viens me voir ! », lui lance Andujar. Smith est son partenaire principal dans cette guerre de mots grossiers que livre Andujar à tous les autres joueurs des Cards.

Il y a un grand panier rempli de pommes dans le milieu de la pièce. Andujar se lève, prend une pomme dans sa main et s'écrie : *God Bless America !* Et d'une voix à peine moins forte : *Fuck America !*

***

– T'es français, toi ? T'as dû t'en rendre compte, ici, même s'ils sont gentils, quand tu parles pas la bonne langue, t'es toujours jugé plus sévèrement.

Andujar me montre deux mots qu'il a écrit au stylo bille sur la coupure de presse. *Perro caliente*. Les mots sont encerclé et reliés à une expression employée dans le cœur de l'article pour qualifier Andujar : *hot-dog*.

– Je sais que *caliente* veut dire chaud mais *perro* je sais pas ?

– Perro, c'est de la merde. De la merde puante. Ces salauds que je ne lis d'ailleurs pas écrivent que je suis *hot-dog*, que je n'ai pas un comportement exemplaire au jeu mais quand il s'agit de Gary Carter ou de Pete Rose, ça devient de l'agressivité, de la combativité. Moi, je suis un mécréant. Je vais te dire, Carter et Rose sont corrects. Ils jouent au baseball comme il doit être joué. Ceux qui parlent contre Carter sont jaloux de son salaire.

– C'est un match crucial pour les Cards ce soir, t'es le lanceur partant, comment tu te prépares pour le match ?

– En bottant le cul d'un nègre, c'est pas vrai Ozzie ?

***

Whitey Herzog en a raconté de bien juteuses à propos des Expos la semaine dernière. Ses joueurs se plongeaient tellement le nez dans la cocaïne quand les Cards affrontaient les Expos à Montréal qu'Herzog avait pris l'habitude d'arriver dans la métropole le jour même de la partie.

Et Herzog a aussi raconté qu'un des meilleurs prospects des Expos était le pusher préféré de ses joueurs. Il parlait évidemment d'Ellis Valentine. Il l'a en quelque sorte confirmé hier après-midi.

Il semble cependant que John McCale n'a pas tellement prisé les histoires racontées par Herzog : « McCale m'a téléphoné. Il voulait obtenir des précisions à propos de ce que j'avais dit. Je lui ai fourni les renseignements demandés. Quand je disais qu'une dizaine de mes joueurs se dopaient en 1980 et 1981, je ne parlais pas seulement de la cocaïne. Je faisais allusion à toute cette merde que les habitués fument, reniflent ou avalent. »

Il faisait beau, le soleil se couchait sur le Missouri. Herzog a levé les yeux au ciel qui se teintait de rose. J'étais en compagnie de Brian Kapler de *The Gazette*.

– Vous êtes de Montréal tous les deux ? Est-ce vrai qu'ils vont ajouter 24 autres étages au mât du Stade olympique ? Oui ? C'est complètement maboule. Laissez-moi vous dire une chose, j'espère qu'ils choisiront une partie de football la première fois qu'ils vont essayer leur toit. Je ne veux pas être en dessous ce jour-là. »

Tout le monde rit. Le rythme du baseball. Le rythme du blues.

On jase baseball dans un dugout à une heure d'un match crucial pour la moitié de l'Amérique comme on se réunit autour d'un guitariste en pleine rue Beale à Memphis pour chanter et jouer le blues. Même nonchalance, mêmes racines dans le sol américain et les histoires qu'on raconte sont les mêmes. Elles parlent d'argent, de femmes, de victoires et de défaites.

C'est pour ces heures sacrées que le baseball survit à toutes ses misères.

Shake, rattle and roll.

Le méchant, le bon méchant, le communicateur

L'irrésistible morsure de Mad Dog.

8 octobre 1986

Ce soir à Québec, Maurice Vachon montera dans un ring de lutte pour l'avant-dernière de sa turbulente carrière.

La semaine prochaine, à Montréal ce seront les adieux définitifs de Mad Dog à ses fans. On abaissera le rideau sur une carrière qui aura duré près de 40 ans.

Mais si Maurice Vachon accroche ses bottines au clou, ça ne veut pas dire la fin de Mad Dog. Au contraire, jamais le joyeux bonhomme n'aura autant travaillé. Toujours dans le même domaine, celui du show business.

À Québec, où rien n'est pareil, c'est la MadDog-mania. On voit le visage souriant du lutteur sur les autobus, dans les journaux, à la télévision. Mad Dog est partout, tout le monde voit ou écoute Mad Dog.

C'est une popularité qui confine au phénomène. Voilà un « méchant » de l'arène qu'on a hué et détesté copieusement pendant trois décennies. Et soudain, comme ça, tout le Québec cesse de voir son personnage soigneusement fabriqué pour découvrir le bon bonhomme, généreux, intelligent, bon. C'est un communicateur formidable. Ses années de spectacle dans le monde de la lutte lui ont donné le sens du timing. Il sait exactement quand et comment le public va réagir. Il sent le pouls d'une foule et sait la faire réagir à volonté.

Nous avons copieusement détesté Maurice Vachon quand nous étions petits gars. Il était la grande vedette de la lutte au Saguenay-Lac-Saint-Jean qu'il appelait « mon territoire ». Maurice était le roi du territoire qu'il défendait avec beaucoup de couleurs. Il fut le premier à donner un vrai show, lors des entrevues télévisées avec l'annonceur Yves Jobin. L'entrevue des lutteurs était une des émissions les plus suivies dans la région... grâce à Mad Dog.

Mais les gens l'aimaient. Tôt ou tard, Mad Dog finissait par être le favori quand débarquaient Wild Bull Curry ou Chen Lee pour affronter Maurice dans des combats qui se déroulaient dans des cages.

Mad Dog a vieilli. Cela fait déjà quelques années que ses adversaires lui donnent une chance pour qu'il paraisse bien dans le ring. Mais il a encore en lui ce goût irrésistible du public. C'est un troubadour qui n'est heureux que sur scène : « Le public, c'est une drogue. Les applaudissements, c'est la meilleure sensation que puisse ressentir un athlète », me disait Mad Dog lors de son dernier passage à Montréal.

Les applaudissements, le public, Mad Dog les retrouve à Québec. Dans la Vieille Capitale, Maurice Vachon a confirmé son virage dans le spectacle. Plus celui de la lutte, mais celui des artistes.

Il est l'inspecteur Gourmet dans l'émission quotidienne de Michel Jasmin à Télé Capitale. Et il est un des coanimateurs du morning show de CHOI-FM en compagnie de Christian Lavoie et Paul Paquin.

« Mad Dog est souvent tordant », commente Louis Lebeau, le directeur de la station.

« Il est en direct de 7 heures et demie à 8 heures et demie, mêlant commentaires, gags et interventions. Il lit également son « Edito-dog », un commentaire à saveur éditoriale. Les réactions sont incroyables. Mad Dog est sans doute la figure de l'heure à Québec. »

Ce sont les messages publicitaires pour la Labatt Légère qui ont le plus contribué à la création d'une nouvelle image pour Vachon : « Pas besoin d'un dictionnaire ! » Tout le Québec connaît cette boutade lancée par Vachon dans son commercial.

Lui pense que ce sont surtout ses apparitions à *Samedi de rire* qui ont lancé sa nouvelle carrière : « Ces émissions avec Yvon Deschamps ont fait connaître un nouveau Mad Dog. Les gens ont réalisé que j'étais le méchant seulement pour mes adversaires. Et les messages publicitaires m'ont également aidé à me faire aimer. »

Quand j'ai rejoint Vachon, il était à la salle de maquillage de Télé Capitale. En soirée, il participait à l'émission de Marc Simoneau à CHRC. Il s'amuse ferme : « Le monde sont après capoter, ça me dépasse. C'est de valeur que les journées aient juste 24 heures, j'aurais deux fois plus d'ouvrage que je peux en faire. Faut que j'aille dans les écoles, dans les cégeps, j'ai jamais vu ça. Je me fais construire une maison dans les Cantons-de-l'Est pis dès qu'elle est prête, je fais venir ma femme du Nebraska pour emménager. » Maurice Vachon a toujours été un nationaliste convaincu. Il a représenté le Canada aux Jeux olympiques de 1948 et remporté une médaille d'or aux jeux de l'Empire en 1950. Il a parcouru le monde de long en large. Il était juste et mérité qu'il vienne entreprendre sa deuxième carrière parmi les siens. Qui l'ont toujours bien aimé en le détestant avec fougue. Et qu'il a bien servi.

Dans le calepin – Le ton était un tantinet trop admiratif, trop fan, mais quel reportage sur le Canadien que celui préparé hier par le service des nouvelles de *Montréal, ce soir* ! De bons thèmes, de bonnes images, quelques questions pas trop mièvres dans le lot. Un montage vif, de la bonne télé d'information. Pourquoi donc le service des sports ne pourrait-il pas imiter les confrères de la salle des nouvelles une fois de temps en temps ?

« La première étoile ! *The first star* ! »

C'était tout juste une gentille tradition. Qui a sans doute commencé avec le regretté Charley « Trois Étoiles » Mayer.

Les joueurs de hockey ne gagnaient pas de gros salaires. Et pour leur rendre hommage et souligner leur bon travail, le vétéran journaliste avait entrepris de décerner trois étoiles à la fin des matchs.

Des lecteurs plus âgés pourraient sans doute fournir de précieuses informations sur les débuts de cette tradition, mais je ne suis même pas certain que les joueurs étaient présents au public quand ils étaient choisis par M. Mayer.

Le geste était gentil. Personne ne l'avait encore récupéré pour des fins de marketing ou de mise en marché. Puis la télévision s'en est mêlée. Et le geste simple des origines est devenu une grosse affaire complexe impliquant des dizaines de milliers de dollars.

Les trois étoiles n'existent plus qu'en fonction de la Coupe Molson ou de la Coupe O'Keefe. L'hommage a été commercialisé à outrance. Et tout le monde y trouve son profit.

Il y a une dizaine d'années, même les journalistes s'en sont mêlés. On avait décelé l'impact publicitaire de choisir les trois étoiles lors d'un match télévisé. La mention de son journal à la fin d'un match Canadien-Nordiques équivaut à une publicité gratuite entendue par un million et demi de téléspectateurs. Pourquoi ne pas confier aux chroniqueurs de hockey réguliers le soin de choisir les trois étoiles ?

Ronald Corey, directeur du marketing chez Molson, avait piloté le dossier. Et Ronald, qui est vite sur ses patins, avait d'emblée perçu les possibilités énormes de marketing qu'offrait cette sélection d'étoiles.

C'est alors qu'est née la Coupe Molson qui charrie le nom de la compagnie dans tous les médias du pays pour des pinottes.

Hier, on a annoncé avec grande pompe que la Coupe Molson serait encore plus mercantile. Et que les gens pourraient encore choisir leurs étoiles... en plus de celles des journalistes.

Pauvre Charles Mayer... il doit se retourner dans sa tombe.

Armstrong en sept mots

8 mars 2006

La rencontre avec Lance Armstrong était prévue pour deux heures. Dans les coulisses, derrière la grande scène que lui et Bill Clinton allaient occuper dans l'après-midi. Des coulisses gardées et protégées par de nombreux agents de sécurité et des gardes du corps tous vêtus de noir. Au moins, j'étais déjà dans le saint des saints.

Quand le roi de la pédale est arrivé, vers 14 h 30, il n'avait plus le temps de s'asseoir pour une entrevue en tête à tête. Plus de 4 000 personnes assises dans la grande salle du Palais des congrès attendaient son discours, et Armstrong avait besoin de se concentrer.

Pas grave, je n'étais pas pressé et j'étais intéressé à écouter sa conférence.

Un témoignage touchant. Après toutes ces années, Lance Armstrong est encore ému quand il raconte comment on a fini par dépister son cancer des testicules. Et comment on a trouvé une douzaine de tumeurs malignes de la grosseur d'une balle de golf dans sa poitrine et ses poumons. Comment l'horrible traitement de chimiothérapie l'a atteint dans toutes ses forces vitales. Et comment il s'est fixé un objectif incroyable une fois le cancer terrassé. Remporter le Tour de France. Comment aucune des 25 équipes contactées en Europe n'a voulu de lui à cause du risque de rechute. Comment il s'est retrouvé avec le US Postal, une équipe américaine bien moyenne. Et comment il a gagné un, puis deux, puis trois puis jusqu'à sept Tour de France. Comment il n'a jamais cessé de se battre contre cet horrible ennemi qu'est le cancer et comment on a vendu 60 millions de bracelets jaunes en quelques années à un dollar chacun. Et surtout, comment il a été bouleversé par la mort causée par un cancer, la veille, de la femme de Christopher Reeves.

Après, ça s'est passé en coup de vent. Le maire de Montréal, M. Gérald Tremblay, l'attendait dans l'arrière-scène avec un présent. Le maire a remis au grand champion un ensemble des pièces de monnaie frappées pour les Jeux olympiques de 1976. Amstrong a semblé très content puis il s'est tourné vers moi : « C'est avec toi, l'entrevue ? Viens t'asseoir. »

On s'est retrouvés sur deux chaises droites, et j'ai lancé le jeu. Comme je risquais de n'avoir qu'un petit quart d'heure, on a convenu d'une entrevue bien différente. Je lui lançais un mot, et il me disait les pensées que ce mot faisait jaillir en lui :

– La compétition.

– La compétition, c'est le travail. C'est un travail dur et difficile pour se préparer à la compétition.

Plus grand est le challenge, plus énorme doit être le travail. En fait, c'est le travail qui est la compétition.

– Gagner...

– C'est important de gagner. Mais dans mon cas, ce qui me pousse à la limite, c'est davantage la peur de perdre. J'ai vraiment peur de la défaite. J'ai horreur de perdre. C'est certain que j'ai gagné le Tour de France, donc, dans la tête des gens, j'ai toujours gagné. Mais ce n'est pas vrai. J'ai perdu des étapes que je voulais gagner, j'ai surtout perdu des « spéciales » que j'aurais dû gagner. Et j'ai détesté chacune de ces défaites... même si, à la fin, je gagnais le Tour.

– La France...

– Il y a un malentendu à propos de la France et des Français. J'adore la France et j'adore ces gens, même si j'ai des problèmes sérieux avec ses médias. La presse française est très différente de la presse nord-américaine, et, souvent, dans les articles, on trouve de tout. Des commentaires, des faits, des opinions. Mais disons que je m'en fous un peu. Mais j'aime la France, surtout le Midi. Ma ville favorite est Nice. Les gens me traitent bien, sont gentils avec moi. Même que, si je mets de bonnes grosses lunettes soleil, je peux même m'y balader sur la promenade des Anglais.

– Les enfants ?

– Les miens ou les enfants en général ?

– Les tiens pour commencer...

– Mes enfants, c'est le plus grand amour que je peux éprouver au monde. Et c'est aussi les plus grosses responsabilités que je pourrai prendre. La paternité est pour moi quelque chose de très important, de très sérieux. Et ce n'est pas toujours facile d'être un bon père...

– Et les enfants de tous ces pays qui ne peuvent en prendre soin ?

– J'arrive justement d'Afrique du Sud. Nous étions à Johannesburg, et je n'ai jamais vu autant de pauvreté et autant d'enfants démunis et dans la misère. Mais il y a tant de problèmes dans notre monde qu'on ne peut s'occuper de tout. À un moment donné, il faut choisir. Moi, mon problème, c'est le cancer, et ma responsabilité, c'est d'être un leader dans la lutte pour en venir à bout. Mais j'espère que ma détermination et mon engagement contre ce problème vont inspirer d'autres hommes et femmes à se battre contre un autre problème.

– Le Texas ?

– C'est l'État d'où je viens. C'est un État américain dont je suis fier et que j'aime profondément. Même si les Français s'imaginent encore le Texas comme le pays des cowboys et des Indiens...

– Ils s'imaginent encore que les Indiens dorment dans des tipis au centre-ville de Montréal...

– Mais on sait que ce n'est pas ça. Je suis un Texan et le mot qui décrit le mieux un Texan est « loyal ». Lance Armstrong est un Texan loyal...

– Le dopage ?

– Il y aurait tellement à dire. Mais un champion ou un gagnant est toujours perdant parce qu'il est toujours soupçonné de dopage. À un moment donné, on se dit qu'il n'y a rien à faire. Tellement que si j'avais à donner un conseil à un jeune athlète concernant le dopage, je lui dirais de ne pas pédaler trop vite, de ne pas courir trop vite, de ne pas être trop fort ou de ne pas compter trop de buts au hockey. En finissant dixième, il va avoir beaucoup moins de problèmes avec les gourous de l'antidopage...

– Et l'argent ?

– L'argent apporte la sécurité. Pas nécessairement le bonheur, et ce n'est pas un cliché. Je connais des personnes très riches qui sont profondément malheureuses. Moi, l'argent est arrivé avec mon cancer. Quand on a vraiment vu la mort dans les yeux, on est changé, disons que l'argent est plus facile à gérer dans sa tête...

Tiger : « Ce sont des verts uniques au monde »

4 avril 2007

AUGUSTA – C'est un feeling qu'on connaît bien, pour peu qu'on fasse ce métier depuis assez longtemps. Quand la star entre dans la pièce et que toute l'énergie vibre d'une autre façon.

J'avais déjà senti ça avec Muhammad Ali.

Hier, c'était Tiger Woods. Pas besoin d'être un amateur de golf pour sentir le charisme de la star. Pas besoin. Juste à regarder les centaines de journalistes qui l'attendaient ouvrir comme une voie d'honneur pour que Tiger puisse se rendre à la petite scène d'où il parlerait aux évangélistes.

Il y a eu plein de questions. Mais c'est quand Tiger a parlé de son père, de son fils qui va naître bientôt et de ce parcours légendaire de golf qu'est le National, qu'il a été le plus vrai, le plus humain.

Ce bébé va avoir fait parler de lui avant même sa naissance plus encore que René-Charles. C'est tout dire. Et Tiger en parle volontiers parce qu'il est conscient que sa vie – qui est celle de la plus grande star de l'histoire du golf – va changer : « D'abord, il va y avoir des nuits écourtées. Et puis, comme on fait un bébé pour bien s'en occuper et l'élever correctement, je présume que ça va être plus compliqué de voyager pour les tournois tout en faisant de la famille la priorité de mes préoccupations.

« Quant à ma préparation pour les tournois, je ne sais pas encore comment elle va être perturbée. On verra », a lancé Woods.

L'an dernier, Tiger voulait désespérément gagner le Masters. Ç'aurait été son cinquième titre. Son père était mourant. « Et je savais que c'était le dernier tournoi que je pouvais gagner pour lui. Je n'ai pas réussi. Plus tard dans l'été, quand j'ai gagné le British Open, j'étais très ému parce qu'il n'était plus là. Dans un sens, j'avais échoué, même si je venais de gagner. »

Il a conclu par une belle phrase : « J'ai perdu un père après le tournoi de l'an dernier, et bientôt, après ce tournoi, je serai père à mon tour. »

Ah ! Le National ! Tiger a été passionnant. Il en a parlé de long en large. Il a raconté comment, depuis trois jours, il tente de comprendre les verts. C'est sec en Géorgie, et les verts ultra-rapides du National sont encore plus dangereux. D'ailleurs, les joueurs à l'entraînement, c'était le cas lundi et hier, ne visent pas la coupe, ils tentent de saisir le comportement des verts dépendant des positions possibles du trou. « Ce sont des verts uniques au monde. On frappe un bon putt, on se dit que la balle devrait s'arrêter à un ou deux pieds de la coupe. Et soudain, elle continue à rouler et s'arrête cinq ou six pieds passés le trou. C'est unique », d'expliquer Woods.

Mais ça, mon beau-frère me l'avait déjà expliqué.

Puis Woods a expliqué comment il est important de se frotter aux meneurs à Augusta, pour apprendre à gérer tout ce qui se passe quand on dispute le dernier neuf du tournoi : « Moi-même, avant mon premier tournoi de tous, celui que j'ai gagné en 1997, j'avais fait des rondes de pratique avec les anciens champions. Même que le mercredi, j'avais joué avec Arnold Palmer et Jack Nicklaus. J'étais déterminé à leur poser plein de questions. Même si je devais devenir casse-pieds. Mais je voulais apprendre comment on devait s'y prendre pour jouer sur ce terrain », de raconter Tiger.

En anglais, il a ajouté : « *It's a course that defends it's game.* » Comme si le terrain se battait contre le golfeur. Il a précisé que c'était un terrain rusé, imprévisible, dangereux, parlant du National comme d'un adversaire en chair et en os.

Et il a longuement épilogué sur la transformation du golf depuis dix ans. Les nouveaux bâtons ont changé la donne, le conditionnement des joueurs en a fait des athlètes de plein droit. « Il y a dix ans, j'étais celui qui frappait le plus loin. Maintenant, plusieurs joueurs cognent la balle plus fort que moi. Il a fallu s'ajuster, mais il a fallu aussi que les terrains s'ajustent. Le National de 1997 ne pourrait pas se défendre aussi bien en 2007. C'est bien qu'ils l'aient allongé et rendu encore plus difficile. »

Je prenais des notes et je trouvais ça beau.

Tellement que j'ai encore plein de choses à vous raconter. Faut juste que je vérifie avec le beau-frère.

Dans le calepin – Enfin, une bonne nouvelle. André Rousseau, de l'autre journal, est arrivé hier en fin d'après-midi. On a perdu sa valise. Camarade d'infortune, continuons le combat !

LES PLUS GRANDS

« Réjean est une personne honnête, vraie et qui ne se prend pas pour une autre.
Il a acquis mon respect et ma confiance. »

RENÉ ANGÉLIL

Réjean Tremblay selon

René Angélil

« Il écrit avec des mots simples qui veulent dire beaucoup, des mots qui vont droit au cœur. C'est ce que j'ai tout de suite aimé chez Réjean, et ça fait 34 ans que je lis ses chroniques. » Cette phrase, on la doit à nul autre que l'ancien Baronnet René Angélil, actuel époux et agent de la vedette internationale Céline Dion. Un homme que Réjean Tremblay a eu la chance de rencontrer à plusieurs reprises et auquel il a même consacré un long article en 2006. Un battant que le journaliste range dans une classe à part, car ce dernier a forgé une grande carrière à Céline, au même titre que Tom Parker, dit « le colonel », a bâti celle d'Elvis Presley, l'idole par excellence de Réjean.

René Angélil admire cependant lui aussi beaucoup le journaliste, qu'il compare à Jacques Beauchamp, un grand chroniqueur sportif qui a fait, pendant 25 ans, les beaux jours du *Montréal-Matin* puis du *Journal de Montréal*. « J'ai toujours suivi avec beaucoup d'intérêt l'actualité de toutes les équipes sportives », raconte le producteur. « Et il est certain que j'ai préféré certains journalistes à d'autres. Le premier que j'ai apprécié, c'était Jacques Beauchamp. Mais à un moment donné, il y a eu un Réjean Tremblay qui est apparu et qui avait une écriture qui me faisait penser à Beauchamp et à Luc Plamondon. Et c'est ce qui m'a immédiatement séduit. »

De fil en aiguille, les deux hommes se sont rencontrés il y a une bonne vingtaine d'années. René Angélil se souvient encore de l'excellente impression que lui a faite dès le début le journaliste. « Quand on admire des gens, si on a la chance de les rencontrer, on ne veut pas être déçu. Malheureusement, c'est souvent le cas. Mais avec Réjean, ça a été différent. Je l'ai tout de suite trouvé très sympathique avec son accent du Saguenay–Lac-Saint-Jean – monsieur Angélil avoue avoir beaucoup d'amis provenant de ce coin de pays – et il m'a semblé être une personne honnête, vraie et qui ne se prend pas pour une autre. Il a acquis mon respect et ma confiance. »

La confiance n'est pas un moindre mot dans la bouche de ce producteur sans cesse pourchassé par des myriades de journalistes en quête de nouvelles à sensation. Comme il le dit lui-même, « Je n'aime pas les journalistes qui sont méchants, cyniques ou qui essaient de se faire du capital en disant des choses qui peuvent être spectaculaires, mais pas nécessairement véridiques. Ou d'autres encore qui déforment la vérité. Je n'aime pas ce genre de journalistes, et c'est exactement ce que Réjean n'est pas. Quand on fait des entrevues avec lui, il nous écoute et retraduit bien nos pensées et nos propos. C'est pour ça qu'il est respecté de tout le monde, moi compris. »

C'est sur cette base solide de confiance que Réjean Tremblay et René Angélil ont tissé une relation amicale. Étant tous deux des personnalités fort occupées, ils ne se voient pas régulièrement, avoue le producteur, mais ce dernier lit régulièrement ses articles. À ses yeux, le journaliste est le digne héritier du talent et de l'influence de Jacques Beauchamp. « Il y a peu de journalistes comme lui », dit-il. « Vous savez, quand Beauchamp est passé du *Montréal-Matin* au *Journal de Montréal*, ça a tué le premier et ça a instantanément fait connaître le second. Un seul journaliste a pu faire cette différence. Et Réjean, je le classe dans cette catégorie-là, celle des journalistes en qui on peut avoir confiance et qui peuvent avoir une influence sur le résultat total du journal, et pas seulement dans la catégorie des sports. Je l'apprécie aussi », ajoute-t-il, « parce qu'il prend des positions sur certains sujets. Je sais qu'il est honnête, très *fair* dans ce qu'il dit. Il donne l'heure juste et n'a pas peur de ses opinions, c'est ce que les gens aiment. Et puis, il met toujours beaucoup de cœur dans ce qu'il écrit. Certaines de ses chroniques m'ont même fait monter les larmes aux yeux, comme celle qu'il a faite sur Céline en 2006. »

Ces deux hommes cachent ainsi une grande sensibilité derrière la carapace dont ils ont dû se vêtir pour faire face à la rançon du succès. René Angélil espère d'ailleurs que son ami poursuivra longtemps encore son métier de journaliste sans se soucier des critiques qui peuvent pleuvoir. « Qu'il ne fasse jamais de compromis, parce que c'est comme ça qu'on l'aime. Et mon dernier message, c'est que je l'aime. »

Les idoles

Lafleur à nu, bien dans sa peau

19 décembre 1976

LOS ANGELES – Guy Lafleur joue encore mieux que la saison dernière quand il a décroché son premier championnat des marqueurs de la Ligue nationale de hockey.

Son entraîneur Scotty Bowman est d'accord avec cette affirmation, ses coéquipiers soutiennent carrément que Lafleur est présentement le meilleur hockeyeur au monde, tandis que ses adversaires vantent ses mérites partout en Amérique du Nord.

Lafleur lui-même n'a pas changé beaucoup… Sinon qu'il travaille avec encore plus d'acharnement, qu'il est encore plus conscient de la valeur marchande de son nom et qu'il est de moins en moins tolérant pour les négligences des autres.

L'homme a vieilli, bien sûr… Mais sous certains rapports, on peut se demander si Lafleur a déjà été jeune.

Même s'il est très réticent à s'étendre sur les sacrifices qu'il a consentis pour se tailler la superbe carrière qui est maintenant sienne, Lafleur n'en échappe pas moins des phrases qui portent à réfléchir.

Cette semaine, on discutait à la blague de la belle vie qui était celle des hockeyeurs. Le visage de Lafleur s'est vite fermé et, avant qu'on aille plus loin, il a lancé : « Je peux vous dire une chose, ce que j'ai, je l'ai mérité; savez-vous ce que c'est que de quitter la maison familiale à 13 ans pour s'en aller vivre à Québec ? Vous imaginez-vous combien je me sentais seul quelque fois le soir… »

Effectivement, Lafleur n'a pas toujours eu la vie facile, que ce soit à ses premières années avec les Remparts ou pendant ses trois premières saisons avec le Canadien.

C'est un de ses coéquipiers qui me racontait les véritables tourments moraux qu'avait imposés Scotty Bowman à Guy Lafleur lors de ses premières années d'apprentissage avec les Glorieux. « J'avais Bowman sur le dos à mes premières années… mais ce n'était rien à comparer de ce que Lafleur a enduré… Je me souviens d'une fois quand Bowman lui avait hurlé lors d'une pratique : "Tu vas partir ou je vais m'en aller… Ce sera toi ou moi." »

Les Nordiques de Québec ne peuvent pas se douter de la chance incroyable de ravir Lafleur au Canadien qu'ils ont ratée à la fin de son premier contrat. Lafleur lui-même en parle parfois le soir et il répète constamment : « Si les Nordiques étaient arrivés à Montréal avec une offre raisonnable, j'étais prêt à m'en retourner à Québec. »

Lafleur ne regrette évidemment pas d'être demeuré dans la métropole canadienne. Il a prêté son nom à de multiples campagnes, chandails, manteaux de cuir, et, évidemment, produits de beauté.

Encore là, il est prudent : il ne s'engage que dans des compagnies que lui recommande son agent Jerry Pétry. « Je ne veux pas m'embarquer dans des histoires qui demanderaient trop de mon temps ou de mon attention. Je ne veux pas prendre de risques avec le hockey; je ne suis pas cave, je sais bien que tout ce que je suis en train de bâtir financièrement est basé sur le hockey. Si je néglige ma carrière, que vaudra le reste ? », me confiait Lafleur à New York dimanche soir.

S'il prend tous les moyens nécessaires pour réussir sa carrière, Lafleur n'aime pas, mais alors pas du tout, que d'autres joueurs du Canadien n'imitent pas son acharnement au travail. Il est pratiquement sans pardon sous ce rapport; quand des joueurs se lamentent qu'ils sont fatigués ou que les exercices sont trop durs. Lafleur réplique dès que les plaignards ont quitté les lieux : « C'est pourtant pas si dur que ça, ils n'ont qu'à se tenir en forme… Je le fais, qu'ils le fassent aussi. »

Il faut cependant admettre que Lafleur est privilégié sous ce rapport; il ne traîne pas une once de graisse de trop, même s'il mange comme un défoncé. Mardi soir à Colorado Springs, il a soupé trois fois en trois heures. Il a commencé avec Claude Ruel, avec un steak, a poursuivi avec un coéquipier et a finalement accompagné Richard Garneau qui se cherchait un compagnon pour manger.

Vers 22 h, lui et Steve Shutt étaient couchés dans leur chambre, regardant un dernier programme de télévision.

« Je me prépare tranquillement à profiter de mes meilleures années comme athlète; à 25 ans, je ne pense pas avoir atteint le sommet de mes possibilités… C'est entre 27 et 32 ans que j'espère être à mon meilleur », prétend Lafleur.

Qu'est-ce que cela sera, mon Dieu ? Qu'est-ce que cela sera ?

Triste, triste Memphis…

18 août 1977

MEMPHIS – Il y a eu des cris, il y a eu des hurlements de désespoir, il y a eu des lamentations déchirantes quand le corbillard blanc emportant la dépouille d'Elvis Presley est sorti de Graceland, la demeure du chanteur de rock…Mais plus que ces manifestations presque hystériques, c'est la tristesse lourde dans laquelle baignait Memphis qui collait à la peau.Triste, triste Memphis…

Bien sûr, il y avait de 25 000 à 30 000 personnes le long du Elvis Presley Boulevard, attendant avec une incroyable patience que le cortège funéraire passe une seconde ou deux devant elles.

Mais derrière ces milliers de fans venus de New York, Chicago, Los Angeles, Berlin, Londres et Montréal, derrière ces fans inconditionnels à l'émotion bruyante, il y avait une multitude de gens ordinaires, des gens du tout Memphis, dans les restaurants, les garages, les magasins, des gens tristes parce qu'ils perdaient un être cher.

Juste en face de Graceland, un restaurant attire immanquablement l'attention. Le Hiekory'log. Hier, les propriétaires Hubert et Bonnie Burnette auraient pu faire des affaires d'or.

Les « pèlerins » de Memphis, hébétés par un soleil de plomb, torturés par une soif insupportable, cherchaient en vain un endroit où se désaltérer.

Habituellement ouvert 24 heures par jour, le Hickory'log était fermé hier ; une petite pancarte dans la porte disait tout simplement : « Par respect pour la mémoire d'Elvis Presley, le restaurant sera fermé de 8 heures à 4 heures. »

Bonnie Burnette était appuyée dans sa vitrine et essuyait de temps en temps une larme d'un mouvement de son kleenex.

« Il était chez lui ici… monsieur… c'était sa maison; il pouvait venir la nuit chercher des barbecues ou des hamburgers et se sentir chez lui. Quand un étranger venait manger au restaurant, c'était pareil... parce que tous les visiteurs qui venaient à Graceland avaient un point en commun... ils aimaient Elvis. »

Quand on demande à Mme Burnette si toutes ces histoires de drogue la dérangent, c'est son mari qui répond, agressif: « C'est une très mauvaise question, les gens vous seront très hostiles si vous persistez, vous aurez des problèmes... Ici, tous étaient ses amis, changez vos questions. »

Il y avait beaucoup de Noirs le long du cortège... 40 p. cent ont estimé les journalistes présents à Memphis. La télé japonaise était sur place... comme les télés, allemande, anglaise, canadienne.

Howard Nicholl, un Noir d'une cinquantaine d'années, était appuyé contre son taxi.

C'est toujours tranquille comme ça à Memphis ?

« *Listen man*, aujourd'hui, Memphis est triste parce qu'on a perdu un des nôtres. Elvis était un bon citoyen ; il donnait généreusement (ses comptables fixaient le montant, mais passons) aux œuvres de charité et il nous saluait quand il nous rencontrait. On l'aimait ici, c'était un fils de Memphis. »

Donald Wallace est un Blanc, propriétaire d'un commerce de téléviseurs ; lui aussi n'avait pas le goût de travailler : « C'est une mauvaise affaire pour Memphis. Elvis était un gars d'ici depuis le temps qu'il vivait avec nous. C'était un membre de la communauté. *It's a sad day for Memphis.* »

Bill Nourse, Hobbs Phillips, James Wilson, des chauffeurs de taxi, des barmen ou des vendeurs de souvenirs, tous des Noirs, ressentaient cette lourde tristesse qui pesait sur la ville. Elvis, ont-ils soutenu, était un des leurs, un « *soul brother* ».

Juste en face du cimetière de Forrest Hill où Elvis a été inhumé, il y a la maison de Cora Washington. C'est une belle Noire d'une cinquantaine d'années, ronde et bien en chair.

Assise sur sa galerie, elle acceptait de donner quelques verres d'eau aux trop assoiffés.

« J'aimais Elvis et, oui monsieur, je sentais encore dans ses chansons les racines noires de notre musique. Il était excitant et, pour Memphis, c'était un bon citoyen. »

Le long de l'Elvis Presley Boulevard, des milliers de fans surveillaient l'arrivée de la grosse Cadillac emportant le cercueil cuivré du dieu du rock.

Un peu partout dans la ville, des affiches d'établissements commerciaux proclamaient en même temps : « *rest in peace, Elvis* »...

Au cimetière même , il n'y a pas eu de cris, peu de pleurs...

Quand on a refermé les grilles de fer du cimetière, les gens sont repartis tranquillement à pied.

Elvis avait donné son dernier show !

Un vol d'enterrement vers Memphis...

19 août 1977

MEMPHIS – Ils étaient 227 fans d'Elvis dans le DC-8 allongé, hier matin... et 200 autres qui essayaient d'acheter un billet à Dorval.

Deux cent vingt-deux fans qui avaient payé $165 pour « être à Memphis le jour des obsèques d'Elvis ».

Des gens dans la trentaine peut-être, mais plusieurs jeunes et aussi des plus âgés...de 16 à 82 ans en fait.

Des gens qui en étaient à leur premier voyage en avion, d'autres, habitués à courir l'Amérique à la recherche d'un concert du Roi du Rock.

Un vol tranquille vers Memphis, un vol d'enterrement; des gens qui jasent tranquillement, qui racontent leur peine quand ils ont appris la mort d'Elvis.

L'avion est vite devenu un monde « elvisien » où tout est en rapport avec l'idole, où les conversations sont émaillées de dates, de titres de chansons, de paroles sacrées du dieu.

Il faut que la foi soit solide, parce que le voyage n'a pas été de tout repos.

Arrivée à 1 heure, « Memphis time », une demi-heure devant Graceland, de l'autre côté de la rue, à tenter de déjouer la surveillance des policiers.

Une heure à attendre dans les autobus que les responsables de l'agence de voyages solutionnent les problèmes causés par les retardataires.

Une autre heure, debout, sous un soleil de plomb, à attendre les deux ou trois secondes où le corbillard emportant le corps d'Elvis sera visible.

Puis de retour à l'aéroport, à la fois contents et déçus, les fans boment l'air du Tennesse à pleins poumons...pour bien se rappeler qu'ils étaient là le 18 août!

Après La Mecque, Memphis!

Gretzky, une démesure gênante

2 janvier 1982

Avec cinq secondes à jouer, Wayne Gretzky reçoit la rondelle de Glenn Anderson, glisse tout croche et penche sur la glace jusqu'à la ligne rouge, feinte légèrement devant le vétéran Bill Barber, le contourne à gauche et lance dans un filet désert.

Ce cinquantième but de Wayne Gretzky en 39 matches (sic) reléguait aux oubliettes un des trois records les plus prestigieux du monde du sport professionnel.

Pour qu'un record touche vraiment l'imagination populaire et se dore de la patine du temps, il lui faut résister aux assauts de générations d'athlètes.

Les 60 coups de circuits de Babe Ruth en 1927 constituent probablement le record le plus célèbre du sport professionnel.

Les 1,000 buts (c'est encore plus...) de Pele pour le Santos et l'équipe nationale du Brésil resteront probablement inscrits pendant encore des décennies dans le livre des records du soccer.

Et les 50 buts en 50 matchs de Maurice Rocket Richard avaient résisté de peine et de misère à la charge des plus grands joueurs de hockey d'Amérique. Gordie Howe, et Frank Mahovlich s'étaient arrêtés à 49 et 48 à une époque où on disputait déjà 70 matchs. Puis, Bernard Geoffrion, Bobby Hull, Phil Esposito et plusieurs autres avaient franchi le cap de 50 buts en 58, 60 ou 70 matchs ; Anders Hedberg a même compté 51 buts en 48 matchs, mais c'était dans l'AMH et personne n'a pris cet exploit vraiment trop au sérieux.

C'est Michael Bossy qui l'an dernier a finalement égalé la marque de Richard et ramené les projecteurs de l'actualité sur le Rocket.

Une démesure gênante

L'incroyable exploit de Gretzky est presque gênant. Le record du Rocket était beau, franc, clair ; 50 buts en 50 matchs. Le chiffre 50 vient de perdre toute signification ; le dernier record qui reliait encore le hockey moderne à celui de la génération de nos pères vient de tomber, fracassé par un jeune homme de 20 ans dont on n'arrive pas à mesurer les limites. Reste tout juste les records de longévité de Gordie Howe.

Mardisoir, mes confrères Bernard Brisset, Ghislain Luneau et Pierre Picard de la Presse canadienne, sont venus me rejoindre dans un restaurant-bar de la rue Saint-Denis ; on venait de finir le boulot ; j'avais quitté le Forum quelques minutes plus tôt alors que Gretzky était rendu à 48 buts. C'est la première chose que mes confrères ont lâché en s'asseyant : « Gretzky s'est rendu à cinquante… y en score cinq contre les Flyers. Ça n'a pas de bon sens ! »

Presque pas de sens, c'est vrai. Même à deux heures du matin, dans la nuit du 31 décembre, il y a des questions qui viennent à l'esprit : comment évaluer alors les 21 buts de Keith Acton, les 17 buts de Guy Lafleur, tout juste 33 de moins que les 50 de Gretzki après 39 matches (sic), comment évaluer les 68 points de Peter Stastny, 40 de moins que le leader de la ligue ?

On a beau se dire que le jeu est plus ouvert que jamais, c'est vrai aussi pour Peter Stastny qui évolue en plus pour une équipe très forte à l'attaque, pour Lafleur, Marcel Dionne, pour Mike Bossy. Les records qu'est en train d'établir Gretzky auront au moins le mérite de servir d'objectifs pour les prochaines décennies. À moins que la merveille d'Edmunton ne soit encore qu'au tout début de sa carrière et ne repousse toutes ces marques de quelques crans encore ?

Qu'a donc fait Lafleur dans le passé ?

Brisset a souligné un point intéressant en cours de conversation : Que valent donc dire les extraordinaires exploits de Guy Lafleur pendant les années 70 ?

Pour Brisset, et pour plusieurs, Gretzky n'a pas encore réalisé sur la glace ce que Lafleur a pu accomplir dans ses plus beaux jours. Quatre Coupes Stanley, ça se gagne avec des joueurs qui savent se dépasser, qui savent enflammer leurs coéquipiers, provoquer de la nervosité chez l'adversaire. Tous ceux qui ont vu Lafleur marquer deux buts et obtenir deux passes dans une victoire de 4-2 au Boston Garden, après que John Wensink eut clamé qu'il ne sortirait pas vivant de la patinoire, n'oublieront jamais cette soirée.

Mais que restera-t-il comme points de comparaison dans les chiffres quand Gretzky aura marqué 80 buts et obtenu plus de 200 points dans une saison ?

Qui pourra parler de rage, d'intensité, de génie, de beauté, quand il faudra comparer ces chiffres à ceux que Gretzky est en voie d'afficher ?

Autre question, et elle tracasse beaucoup Ghislain Luneau : comment les Soviétiques ont-ils pu maîtriser si facilement et si totalement Gretzky ? À moins, comme le soutient le physiothérapeute Yvon Bélanger, que la blessure au coude du jeune star (sic) des Oilers n'ait été beaucoup plus importante qu'on ait bien voulu l'avouer. De toute façon, Guy Lafleur a eu besoin lui aussi, de quelques matches (sic) avant de donner sa pleine mesure contre les superbes hockeyeurs soviétiques. Gretzky est bien jeune, il aura la chance de se reprendre et de faire justice à son invraisemblable talent.

Les 60 coups de circuit de Babe Ruth ne seront vraisemblablement jamais surpassés. Ruth n'avait pas à frapper en soirée, il n'avait pas à jouer d'un bout à l'autre du continent et surtout, à son époque, la notion de lanceur de relève signifiait surtout… « vieux lanceur débutant plus assez efficace pour commencer une partie ».

La marque du Rocket était davantage destinée à être battue. C'est maintenant fait ; le hockey n'a plus qu'un point de repère avec son passé, le record de buts et de points de Gordie Howe. Tout le reste devra être réécrit au cours des quinze prochaines saisons.

Et si Wayne Gretzky n'est pas blessé, s'il ne succombe pas à des abus d'alcool et de drogues, c'est son nom qu'on trouvera en tête de tous les palmarès offensifs. Tous, sans exception !

Seul Beamon a fait aussi bien

Comment mesurer le nouveau record de 50 buts en 39 parties enregistré par Wayne Gretzky contre les Flyers de Philadelphie ?

On doit penser au saut inhumain de Bob Beamon aux Jeux olympiques alors que l'athlète américain avait amélioré de deux pieds la marque mondiale au saut en longueur. Et quand on sait que les marques mondiales au saut en longueur progressait par quart de pouce avant Beamon, on comprend mieux que ce saut avait quelque chose d'extra-terrestre. D'ailleurs, en treize ans, personne ne s'en est approché et Beamon lui-même n'a jamais été capable d'expliquer comment il avait pu bondir ainsi de trente ans… le temps que ça prendra avant qu'un sauteur ne surpasse son record.

Rogner 11 matchs à une marque vieille de plus de 35 ans constitue aussi un exploit difficile à mesurer.

Il faudra sans doute attendre quelques années, voir ce que Gretzky fera dans une Ligue nationale mûrie, dans une compétition internationale toujours plus forte, avant de porter un jugement valable.

Mais pour l'instant, Gretzky fait cavalier seul dans le hockey nord-américain. A-t-il, lui aussi, réussi un bond de trente ans, un bond à la Beamon ?

Tretiak : doux, charmant, intimidant

La foule se fait toute belle pour Vladislav…

3 janvier 1983

La foule du Forum est snob, on l'a dit. Elle est cruelle, on l'a dit aussi. Elle est trop riche, trop pédante, trop tranquille, on l'a également souligné.

Mais certains soirs, elle sait être belle. Elle sait se hisser au niveau des grands athlètes qui s'escriment devant elle, elle sait faire partie des grandes foules du monde. Elle sait même créer la beauté ou l'émotion.

Et vendredi soir, après la très belle victoire des Étoiles soviétiques contre le Canadien, c'est la foule qui donné sa vraie signification à l'événement, qui lui a donné noblesse et classe, qui lui a donné âme et vie.

Quand Vladislav Tretiak a reçu son troisième rappel, une chose que je n'avais personnellement jamais vue au Forum, ses yeux brillaient de joie. D'en haut sur la passerelle, je ne pouvais voir son visage mais, quand j'ai revu le match à la télévision, j'ai pu observer les gros plans de Tretiak. J'ai pu voir la chaude affection de ses coéquipiers, pu voir l'émotion qui voyageait de la foule à Tretiak et de Tretiak à la foule. Une belle histoire d'amour.

Quand !e merveilleux gardien soviétique est sorti de SON vestiaire après le match, il était encore vibrant. Cet homme-là vivait un très beau moment. Pas besoin de parler russe pour le comprendre.

En conférence de presse, il a été égal à lui-même, même s'il était exubérant comme un gamin, riant et se permettant des gestes chaleureux d'amitié envers son entraîneur Viktor Tikhonov. Égal à lui même en ce sens qu'il a toujours parlé de dépassement de soi, de la beauté du sport et de la saine compétition, du plaisir et de l'importance de créer de nouvelles amitiés par les rencontres sportives : « J'ai déjà deux amis dans le monde. Bobby Oarke et, depuis l'été dernier, Wayne Gretsky. J'aimerais avoir deux amis de plus. Larry Robinson et Guy Lafleur. Je sais que Guy Lafleur n'est plus la plus grande étoile mais je sais et je sens qu'il est un homme bon », a-t-il déclaré.

Le chandail du Canadien

Tretiak a rendu hommage au Canadien, une grande équipe qui possède la même tradition d'excellence que son équipe en union soviétique, le club sportif de l'armée soviétique, communément connu comme le club de l'Armée rouge.

Il a aussi répété qu'il aimerait jouer pour le Canadien s'il en avait l'occasion.

Mais comme on sait tous qu'il désire participer aux Jeux olympiques de février 1984 puis aux championnats du monde de la même année, qu'il y aura un tournoi de la Coupe du Canada à l'automne de la même année, on ne partira pas en peur sur la possibillté de le voir dans l'uniforme tricolore. Même si ça peut donner un bon stunt pour la vente des journaux. Parlant de stunt, Irving Grundman s'est prêté de bonne grâce à une petite scène d'amitié de fort bon goût après !e match. Irving a invité Tretiak dans le couloir attenant au vestiaire du Canadien et lui a remis un chandail du Canadien. Le chandail numéro 29, celui de Ken Dryden. Puis, Tretiak et son entraîneur se sont rendus dans le salon des grosses légumes (sic) pour saluer le président du Canadien. Ronald Corey.

Comment expliquer cette histoire d'amour entre Tretiak et les montréalais ? Il faudrait plutôt élargir la question et se demander pourquoi Tretiak est-il tellement aimé, tant de ses coéquipiers que de ses adversaires ?

Je ne veux pas surtout pas étaler ma confiture sur votre tranche de pain, mais disons qu'au fil des années. j'ai appris à connaître un peu Vladislav Tretiak. Par des séries d'entrevues au fil des années mais surtout par une conversation de près de deux heures en septembre dernier à la librairie Nouvelles frontières où Tretiak était venu dédicacer des copies de son livre. Il était reparti avec un magnifique album de contes de Pouchkine, l'auteur favori de son fils.

J'ai rarement rencontré quelqu'un d'aussi respectueux, d'aussi doux, d'aussi ouvert. Il fallait voir Wayne Gretzky à Edmonton qui lui courait après le match contre les Oilers (sic). « Vlad, Vlad ». lui criait-il pour lui présenter Peggy, son amie.

Les gens du Forum, qui ont lu tous les reportages sur le célèbre gardien soviétique au fil des années, ont senti et réalisé qu'ils avaient affaire, non seulement à un grand athlète, mais aussi à un grand bonhomme. Et c'est ce grand athlète et ce grand bonhomme qu'ils ont applaudi à tout rompre vendredi soir au Forum. Ce n'est pas le résultat d'une simple déclaration, c'est la consécration de plusieurs années de découverte réciproque.

De l'intimidation

J'aimerais souligner un dernier point. C'est vrai, Vladislav Tretiak est le meilleur gardien de but au monde. Techniquement, personne ne lui arrive à la cheville. De plus, il peut compter sur des défenseurs extraordinaires qui lui ouvrent une allée devant les tirs. Tretiak peut arrêter tout ce qu'il peut voir. Et comme il arrive à se concentrer presque parfaitement, il devient pratiquement imbattable.

Mais il y a plus. Tretiak intimide ses adversaires.

D'abord physiquement : Tretiak est un colosse de six pieds un pouce et de 210 livres. Pas 210 livres molles, non, 210 livres d'os et de muscles.

Rick Wamsley est allé lui serrer la main lors de l'exercice vendredi midi : « Il est énorme. Ma main est complètement disparue dans la sienne. C'est un colosse très impressionnant », m'a-t-il assuré.

Ensuite psychologiquement. C'est difficile de

battre quelqu'un qu'on vénère ou qu'on craint. Et la plupart des joueurs qui ont déjà affronté les Soviétiques craignent ou vénèrent Tretiak. Et ceux qui l'affrontent pour la première fois sont écrasés par sa réputation.

– Vladislav, vas-tu continuer encore longtemps ?

– Tant que je serai capable de jouer au niveau que j'estime le meilleur. Quand je ne serai plus capable de jouer au sommet je vais me retirer.

D'ici 18 ou 20 mois.

Le Ramadan et les coups de poing prennent leur dû

Même poqué, Muhammad Ali traîne toujours sa magie

15 juin 1983

BAIE JAMES – LG 2 – Alors, qu'est-ce que je fais ? Je continue à grandir encore plus deux légendes ? À parler du plus grand chantier hydroélectrique au monde, la Baie-James ? Et « du plus grand », Muhammad Ali ?

Ou je vous dis ce que j'ai vu, entendu, et compris pendant mon voyage éclair hier à la baie James en compagnie de Muhammad Ali et son épouse Veronica. Quitte à égratigner un peu la légende.

Le champion du peuple était dans une forme horrible. Pas du tout à son avantage. Grippé, épuisé, écrasé par le manque de sommeil et la chaleur, affaibli par le jeûne du Ramadan dont il observe les règles strictes, il a quand même joué son rôle du grand Ali à la perfection.

Ali était le conférencier hier soir aux Championnats sportifs québécois à Rouyn-Noranda. Et il a profité de la journée d'hier pour aller visiter avec sa suite les chantiers de LG 2 à deux heures d'avion de Montréal.

Profité ? Disons plutôt qu'Ali s'est engagé dans une excursion qui dépassait ce qu'il attendait. Le groupe d'Ali, dirigé par Larry Messier, son gérant d'affaires et le promoteur de son combat contre Dave Samenko des Oilers d'Edmonton, est arrivé à Montréal lundi soir aux environs de minuit. Ali, son épouse et deux de ses filles qui font le voyage ne se sont couchés qu'à deux heures du matin.

Hier, à Dorval, quand Ali a fait son apparition à l'aéroport, il était plutôt poqué.

Ce charisme invraisemblable

Mais la vieille magie est encore opérante. Ali ne peut se déplacer sans que tous se détournent sur ses pas. Les employés de Nordair se le sont accaparé (sic) pour une session d'autographes, certaines jeunes filles ont voulu lui toucher la main, l'embrasser. Et quand il s'est dirigé vers la porte d'embarquement, tous les voyageurs qui l'ont croisé se sont détournés et ont même marché à contre-courant sur le tapis roulant pour se rapprocher de lui.

Dans l'avion, même scénario. Ali s'est installé sur le dernier banc et s'est plongé dans la lecture quotidienne du Coran. Pendant une heure. Puis, il a signé des autographes, dédicacé des livres qu'avaient apportés des hôtesses, le tout sans parler, en se contentant d'un sourire qui fait fondre les gens.

Quand il parle, il faut se pencher sur lui. Sa voix a été brisée par les coups qu'il a reçus à la gorge. Il se contente de murmurer ou de chuchoter ce qu'il veut dire.

Hier, dans l'avion, ce qui l'intéressait, c'était les gens qu'il côtoyait : « Je ne me fatigue jamais de rencontrer les gens. Je trouve toujours la force pour écouter les gens ordinaires, les bonnes gens. D'ailleurs, je veux passer le reste de ma vie à œuvrer pour la paix et à propager la religion musulmane. Je dois aller en URSS de nouveau. C'est un des pays du monde où les musulmans sont le mieux implantés », d'expliquer Ali.

À LG 2, même scénario. Le ministre Gérald Godin et le député Gilles Baril, président des CSQ, attendaient le champion. Ali et sa suite n'auraient eu qu'une envie. Aller dormir quelques heures, mais les gens des relations publiques de l'Hydro avaient préparé une visite des chantiers.

On s'est retrouvé, le ministre Godin, le photographe de l'Hydro, Veronica, Ali et votre serviteur, tassés dans un hélicoptère pour un survol des installations. Le pilote était tellement impressionné d'avoir un client comme Ali qu'il tremblait, littéralement, et qu'il oubliait tout son français en parlant avec le ministre Godin, dit Gérald le poète.

Ali suait à grosses gouttes, moi j'avais mal au cœur, mais le Poète et madame ont fort apprécié les acrobaties de notre pilote.

Le jeûne du Ramadan

Nous nous sommes rendus sur la dam, descendus à 425 pieds sous terre visiter la centrale, avons senti les vibrations sous nos pieds, vu les canards sur les eaux noires. Avons mangé aussi.

Tous à l'exception d'Ali et de son épouse. Pourquoi ? « Parce que c'est le mois du Ramadan et que notre religion nous demande de jeûner du soleil levant jusqu'au coucher du soleil. Jeûne complet, même pas d'eau. C'est la troisième journée et je me sens un peu faible. Mais on passe trop de temps à manger et pas assez à penser. »

À la cafétéria, le même scénario s'est répété. Les travailleurs autour du champion. Puis, une farce en entrainant une autre, les gars se sont dégênés. Photos, autographes, poignées de main, Ali s'est prêté au jeu pendant quinze minutes, suant à grosses gouttes. Puis sans dire un mot, il s'est levé lentement de la table pour aller se réfugier dans l'autobus.

Les responsables des Championnats, Jim Slobodoan et Jean-Paul Charlebois, sont enchantés par Ali. Il leur a couté de gros sous mais ils sont assurés de rentrer dans leur argent pour la conférence d'hier soir à $50 le couvert. « Et la publicité qu'Ali a apportée à nos Championnats n'aurait pu être achetée de toute façon » ,de dire M. Charlebois.

« J'accepte une vingtaine de ces invitations par année », m'a expliqué Ali. « Surtout dans les collèges et les universités. Mais cette fois, la requête venait de mon ami Larry Messier. »

Et Dave Samenko ? Muhammad sourit : « Je ne sais pas patiner, mais lui, il ne sait pas boxer. Ce fut amusant et les gens ont adoré leur soirée. »

C'est vrai, les journaux d'Edmonton que j'ai lus, le *Journal* et le *Sun*, sont d'accord sur ce point.

Et la conclusion ? Le Ali que j'avais rencontré chez lui à Deer Lake, en 1980, était beaucoup plus jasant, plus vif que celui d'hier.

Mais même grippé, même assommé par le manque de sommeil, même affaibli par un jeûne religieux, et même diminué, peut-être, par les séquelles de plus de vingt ans passés à combattre sur les rings du monde entier, Muhammad Ali n'a qu'à sourire une demi-seconde pour que la légende retrouve toute sa force.

Et je suis aussi vulnérable que les autres.

Nadia Comaneci a perdu sa scène mais s'est trouvé une nouvelle route

« ... je ne sais pas où elle conduit, mais mon image continue d'être »

27 juillet 1984

LOS ANGELES – Le Forum de Montréal, Jeux olympiques de 1976, une petite fée qui s'envole pour ne jamais retomber, semble-t-il, le cliquetis ahurissant des caméras des photographes qui mitraillent l'envol de cet enfant de 14 ans. 10, 10, 10. Un chiffre magique qui éblouit les 16 000 spectateurs massés dans le Forum. Nadiesque ! invente un journaliste de *La Presse* qui couvrait les compétitions de gymnastiques. Le Palais des sports de Moscou. Jeux olympiques de 1980. L'image que je garderai toujours dans ma tête. Celle d'une reine de 18 ans. Digne, sublime, statuesque qui, visage fermé de concentration, se situe à un autre niveau que ses rivales soviétiques toutes plus enfantines d'allure les unes que les autres.

L'image aussi d'une jeune femme angoissée, attendant pendant 28 minutes éternelles d'être dépossédée honteusement de son titre par un geste politique des juges soviétique et polonaise qui lui octroient un maigre 9.8 à la poutre où elle venait d'être parfaite.

Elle avait besoin d'une note de 9.9 pour rester la reine « officielle », elle n'aura donc qu'une note combinée de *9.85*. La Soviétique Helena Davidova peut revenir saluer son public qui l'acclame follement.

Elle me semblait une reine au centre des arènes. Hier, c'est une jeune femme presque banale, dépouillée de sa scène et de ce qui fait son génie, qui est venue rencontrer la presse internationale.

Jolie, pas très grande, vêtue sobrement d'un veston rose et d'une jupe assortie dans des tons de gris et de rose. La reine Comaneci s'est comportée en Nadia presque ordinaire, coach de l'équipe junior de son pays et finissante à l'école d'éducation physique de Bucarest.

Elle s'est comportée également en habile ambassadrice, contournant toutes les questions délicates et répondant sobrement avec un sourire charmant aux quelques questions touchant sa vie personnelle.

« À Moscou, c'était de ma faute »

Les histoires les plus folles ont couru le monde sur Nadia Comaneci. Et certaines semblent reposer sur des faits vérifiables. Après la féérie de Montréal, la petite fée n'a pu supporter l'exploitation de son talent par les autorités gouvernementales de la Roumanie.

Et à seize ans, elle s'est permise une longue fugue, une peine d'amour et selon des rumeurs de l'époque, elle aurait même tenté de se suicider.

Bela Karoiyi, son entraîneur qui a émigré aux États-Unis il y a deux ou trois ans, soutient que Nadia a été ballottée d'un bout à l'autre du pays et du continent sans jamais avoir la chance de reprendre son souffle : « On a tant extrait le jus de ce corps de 85 livres dominé par la volonté de fer d'une petite fille de 15 ans, soutient-il aujourd'hui. Et Nadia était la petite fille la plus malheureuse qu'on puisse imaginer. »

Après avoir engraissé d'une vingtaine de livres, elle reprend goût à la compétition en 1979, maigrit, et surprend le monde aux championnats de gymnastique. À Moscou, malgré des 10 et deux médailles d'or, elle est volée de son titre olympique. Tous ceux qui étaient présents au Palais des sports ce soir-là n'oublieront jamais le cirque grotesque des juges s'engueulant sur le [résultat] pendant 20 minutes, allant consulter les dirigeants de la fédération d'un bord à l'autre du stade, protestant à grands cris ce qui se préparait (sic).

Vrai, Nadia ?

– À Moscou, c'était de ma faute, j'ai commis des erreurs. C'était ma faute, répond Nadia Comaneci aujourd'hui. À l'époque, le gouvernement roumain avait émis une protestation officielle.

La jeune femme en rose qu'est devenue Nadia Comaneci fait une parfaite relationniste. Aux Jeux olympiques, parce qu'elle était reine, on dit plutôt « parfaitement ambassadrice ».

« J'ai accepté l'invitation du comité olympique parce que le sport est un grand mouvement de fraternité et que les Jeux appartiennent aux athlètes du monde entier. Et si jamais M.Ueberrotli me demandait de porter la torche olympique pour les dernières marches, je serais très honorée », a-t-elle souligné dans les flashs des photographes.

Ce que Nadia n'a pas dit, ce que Nadia ne sait peut-être pas, c'est que sa présence à Los Angeles a une valeur symbolique très forte pour les Américains. Elle est la plus prestigieuse athlète jamais produite par la Roumanie. Et la Roumanie est le seul pays du pacte de Varsovie à avoir accepté de participer aux Jeux de Los Angeles. En la présentant hier aux 1 500 journalistes qui ont assisté à sa conférence de presse, on rappelait qu'au moins un pays communiste avait cru à la sincérité des États-Unis.

Une nouvelle route

Olga Korbut fut celle qui permit à la gymnastique féminine de s'imposer comme sport spectacle sur la scène mondiale. Et Olga, l'audacieuse petite russe, a fini par ce marier et s'est retirée dans un modeste appartement au troisième étage d'un édifice à appartements à Minsk, à 300 milles de Moscou. Elle aurait subi plusieurs dépressions nerveuses après la fin de sa carrière.

Nadia, pendant quelque temps, est retournée à l'obscurité d'une vie de citoyenne ordinaire, puis elle réapparait à Deva, s'entraînant avec l'équipe natio-nale de Roumanie. Elle est joyeuse et souriante, presque primesautière.

Et quand le gouvernement Roumain offre une fête pour souligner sa retraite de la compétition, elle devient le modèle officiel qu'on offre à toute la jeunesse roumaine.

« J'ai pris une nouvelle route. Je ne sais pas où elle conduit, mais l'image que j'ai offerte, à tous les jeunes de mon pays continue d'être. Et j'aime mon travail de coach. Nous avons une excellente équipe. (Sourire) Quant à ma vie privée, je ne suis pas mariée. Vous savez, c'est difficile de dénicher un bon mari. (Resourire timide et 1 000 flashs de photographes).

Moi, j'oublie cette conférence de presse mal organisée, je ferme les yeux. La plus grande est sur la poutre, sublime, et je sais que je suis chanceux de contempler ce spectacle.

Nadiesque ! avait écrit Gilles Marcotte dans *La Presse*...

Félix Leclerc et Maurice Richard : l'historique rencontre des deux lions à l'île d'Orléans

9 août 1988

Les deux hommes étaient debout dans la grande pièce principale de la belle maison de Félix Leclerc.

Félix était fébrile et ému. Il avait composé un poème pour son illustre visiteur. Et le grand Maurice Richard, celui qui avait porté le Canada français sur ses épaules, avant même que Félix ne devienne Félix le Canadien sur les scènes parisiennes, était tout intimidé.

C'était un après-midi frais d'octobre 1983. Félix Leclerc et Maurice Richard avaient été choisis comme Québécois du centenaire par les membres du comité du centenaire de *La Presse.* Félix le Canadien et Maurice le Rocket avaient écrasé toute la compétition. Comme tout au long de leur vie. Et ils se retrouvaient pour la première fois, face à face, tous deux vainqueurs.

Leclerc avait l'aisance du prince dans sa maison de l'île. Il était l'hôte et c'était parce que le Rocket le respectait et l'admirait qu'il avait accepté de se déplacer jusqu'à Québec. D'habitude, ce sont les autres qui viennent au Rocket quand arrive le temps des honneurs.

Nous étions une bonne dizaine de personnes pour cette rencontre qu'on sentait historique. Les deux lions se prêtaient de bonne grâce aux demandes du photographe. Tous les deux avaient été mitraillés des milliers de fois par les flashs des photographes. Mais cette fois, rien n'était pareil.

J'ai toujours pensé que Félix était beaucoup plus conscient de la stature historique du Rocket que Maurice pouvait l'être de celle de son hôte.

Maurice Richard avait toujours défendu l'honneur des Canadiens français avec une hargne et une force inouies. Mais sans faire le pas. Celui qui fait parler de « Québécois » et non de « Canadiens français » Félix, lui, prêchait et chantait la libération de « son » peuple depuis plus de quinze ans déjà.

Le chanteur et poète avait vite réalisé que Maurice ne parlait pas le même langage que lui. Avec délicatesse et générosité, il avait évité toute allusion à la politique, se contentant de souligner à quel point Richard avait été important dans la vie du peuple québécois.

Nous nous étions rendus manger dans un restaurant de l'île. Et là, Félix s'était montré souverain, racontant anecdotes et souvenirs, agrémentés de mots savoureux. C'était un terrain idéal pour le Rocket. Lui-aussi avait sa légende à raconter, ses coups d'éclat à expliquer. Et pour la première fois, la magie s'était opérée entre les deux hommes.

L'un avait exprimé une grande partie de son peuple en comptant des buts impossibles sur la patinoire, contre des adversaires ligués contre lui. L'autre avait chanté la nature, l'âme et plus tard, la colère résignée des siens.

Le Rocket avait fait descendre 150 000 Canadiens français, en colère, dans les rues de Montréal. C'était avant Leclerc, Lévesque, Lesage, Bourgault, Vigneault.

Félix avait fait monter 150 000 Québécois en fête sur les plaines d'Abraham pour l'entendre chanter avec Vigneault et Charlebois.

Il s'était passé vingt ans entre les deux événements.

Le temps pour les deux hommes d'entrer vivants dans le patrimoine.

Réjean Tremblay rencontre… Mario Lemieux ; « J'aime ça comme quand j'étais p'tit gars »

29 octobre 1989

On se l'arrache. Et le grand Mario donne de sa personne, de son temps et de ses sourires. Avec une patience qui ne se dément pas.

Le petit neveu a quatre ou cinq ans. Il porte un chandail des Penguins qui lui tombe sur les cuisses. Il demande un autographe à Mario. Le grand 66 a chaud, il vient de s'entraîner sur la patinoire du Forum, mais il cherche un stylo, arrache une page dans un calepin de notes et signe son nom sur le bout de papier. Il hésite. Ce n'est peut-être pas assez. Il s'accroupit et écrit son nom sur l'écusson du chandail du gamin.

Ce n'est qu'après avoir payé ses dûs à ses fans que Mario Lemieux peut enfin se réfugier dans le vestiaire de son équipe. Mais il n'y sera pas tranquille longtemps. La télévision locale est sur place. On braque un micro sous son nez et il doit parler de son début de saison. Difficile pour lui, une réussite pour n'importe qui d'autre.

Les bons textes sur Mario Lemieux sont rares. Quand on prépare une recherche et qu'on fouille dans les coupures de presse, on est surpris. On parle beaucoup de son contrat fabuleux de $2 millions par saison, on parle de ses prouesses sur la patinoire, on parle beaucoup de Gretzky, mais de Mario Lemieux, l'homme, c'est la disette.

***

C'est que l'homme est vraiment tranquille. Seule Nathalie Asselin, sa compagne des cinq dernières années, va lever le voile sur certains aspects de la personnalité de Mario : « Sa plus belle qualité, c'est la générosité. Mario est généreux de son argent, de son temps et de sa personne. Ici, à Pittsburgh, il s'implique dans les œuvres qui lui tiennent à cœur. Et Mario a une autre grande qualité. C'est un comique. Il a un sens de l'humour formidable », soutient Mlle Asselin.

On parle bien du même Mario Lemieux. Du grand garçon tranquille qui est si sérieux quand il répond aux questions ?

« Oui. Moi, il me fait rire à tous les jours. C'est un bon imitateur et un farceur incorrigible. Je ne dis pas qu'il est comme André-Phillipe Gagnon, mais il est capable d'imiter bien des gens », dit-elle. Dont son entraîneur Gene Ubriaco et son directeur général Tony Esposito, dits les Italiens.

« Et puis Mario est toujours de bonne humeur. C'est un bonhomme chanceux dans la vie. Tout ce qu'il entreprend tourne pour le mieux. Même le golf ! Il va être songeur seulement quand ça va moins bien au hockey. Mais vous le savez, ça n'arrive pas souvent », dit-elle.

Mais elle aussi, comme son père Jean-Guy et sa mère Pierrette le feront de leur côté, finira par dire que son Mario est avant tout « un gars bien tranquille ».

« J'ai toujours été tranquille. Comme j'ai toujours cherché à garder ma vie privée. C'était comme ça quand j'étais plus jeune et maintenant que je suis devenu une célébrité, c'est encore plus vrai », assure Lemieux en répondant avec le moins de mots possible. Fidèle à son habitude de dire exactement ce qu'il veut dire, comme il a envie de le dire, avec le moins de fioritures possible.

« C'est certain que j'ai plus d'argent que la plupart des gens. Mais quand je suis à Pittsburgh, je reste à la maison. Je suis bien avec Nathalie et je n'ai pas le goût de me compliquer la vie. Nous allons dans certains restaurants où j'ai mes habitudes, des endroits où on ne se fera pas achaler, même si les autres clients nous reconnaissent.

« Et sur la route, c'est la même chose. Quand bien même j'aurais le goût de courailler, je ne pourrais pas. Non, ce que j'aime, c'est d'aller prendre une bière avec les gars après un match dans une place qu'on connaît, de jaser tranquillement et, après, d'aller me reposer. Ça a l'air un peu plate, mais je suis bien comme ça », dit-il en souriant.

***

Ça fait sept ou huit ans que je connais Mario Lemieux. Déjà, à l'époque, quand il avait refusé d'aller se faire humilier deux fois de suite par Dave King au sein de l'équipe junior canadienne, je l'avais trouvé très mûr pour son âge. Ce n'était pas facile, à 16 ou 17 ans, d'expliquer les raisons de sa décision de boycotter le camp de l'équipe canadienne et de faire face aux « journaleux patriotes » qui l'accablaient de « bons conseils ».

Tout comme il n'était pas facile, à 18 ans, de rester assis à son siège et de ne pas aller revêtir le chandail des Penguins de Pittsburgh lors du repêchage annuel. Vous vous souvenez de la scène ? Encore hier, un confrère écrivait dans son journal « que Mario avait posé le geste le plus regrettable de toute l'histoire du repêchage ». Comme si le fait de ne pas se plier aux fantasmes des gros de la big business de la Ligue nationale était un sacrilège : « C'était ma décision. Les négociations avec les Penguins n'allaient pas à mon goût et Gus Badali m'avait conseillé de le montrer publiquement.

« Plus que très heureuse », Nadia s'installe à Montréal

21 mars 1990

« Nadia, es-tu heureuse ? »

Une hésitation.

Nadia Comaneci échange quelques mots en roumain avec Alexandre Stefu, celui qui l'accueille chez lui, dans le quartier Rosemont à Montréal.

Peut-être que ma question n'est pas assez claire.

– Oui, ici à Montréal, avec des gens qui t'aiment, es-tu un peu heureuse, heureuse, beaucoup heureuse, très heureuse ?

Encore une hésitation. Elle parle en roumain. Je saisis le mot « felicitas » qui, en latin, veut dire bonheur. Et comme le roumain, à l'instar du français, vient du latin…

– Je cherchais le mot, répond-elle en français. Oui, je suis heureuse. Je suis encore plus heureuse que très heureuse !

Je le savais. Impossible que cette fille resplendissante, souriante, vive et enjouée ne soit pas heureuse. On est à cent, mille, un million de lieues des images qu'on a reçues de Nadia Comaneci depuis quelques mois. Mais qu'est-ce que l'air de Montréal a fait à cette fille ?

D'ailleurs, j'ai été soufflé quand elle est arrivée dans l'appartement de Stefu, 8e Avenue à Rosemont. Vêtue d'un pantalon de cuir moulant et d'une chemise d'inspiration western, maquillage léger et coiffure impeccable, sa silhouette et sa démarche de gymnaste font vite oublier certaines photos d'un goût disons… douteux.

Elle tend la main, embrasse Stefu et sa femme Monique, flatte le chien de la maisonnée et file vers la cuisine du bel appartement de Stefu. On jase, elle me montre des photos toutes récentes de la « nouvelle Nadia », elle s'informe des fois où j'ai pu la rencontrer dans le passé à Moscou et à Los Angeles…

Première surprise, elle parle déjà un français convenable. Et elle sourit tout le temps. D'ailleurs, dans la pile de photos qu'on a prises d'elle au studio, elle aime moins celle où elle est sérieuse : « J'ai l'air triste », dit-elle.

On passe au salon. Alexandre Stefu a un grand appartement. Il a cédé une grande pièce à sa mère et une annexe à Nadia. Mais, en fait, Comaneci vit avec le couple et maman Stefu. Elle fait les courses, le ménage et cuisine beaucoup. Elle adore la cuisine.

« Je connais tout le monde ici. Je vais au salon de coiffure, je vais acheter le lait, tous les matins je vais au dépanneur du coin. La dame, une Vietnamienne, me prévient quand il y a quelque chose sur moi dans les journaux. Je suis une vraie Montréalaise », dit-elle.

Et d'ailleurs, je vous le dis tout de suite : Nadia Comaneci s'installe à Montréal et espère y pratiquer sa profession de prof d'éducation physique.

Vous y avez pensé, la plus grande star de l'histoire de la gymnastique, prof de gym à Montréal !

***

Avant de commencer l'entrevue, Nadia veut me montrer le vidéo du gala Métrostar. Elle a été touchée par l'ovation du public. Ce fut comme une réconciliation avec l'Amérique.

Je vois pour la première fois Lionel Duval qui s'avance sur la scène et puis, Nadia qui va le retrouver avec le trophée et les fleurs.

– Regarde, j'étais émue, j'oublie de lui donner son trophée. Pauvre monsieur Lionel !

Et elle rit de bon cœur en se voyant, sur le vidéo, oublier les fleurs sur le lutrin.

On est dérangé par un représentant venu installer un fax dans ce qui sera le bureau de Nadia Comaneci inc.

– Je me sens comme chez moi au Québec. J'ai avec moi des gens qui m'aiment, comme une famille. C'est la première fois que je réussis à faire ce que je veux depuis que je me suis enfuie de la Roumanie, dit-elle, maintenant plus sérieuse.

Il faut dire que l'aventure américaine n'aura pas été très concluante. Nadia n'a rien compris aux Yankees. Et, surtout, Constantin Panaït, celui qui l'a fait sortir de Roumanie, s'est servi d'elle sans vergogne. Les preuves s'accumulent à cet effet. Aujourd'hui, elle repart à zéro dans la vie, lui se promène à Cleveland dans une Mercedes blanche flambant neuve. Avec sa femme et ses quatre enfants.

– C'est vrai que je repars à zéro. Sur le plan professionnel, je dois me créer une carrière; sur le plan sentimental, j'ai mon ami en Roumanie mais il est bien loin; et sur le plan financier, quand je dis que je repars à zéro, ça veut tout dire. Je n'ai pas d'auto. Tout ce que j'ai les moyens d'acheter, c'est des patins à roulettes.

Mais le potentiel de Nadia Comaneci superstar demeure inépuisable. Hier soir, elle s'envolait pour Rome pour y préparer une émission de télévision. Après, elle revient à Montréal pour s'attaquer à ce que sera sa vie au Québec.

Pour l'instant, c'est une vie de vacancière. Il y a tellement de temps perdu à reprendre. Elle est allée manger au restaurant une seule fois, chez Milos, le restaurant grec. Elle n'est pas sortie en ville : « J'ai regardé des films sur vidéo. Au cinéma, je ne comprends pas assez ce qui se dit. Avec le magnétoscope, j'arrête la cassette, je recule et je recommence. Je me tape du cinéma à mon goût. »

Et elle téléphone. À maman, à son frère, à ses amis, là-bas en Roumanie. Cinq cent quatre-vingts dollars le premier mois... Trois cents et plus ce mois-ci, et ce n'est pas fini... Elle leur dit qu'elle est bien, qu'elle est heureuse.

Elle s'entraîne, elle découvre le quartier, elle respire et elle rit. Les cauchemars s'estompent...

– Je ne parle pas beaucoup aux gens parce que je ne maîtrise pas encore assez bien le français. Et pour bien dire ce que l'on ressent, il faut parler la langue des gens. Mais je progresse, n'est-ce-pas ?

***

La vie de Nadia Comaneci a été marquée par plusieurs drames. On a parlé de tentatives de suicide, on a commméré sur ses relations avec Nicu Ceausescu, le fils du dictateur roumain. Et, réfugiée en Amérique, elle est tombée dans les pattes d'un aventurier dont on dit qu'il a fait une belle passe de 150 000$, soit l'argent d'une avance versée par un producteur de cinéma.

– Ici, je trouve mon équilibre. Jusqu'à l'âge de 15 ans, je vivais sous le contrôle de l'Institut de gymnastique. Après, j'étais sous le contrôle de l'État communiste. Quand je suis arrivée en Amérique, je ne savais pas du tout comment il fallait faire les choses. Et, je le répète, je n'ai jamais eu d'aventure amoureuse avec Constantin Panaït. Il m'avait fait évader de Roumanie et il était mon manager, dit-elle.

Une pause. Son visage redevient sérieux. Ses yeux se voilent légèrement.

– Je ne connais pas le mot en français. Mais je sais qu'en dedans de moi, à l'intérieur, (elle pointe sa poitrine avec son doigt), je sais que je suis pure.

Il y a Mario… et les autres

Les exploits de Lemieux laissent incrédules coéquipiers et adversaires

30 mars 1993

Ce qu'est en train de réussir Mario Lemieux est tellement exceptionnel que même ses adversaires sont incrédules quand ils tentent de comprendre les exploits et les prouesses du grand Mario.

Et ce n'est pas seulement l'athlète qu'on respecte et qu'on admire, c'est l'homme qu'on est prêt à citer en exemple de courage et de grandeur d'âme.

« Il faut être capable de le reconnaître. Le bon Dieu a fait une création extraordinaire, il a créé un homme capable de surpasser tout le monde dans son sport et d'inspirer ceux qui sont malades, et c'est Mario Lemieux », s'exclamait Jacques Demers hier après l'exercice du Canadien.

« Il faut être réaliste. Quand Mario était malade, nous avions des chances de dépasser Pittsburgh en tête du classement. Mais quand Mario est revenu et qu'il a décidé d'aller chercher le championnat des marqueurs, je l'ai dit à mes joueurs. On va faire de notre mieux mais soyons réalistes, Lemieux est dans une classe à part », de dire Demers.

Tellement à part que Demers ne voit pas d'équivalent dans le hockey. Il lui faut aller dans le basketball pour trouver un Michael Jordan : « Jordan domine le basketball comme Mario domine le hockey. Le seul autre athlète professionnel qui peut leur être comparé est Joe Montana. Montana est revenu après une grave blessure au dos pour gagner un Super Bowl. Mais Lemieux… c'est tellement incroyable… », de dire Demers.

Et Demers n'est pas le seul. Je suis aussi impressionné que vous tous par la foudroyante réussite de Lemieux depuis son retour au jeu. Cet homme a subi 22 traitements de radiation pour soigner son cancer. Il a perdu du poids, il a été sérieusement affaibli. Pat LaFontaine connaît une saison merveilleuse. Et pourtant, Lemieux l'a rattrapé en moins d'une douzaine de matchs. C'est invraisemblable. Du jamais vu. Même Wayne Gretzky n'a jamais pu être aussi bouleversant.

« Des fois, c'est quand un homme traverse des épreuves qu'on peut mieux apprécier son caractère et ses qualités. Ce qui est arrivé à Mario depuis quelques années nous oblige à l'admirer », soutient Éric Desjardins. Le défenseur du Canadien est estomaqué lui aussi par les performances du grand 66 : « Je l'admire profondément… tant que je ne l'affronte pas sur la patinoire », dit-il.

Des propos repris par Kirk Muller qui a affronté Mario très souvent quand il jouait pour les Devils du New Jersey : « C'est le meilleur. Il y avait encore des experts qui se demandaient s'il avait la volonté et le désir d'être le plus grand. Nous avons la réponse aujourd'hui. Il a gagné le respect de tout le monde, coéquipiers comme adversaires. Chacun savait qu'il était un très grand athlète; nous savons maintenant qu'il a aussi le désir de gagner à tout prix et son retour le prouve. Écoutez, on se demandait dans le hockey s'il reviendrait pour les séries éliminatoires. Et il a rattrapé Pat LaFontaine sans même traîner de la patte », de dire Muller.

Vincent Damphousse a été le coéquipier de Mario Lemieux avec les Voisins de Laval. Il avait quinze ans et Mario terminait son stage dans les rangs junior : « Quand Mario a quelque chose dans la tête, rien ne peut lui résister. À sa dernière partie avec les Voisins, il lui manquait trois buts pour battre le record de Guy Lafleur de 130 buts. Il nous a dit de le regarder aller ce soir-là. Il a scoré six buts et récolté cinq assistances !

« Mario est un adversaire mais tout le monde est content pour lui. Nous voulions tous qu'il retrouve la santé, tout le monde voulait son bien. Ce qu'il fait depuis son retour est la preuve qu'il est le meilleur, de loin le meilleur au monde. Il est dans une classe à part. Ça n'a pas de bon sens ce qui se passe depuis quelques semaines. C'est incroyable », de dire Damphousse.

Et il s'est passé quelque chose de magique avec Lemieux. Wayne Gretzky, dès ses premiers succès, a eu droit à un traitement de faveur de ses adversaires. On le frappait mais sans chercher à le diminuer. Ce ne fut pas le cas pour Mario Lemieux. Et Kirk Muller le confirme : « Je ne sais pas pourquoi mais à ses premières saisons dans la ligue, on cherchait à cogner Mario et à lui faire mal. On jouait plus dur qu'avec Wayne. Mais je suis certain qu'il a maintenant gagné le respect de ses adversaires et qu'on va éviter de lui faire trop mal », de dire Muller.

Éric Desjardins n'est pas convaincu que Lemieux jouit d'un traitement spécial : « Un gars ne peut pas risquer d'avoir l'air fou pour ménager Mario Lemieux », dit-il.

Pourtant, Jacques Demers qui a visionné le match entre les Penguins et les Bruins de Boston samedi après-midi, est convaincu du contraire : « Il y avait une grosse pancarte : *Welcome back*, Mario ! Quand est-ce-qu'on a vu le monde de Boston souhaiter la bienvenue à un adversaire ? » de demander Demers.

Et pendant le match, selon l'entraineur du Canadien, les joueurs des Bruins ont frappé Mario mais sans s'acharner : « Notre travail, c'est de t'empêcher de compter. Mais si tu es capable de marquer deux buts, nous n'allons pas te briser le dos pour t'empêcher », semblait s'être dit les joueurs des Bruins, racontait Demers.

Mario va affronter les Nordiques samedi au Colisée : « J'espère seulement qu'on va lui donner une ovation debout de cinq minutes », a souhaité Demers.

Nous aussi…

Lindros à Québec : rien à signaler !

On était très nerveux tant chez les Nordiques que dans les bureaux de la Ligue nationale de hockey, samedi dernier, pour la visite d'Eric Lindros au Colisée.

Tellement que les Nordiques ont demandé

aux policiers municipaux de saisir les pancartes qui auraient pu être de mauvais goût et offensantes pour la famille Lindros.

Le commissaire de la LNH, Gary Bettman, a suivi le match à la télévision de son domicile à New York. Il était tellement soulagé à la fin de la rencontre qu'il a téléphoné à Marcel Aubut pour le féliciter de la bonne tournure des événements.

Il faut se rappeler que deux équipes de la NBA venaient d'écoper de 250 000 $ d'amendes parce qu'un match avait dégénéré en foire la semaine précédente et qu'un article dans le *New York Times Magazine* traçait un portrait bien sombre de Marcel Aubut, des Nordiques et des Québécois.

Des difficultés techniques ont rendu incompréhensibles le reportage du match opposant les Nordiques et les Flyers de Philadelphie et les commentaires entourant la visite de Lindros.

Ainsi, Jean-D. Legault, le bras droit de Marcel Aubut, a pris la défense des policiers en soutenant qu'il ne s'agissait pas de censure mais de savoir-vivre et que les fans de hockey de la ville de Québec ne pouvaient se permettre les mêmes outrances que ceux de New York, Boston ou Chicago.

Pas obligés d'être masos non plus…

Roy, le meilleur de tous les temps

19 mars 1994

« J'ai failli remplacer Bill Durnan quand j'étais gardien de but du National junior dans les années 40. Je me souviens de Durnan qui était un gardien de but ambidextre. J'ai vu Jacques Plante, Glenn Hall et tous les autres dans mon métier de photographe au Forum, mais Patrick Roy est dans une classe à part. »

C'est Denis Brodeur qui parle. Le photographe sait de quoi il parle. En plus d'avoir passé sa vie dans le hockey et le sport, en plus d'être le père de Martin Brodeur, le sensationnel gardien des Devils du New Jersey, Brodeur a gagné une médaille pour le Canada aux Jeux olympiques de 1956. Il était le gardien de but de Team Canada.

« Je n'ai jamais vu un gardien de but aussi fort dans ses mouvements latéraux. Il est toujours en équilibre, il est toujours prêt, il semble solide quand l'adversaire s'apprête à tirer sur lui », d'ajouter Brodeur.

« Je ne sais pas ce qui se passe dans le hockey, mais je n'ai jamais vu autant de bons gardiens. En fait, je pense qu'ils sont mieux dirigés, mieux entraînés, qu'ils sont techniquement supérieurs et qu'il ont des coachs pour les aider à corriger leurs défauts », de dire l'artiste du déclic.

« J'ai commencé à aller au Maple Leaf Garden de Toronto en 1957-58, pour y voir jouer mon frère Frank Mahovlich. J'ai vu Johnny Bower, Glenn Hall, j'ai joué contre Bernard Parent, Ken Dryden a été mon coéquipier, mais Patrick Roy est le meilleur gardien de but que j'aie vu de mes yeux. »

Pete Mahovlich a joué dans une période faste en excellents gardiens de but. Il a affronté Parent, Bill Smith, Tony Esposito, Rogatien Vachon, Ken Dryden pour n'en nommer que quelques-uns. Il a également compté des buts électrisants contre Vladislav Tretiak. Dans son esprit, Tretiak est sans doute celui qui est le plus proche de Roy.

Tretiak était d'ailleurs un gardien de but techniquement parfait. Comme Casseau. Il était un peu plus grand et plus gros que Roy, mais tant dans le style que dans l'allure physique, les deux hommes se ressemblaient.

Sauf que Tretiak jouait pour une équipe formidable, une des meilleures de l'histoire et que Roy a gagné deux fois la Coupe Stanley avec des équipes moyennes.

Jean Pronovost, ancien marqueur de 50 buts avec les Penguins de Pittsburgh, est un coach universitaire très respecté : « Patrick Roy est bien meilleur que Ken Dryden. Plus stable, plus régulier. De tous les gardiens que j'ai vus, je dirais que Bernard Parent, dans ses meilleures années avec les Flyers de Philadelphie, est celui qui talonne Roy. Bernard était très fort, très confiant, très rapide.

« Ce qui me convainc encore plus de la très grande valeur de Patrick Roy, si on le compare avec un Ken Dryden par exemple, c'est la qualité de ses joueurs de défense. Donnez-lui Serge Savard, Larry Robinson et Guy Lapointe et vous allez voir sa moyenne baisser encore plus », de dire Pronovost.

Me semble que Robinson, Savard et Lapointe sont maintenant trop âgés pour faire une différence quelconque !

S'cusez la mauvaise blague qui ne change rien à la véracité des propos de Pronovost. Billy Smith a connu des saisons formidables avec les Islanders. Derrière Denis Potvin, Stephen Pearson et Ken Morrow. En connaissez-vous des gardiens qui ont connu les succès de Patrick Roy avec d'aussi célèbres défenseurs que Jean-Jacques Daigneault, Lyle Odelein, Matthieu Schneider et Patrice Brisebois ?

Sont bien bons, bien fins, mais c'est pas des superstars, n'est-ce pas ?

Personnellement, je n'ai jamais vu un gardien de but connaître des saisons aussi remarquables derrière une équipe aussi ordinaire. Patrick Roy est le meilleur que j'aie vu. Et ça remonte aux premières saisons de Jacques Plante avec le Canadien dans les années 50. Avec les débuts de la télévision à CKRS-TV à Jonquière.

Je me rappelle très bien de Terry Sawchuk, de Glenn Hall à ses débuts avec les Red Wings de Detroit, puis avec les Blackhawks de Chicago et les Blues de St. Louis. J'ai couvert le Canadien dans les plus belles années de Ken Dryden. J'ai connu Gerry Cheevers avec les Bruins de Boston. J'ai vu Tretiak battre le Canada 8-1 au Forum en septembre 1981. J'ai couvert des finales de la Coupe Stanley qui ont permis à Grant Fuhr ou Andy Moog de briller. Mais je ne me souviens pas d'un gardien aussi solide, tout le temps ou à peu près, que Casseau.

Bien sûr, il est difficile de comparer des bonhommes comme Sawchuk ou, avant lui, Durnan et Frank Brimsek qui jouaient sans masque. Mais les anciens films montrent que les joueurs capables de lancer avec force étaient rares. Bernard Geoffrion, tellement spectaculaire dans les années 50 qu'on l'avait surnommé Boum Boum Geoffrion, lançait avec moins de puissance que le dernier des défenseurs de n'importe laquelle équipe de la Ligue nationale. Les hockeys étaient moins flexibles, la technique moins au point et les hommes moins grands, moins gros et moins forts.

Peut-être que Patrick Roy sera vite dépassé par de plus jeunes. Peut-être que Félix Potvin, Curtis Joseph ou Martin Brodeur vont progresser encore. Mais pour l'instant, si j'étais entraîneur d'une équipe de la Ligue nationale et que je devais choisir un gardien de but pour entreprendre un match important, c'est vers Patrick Roy que je me tournerais.

Et j'aurais fait de même pour les années 50, 60, 70 et 80. Pour le reste, Maurice Richard pourrait nous faire partager ses souvenirs. Il a marqué des buts contre Al Rollins, Sugar Jim Henry, Harry Lumley et Turk Broda.

Ils ne devaient pas être mauvais, eux non plus !

Mahovlich voit les Nordiques hors des séries

Pete Mahovlich, l'ancien centre du Canadien, commentateur au réseau anglais des Glorieux, est convaincu que les Nordiques ne participeront pas aux séries éliminatoires. « Il suffit d'analyser le calendrier des Nordiques d'ici la fin de la saison. Il y a cinq matchs qu'ils vont perdre. Contre le Canadien ce soir, à Detroit et au New Jersey, à Buffalo, et ils reçoivent les Bruins et les Sabres pour aller finir la saison en Floride contre les Panthers et le Lightning », de dire Mahovlich.

Très convaincant.

Selon Mahovlich, l'équipe à surveiller pourrait être les Islanders de New York. Le grand Pete voit une lutte à quatre équipes pour les deux dernières positions donnant accès aux séries. Les Flyers, les Islanders, les Panthers et les Capitals seront de la lutte. Les Nordiques vont déjà être en vacances.

Roy : « La Coupe de la fierté... »

13 juin 1996

« Allo, c'est Patrick ! »

Ça m'a pris au moins deux secondes à reconnaître la voix de Patrick Roy.

À Denver, il était 7 h 30, Casseau devait finir de souper. Il était calme, de toute évidence profondément heureux.

C'était un coup de téléphone d'amitié. Ça ne devrait pas exister dans le journalisme, tous les faux intellos à la bouche en cul-de-poule vous le diront. Mais que voulez-vous, Patrick Roy avait 20 ans quand il est arrivé avec le Canadien en 1986. C'était un grand gamin qui avait du talent, qui était intelligent et qui avait le cœur à la bonne place.

Et qui avait de bons parents qui l'ont bien éduqué.

Au fil des ans, j'ai louangé professionnellement le gardien de but du Canadien. Parfois, je l'ai critiqué. Mais dans le fond, je l'ai toujours aimé.

Qu'il me lâche un coup de téléphone le lendemain de sa conquête personnelle de la Coupe Stanley, ça m'a fait plaisir. Je mentirais si je disais le contraire.

Casseau m'a appelé pour plusieurs raisons. Quelque part, il voulait me dire qu'il se rappelait que, dans la tempête provoquée par son départ, j'avais refusé de l'accabler de tous les maux et de boire la cuvée médiatique préparée par le Forum et ses conseillers en relations publiques.

« Tu vois, j'ai cessé de me flageller », a-t-il lancé à un moment donné de la conversation de trois quarts d'heure que nous avons eue.

Cesser de se flageller ! Il faisait allusion à une conversation qui a suivi sa conférence de presse du lundi soir au Sheraton de Laval. Devant toutes les caméras de télévision du Canada, il n'avait cessé de s'accuser, de se confesser. Comme s'il avait commis tous les crimes.

« J'espère qu'avec le temps les gens vont avoir compris ce qui s'est vraiment passé. Qu'ils vont avoir oublié les circonstances de mon départ », a-t-il dit.

Patrick est encore touché quand il parle de cette semaine du 2 décembre 1995. Ça lui fait encore mal quand il lit que Mario Tremblay répète qu'il avait demandé à quitter Montréal et le Canadien : « Pensez-vous qu'avant la partie contre Detroit je pensais seulement une petite seconde à partir ? Et si la haute direction du Canadien avait voulu régler le problème le soir même, ç'aurait été possible. Quand je suis entré dans le bureau de Réjean Houle à 15 h le dimanche, mon sort était décidé. Je le savais, Mario l'avait déjà annoncé à certains joueurs deux heures plus tôt, m'a-t-on dit par la suite. »

Mais Casseau avait surtout le goût de raconter son bonheur, son plaisir d'avoir gagné avec une bonne bande de gars : « J'ai eu du plaisir à jouer avec ces gars-là. Tu les connaissais, tu les as couverts au cours des dernières années, tu sais comment ils sont ? Joe Sakic est un vrai leader, Uwe Krupp est un gars fantastique, on a eu beaucoup de plaisir ensemble. »

Patrick revient toujours avec la notion de plaisir. D'ailleurs, il refuse maintenant de se mettre des limites de temps. Il va négocier un contrat au cours de l'été. « Mais cette fois, je ne répéterai pas la même erreur que lors du dernier contrat. Je ne mets pas de date, pas de limites, pas de durée. Je vais jouer tant que je vais avoir du plaisir, que je vais aimer ça et que je vais être capable d'aider mon équipe à gagner. Le nombre d'années, je ne le sais pas », de dire Patrick.

Le grand gardien a gagné trois Coupes Stanley. La première remonte à 1986. C'était la Coupe folle d'un jeune homme de 20 ans. Celle de 1993 était la Coupe du leader, la Coupe de la pression. La Coupe du miracle.

Mais cette troisième, celle gagnée avec une autre équipe, après des bouleversements majeurs dans sa vie, c'est quoi ?

Il réfléchit longuement, cherche un mot, quelques mots. Finalement, il répond : « C'est la Coupe de la fierté ! »

Il m'a expliqué ce qu'il ressentait. Un grand bonhomme comme Mark Messier est allé gagner une Coupe Stanley avec les Rangers de New York. Il a eu besoin de quelques années, mais il y est parvenu. Wayne Gretzky n'a pas été capable d'emmener la Coupe à Los Angeles. Ironie du sort, c'est justement Patrick Roy qui l'a empêché de réussir.

« C'est vrai. On a gagné la Coupe l'année même de la transaction, ça doit être rare », de dire Patrick.

Il se prépare un bel été. Son père, qui a dû abandonner son poste de délégué général du Québec à Chicago, demeure présentement dans sa grande maison de l'île Ducharme. Casseau devrait arriver au Québec vers le 30 juin et entreprendre sa saison de golf… et de tennis.

Même s'il a battu Mathias Brunet, Casseau n'aura rien gagné au tennis tant qu'il n'aura pas vaincu l'humble chroniqueur. Il le sait très bien.

Il s'est informé sur son idée d'apporter la Coupe Stanley à son tournoi de golf de la Vieille Capitale. Je lui ai dit que c'était une excellente idée. Après tout, on ne parle pas d'une parade, on parle d'une réception à un tournoi de golf dont les profits vont à des œuvres de charité. Si la présence de la Coupe permet seulement de recueillir cent dollars de plus, ça vaudra déjà le coup.

Le reste de la jasette ?

On s'en reparlera en juin prochain. Tout d'un coup l'Avalanche gagnerait encore la Coupe.

Ça fera une chronique en banque !

Tout d'un numéro de cirque

C'était à prévoir, la conférence de presse donnée par Jacques Villeneuve hier, avait tout d'un numéro de cirque. C'était plutôt bordélique comme organisation.

Rothmans et Williams n'avaient pas à nous imposer un faux animateur qui a posé les dix premières questions. On connaît la game, c'est la meilleure façon d'avoir des déclarations nettes pour les télés internationales et de contrôler le ton de la conférence de presse.

C'était inutile puisque l'événement était organisé pour la presse locale. On a privé les journalistes québécois de quinze minutes. Quand on a moins d'une heure à partager avec un athlète dans toute une semaine, c'est beaucoup de temps perdu.

Ceci dit, Jacques Villeneuve a été égal à lui-même. Intelligent, raffiné et posé. Il a refusé de faire le pitre et de jouer au singe savant pour amuser les « indigènes ».

Il a d'ailleurs résumé la situation par une toute petite phrase : « C'est difficile de me sentir chez-nous (sic) avec tout ce qui se passe. »

Elvis, un univers en pleine expansion

17 août 1997

Il faisait une chaleur torride. Devant le mur de pierres de Graceland, des fans s'évanouissaient. On ne savait pas trop ce qui se passerait et les rumeurs les plus folles couraient sur le boulevard Elvis-Presley à Memphis.

C'était il y a 20 ans. Le jour des funérailles d'Elvis. Je couvrais l'événement pour *La Presse*. Pour se rendre à Memphis, il avait fallu monter à bord d'un vol nolisé par CKVL. Départ de Dorval à 6 h 30 du matin. Tous les vols commerciaux étaient complets, qu'on passe par Chicago ou par Birmingham, en Alabama.

Je me rappelle de Johnny Farago, qui était à bord, et de quelques confrères envoyés à Memphis pour couvrir un événement qui avait assommé l'Amérique et une bonne partie du monde.

Il faisait une chaleur torride. Elle s'appelait Nora Washington et elle m'avait offert le plus merveilleux verre d'eau de toute ma vie. Sans rien demander en retour. Un verre d'eau gratuit, offert par une Noire de 50 ans qui aurait sans doute bien profité d'un dollar donné avec plaisir par deux assoiffés. Elvis était mort depuis deux jours et ce verre d'eau est sans doute la dernière chose donnée au nom d'Elvis.

Parce que déjà, les vendeurs du temple s'étaient installés avec leurs souvenirs du King. Fallait continuer à faire la piastre avec le talent d'Elvis.

En revenant, personne ne riait dans l'avion de CKVL. Abrutis par le soleil, encore assommés par le spectacle d'une cinquantaine de limousines Cadillac blanches qui avaient accompagné la dépouille mortelle au cimetière de Memphis, les fans ne bougeaient pas.

Il y en a un qui pleurait. Il venait de Dolbeau. C'était la première fois de sa vie qu'il prenait l'avion. Il avait conduit du Lac-Saint-Jean jusqu'à Dorval pour se rendre prier sur la tombe d'Elvis : « J'avais des photos de la Sainte Vierge dans des beaux cadres. Je les ai remplacées par des photos d'Elvis, j'espère qu'elle ne m'en voudra pas », m'avait-il raconté.

J'en avais fait un article dans *La Presse* du lendemain.

Un an plus tard, j'étais retourné à Memphis pour préparer un reportage pour le magazine *Perspectives*. J'y avais découvert un nouveau monde. Un motel Elvis-Presley, un centre commercial Elvis-Presley. J'avais jasé avec Vester Presley, l'oncle d'Elvis qui était gardien à la porte de Graceland. J'avais rencontré des présidents de fan clubs et j'avais écrit que l'univers d'Elvis survivait malgré la mort du King du rock. Il se brassait des affaires sur le nom et la voix d'Elvis, mais c'était bien artisanal…

Je ne pouvais pas deviner que, 20 ans plus tard, cet univers serait en pleine expansion. Que RCA Victor serait rachetée par BMG, une multinationale allemande et que les Allemands sortiraient 77 versions inédites de chansons d'Elvis pour le 20e anniversaire de sa mort.

Je ne pouvais pas deviner…

En juin dernier, pendant le Grand Prix d'Espagne, j'étais à Barcelone. La rue la plus vibrante de la capitale de la Catalogne s'appelle La Rambla. On ne dort jamais sur Las Ramblas. Il y a des cafés, des marchands de fleurs, des marchands d'oiseaux, il y a des jongleurs, des chanteurs, des musiciens.

Et, en juin dernier, il y avait des Elvis. J'en ai photographié un, ça m'a coûté une couple de pesetas. Ils portaient le jump suit blanc à col relevé, ils étaient sur des caissons et ils prenaient des poses elvisiennes qu'ils gardaient quelques minutes, comme des statues. Les gens les photographiaient et déposaient quelques pièces de monnaie dans une guitare ouverte sur le sol.

Un jump suit, des rouflaquettes, un coq sur le front et c'est Elvis. C'est universel, à Barcelone comme à Moscou… comme à Montréal.

Je ne pouvais deviner que même en Hongrie, je retrouverais Elvis. Dans la vitrine d'un American Rock Restaurant où on sert du poulet frit à la Kentucky, il y a une grosse statue de cire d'Elvis. Chaque jour de la semaine, on habille notre Elvis d'une façon différente. Cuir TV Special 68, veste ample des années 50, uniforme de bagnard de Jailhouse Rock, ça n'a pas d'importance, les Hongrois reconnaissent Elvis comme on reconnaît un Elvis à Barcelone juste à son jump suit.

Même Régis Lévesque a flairé la bonne affaire. Des Elvis se promènent dans Montréal en attendant le grand concours des meilleurs imitateurs d'Elvis au monde.

Pas besoin de chercher, tout le monde sait que c'est Guy Émond. Mais Régis n'a pas inventé la formule. Dans les semaines qui ont suivi la mort du chanteur, on avait paqueté l'aréna Maurice-Richard avec un concours d'imitateurs d'Elvis. Notre confrère Gilles Poulin, Poulin aux courses, faisait partie du jury. À la fin, il voyait tout le temps des jumeaux Elvis sur la scène. Le gagnant, on s'en rappelle, avait été David Scott. Il avait été choisi pour tourner un film à Hollywood sur la vie d'Elvis. Il s'est suicidé, incapable de ne pas être Elvis…

À Paris, les Français capotent Elvis. J'y étais lundi soir. *VSD*, *Gala*, *Le Nouvel Observateur*, tous les journaux et les magazines français analysent le phénomène Elvis. En faisant ce qu'il faut faire, en revenant à l'essentiel, en revenant à la musique.

Dans l'avion Paris-Montréal, Guy Cloutier se frottait les mains. Guy a toujours été un vrai fan d'Elvis. Un vrai, un sincère qui connaît par cœur toutes ses chansons. Heureusement pour le coloré producteur, toutes les fois qu'il a été fidèle à ses amours, il a gagné des fortunes.

Comme en faisant enregistrer deux albums à Johnny Farago quelques semaines avant la mort du King.

Ou en osant monter un grand spectacle, Elvis Story, au Capitole à Québec. Elvis Story en est à sa deuxième année, plus de 66 000 spectateurs ont rempli les 1 300 places du chic théâtre pour voir Martin Fontaine dans le rôle d'Elvis, et Cloutier le reconnaît : « Elvis Story a sauvé le Capitole. » Il ajoute du même souffle : « Le show va être produit à Toronto, les billets se vendent comme des petits pains chauds. Plus de 500 dans la première heure; au Capitole, j'en avais pas vendu cinq », raconte Cloutier en riant. À Memphis, Priscilla Beaulieu rit elle aussi tous les lundis matin en se rendant à la banque. La première année, Ti-Guy étant Ti-Guy, il a produit le spectacle sans demander de droits à personne. Il avait une offre pour présenter le spectacle à Paris. Mme Beaulieu, ex-femme d'Elvis et présidente d'Elvis Presley Enterprises, a eu vent de l'aventure : « J'ai tout réglé avec Priscilla. Tous les lundis, on lui envoie un beau 11 % de nos recettes », dit M. Cloutier.

Platinium, c'est le titre du dernier coffret lancé par BMG. Cent chansons dont 77 qui sont nouvelles ou des interprétations inédites. Parfois, c'est une vieille chanson de Hank Williams chantée dans le salon de Graceland et captée sur un gros magnétophone des années 60, d'autres fois, c'est une version très différente d'un grand succès d'Elvis qui permet de réaliser à quel point les sessions d'enregistrement étaient des champs d'exploration. Faut entendre *Bossa Nova Baby* pour réaliser qu'à l'époque, le colonel Parker, grand ami de René Angélil dans les dernières années de sa vie, ou les dirigeants de RCA, ne lançaient pas nécessairement la meilleure version d'une chanson.

On écoute l'album et on se dit que chanter, pour Elvis, c'était respirer. Et que même dans le désordre total de sa vie des dernières années, quelque chose de puissant au fond de son âme lui permettait de survivre sur une scène ou dans un studio en chantant.

On l'appelait le King, il faisait image de rebelle. C'était l'être le plus vulnérable qu'on puisse imaginer.

Il avait une voix pour concilier toutes ces contradictions. C'est ça, le miracle.

Que faisiez-vous ce jour-là ?

17 avril 1999

Vous faisiez quoi quand vous avez appris que John Kennedy a été assassiné ? Et quinze ans plus tard, quand ce fut au tour d'Elvis ?

Et si vous êtes plus jeune, c'est peut-être la démolition du mur de Berlin qui vous a marqué ? Ou la dernière émission de *Garden Party*, sait-on jamais.

Mais quand on est un joueur de hockey, c'est de Wayne Gretzky dont on se souvient. En Finlande, Saku Koivu se rappelle de son père qui revenait de voyage et qui lui racontait les exploits de la Merveille qu'il avait vu jouer à Edmonton contre les Flyers de Philadelphie. En Lituanie, même s'il était un gamin, Dainius Zubrus se souvient d'avoir découvert Gretzky lors d'un match opposant le Canada à l'Union soviétique de la Coupe Canada 1987.

Il y en a d'autres. Hier, les joueurs du Canadien étaient comme tous les amateurs de hockey qui voient partir Gretzky avec regret. Eux aussi ont leurs idoles. Ils avaient le goût de se souvenir. Parce que les bons souvenirs sont comme des bonbons forts, on a parfois le goût de les sucer longtemps.

« J'ai deux souvenirs qui me reviennent en mémoire, racontait le beau Dainius Zubrus, un ténébreux de 20 ans originaire d'Elektrenai, en Lituanie. Le premier, j'étais vraiment un enfant. Mais quand l'équipe nationale de l'URSS était impliquée dans un grand match, on nous le montrait en soirée en heure de grande écoute. J'avais vu Gretzky faire les passes à Mario Lemieux et j'avais beaucoup de peine parce qu'ils nous battaient.

« Puis en 1992, je pense, nous sommes venus jouer au tournoi pee-wee à Québec. Et j'avais acheté une cassette vidéo de Gretzky pour mieux le voir jouer. Depuis ce temps, c'est mon idole. Je regrette un peu d'avoir été trop gêné pour lui parler quand je l'ai affronté avec les Flyers ou le Canadien. Je me suis contenté de le regarder, il était trop grand pour moi. »

En anglais, il a dit : « *He was too big for me.* »

– Saku, ton premier souvenir de Wayne Gretzky ?

– Ça remonte à quand j'étais encore un gamin. Mon père était venu au Canada et avait assisté à un match de la finale entre les Oilers d'Edmonton et les Flyers de Philadelphie. Gretzky avait été incroyable, il avait obtenu un tour du chapeau si je me souviens bien. Quand il était revenu à la maison, il m'avait raconté ce qu'il avait vu, et j'avais été émerveillé par ses histoires. Surtout que Gretzky jouait avec Jari Kurri, notre idole en Finlande.

Saku a raison de se rappeler de Gretzky. Il sourit : « J'ai compté mon premier but dans la Ligue nationale contre les Kings de Los Angeles. Contre Wayne Gretzky, ça ne s'oublie pas », dit-il.

Igor Ulanov est un boute-en-train dans le vestiaire. Il est toujours de bonne humeur… sauf quand Dave King le fait suer.

Dans l'Union soviétique d'avant la chute du Rideau de fer, Gretzky était l'ennemi qui empêchait les meilleurs joueurs de l'URSS de gagner tous les trophées et toutes les médailles.

« En fait, c'est en jouant contre lui que j'ai réalisé à quel point il était bon, souligne Igor. Il est vraiment dans une classe à part, un genre de génie. Je n'ai malheureusement jamais eu l'occasion de lui parler… à part les habituelles bêtises qu'on se lance dans le feu de l'action. Mais je l'admire beaucoup. »

Y a pas que dans les lointaines Europes qu'on chatouille ses souvenirs. Patrice Brisebois de Saint-Donat se rappelle encore de la célèbre phrase lancée avec assurance par Richard Sévigny, gardien du Canadien à la veille de la première série opposant les Glorieux aux jeunes Oilers : « Lafleur va mettre Gretzky dans sa petite poche », avait-il dit à Tom Lapointe.

On s'en rappelle encore, les Oilers avaient planté le Canadien en trois matchs collés. Et Lafleur s'était fait cogner d'aplomb par Dave Hunter, le frère de Dale.

– Mon équipe, c'était le Canadien. De voir Wayne Gretzky battre Guy Lafleur m'avait fait terriblement de peine. Il avait battu mon idole, de dire Brisebois.

– Quand lui as-tu parlé pour la première fois ?

– C'était à Calgary. J'avais 18 ans, il faisait moins 40 et j'étais avec l'équipe nationale junior. Wayne Gretzky était venu avec deux autres joueurs nous encourager avant le Championnat du monde. Ça m'avait très impressionné parce qu'il portait un manteau de fourrure. Ça me faisait drôle de voir un homme avec de la fourrure. Il avait pris le temps de signer tout ce qu'on lui avait demandé. Et il demandait le prénom du joueur pour ajouter une dédicace à son autographe.

Le coach Alain Vigneault a joué contre Wayne Gretzky. Une présence de 30 secondes sur la patinoire alors qu'il jouait pour les Blues de St. Louis contre les Oilers. « Moi, je m'en rappelle; lui, il n'a même pas remarqué que j'étais sur la patinoire. Je n'avais passé que 30 secondes sur la glace parce qu'on m'avait vite rappelé au banc quand il était sauté sur la patinoire. »

Un vétéran comme Marc Simoneau de CHRC à Québec se rappelle Gretzky, le phénomène du hockey pee-wee. Marc était commentateur pour le tournoi à la radio de Québec : « J'avais été obligé de demander aux gens de rester chez eux parce que tout le quartier de Limoilou était congestionné. Le Colisée était plein, et les rues étaient bloquées. »

Et vous, quand avez-vous entendu parler de Wayne Gretzky la première fois ? Vous faisiez quoi ?

Dans quel état se présenterait Hilton ?

Un mois après le combat entre Stéphane Ouellet et Dave Hilton, j'étais assis dans un restaurant avec Ouellet. Il m'avait alors dit avec beaucoup de pudeur : « Quand tu passes douze rounds aussi sauvages dans un ring avec un homme, tu vois ses yeux et tu vois son âme. J'aime pas ça parler de même, mais ce que j'ai vu, je ne l'ai pas aimé. »

La justice canadienne inspirée des lois britanniques considère qu'un homme est innocent jusqu'à preuve de sa culpabilité. Donc Dave Hilton n'a pas encore subi son procès et doit être considéré comme innocent. Une accusation n'est pas un procès.

Cela dit, on se demande si InterBox doit présenter le combat revanche entre Ouellet et Hilton.

Premièrement, le 28 mai, Hilton sera encore légalement innocent puisque le procès n'aura pas encore eu lieu.

Deuxio, s'il avait fallu annuler tous les combats mettant en vedette un boxeur en attente d'un procès ou sortant fraîchement de prison, Mike Tyson ne se serait pas battu souvent.

Quant à savoir dans quel état Hilton va monter dans le ring, s'il décide de se battre malgré les événements, ça, c'est une autre histoire…

Maurice Richard 1921-2000

Deux Lions et une Vierge

28 mai 2000

Le dernier membre du grand trio est mort hier après une dernière bataille. Cette fois, contre le cancer.

Ils étaient deux Lions et une Vierge. Et on peut dire que les trois ont contribué à façonner l'âme et le cœur des Québécois.

Deux Lions, Maurice Richard et Félix Leclerc, et une Vierge, René Lévesque.

Maurice Richard les aura précédés en contribuant à l'éveil d'une nouvelle fierté nationale. Un peuple, qualifié de porteurs d'eau à qui les boss parlaient en anglais, s'était tourné vers Maurice Richard. Match après match, que ce soit contre Ted Lindsay et les Red Wings de Detroit ou contre Bill Juzda et les Maple Leafs de Toronto, Maurice Rocket Richard portait la fierté des Canadiens français sur ses épaules quand il fonçait, les yeux fous, sur le gardien de but.

Jamais il n'a voulu faire un acte politique, mais toutes les fois qu'il plantait son poing dans la face d'un malotru qui l'avait traité de « Pepsi », Maurice Richard grandissait encore dans l'esprit, l'âme et le cœur des Canayens.

Quand Clarence Campbell et ses alliés anglais ont banni le Rocket jusqu'à la fin d'une saison, le peuple est descendu dans la rue. Ce fut une émeute. Une vraie, pas du vandalisme provoqué par des bandes de voyous.

Pour marquer le centenaire de *La Presse*, les dirigeants du grand quotidien avaient choisi Maurice Richard et Félix Leclerc. Les deux hommes s'étaient rencontrés à la belle maison du poète et chanteur à l'île d'Orléans. Cette fois-là, si Maurice Richard était le plus timide, c'est Félix qui était intimidé.

Et Félix, qui était politique dans le moindre de ses accords de guitare, avait très bien compris que le grand homme assis à sa table devant lui n'avait jamais voulu être conscient de son pouvoir.

L'un chantait *L'Alouette* en colère, l'autre était la colère des alouettes qu'on plumait.

Finalement, un autre homme a pris la colère et les chansons des deux Lions et a forcé les Québécois à faire des pas importants dans leur affirmation. Qu'on soit d'accord ou pas avec l'objectif visé, ces pas demeurent importants.

Félix est mort et les gens ont chanté avec douleur

son *Petit Bonheur*. René Lévesque est mort et les gens ont pleuré sa sincérité et sa passion.

Maurice leur avait survécu le temps d'obtenir la plus belle ovation jamais accordée à un homme au Forum et de connaître l'amour une autre fois.

En causant avec Johnny...

Le rocker français a fini la soirée de mardi dans un resto du boulevard Saint-Laurent

31 août 2000

Johnny Hallyday était appuyé au bar du Leblanc, coin Saint-Laurent et Sherbrooke. Fatigué bien sûr par sa performance de deux heures sur scène, mais visiblement heureux de la tournure des événements.

Il jasait tranquillement avec Sylvain Cossette qui avait fort bien tiré son épingle du jeu en interprétant *Que je t'aime* avec Big Johnny une heure plus tôt, mardi. Hallyday était heureux parce qu'il s'était préparé à livrer un combat de boxe pour gagner la foule du Saint-Denis et qu'il avait eu droit à un vrai triomphe dès la troisième chanson.

Il avait été prévenu. Vingt-cinq ans sans avoir mis les pieds à Montréal, c'est long. Et les disques les plus récents qui forment le cœur de son spectacle n'avaient pratiquement pas joué à la radio. Fallait donc se préparer à une soirée difficile, et Johnny s'était préparé. Les répétitions avaient été très sérieuses.

Il n'aurait pas dû s'inquiéter. La salle s'est levée à la troisième chanson et ne s'est jamais rassise. Et avec le bouche à oreille qu'on sentait déjà à la sortie du Saint-Denis en fin de soirée, on savait que le séjour de Hallyday à Montréal tournerait au triomphe.

Hallyday est resté une bonne demi-heure à converser au bar avant d'aller s'asseoir à une table avec ses musiciens et quelques amis pour manger.

Sa voix, qui hurlait l'amour et la peine une heure plus tôt, était rauque et fatiguée : « C'était pire hier. Heureusement, un spécialiste m'a donné de la cortisone pour soulager ma gorge et mes cordes vocales. Ça devrait aller », a dit Johnny.

Il est simple. Et très généreux. Tous ceux qui ont suivi sa carrière et sa vie, même de loin, savent que c'est un être entier capable du meilleur comme du pire. Et qu'il n'a jamais rien caché de ses abus. Que ce soit l'abus de femmes, de drogues, d'alcool ou d'amis. Des abus qui ont permis l'écriture d'un livre extraordinaire, *Destroy*, que j'ai lu il y a trois ans un week-end de janvier.

– Comment s'est passée l'écriture ? Dictée au magnétophone ?

– Non, même pas. C'est un ami qui voulait écrire ce livre. On s'est assis autour d'une table et on s'est mis à discuter et à raconter des souvenirs. C'est à partir de ces nombreuses conversations que le livre a été écrit, de répondre Hallyday.

C'est un livre écrit à la première personne. Mais parfois, ce sont d'autres personnages de la vie de Johnny qui prennent la parole et qui racontent leur version d'une anecdote. En fait, Hallyday faisait peut-être allusion à un autre livre publié il y a moins d'un an, *Johnny*, et qui utilise un peu le même procédé. Mais certainement moins passionnant que *Destroy*...

« C'est un livre de Keith Richards, le guitariste des Rolling Stones, qui m'a inspiré. Ça s'appelle *Une guitare dans le sang* et Richards raconte ce qu'a été sa vie. La guitare, c'est évidemment un symbole pour la seringue », de dire Johnny en mimant le geste d'un héroïnomane. Il s'arrête quelques secondes et ajoute avec un sourire :

« Sauf que moi, j'ai tout arrêté. Si jamais j'écris un autre livre, il va s'intituler *Le Survivant* », dit-il.

Il y a 23 ans, *La Presse* m'avait envoyé à Memphis couvrir les funérailles d'Elvis Presley. Pas besoin de poser quelque question que ce soit. Johnny sait lui aussi qu'il y avait 58 limousines blanches qui suivaient le corbillard, Elvis, c'est son idole et l'inspiration de toute une vie : « Elvis Presley, c'est la raison de tout ça. C'est lui qui nous a tous inspirés, c'est lui qui a tout révolutionné. Sans Elvis, nous ne serions pas là », dit-il d'autorité.

Il a terminé son spectacle en chantant *Non, je ne regrette rien* l'immense succès d'Édith Piaf.

C'est peut-être voulu, c'est peut-être inconscient mais le thème de *Non, je ne regrette rien*, est le même que celui de *My Way*, la chanson que choisissait Elvis dans les dernières années de ses tournées suicidaires. Et *My Way*, une composition de Claude François traduite et adaptée par Paul Anka, était aussi l'hymne personnel de Frank Sinatra. Trois légendes, des chansons qui clament que ça valait le coup de faire à sa tête, à sa façon : « C'est surtout à cause d'Édith Piaf que j'ai choisi cette chanson. C'est sûr qu'il y a le thème, mais je voulais rendre hommage à une interprète qui me donnait des frissons, qui me bouleversait quand j'étais môme. Édith Piaf chantait avec ses tripes, ça venait de là », dit-il en mettant sa main sur son ventre.

C'est peut-être la personnalité affable de Hallyday qui a contribué à donner un ton chaleureux à la soirée, mais la cinquantaine d'invités qui se sont retrouvés avec le légendaire rocker français étaient plutôt tranquilles. Pierre Bruneau était à la même table que Julie Snyder, TVA oblige, Pierre Marchand de Musique Plus tripait disques pour collectionneurs avec Yvon Vadnais de Canoe, Éric Lapointe est venu trouver les musiciens de Johnny, les patrons d'Universal qui doivent éponger un déficit d'au moins 400 000 $ pour ces trois spectacles ont pu discuter quelques minutes avec Aldo Giampolo, le patron du Centre Molson, et finalement, quand j'ai quitté vers minuit, c'était une petite soirée tranquille d'amis qui laissent tomber le stress de la journée.

Ça va faire plaisir à Aldo puisque Johnny lui-même m'a dit en quittant le bar pour aller trouver ses musiciens : « Ça ne prendra certainement pas 25 ans avant que je revienne. La prochaine fois, je vais chanter dans la grosse chose... comment ça s'appelle, ah oui, le Centre Molson... »

Le magnifique accroche pour de bon

Que reste-t-il de nos amours ?

25 janvier 2006

Mario Lemieux répondait à des questions. Avec l'assurance qu'on lui connaît. Réservé, sûr de lui quand il répond en anglais, toujours plus vulnérable quand il s'exprime en français. Ce fut le cas avec Luc Gélinas après son point de presse.

Mais les sanglots l'ont étranglé à un moment donné. Il a dit la moitié de sa phrase, puis il a dû lutter de tout son être pour contenir les larmes qui montaient à ses yeux, avant de compléter d'une voix étouffée par l'émotion : « Je n'ai qu'un message pour tous les jeunes qui ont le privilège de jouer dans la Ligue nationale... savourez chaque instant... Savourez chaque instant parce que vous ne pouvez vous imaginer à quel point une carrière passe vite... »

J'écoutais en direct la conférence de presse de

Super Mario. Un peu plus tard, j'étais écrasé dans un fauteuil et la phrase du plus beau joueur de tous les temps revenait hanter mes pensées. Profiter de chaque instant parce que la vie passe tellement vite…

J'ai rencontré Mario avant même son premier match dans la Ligue nationale. La vie était éternelle devant lui. Je planchais sur la première série de *Lance et compte* et j'avais tout le temps au monde devant moi.

Mario avait 18 ans. Si vous avez 20 ans, rappelez-vous comment l'avenir peut-être loin quand on en a 18. Si vous avez 30 ans, vous avez déjà une petite idée comment les dix dernières années ont passé vite. Droit de vote à 18 ans, les discos et les bars jusqu'à cinq heures du matin… emmenez-en des années, on en a à perdre pour la vie…

Si vous avez 40, vous savez déjà que vous n'avez plus de temps à perdre. Les enfants grandissent et sont déjà moins dociles. La voiture sport rouge vif, c'est pour dans deux ans, la maîtresse plus jeune, c'est là, pas demain…

Parce que ça commence à presser…

Puis Mario a gagné la Coupe Stanley à Bloomington au Minnesota contre les North Stars de Bob Gainey. J'étais là. Après une victoire, il m'avait présenté Michael Keaton qui venait tout juste de tourner le premier *Batman*. Moi, j'avais le temps, j'en étais juste à *Scoop*…

Puis Mario a été malade. Sans doute que le temps a commencé à s'accélérer dans sa tête et dans son cœur. Quand on vieillit, on voit vieillir les autres. C'est d'ailleurs un étrange phénomène. Un homme de 40 ans est incapable de faire la différence entre un aîné de 50 ou 57 ans. Mais celui qui en a 60 devine l'âge d'un plus jeune d'un seul coup d'œil. Je parle des hommes puisque les femmes trichent trop pour qu'on sache. Probablement que Jeannette a 60 ans…

Super Mario a tripé (sic) comme un jeune aux Jeux de Salt Lake City. Cette semaine-là, c'était le lancement de *Lance et compte, Nouvelle génération*. Dans la fiction, Pierre Lambert était déjà à la retraite. Mario, lui, recevait une médaille d'or.

Mais le temps s'accélérait pour lui. Il fallait profiter de ces Jeux olympiques parce que ça pouvait être les derniers de sa vie. Et il y a 18 mois, lors du très beau tournoi de la Coupe du monde, j'ai suivi Mario pas à pas avec Michel Villeneuve. On s'amusait à « fermer » le vestiaire d'Équipe Canada pour cueillir les commentaires de Lemieux. Comme si on avait su…

Hier, Mario Lemieux a failli pleurer à chaudes larmes quand il a parlé du temps qui passe tellement vite. Parce que la maladie lui a volé du temps. Parce que les blessures lui ont volé des années. Parce que les mauvaises équipes lui ont volé du plaisir. Le plaisir de jouer, le plaisir de partager un vestiaire, le plaisir de lutter et parfois de gagner. Le plaisir d'être un joueur de hockey. Sans la maladie, sans les blessures et avec de bonnes équipes, Mario aurait fracassé tous les records de tous ceux qui l'ont précédé sur la planète hockey. Incluant Wayne Gretzky.

Vous lisez *La Presse*. Je ne sais pas l'âge que vous avez, je ne sais pas ce que vous faites dans la vie. Je ne connais ni vos amours ni vos joies et peines. J'espère seulement que vous avez un emploi que vous aimez. Sinon, le temps va s'étirer interminablement de la pire des façons. Mais qui que vous soyez, quoi que vous fassiez, vous retenez les beaux buts de Mario, c'est sûr. Mais surtout, rappelez-vous ce qu'il a dit quand tout a été fini : « Profitez de chaque instant, une carrière (et une vie) passe si vite ! »

J'ai vu arriver Guy Lafleur et je l'ai vu partir. J'ai vu arriver Wayne Gretzky et je l'ai vu partir. J'ai vu arriver Mario Lemieux et je le vois partir.

Je suis chanceux, quand on écrit, le temps s'arrête…

Des inédits d'Elvis… et il en reste encore

25 janvier 2004

De toutes les cordes et des chœurs que le producteur Felton Jarvis avait ajoutés aux versions originales, on retrouve des chansons prenantes et de très haute qualité. C'est surprenant comme résultat. Bien meilleur que les albums lancés du vivant d'Elvis où on avait noyé le chanteur sous les cordes et les cuivres.

Ça semble invraisemblable. Mais au cours des cinq dernières années, BMG, la compagnie de disques d'Elvis Presley, a mis en vente une quarantaine de compacts du mort le plus célèbre et le plus rentable de l'Histoire. Et 90 % des centaines de chansons mises en marché sont des versions inédites.

Le grand public a eu droit à au moins un coffret de quatre disques BMG chaque année. Plus au moins un lancement planétaire d'une nouvelle compilation remasterisée. On pense au 30 N° 1 ou à sa suite *Second to None*, qu'on peut trouver dans les tous les magasins de disques au monde.

Mais les vrais collectionneurs sont encore bien plus gâtés. BMG, grâce aux travaux de Ernst Jorgensen, l'homme derrière le catalogue d'Elvis, a fondé le label Follow That Dream avec un premier CD intitulé *Burbank 68* en 1999. Il s'agit d'enregistrements réalisés dans la loge d'Elvis quand le chanteur et Scotty Moore se réchauffaient avant de monter sur scène pour le Comeback Special de 1968 (diffusé à NBC) et d'extraits des spectacles donnés devant un groupe de fans.

C'était le premier d'une série d'albums qui couvrent toutes les périodes de la carrière d'Elvis. Aux dernières nouvelles, on était rendu à 26 ou 27 et selon Jorgensen, il reste du matériel pour quatre ou cinq ans au moins, à raison de cinq ou six albums par année.

Sans compter ce qu'on espère encore découvrir auprès de collectionneurs qui acceptent de vendre leurs trésors personnels.

Mais comment peut-on sortir une dizaine de disques de nouveautés par année quand le chanteur est mort il y a 26 ans ?

La réponse est dans la méthode de travail en studio de Presley. À part quelques rares exceptions, Elvis s'installait dans le studio avec ses musiciens et ses choristes et travaillait une chanson jusqu'à ce qu'il soit satisfait. Parfois, la version éditée était complètement différente de la première prise. On pense à *His Latest Flame*, où on a changé l'orgue par le piano à la quatrième prise. On pense à *Little Sister* quand Elvis a téléphoné au compositeur Mort Shuman à quatre heures du matin pour lui demander conseil sur le tempo. Finalement, le groupe a ralenti le tempo de moitié pour arriver au grand classique qu'on connaît.

Dans certains cas – on pense à *Can't Help Falling in Love* –, Elvis s'y est pris plus de 30 fois avant de se dire satisfait. Jorgensen a écouté toutes les bandes qu'il a pu trouver au cours des 15 dernières années et ce sont les prises les plus intéressantes qu'on peut trouver sur les albums FTD. Souvent, ce n'est pas la meilleure version qui a été lancée à l'époque. Pour diverses raisons, RCA préférait des versions plus polies de certains rocks. C'était plus parfait et moins effarouchant.

Les fans peuvent donc acheter *Fame and Fortune*,

un album qui contient surtout des prises alternatives de l'album *Elvis Is Back*. Ou *Memphis Sessions*, sur lequel on trouve une version rauque et dure de *Long Black Limousine* et des répétitions de *Suspicious Minds*. Ou *The Jungle Room Sessions*, les dernières séances d'enregistrements d'Elvis dans la Jungle Room de Graceland. Épurées de toutes les cordes et des chœurs que le producteur Felton Jarvis a ajoutés aux versions originales, on retrouve des chansons prenantes et de très haute qualité. C'est surprenant comme résultat. Bien meilleur que les albums lancés du vivant d'Elvis où on avait noyé le chanteur sous les cordes et les cuivres.

Ça fait le bonheur des fans, mais fait rager le guitariste Scotty Moore, le compère d'Elvis pendant les 12 premières années de sa carrière : « C'est injuste pour les musiciens.

Personne ne devrait être intéressé à entendre les fausses notes ou les mauvais accords des prises imparfaites. Quand on recommençait, il y avait une raison. »

Pour la vaste majorité, une mauvaise note dans un solo de guitare ne pèse pas lourd dans une prise différente d'un classique du rock.

Les concerts des années 70

L'autre source pour les disques FTD vient des concerts d'Elvis dans les années 70. Plus de 1000 concerts à guichets fermés. Joe Esposito, pour des raisons de sécurité légale, enregistrait la plupart de ces concerts sur une petite cassette C-120 directement de la console. Quand Elvis chantait une heure, on a tout le concert, quand il dépassait l'heure, personne ne prenait la peine de tourner la cassette.

À la mort d'Elvis, des fans ont acheté ces cassettes pour des pinottes. Et des employés de RCA à Indianapolis ont vendu à de petits futés les rubans des séances en studio, que ce soit à Radio Recorders à Los Angeles ou au Studio B de Nashville. Il s'est vite organisé un formidable marché noir de bootlegs. C'est pour mettre fin à ce trafic que BMG a demandé à Jorgensen de fonder FTD. Il s'est mis à écouter les bandes enfouies dans les voûtes de RCA et à rencontrer des collectionneurs qui avaient des acétates ou des rubans volés.

Les disques FTD ne sont pas faciles à trouver pour un acheteur moyen. La collection est vendue par les différents fan clubs dans le monde ou via Internet. À Montréal, on en trouve quelques-uns au HMV du centre-ville. Mais ils coûtent plus de 50 $. On peut les commander du site officiel d'Elvis à Memphis ou de différents sites de fan clubs. Dépendant de leur provenance, c'est environ 45 $.

Mes favoris : *Memphis Sessions*... des prises alternatives de *From Elvis in Memphis*; *Elvis at the International*, un concert complet d'Elvis lors de son retour sur scène à Las Vegas – ça chauffe terriblement – et *Long Lonely Highway*... des chansons dans des versions différentes d'Elvis au Studio B de 1960 à 1968.

La grand-messe Elvis

17 août 2007

Il est 23 h, mercredi. La chaleur reste écrasante même si la nuit est tombée depuis longtemps sur Memphis et les pèlerins.

Le boulevard Elvis-Presley est fermé, et on voit les phares gyroscopiques des voitures de police en s'approchant. Les capots des voitures sont ouverts pour laisser un peu plus d'air aux moteurs surchauffés. Les policiers se relaient pour prendre une bouffée d'air climatisé.

Les gens, des dizaines de milliers de fans, sont assis dans la rue, sur les pelouses, sur des chaises pliantes. Devant Graceland, ils forment une ligne s'étirant sur quatre rangées, attendant pour entrer sur le sentier de Graceland conduisant au Jardin des méditations. Là où sont enterrés Vernon, Gladys et, surtout, Elvis Presley.

Certains attendent, debout, depuis plus de six heures. Ils en ont encore pour deux ou trois heures à supporter cette chaleur étouffante. Recueillis, étonnamment jeunes. Dans la rue, les gens croisent des imitateurs d'Elvis dans leur combinaison. L'un d'entre eux vient d'aussi loin que de Séoul, en Corée. On entend de l'allemand, du français, du québécois, du russe, de l'espagnol... La voix et la musique d'Elvis, des ballades comme *I'm Yours* ou des gospels comme *Peace in the Valley*, semblent avoir un effet apaisant sur les pèlerins. Rien de déplacé, pas d'alcool, une vraie procession de la Fête-Dieu d'antan.

Raynald Brière, président de Radio-Nord, qui assiste, un peu sidéré, à ce qui se passe, note : « Je vous le jure, on est pas loin d'une secte. »

Marcel Aubut, complètement abasourdi, renchérit : « Je pense plutôt qu'on est pas loin d'une religion. »

Baptême et communion

Effectivement, le culte d'Elvis, en tous les cas cette semaine à Memphis, a franchi une autre étape. La vigile aux chandelles, qui a attiré plus de 50 000 personnes selon la police de Memphis, avait des allures de messe.

D'abord le recueillement et la musique que les haut-parleurs projettent dans le voisinage. Ensuite, les prêtres avec leurs combinaisons brodées rappelant les belles chasubles brodées d'or des curés d'antan. Puis la communion quand les fidèles, après avoir patienté des heures, franchissent enfin les portes de Graceland, et sont accueillis par des bénévoles en t-shirt rouge, qui leur tendent un verre d'eau. À la fois baptême et communion.

Et évidemment, puisqu'on parle de religion, toute la commercialisation des produits dérivés. Les boutiques, des dizaines, qu'on retrouve tant devant Graceland que dans le centre-ville de Memphis, regorgent de produits que les pèlerins achètent. Comme les boutiques de l'oratoire ou de la basilique de Sainte-Anne-de-Beaupré. Marcel Aubut, ex-propriétaire des Nordiques, est béat d'admiration : « Tous les clubs sportifs auraient avantage à venir voir comment on peut merchandiser un produit. C'est débile », répète-t-il en reluquant une rangée des films d'Elvis. On n'annonce plus le titre du film qui est tout petit sur le boîtier. C'est le nom ELVIS qui est vendu.

Pour vous dire, ma sœur Lyson, jeune quarantaine, est partie d'Alma avec son mari pour le pèlerinage. C'était, en même temps, un deuxième voyage de noces. Louis, son mari, me racontait qu'elle avait économisé toutes ses allocations familiales depuis cinq ans pour s'offrir un voyage à son goût. Hier matin, elle se préparait à visiter Graceland avec un billet VIP que le couple a déniché Dieu seul sait comment.

Elle a rejoint hier des milliers de plus jeunes qui forment la relève à qui Elvis Presley Enterprises va continuer à offrir les produits du King.

Dans le calepin – Mercredi soir, avant de se rendre à Graceland, on a soupé au club de B.B. King, sur Beale Street, la rue mythique du blues. Quand on est sorti du resto-bar, on est tombé dans le cœur d'une animation invraisemblable. Des dizaines et des dizaines de motos parquées dans la rue, des concerts de blues dans chaque coin de ruelle donnant sur Beale, des spectacles dans la rue et dans les clubs bordant les deux côtés de la rue, extraordinaire.

Et comme c'est la Elvis Week à Memphis, toutes les deux portes de club, on entendait un imitateur d'Elvis reprendre les grands succès du King. En se collant aux vitrines, on pouvait en voir un, dans un jump suit bleu poudre, entonner *Suspicious Minds*, un autre, deux portes plus loin, dans un jump suit rouge reprendre *Burning Love*; j'en ai vu un jeune, dans la vingtaine, y aller d'une version à la Bob Dylan de *Blue Suede Shoes* qui aurait fait pâlir de jalousie le vieux Bob lui-même.

Mon rêve, ç'aurait été d'entendre Daniel Boucher chanter *Follow That Dream* dans les studios Sun où B.B. King, Elvis, Johnny Cash, Roy Orbison et les autres ont commencé…

Mais Daniel, cette fois, n'était pas à Memphis.

Sylvie rêve de bonheur

15 août 1992

Il fallait s'y attendre. Sylvie Fréchette a été la plus applaudie des olympiens qu'on a présentés aux partisans des Expos hier soir au Stade.

L'écran géant nous a montré son sourire, et les gens ont été heureux de la voir si bien.

Sylvie a les traits tirés. Elle est fatiguée, mais lutte très fort pour garder un moral de fer. La nuit dernière, elle l'a passée au chalet de ses grands-parents, seule quand elle le désirait, en bande quand elle en ressentait le besoin.

« C'est assez ! Je ne suis pas sainte Sylvie ! Je suis mal à l'aise parfois quand on veut me mettre sur un piédestal. Je suis contente d'avoir trouvé en moi les ressources pour traverser cette épreuve, mais je suis un fille comme il y en a bien d'autres. J'ai le goût du bonheur, j'ai besoin de rire tous les jours », me racontait-elle pendant que les Expos en décousaient avec les Cards de St. Louis.

Depuis la mort de Sylvain Lake, Sylvie a rarement été seule. Et les Jeux olympiques ont servi de thérapie pour l'aider à traverser le premier mois de deuil.

Une thérapie qui commenceparunequestion, une lancinante question qui vrille le conscient et l'inconscient. « Pourquoi ? C'est toujours la même question. Pourquoi ? Et à un moment donné, t'as une réponse. Tu ne sais pas pourquoi, mais tu sais que tu n'es pas responsable. Que l'on n'est pas maître de la vie des autres. Que ce n'est pas toi », de dire Sylvie avec beaucoup d'émotion dans la voix.

« Je sais que les prochains jours vont être difficiles. Je n'ai pas encore passé une nuit toute seule dans la maison. Mais en même temps, j'ai tellement le goût de vivre, de savourer ma nouvelle vie… », dit-elle.

Nouvelle vie ?

« Oui, toute ma vie, j'ai étudié, j'ai nagé et j'ai répondu à des questions. Barcelone a servi de transition entre ma vie d'avant et mon avenir. C'était l'accomplissement de quelque chose. Maintenant, je suis libre. J'ai le goût de nager, mais pour me sentir bien dans ma peau, pas nécessairement pour atteindre une forme de compétition; j'ai le goût de tenter toutes sortes d'expérience; j'ai le goût de savourer tout ce temps que je peux consacrer à mes parents et à mes amis », de dire Sylvie.

Elle sourit, mais le dernier mois a été affreux : « À un moment donné, après la gaffe du juge brésilien, j'ai lâché à Julie Sauvé, mon coach : "J'ai l'impression que la terre me pèse sur les épaules. C'est assez les malheurs !" »

Le premier malheur, c'est évidemment le suicide de Sylvain Lake. Personne ne peut être préparé à faire face à pareille catastrophe.

« J'ai eu peur en réalisant que la porte était verrouillée à double tour, que les deux loquets étaient barrés. L'odeur était trop lourde pour que je puisse entrer tout de suite… J'ai vu la porte du garage qui était ouverte à l'intérieur et le moteur qui tournait. J'ai su…

« Les policiers de Laval ont été merveilleux. Quand ils sont arrivés, ils m'ont reconnue. Et tout en me posant des questions pour leur enquête, ils m'ont dit : "Sylvie, si tu veux appeler quelqu'un, fais-le, ça va t'aider." J'ai alors téléphoné à mon psychologue… J'en ai sorti un gros coup… J'ai parlé, j'ai crié, j'ai pleuré… Je ne sais pas trop, mais je me suis vidé le cœur tout de suite. Ces policiers m'ont vraiment aidée », raconte-t-elle.

Et après ?

« Après, j'ai essayé de bloquer mes pensées et mes émotions. Par exemple, en arrivant à Barcelone, j'ai ouvert mon journal pour écrire. Ça fait dix ans que j'écris mon journal et j'essaie d'être sincère et honnête dans ce que j'écris. J'étais devant la page et je me demandais : "Qu'est ce que j'écris ? Comment je me sens vraiment ou comment je suis supposée me sentir ?"

« Parce que je bloquais et que je passais mon temps à me répéter que je surmontais la situation. Finalement, je n'ai pas vraiment écrit », dit-elle.

Sylvie Fréchette a-t-elle peur ? A-t-elle peur des prochains jours ? Quand la frénésie des réceptions et des entrevues va prendre fin ? Quand elle va se retrouver seule dans sa maison ?

« Oui et non. J'ai tellement envie de plonger dans ma nouvelle vie… Et puis, le drame m'a tellement rapprochée de ma mère, de son conjoint Jean-Pierre, de mon frère Martin et de sa blonde Pascale que tous les cinq, on forme une cellule solide. Je ris avec ma mère, j'ai du plaisir.

« Mais j'ai hâte de m'habituer à cette célébrité. C'est capotant. Je ne suis plus capable de faire le moindre geste en public sans qu'on m'arrête ou qu'on me reconnaisse. À la pharmacie, à l'épicerie, partout. Je n'étais pas préparée à cette vague », dit-elle.

Il y a une vague Sylvie Fréchette. Claude Rochon, du groupe de relations publiques National, est sur le point d'annoncer de très bonnes nouvelles pour la darling des Québécois. De beaux et lucratifs contrats qui vont permettre à Sylvie d'étudier ou de vivre ce qu'elle a le goût de vivre sans avoir à se casser la tête pour la bouffe et le logement. D'ailleurs, la grande blonde (elle fait 5 pieds 10 pouces et demi et elle est encore plus belle en personne qu'à la télé) se prépare à cette deuxième tranche de vie.

« Ça me tente de changer de coiffure, de changer d'auto, de changer de maison. J'ai le goût du changement… J'ai le goût du bonheur. Plein de bonheur. »

En le disant, elle tenait dans sa main une balle de baseball que venait de lui remettre Gary Carter, son joueur favori. Gary, qui a le bonheur collé à la peau, avait écrit sur la balle : « Chère Sylvie. Félicitations pour tout ce que tu as montré ces derniers temps. Dans nos cœurs, tu as la médaille d'or. »

Dans son cœur aussi…

Les personnalités

Un homme accessible et respectueux des autres

3 octobre 1996

C'était en 1978. Le Parti québécois était au pouvoir depuis le 15 novembre 1976, et Robert Bourassa s'était exilé en Europe pour se refaire une virginité politique.

Pendant quelques longs mois, il avait été le Québécois le plus honni de la province. Mais en 1978, deux ans après sa chute, on recommençait à lui trouver de belles qualités.

C'était un 14 novembre, en soirée, et j'étais à bord d'un avion emportant le Canadien à Chicago. De là, par la volonté d'un Scotty Bowman dont on ne comprenait pas toujours les intentions, il fallait prendre un autre vol pour Denver. Le Canadien allait y affronter les Rockies.

Depuis une quinzaine de jours, les trois journalistes francophones couvrant le Canadien faisaient la grève du silence. Personne ne parlait à Scotty Bowman qui avait été d'une grossièreté inqualifiable à l'endroit de Bernard Brisset, du *Montréal-Matin*. À un moment donné, le mot m'est arrivé à l'oreille. L'ancien premier ministre du Québec voyageait en première classe. La bonne histoire était évidente. Deux ans après sa défaite, peut-être que M. Bourassa se déciderait à raconter quelque chose d'intéressant à un journaliste.

Je m'étais rendu à l'avant, je m'étais assis avec lui en lui demandant fort poliment s'il pouvait m'accorder une entrevue. La première qu'il donnait depuis son départ du Québec.

Je devais avoir l'air inoffensif puisqu'il avait accepté. C'est à cette occasion qu'il m'avait confié que la plus grande angoisse de toute sa carrière politique avait été le dossier olympique. « À un moment donné, tout le monde était convaincu que le Québec ne pourrait présenter les Jeux olympiques. Ç'aurait été désastreux pour la réputation du Québec, il fallait sauver les Jeux », m'avait-il dit.

Il n'avait rien demandé. Sauf que je m'étais senti obligé de lui réclamer un dernier service : « Nous continuons notre route jusqu'à Denver, je vais écrire l'article dans l'avion, ça vous dérangerait si je vous téléphonais vers une heure et demie du matin pour vérifier certains détails. Au cas où… »

Il avait souri et répondu : « Si tous les chroniqueurs politiques avaient eu cette délicatesse, je serais peut-être encore premier ministre. »

J'étais trop gêné pour lui dire que je n'étais pas trop au courant de tous les dossiers dont il m'avait parlé et que c'étaient mes propres fesses que je couvrais en vérifiant, pas les siennes.

Dans l'avion pour Denver, Scotty Bowman, curieux comme toujours, avait envoyé Boum Boum Meilleur me chercher avec les autres journalistes. Il voulait me parler. Le plus discrètement possible, j'avais suivi Meilleur en première classe.

– C'était Robert Bourassa ? Qu'est-ce qu'il t'a raconté ?

– Ben... il m'a surtout parlé des Jeux olympiques... et puis de René Lévesque... Trop tard, Boum Boum Meilleur s'était dépêché de prévenir Yvon Pedneault et Bertrand Raymond à l'arrière de l'avion. Les deux avaient la tête passée à travers les rideaux de la première classe et me voyaient parler à Bowman.

J'avais trahi, j'avais perdu la gageure. Le premier surpris à parler à Bowman devait inviter les deux autres au restaurant. Ça s'était terminé à la Fontanella, le lendemain à Denver.

Ç'avait coûté 22 $. Les temps ont bien changé.

En avril 1991, Robert Bourassa était redevenu premier ministre du Québec. C'était jour d'ouverture de la saison pour les Expos. Mais à 13 h, avec Fabienne Larouche, je rencontrais M. Bourassa à ses bureaux de l'Hydro, boulevard René-Lévesque.

Malgré son horaire très chargé, il avait accepté de nous rencontrer pour nous aider. Dans la série *Scoop II*, une éditorialiste politique tombait amoureuse du premier ministre du Québec. Nous voulions savoir comment dans la vraie vie se passent ces histoires. Quand un ministre a une aventure avec une journaliste, ou l'inverse. Et autres détails qu'il faut savoir, si on veut pousser plus loin l'écriture. Comme par exemple, s'il y a un problème en vue, est-ce le premier ministre qui téléphone en premier ou bien est-ce les puissants financiers qui font les premiers pas ?

« Les vrais puissants reconnaissent le sens de la démocratie. Ils prennent les devants, ils respectent les élus du peuple », avait expliqué M. Bourassa.

Et surtout, il nous avait raconté comment, pendant la crise d'Oka, il se savait atteint d'un cancer de la peau, comment chaque jour était vital s'il voulait espérer guérir et comment il avait refusé de se faire opérer tant que le conflit n'avait pas semblé se diriger vers une solution malgré les supplications de sa famille et de ses proches.

« Le premier ministre ne peut être inconscient sur une table d'opération dans pareils moments », avait-il indiqué.

Ce n'était pas pour tirer gloire de son courage, c'était pour nous aider à mieux camper un personnage.

Et en bon Robert Bourassa qu'il était, il avait fini la session de travail de deux heures en me donnant un vrai scoop : le Stade olympique serait recouvert d'un toit rigide permanent. Cinq ans après cette déclaration, le gouvernement vient de confirmer la décision de M. Bourassa.

Je vous raconte en vrac ces quelques souvenirs parce qu'ils montrent bien ce qu'était Robert Bourassa. Il était accessible, démocrate et respectueux des autres. Je me rappelle lui avoir dit lors d'une rencontre à l'occasion de Rendez-vous 87 : « Vous savez, je n'ai jamais voté pour vous et je ne pense pas le faire un jour, mais je vous aime beaucoup. »

Il avait souri et répondu : « Ça ne m'empêchera pas de vous lire dans *La Presse.* »

Il aimait le baseball et surtout, aimait beaucoup que le Canadien aille bien dans les séries. « Le discours du budget est toujours facile à faire passer quand le Canadien joue le même soir dans les séries de la Coupe Stanley et gagne son match », m'avait-il déjà raconté.

Il n'avait pas l'image d'un sportif. Pourtant, c'était un bon nageur qui se tapait ses longueurs à tous les jours ou à peu près. On le croisait souvent au Sporting Club du Sanctuaire quand il venait pratiquer son sport favori.

Hier, en quittant le Centre Molson, j'ai demandé à Réjean Houle ce qu'il retenait de Robert Bourassa. « Je lui ai parlé souvent, mais jamais longtemps. Pas assez pour lui dire que j'admirais profondément la façon dont il s'était relevé après de cuisantes défaites pour revenir plus fort encore », de dire Houle.

Après l'élimination contre les Rangers de New York le printemps dernier, Réjean Houle a effectivement besoin d'un modèle pour se donner du courage.

Quant à M. Bourassa, il aura livré plus de combats de douze rounds que Roberto Duran…

Et ç'aura pris la mort pour lui passer le K.-O.

Du rêve pro au rêve olympique…

14 décembre 1997

Ça fait tellement longtemps qu'on entend parler de Manon Rhéaume qu'elle doit bien avoir trente ans. Au moins.

La belle brune rit de bon cœur. Manon Rhéaume, la hockeyeuse la plus célèbre au monde n'a que 25 ans. La fille qui a brisé le tabou numéro un du hockey, sport macho entre tous, n'a jamais été aussi en forme. Jouer dans un match hors concours de la Ligue nationale était un grand rêve. Jouer aux Jeux olympiques et gagner une médaille d'or en est un encore plus grand.

Manon Rhéaume est un cas unique dans le sport professionnel d'équipe. Cette fille a vécu avec des gars de la Ligue nationale et des circuits mineurs, roulant sa bosse de Tampa Bay à Reno en passant par Nashville et Atlanta. C'est peut-être la seule femme dans le sport professionnel qui puisse comparer l'esprit d'équipe chez les hommes et chez les femmes. La seule qui puisse parler du désir de gagner des hommes et des femmes, la seule qui puisse expliquer comment et pourquoi les gars sont plus brillants ou plus épais…

Il y a bien les filles qui participent à des tournois de tennis en double mixte, communément appelés double avec handicap par les joueurs de club, mais c'est un autre univers qu'une équipe de hockey dans la East Coast League un soir de janvier en autobus entre Nashville et Raleigh.

« L'amitié entre les gars d'une équipe et l'amitié entre les filles, c'est différent. Dans le pro, les joueurs doivent former une équipe, mais ils ont tous des contrats individuels avec des clauses de boni, des salaires différents et des avantages reliés à leurs exploits personnels. Dans le hockey féminin, dans l'équipe nationale canadienne, tout le monde a le même salaire et les mêmes avantages. Il y a plus d'envie et de jalousie chez les hommes, c'est évident », explique Mlle Rhéaume.

« Et puis, c'est plus facile de parler de nos expériences, de nos ennuis, de nos problèmes. Plus facile aussi d'être proches en dehors de la patinoire. Quand je joue dans une équipe de gars, j'ai pas toujours le goût d'aller prendre une bière avec la gang après le match. Et je suis pas certaine qu'ils ont le goût de voir une fille les accompagner. Et puis, j'ai toujours ma chambre personnelle. Je suis seule sur la route alors qu'avec l'équipe nationale, je partage ma chambre avec une coéquipière. C'est plus agréable », de dire Manon.

Je ne sais pas si vous êtes comme moi, mais je me disais que Manon Rhéaume, forte de ses années passées avec les pros dans les ligues d'hommes, devait être trop forte pour le hockey féminin. Ce n'est pas le cas, et Manon doit travailler d'arrache-pied pour décrocher le poste de gardienne principale pour les Jeux. Pourtant, y a pas de Brett Hull chez les filles ?

« Le jeu est totalement différent. Les tirs sont beaucoup moins rapides et violents, l'exécution des jeux est plus lente, et il n'y a pas de mise en échec. Chez les hommes, à cause des lancers violents et des mises en échec, il faut jouer les angles. La rondelle vient vite, mais l'attaquant n'a pas le temps de s'ajuster.

« Chez les femmes, c'est la perception du jeu qui est essentielle. On garde la rondelle plus longtemps puisqu'il n'y a pas de mise en échec, et on passe plus souvent. C'est pas la même game, et j'ai dû m'adapter. Chez les hommes, j'avais un style papillon que j'ai dû modifier parce qu'on lançait dans le haut du filet. J'avais donc adopté un style debout. En arrivant chez les filles, je suis revenue au papillon pour couvrir la surface de la glace quand on se passe la rondelle devant le but et qu'on lance bas », d'expliquer la jeune femme.

Eric Lindros, Wayne Gretzky, Raymond Bourque et les autres joueurs du Canada vont disputer un tournoi de hockey historique pour espérer remporter une médaille d'or pour le Canada. Les filles vont disputer un tournoi tout aussi historique puisque ce sera la première fois que le hockey féminin sera discipline olympique.

Ça veut dire que Manon Rhéaume pourrait gagner une médaille d'or comme Martin Brodeur et Patrick Roy. Une médaille d'or qui aurait la même valeur, la même signification ?

« Ce n'est pas de cette façon que ça se passe. L'objectif, c'est de gagner une médaille d'or dans son sport, dans sa discipline. Peut-on diminuer la médaille d'or de Myriam Bédard en la comparant à celle d'un joueur de hockey ? Patrick Roy et moi avons le même but. C'est sûr que tous les yeux du Canada vont être tournés vers les hommes, mais ceux qui ont déjà assisté à un de nos matchs ont toujours été très agréablement surpris.

Ça patine et c'est costaud, trompez-vous pas », de répondre Mlle Rhéaume.

Et après les Jeux ?

Manon Rhéaume ne sait pas trop. Si elle continue dans le hockey professionnel, ce ne sera certainement pas pour l'argent. À Reno, elle gagnait 350 $ par semaine… logée.

Mais dans le fond, elle rêve de participer à la fondation d'une ligue professionnelle ou semi-professionnelle de hockey féminin : « J'aimerais ça quand j'aurai 75 ans, voir des filles jouer au hockey dans des ligues bien structurées. J'aimerais leur dire que c'est nous, les filles de 2000 qui aurions lancé notre sport à ce niveau. Un peu comme dans le film *Une Ligue en jupons* avec Geena Davis », de dire la gardienne québécoise.

En attendant, paraît qu'il y a une bonne ligue de hockey féminin à Repentigny, ville à l'avant-garde s'il en est une.

Au lieu de tourner *Les Boys 2*, peut-être que Louis Saia pourrait aller humer la sueur dans les arénas de Repentigny. Et tourner *Les Girls*…

De quoi ç'a l'air une ligue de garage de filles ?

« Dans mon film, les pilotes auront peur »

8 juin 1998

« Dans la vraie vie, dans la réalité, ces pilotes ne connaissent pas la peur. Dans la fiction, dans le film que je vais tourner sur la Formule 1, ils auront peur. Sans la peur, il n'y a pas de dramatique possible », expliquait Sylvester Stallone après un Grand Prix spectaculaire et passionnant.

Une des courses les plus extraordinaires des vingt ans d'histoire du Grand Prix à Montréal. Avec deux départs, des accidents incroyables et des pilotes, comme Alexander Wurz, qui remontent dans le mulet après s'être tapé quelques tonneaux au premier virage de la course.

Stallone relaxait dans la porte du garage Williams alors que la plupart des journalistes étaient remontés dans la salle de presse. Il avait coiffé une casquette noire et allumé un long cigare qu'il dégustait avec un plaisir évident.

– C'est un Grand Prix fabuleux pour le cinéma !

– Le meilleur jusqu'à maintenant, de répondre Stallone, qui était déjà à Barcelone et à Monaco pour poursuivre sa recherche.

– Mais comment traduire dans l'action toute la tension et le drame intérieur qui se joue dans la tête des pilotes ? Il ne peut y avoir de combat, comme dans *Rocky*.

C'est en répondant à cette question que Stallone a expliqué qu'il jouerait sur la peur. Une peur qui devrait être présente tout au long du film dont il a déjà écrit le scénario et qu'il mettra en scène lui-même tout en se réservant le rôle principal.

« L'histoire du film, c'est l'histoire d'un objectif inatteignable, d'un rêve irréalisable. Le héros devra courir contre ce rêve qu'il sait dans le fond impossible à réaliser. La tension dramatique viendra de la peur qu'il veut faire accroire d'ignorer. Il va essayer, il va essayer jusqu'à la cassure », de dire Stallone. À Monaco, Stallone m'avait dit que le scénario était déjà écrit : « J'ai peut-être parlé trop vite. J'ai tellement découvert de choses intéressantes, au cours des derniers Grand Prix, que je devrai retravailler en profondeur le script. J'écris toutes les versions de l'histoire, pas seulement la première draft. C'est impossible d'avoir un autre auteur dans l'histoire parce qu'il ne pourrait pas deviner ce que j'ai vraiment en tête quand j'écris une scène », d'ajouter Stallone.

On sait qu'il avait écrit le scénario de *Rocky* tout en dirigeant le film lui-même.

Stallone a passé des heures avec Jacques Villeneuve. À Monaco, il a également eu de longues conversations avec Mika Hakkinen et Michael Schumacher. Comme avec Patrick Head et d'autres dirigeants de la Formule 1.

– Mais qui « travaille » à Montréal ? L'auteur ou le directeur ?

– Oh ! C'est l'auteur ! Diriger un film est facile, l'écrire est très difficile. Dans mon cas, je peux me permettre d'écrire les mises en situation avec de simples notes puisque j'ai déjà une idée de comment je vais diriger la scène. Sinon, je ne prendrais pas de risque, j'écrirais tout. Par exemple… C'est minuit, la rue est presque déserte, on voit une voiture qui s'avance au ralenti… J'ajouterais les angles de caméra que je voudrais et les choix de prises de vue. Mais comme je vais être le metteur en scène, je m'en tiens à l'essentiel, d'expliquer Stallone.

On sait que les dialogues des films de Stallone sont souvent dits dans une langue pour le moins lâche. Permet-il aux acteurs d'improviser ou les oblige-t-il à dire les dialogues au mot à mot ?

« Ça dépend. J'écoute les acteurs, j'essaie de m'imprégner l'oreille de leur accent. Par exemple, dans *Rocky*, Burt Young, qui jouait mon beau-frère, avait un accent prononcé du Bronx. J'avais écrit une phrase comme : « Je vais te tuer si tu continues… » En répétition, il disait : « Te tuer… moi, je vais », comme on dit dans les endroits durs du Bronx. Je me suis adapté à lui, c'était meilleur », de dire Stallone.

Comme la Formule 1 est internationale, que les pilotes viennent de différents pays, Stallone est déjà à se faire l'oreille aux différents accents, aux différents niveaux de langage. Quant au casting, il est trop tôt pour avancer des noms : « Il va y avoir plusieurs jeunes acteurs peu connus puisque les pilotes ont souvent 22 ou 23 ans.

Quant à mon personnage, ce sera une sorte de Mario Andretti, un pilote en fin de carrière. Il sait qu'il ne peut plus gagner une course », de dire Stallone.

Stallone a maintenant 50 ans. Plus que bien conservé, il peut faire 45 ans. Assez jeune pour piloter en Formule 1… mais trop vieux pour gagner. Il réfléchit.

« Ce sera un protecteur, un chaperon pour le jeune. Mais il sera assez vieux pour connaître la peur. Je pense que ce sera un beau rôle », de dire Stallone.

« Faisons juste quelque chose de beau ensemble »

4 juin 2006

LAS VEGAS – Guy Laliberté, le grand patron du Cirque du Soleil, était fébrile. Dans trois quarts d'heure, LOVE, le cinquième grand spectacle du Cirque à Las Vegas, allait connaître son baptême du feu.

Pour la toute première fois, les Beatles avaient accepté un partnership, et c'étaient des Québécois partis de Baie-Saint-Paul qui avaient arraché le morceau.

Et ce ne fut pas facile : « Ç'a commencé au lendemain de mon party de Formule 1, chez nous à Saint-Bruno. Je connaissais George Harrison parce que je l'avais rencontré au Grand Prix. C'est un grand fan de F1. Ce matin-là, il m'a dit : « Faudrait faire quelque chose ensemble ! » raconte Laliberté.

Fallait convaincre les autres Beatles. Paul McCartney, Ringo Starr et Yoko Ono. Un jour, Neil Aspinall, l'homme de confiance des Beatles, a appelé Laliberté. C'était en 2000 ou 2001. Il lui a dit : « Ils se réunissent tous les quatre demain, si ça adonne, on va leur parler du projet. Peux-tu être proche si on t'invite ? »

Laliberté a pris le risque. Il s'est envolé pour Londres et s'est installé à l'hôtel où avait lieu le meeting. À un moment donné, le téléphone a sonné dans la chambre. C'était George : « Ils aimeraient t'entendre. »

« On est partis vers la suite. Comme dans un film d'espionnage, c'était plein de surveillants qui disaient dans leur walkie : “*People from the Cirque are coming.*” Je suis entré dans la salle de meeting, et on a échangé quelques mots de politesse. Soudain, Ringo a lancé : “*What's the pitch?*” » raconte Laliberté.

« C'est quoi l'argument de vente ? » peut-on traduire en français. Et c'est à ce moment que Laliberté a peut-être gagné la partie :

– Y'a pas de pitch. Faisons juste quelque chose de beau ensemble, a-t-il répondu.

– *I like that*, a dit Ringo.

Laliberté a senti tout de suite un changement d'atmosphère dans la pièce. La réponse avait plu et elle avait rassuré.

Après, ce fut la longue procession des avocats et des comptables. Une suite ardue de négociations complexes : « Mais quand George est mort, j'ai senti que les autres ont été touchés et qu'ils se sont dit : “Allez, faisons-le pour George, c'était son projet après tout !” »

Vendredi soir, dans un éclatement de sons et de couleurs, les Beatles et le Cirque ont dû faire un gros plaisir à George…

Le Cirque n'arrête jamais. MGM et le Cirque n'ont pas décroché le contrat de Singapour. Mais Daniel Lamarre s'est envolé pour Macao en Chine pour concrétiser un immense projet encore bien plus important. Et Tokyo est à quelques signatures d'être officialisé : « En 2008, le Cirque aura des spectacles permanents en Asie, à Macao et Tokyo. Il va y en avoir d'autres si on le veut, toutes les grandes villes nous appellent », dit

Lamarre, président et directeur général du Cirque.

Mais qu'est ce qui fait donc carburer Guy Laliberté ? Il y a quelques années, quand il a racheté les parts de son partenaire Daniel Gauthier, il aurait pu se retirer pour les 1000 prochaines années : « C'est vrai, j'avais le choix. Mais c'est pas fabuleux de monter pareils projets ! Avec les Beatles ! Et c'est signé avec Elvis Presley Enterprises ! Le Cirque associé avec les Beatles et avec Elvis ! Des noms connus sur toute la planète ! C'est pas suffisant pour continuer ? » répond Laliberté.

Il continue : « Pour s'embarquer dans un projet, il y a quatre points qui doivent passer à l'analyse.

1. Il y a le défi créatif. Comme par exemple avec les Beatles, on conviendra que c'est un privilège en soi.

2. Il y a les gens avec qui tu travailles. Suffit pas d'être riche. On doit partager une vision et on veut des gens corrects avec qui ça va être agréable de construire quelque chose.

3. Il faut que ce soit un bon *business deal*. On a une bonne posture pour entreprendre une négociation. On choisit nos partenaires, pas le contraire.

4. Et il faut que ceux qui veulent s'associer avec nous soient socialement responsables. Nous remettons aux œuvres de charité 1 % de nos revenus bruts. Avez-vous une idée de ce que ça représente à la fin d'une année ? Faut que nos partenaires soient d'accord. »

Bon, dans quelques minutes, ça va être le grand départ. Pendant ce temps, on se prépare à Buenos Aires, en Argentine, et à Sao Paulo, au Brésil, pour la présentation de deux autres grands spectacles du Cirque en Amérique du Sud.

Vendredi soir, sept heures moins le quart à Las Vegas, la serveuse échappe de la vodka sur le portable du grand boss. Plus moyen d'entendre les conversations quand on l'appelle. Même les plus grands peuvent avoir des emmerdes.

Laliberté n'engueule pas la serveuse. Il lui dit juste que le timing est vraiment mauvais pour échapper de la vodka sur un portable. À 15 minutes de la première d'un spectacle monté sur la musique des Beatles. Quand même !

Mais justement, si on parle de « mauvais timing »...

« Si le premier ministre Jean Charest, le maire Tremblay, la FTQ, la CSN, je sais pas moi, te revenaient avec une entente, un front commun, serais-tu prêt à reconsidérer ta décision pour une super grande salle de spectacle associée à un nouveau casino à Montréal ? »

Son visage se durcit. Il faut savoir que Guy Laliberté avait pris un engagement personnel dans l'aventure du nouveau casino. Il s'était associé avec des politiciens avec une bonne foi totale. Pour le bien de Montréal, pour que la métropole ait un énorme atout pour attirer le tourisme avec de grands spectacles. Les politiciens, Jean Charest le premier, et Michel Audet, le ministre des Finances, ont dit non.

Pour la première fois de la soirée, le ton de la voix de Guy Laliberté est sec : « C'est fini. Nous autres, on est rendus ailleurs. On a d'autres projets. Daniel part pour Macao. On le faisait pour Montréal, mais au Québec, on a gardé des vieilles habitudes qui remontent au temps de Duplessis. On ne reviendra pas, c'est terminé. Dans la vie, il y a des timings pour entreprendre des choses. Le timing est passé. »

Les Québécois qui pourront se payer un séjour à Las Vegas et qui pourront dénicher des tickets pour LOVE, pour O, pour KÀ, pour Zumanity ou pour Mystère pourront avoir une idée de ce qu'ils ont perdu...

La musique du cœur

18 juin 2006

LAS VEGAS – Céline Dion vient nous rejoindre dans le petit salon derrière la gigantesque scène du Colosseum. Il y a un quart d'heure à peine, elle venait de compléter un show fabuleux par un vieux classique de Louis Armstrong. What A Wonderful World, a-t-elle chanté pendant que sur l'écran géant, derrière elle, on nous montrait les visages des spectateurs. Les images captées pendant le spectacle passent du sérieux au sourire. Pour bien faire sentir que le monde peut être « wonderful » quand on aime...

« Encore deux minutes ! Tu me feras penser de les enlever », lance-t-elle à Rolande, sa physiothérapeute. Et elle étend les deux jambes. Les genoux sont entourés de sacs de glace : « Mon Dieu que ça fait du bien. Il le faut, l'inclinaison de la scène fait travailler des muscles et des ligaments d'une façon pas très naturelle. La tendinite me guette tout le temps. Les genoux, la nuque, le dos. La nuit, des fois, ça fait vraiment mal. Y aurait juste le repos pour soigner mes bobos. Mais c'est pas le temps », dit-elle avec une moue qui en dit beaucoup.

La diva adore tout de son spectacle au Caesars Palace. Sauf cette scène inclinée. J'ai marché dessus après son spectacle. Ça doit être épouvantable pour elle et les danseurs. Pas surprenant qu'elle doive faire comme des lanceurs de baseball ou des joueurs de tennis. La glace est bonne pour les athlètes et leurs membres endoloris.

Céline à Vegas, c'est énorme. Difficile d'avoir la moindre petite idée si on n'a pas vu les affiches, les vidéos qui jouent à l'aéroport, si on n'a pas entendu les chauffeurs de taxi quand on leur demande : « C'est quoi la grosse affaire à Vegas ? » et qu'ils répondent invariablement : « Oh ! C'est le show de Céline Dion. » Avant d'ajouter qu'il faut aussi assister à au moins un des quatre grands spectacles du Cirque du Soleil.

Vous le savez, Céline, c'est aussi des Québécois. Dans son équipe, où ça parle français au travail, et dans la salle d'où les cris « Céline, on t'aime ! » fusent quand elle chante *Pour que tu m'aimes encore.*

« C'est touchant. Il y a des gens qui économisent pendant un an ou deux pour venir passer quatre jours à Las Vegas. Ils viennent voir Céline et un des shows du Cirque et ils s'amusent. Ça vient du Québec mais ça vient aussi d'Europe et d'Asie. Quand on y pense, c'est spécial. On fait tous ces longs voyages pour venir entendre Céline Dion », me racontait Patrick Angélil avant le spectacle. Le fils de René Angélil mène les missions spéciales avec un doigté remarquable. Doucement, en souriant. Mais avec une poigne ferme. Dans le hall du Colosseum où on discutait en attendant le photographe, les Québécois s'arrêtent : « On vous a déjà vu quelque part », lui lancent deux dames de Repentigny. Il sourit et se présente. Et s'informe si c'est leur premier voyage à Vegas, si c'est la première fois qu'elles vont voir Céline. Repentigny a (sic) déjà sorti, c'est la deuxième fois qu'elles vont voir Céline : « Vous allez aimer, on a fait des changements dans le spectacle », leur dit-il.

Elles ont aimé, elles me l'ont dit après en quittant la grande salle de 4 000 places.

Céline porte un gros peignoir bleu pâle. On respire bien dans sa loge. Climatisation et humidification sont réglées pour elle. Comme la scène d'ailleurs. Après le dernier numéro, quand on monte sur le stage, on sent très bien l'air frais et humide qui sort du plancher : « C'est un véritable microclimat », explique d'ailleurs Patrick Angélil.

Je voulais lui parler de musique. De la musique qu'elle écoute, de la musique des autres. Peut-être de Barbara Streisand, qui sait ? Surtout, de la musique qui la nourrit. Elle a vite court-circuité mes projets. Pour plonger dans une réflexion fascinante qui lui tenait chaud au cœur. En fait, il n'y avait plus qu'à prendre des notes.

« Je vais te surprendre, je ne me nourris pas de musique. D'abord, je n'ai pas beaucoup de temps pour écouter les autres. Ce n'est pas de musique que je me nourris. Moi, la musique qui m'entoure, c'est la musique du bonheur, la musique du calme, parfois, la musique du silence. Ce n'est pas l'oreille qui écoute cette musique, c'est le cœur. C'est une musique du cœur. Je pense que les auteurs et les compositeurs qui écrivent des chansons pour moi ressentent à quel point c'est le cœur et non l'ouïe qui entend cette musique.

« Je m'inspire tous les jours des moments de bonheur que je vis et qui me baignent. Je ne dis pas que c'est la solution, mais moi, ça fait 25 ans que je fonctionne de cette façon. Je ne l'ai pas voulu, ça a adonné comme ça. Et puis, s'il fallait que j'écoute beaucoup de musique, j'aurais un problème. (Sourire) J'aime tout, non, en fait j'aime beaucoup de choses en musique. J'aurais le goût de tout chanter et peut-être que je perdrais ma musique, celle qui vient de moi.

« Et puis, je dois reposer mon âme, faire le vide. Prendre l'air, entendre René-Charles, écouter les gens que j'aime. Pour moi, c'est de là que vient ma musique. Et puis, quand je prends un avion après un spectacle, ce n'est pas d'écouter de la musique que j'ai envie, c'est de me retrouver dans mon âme. Et puis, j'aime penser. Je pense tout le temps, ça tourne dans ma tête. Je pense à la maison de ma mère, je me dis que telle couleur ça serait bien et me voilà repartie… »

Et puis, cette femme n'est pas comme les autres. Elle est vraiment branchée sur le monde. Consciente des gens.

La scène devait se passer au début des années 90. Je quittais pour Wimbledon le lendemain. J'étais dans la petite librairie-tabagie de Saint-Sauveur, le vendredi soir. Devait être huit heures et demie.

Céline Dion était entrée pour acheter ses revues. Elle aussi quittait le lendemain pour Londres. Elle allait chanter dans un congrès des dirigeants de Sony Music. On s'était déjà rencontrés chez elle à West Palm Beach, on s'est mis à jaser d'Air Canada et de British Airways. La porte était ouverte, et quelqu'un a dû passer le mot. Six ou sept enfants se tenaient sur le trottoir et regardaient l'idole. Céline leur a lancé un beau bonjour, puis s'est tournée vers le propriétaire derrière le comptoir pour lui demander la permission de faire entrer les enfants.

Ils se sont regroupés autour d'elle et le plus hardi a posé une première question. Elle a répondu et s'est mise à s'intéresser à leurs vacances d'été, à ce qu'ils aimaient.

C'était fascinant. Ç'a duré un gros quart d'heure et à la fin, elle a acheté un petit calepin à 89 cents pour leur signer des autographes personnels.

Et elle est sortie de la librairie avec la trâlée derrière elle.

Je lui racontais l'anecdote qui m'avait fort impressionné : « C'est rien ça ! Des fois, quand on roulait au Québec pour une apparition, on s'arrêtait à un kiosque de crème glacée molle. Et les enfants arrivaient, des fois, c'était évident qu'ils n'étaient pas très riches. C'était le fun surtout quand on pouvait leur offrir des crèmes molles de différentes saveurs. Là, ça t'aurait impressionné de voir le party » raconte-t-elle en riant de bon cœur.

Son spectacle est magique. Pas pour rien qu'elle est rendue à 520 spectacles à guichets fermés. Il y a le talent, bien sûr, mais il y a aussi cette façon de se tourner vers le public pour le remercier de permettre à toute la troupe de jouer. Je lui ai fait la remarque : « Je suis ravie que ça se sente encore après trois ans ! Mais c'est vrai que je suis reconnaissante.

Je me pose souvent la question à propos de ma voix. C'est un don, ça m'a été donné. Et je trouve curieux de gagner ma vie en me servant de ce qui m'a été donné. Je réfléchis souvent à ce point. Recevoir un don qui ne coûte rien et en faire une carrière où il y a de l'argent », dit-elle.

Elle poursuit sa réflexion : « C'est un fait, ça fait 25 ans que je chante. Mais mon plus grand bonheur, ce n'est pas d'avoir chanté. C'est d'avoir donné une belle vie à mes parents, de leur avoir donné une maison, d'avoir donné de beaux Noël à tous mes frères et mes sœurs.

« Ce n'était pas riche à la maison, et en chantant, j'ai assuré de plus beaux jours. Et puis, j'ai chanté avec eux, je leur ai permis de chanter aussi. Ça me fait encore plus plaisir que tout le reste. Prends mon fils, c'est sûr qu'on n'est jamais certain de rien. Il peut arriver tellement de choses. Mais si tout se passe bien, il a un coussin en or pour entamer sa vie. Ça aussi, c'est important, ça fait partie du don.

« Mais fondamentalement, ce dont je suis la plus fière, c'est d'être restée saine. J'ai appris à ne pas m'accrocher en haut, en l'air », ajoute-t-elle en faisant allusion au monde du show-business où les grandes stars peuvent disparaître dans un miroir aux alouettes.

« Des fois, j'entends une jeune chanteuse me dire : "Chanter, c'est toute ma vie." Je l'arrête tout de suite. "Non, tu t'es trompée, reprends ta phrase. Chanter, ça fait partie de ta vie." La vie, c'est bien plus gros que la musique… »

Elle s'arrête de parler pendant quelques secondes. Réfléchit aux mots dont elle aura besoin pour exprimer sa pensée.

« Peut-être que j'ai été bénie. Mais dans notre groupe, on n'a jamais cherché à avoir la numéro 1 des physiothérapeutes, ni la numéro un des coiffeuses, ni le numéro 1 de quoi que ce soit. C'est pas ça, l'essentiel. On veut se sentir bien, on veut "filer" bien. C'est ça qui est essentiel. »

Nous sommes sortis du Colosseum passé 23 h. C'est elle qui nous a donné les indications pour ne pas nous perdre dans le miroir aux alouettes du Caesars Palace.

Le calepin bourré de notes. La tête remplie de chansons et de couleurs…

Ça dormirait mal cette nuit…

René Angélil a tout misé… et gagné

« Ça prenait une jeune fille avec un immense talent et un homme qui pouvait tout risquer dans la deuxième chance de sa vie. »

18 juin 2006

LAS VEGAS – Il était près de 7 h et le soleil se couchait enfin. La fournaise entourant la piscine allait enfin se rafraîchir.

On est entrés dans l'immense Caesars Palace, noyés par le bruit des machines à sous et la brise de la climatisation. René Angélil a souri : « Pendant 20 ans, j'appelais le Caesars "la maison" tellement j'y venais souvent. Je disais à Céline ou à mes amis, on s'en va à la maison. C'est à peine croyable, maintenant, le Caesars me fournit le grand penthouse familial où vous êtes venus ce matin pour déjeuner, un autre appartement pour moi, plus un bureau. Mon adresse d'affaires aux États-Unis est l'adresse du Caesars », dit Angélil.

Une pause et il reprend, faisant référence aux négociations qu'il a conduites avec deux autres grands hôtels pour le spectacle de Céline Dion : « À la toute fin, je leur ai dit que le Aladdin m'offrait aussi une maison à Lake Las Vegas. Ils m'ont payé la maison où on vit maintenant. C'est pas pire pareil », ajoute-il avec un sourire d'enfant qui a réussi un bon coup.

Le matin, on avait déjeuné dans le magnifique penthouse que la famille occupe au sommet du Caesars. Dans un coin, deux machines à sous qu'il a fait fabriquer pour Maman Dion. Les douanes canadiennes interdisent qu'il les ramène au Canada. C'est pas grave, ça donne une occasion de plus à belle-maman de venir retrouver la famille.

Dans l'autre extrémité de la grande pièce principale, ce sont les jouets de René-Charles. Des dizaines et des dizaines de camions, de pelles, de balles. Peut-être quelques centaines. Ils les ont empilés dans un coin du grand salon, mais on sent que le fils du couple a des droits acquis.

Vingt-cinq ans plus tard, le couple est au sommet d'un univers. Celui du show-business.

Vingt-cinq ans...

« Céline Dion, ce fut la deuxième chance dans ma vie. J'avais 39 ans, j'avais fait une faillite, mon mariage allait bien ordinaire. J'aurais pu réussir quelque chose avec Ginette Reno, mais ça n'a pas marché. J'avais pris la décision de retourner aux études, de faire mon droit, même si ça ne me tentait pas. Puis, j'ai reçu une cassette d'une petite fille. Je l'ai écoutée et j'ai été bouleversé par sa voix. Vingt-cinq ans après, quand je l'écoute, j'ai encore les poils qui se dressent sur mes bras », raconte René Angélil.

C'était en 1981. La famille Dion n'avait pas un sou. René Angélil n'était guère plus riche. Mais il y avait cette voix. Et il y avait cette petite fille, bien éduquée, mais pas instruite dont il avait senti qu'elle était déjà bonne et généreuse.

« Et puis, j'étais un gambler dans l'âme. J'ai toujours été un gambler. Au HEC, j'ai appris plus à jouer au poker que tout le reste. Je sentais que cette cassette, c'était la deuxième chance que j'attendais dans la vie. J'avais l'artiste, c'était à moi à faire le nécessaire. J'ai pas manqué ma chance, j'ai décidé de tout miser », dit-il.

« Dès le tout début, j'ai pris une résolution importante. J'ai décidé que je prendrais toutes les décisions comme si j'avais toujours un million dans mes poches. Avec un million devant toi, tu ne prends pas des décisions à courte vue, pour du cash vite fait. Tu penses à long terme. J'avais pas une cenne, mais dans ma tête, j'avais un million.

« C'est tellement vrai qu'à un moment donné, Pierre Parent (celui du Salon de l'habitation) m'a offert 250 000$ pour une tournée d'une trentaine de spectacles au Québec. Voilà plus de 20 ans, 250 000$, c'était de la très grosse (sic) argent pour deux cassés. Mais comme j'avais « mon million », je me suis dit que la petite n'était pas prête pour une aventure aussi exigeante. J'ai refusé. C'était la bonne décision », de raconter Angélil.

« C'est drôle, la vie. Ça prend le bon *timing*. Si j'avais eu la cassette deux ans plus tôt, ça n'aurait pas marché. Je n'aurais pas été prêt. Ça prenait une jeune fille avec un immense talent et un homme qui pouvait tout risquer dans la deuxième chance de sa vie. Si j'avais eu 25 ou 27 ans, ça n'aurait jamais marché. »

Quand il parle de Céline Dion, on sent tout l'amour profond qu'il éprouve envers sa femme et diva. C'est physique, c'est palpable : « C'est une grande perfectionniste. L'avez-vous entendue parler anglais ? Elle disait pas un mot ! Et le golf ? Quand elle s'est mise dans la tête d'apprendre le golf, elle a tellement suivi de cours que j'étais presque inquiet. Elle s'attendait à jouer avec Annika Sorenstam au tournoi de Palm Springs. Céline savait qu'elle serait à la télévision. Finalement, elle a joué avec Karrie Webb. Et je te jure que tout le monde a été surpris en la voyant frapper la balle. Le swing était parfait.

« C'est comme le show A New Day. Elle a passé trois mois sur la scène pendant les répétitions en Belgique. Elle avait un grand coach belge pour sa préparation physique. Elle s'est entraînée comme un athlète pour les olympiques. Ça résume bien Céline. Faire de son mieux 100 % du temps, tout le temps. C'est dans tout. Elle est facile à vivre, c'en est déconcertant. Et puis, c'est la meilleure mère du monde, je la vois bien ! », de dire Angélil.

Quand elle se présente sur scène, Céline Dion plonge à fond dans les chansons qui demandent une voix puissante. *The Power of Love* est la deuxième sur la liste. Et dans la salle, on se dit que c'est terriblement exigeant pour la voix : « Tu l'as remarqué ? Ça prend de la voix, mais il faut surtout savoir chanter. Et Céline, perfectionniste comme elle l'est, maîtrise mieux que quiconque son art. En 1989, le Dr Gould, qui avait soigné ses cordes vocales quand elle avait perdu la voix, lui a dit : « Si tu veux faire une vraie carrière, tu vas devoir apprendre à chanter. Sinon, tu vas toujours me revenir avec le même problème. »

« Le premier conseil qu'il lui a donné, c'est : “À l'avenir, tu vas parler quand t'es payée pour parler. Autrement dit, repose ta voix.” Puis, on est allés voir le Dr William Riley, sans doute le meilleur coach vocal au monde. C'est un chanteur d'opéra et un grand oto-rhino-laryngologiste.

« Il lui a enseigné des exercices. Comment placer sa langue sur certaines voyelles, comment placer le menton pour certaines consonnes, comment respirer de l'abdomen et il lui a dit de faire ces exercices 10 minutes par jour pendant cinq ans. Elle percevrait la différence dans cinq ans, pas avant. Il fallait que ça devienne un réflexe conditionné, qu'elle ne soit pas obligée d'y penser en chantant. On ne peut pas communiquer un feeling quand on pense à sa technique. Ben, elle n'a jamais manqué une journée. Le ferais-tu, toi, un exercice en sachant que tu sentirais la différence juste dans cinq ans ? Elle, elle l'a fait ! » de dire Angélil.

René Angélil est un excellent joueur de poker. Il participe à de nombreux tournois réservés aux professionnels et aux rares amateurs comme lui capables de leur tenir tête. C'est une vraie passion. Il y a deux semaines, il a joué dans un tournoi réunissant 300 joueurs qui investissaient chacun 2 500 $ pour s'inscrire. Quelques heures plus tard, il était éliminé. Il restait 68 joueurs en lice : « Quand je me suis mis à jouer sérieusement, j'ai perdu pas mal d'argent. Je me disais que je faisais mon université en poker. C'est un jeu extraordinaire qui sert bien en affaires. D'ailleurs, le poker m'a toujours bien aidé dans mes négociations. D'abord en m'apprenant à garder une face impénétrable quelle que soit l'allure des négociations. Pour bien jouer, ça prend de la patience. Les touristes sont toujours trop pressés. Puis, ça prend de la psychologie pour évaluer la façon de jouer des adversaires. Ça prend de la discipline pour ne pas se laisser emporter quand ce n'est pas le temps. Et ça prend de la stratégie pour évaluer les bluffs et les pourcentages », dit-il.

Il sourit à belles dents et ajoute : « Mais encore plus, ça prend de la chance ! Même le bon joueur a besoin d'un minimum de chance. »

René Angélil est un féroce négociateur derrière son sourire affable : « Je ne suis pas du genre à demander 5 millions $ si je veux obtenir 3 millions $. J'évalue ce que je veux, j'estime ce qui est bon pour l'autre partie et je tente de le (sic) convaincre. Si je veux 3 millions $, je demande 3 millions $. Premier point, je suis fermement convaincu que je lui offre la meilleure artiste et la meilleure opportunité au monde. Deuxièmement, je suis prêt à passer des jours à le convaincre que mon deal est bon pour les deux parties. Et finalement, j'aime ça négocier avec une ou deux autres possibilités dans ma manche.

« Prends le deal avec le Caesars, c'est mon deal, c'est moi qui ai préparé les chiffres. À l'origine, ça devait coûter 55 millions $. J'ai approché les gars de Scéno Plus à Montréal. Finalement, on a voulu avoir mieux et plus, comme la climatisation, la scène inclinée ou l'écran géant. La note a grimpé à 95 millions $, mais le Caesars, parce que c'était Céline, faisait une bonne affaire. Et puis, la salle a été construite pour Céline. Elle se rappelait qu'elle avait toujours adoré l'auditorium Dufour au cégep de Chicoutimi parce que les gens étaient proches de la scène. C'est ce qu'on a fait avec le Colosseum. Il y a 4 200 sièges et le plus éloigné, tout en haut, est à 110 pieds. Au Bellagio, pour une salle de 1 800 sièges, le dernier fauteuil est à 140 pieds.

« Mon premier choix était le Caesars, mais j'avais des offres du MGM et du Aladdin. J'étais armé. C'est l'idéal pour Céline, c'est l'idéal pour le Caesars. D'ailleurs, ils nous ont approchés pour une prolongation du contrat. Mais le 15 décembre 2007, ça va être le dernier show. Après, on verra, j'ai des idées.

« Il y a sans doute d'autres vedettes qui peuvent remplir le Colosseum, mais ces artistes ont-ils la discipline pour le faire ? Ça, je le sais pas », dit-il.

Quelques points fort intéressants pour conclure cette longue conversation de cinq heures pas comme les autres. On sait qu'Angélil est aussi le gérant de Garou et de Marilou.

« Il faut toujours choisir un gars que les autres gars aiment. J'ai compris ça en 1972 à un show d'Elvis. Quand il se penchait pour embrasser une femme sur le bord de la scène, j'ai bien vu qu'il faisait un clin d'œil à son chum pour le rassurer. Tout le monde était content.

« C'est important parce que les femmes contrôlent tout dans le monde du show-business. Elles décident, d'une façon ou d'une autre, quel film on va regarder en fin de semaine, elles achètent les disques et regardent la télévision.

« Toutes ces clientes aiment leur mari ou leur chum, mais elles veulent fantasmer sur une vedette sans que ça fasse une histoire. Elvis était aimé par les gars. Garou est comme ça, c'est un chum. Les filles peuvent l'aimer et tripper à leur goût, ça fera pas d'histoire dans le couple. Alors qu'un gars comme Michael Bolton, qui a joué gros la carte de la séduction, a perdu beaucoup au jeu.

« Pour les filles, ça joue aussi. Pourquoi Céline est si populaire ? Les femmes adorent Céline parce qu'elle n'est pas une menace. C'est une petite sœur, une grande sœur, une chum, mais c'est pas une rivale. »

Et le gérant de l'idole, a-t-il des serrements de ventre pour d'autres idoles ?

Bien sûr, quand il joue au golf par exemple. Angélil est un bon golfeur et un impitoyable gambler qui a inventé un système de paris si complexes qu'il l'a écrit sur une petite carte pour ses partenaires.

Il a ses idoles dont on parlera une autre fois. Tiger Woods l'a invité à plus d'une reprise pour jouer en sa compagnie. Il n'a jamais pu à cause de ses traitements de chimiothérapie.

Mais plus tard, il a pu jouer une ronde complète avec Phil Mickelson. Quand il a réalisé ce qui venait de se passer, il est allé s'asseoir un peu à l'écart...

Et il s'est mis à pleurer.

« En 1995, Céline Dion sera la chanteuse la plus populaire du monde. Je la vois très bien ouvrir les portes de l'édifice (ndlr : le Centre Molson) avec son spectacle. » – Donald Tarlton (Donald K. Donald), à *La Presse*, 4 avril 1991.

« Céline Dion est une artiste admirable. Pour son talent, son sens du travail et sa gentillesse. J'ai eu l'honneur de faire sa première partie lors de sa tournée mondiale Let's Talk About Love et j'ai pu constater à quel point les gens ont raison de l'aimer, il n'y a pas de star plus aimable. Sur scène comme dans la vie. Au gala de l'ADISQ de 1998, Stéphane Laporte avait eu l'idée de nous faire jouer Pôpa et Môman de *La Petite Vie*. La seule chose qu'elle n'arrivait pas à faire, c'était de chanter mal. Car Môman devait chanter mal. Elle avait beau essayer, dès qu'elle chantait, même en Môman, c'était trop beau ! Céline, t'es trop bonne ! Bravo pour ces 25 années passées à nous faire rêver. » – André-Philippe Gagnon à *La Presse*, juin 2006.

« Moi, ce qui m'impressionne et me touche le plus chez Céline, c'est qu'elle ait réussi à atteindre de très hauts sommets (exactement ceux qu'elle voulait atteindre), sans devenir folle, bête et insupportable, comme ça arrive souvent à ceux et celles qui atteignent des sommets. Elle a su rester sensible et attentive aux autres. Je l'ai connue petite fille, je l'ai vue grandir et devenir une femme et une mère remarquable. Je l'aimerai toujours. » – Georges-Hébert Germain, journaliste, auteur et biographe de Céline Dion, à *La Presse*, juin 2006.

« Retenez bien ce nom : Céline Dion, car vous n'oublierez jamais la voix. » – L'animateur de télévision Michel Drucker présentant Céline Dion à son émission *Champs-Élysées* en 1983.

« Céline est l'une des cinq plus grandes voix que je connaisse. Ce n'est pas seulement le timbre de la voix, qu'on peut aimer ou pas : elle a une créativité vocale exceptionnelle. Si on lui donne une chanson à chanter, elle en refait aussitôt quelque chose à elle, elle va plus loin, elle invente. [...] Un phénomène. » – Jean-Jacques Goldman, à *La Presse*, 11 octobre 2003.

Dodo, amoureuse du hockey et merveilleuse raconteuse

24 octobre 2006

Je n'ai jamais vu autant de personnalités pour un lancement de livre. La grande salle du Windsor, rue Peel, était bondée. De Gilbert Rozon à Stéphane Laporte en passant par Patrice L'Écuyer, Luc Wiseman et Patrick Huard.

Du monde, du monde, du monde. Tous là pour Dominique Michel. En fait, je n'avais jamais vu autant d'invités de marque pour un lancement depuis celui de René Lévesque pour son livre *Attendez que je me rappelle*. Accoter René, faut s'appeler Dodo !

Ça fait des années que je connais Dominique Michel. Je ne veux pas parler de toutes ces années où je l'ai suivie au *P'tit café* ou à *Moi et l'autre*. Je veux dire, jaser avec elle, discuter, la retrouver avec plaisir. Faut dire que mes années à couvrir le Canadien ont créé des intérêts communs. Dominique Michel adore le hockey… et elle a épousé Camille Henry, l'ailier gauche des Rangers de New York.

Comme c'est une merveilleuse raconteuse, j'avais le goût d'entendre ses histoires hier soir. Avant de les relire dans son autobiographie que vous allez tous acheter aujourd'hui.

– C'était quoi le hockey en 1956 ? Je sais que c'était la première conquête des cinq Coupes Stanley d'affilée du Canadien de Montréal, mais la vie avec un joueur de hockey de la Ligue nationale, c'était comment ?

« Quand j'ai connu Camille Henry à Québec, je ne m'intéressais pas au hockey. Quand on me l'a présenté, j'ai pensé qu'il devait être un gardien de but. C'était un très gentil garçon et en tombant amoureuse de lui, je suis aussi tombée amoureuse du hockey. En le mariant, j'ai marié la game. C'était formidable à l'époque parce qu'on connaissait vite tous les joueurs de la ligue. Leo Labine, Terry Sawchuk, Rod Gilbert, Harry Howell. Les joueurs se connaissaient et se respectaient. Il n'y avait pas cette rivalité d'aujourd'hui », de raconter Dodo.

Sont tombés en amour et ont dû se débrouiller comme ça se passait dans le temps des curés et de l'Église catholique : « Quand les Rangers venaient jouer à Montréal, le samedi soir, j'essayais de me faufiler pour aller voir Camille. Mais Phil Watson ne voulait pas qu'on couche ensemble… parce que ça faisait perdre leurs jambes aux joueurs. Je n'étais pas très débrouillarde, faut croire », dit-elle.

Dodo continuait sa carrière dans les cabarets et à la télé à Montréal pendant que Camille Henry scorait à New York. Même après son mariage célébré devant 15 000 curieux comme le rapportait *La Presse* le lendemain, le couple poursuivra cette vie. Lui avec les Rangers, et elle à Montréal pour sa carrière : « Mais je l'aimais et, deux fois par mois, je prenais l'avion pour aller voir Camille à New York. Il restait en appartement avec Jean-Guy Gendron, Marcel Paillé et un autre, un grand et solide gaillard qui ne savait ni lire ni écrire… et même pas compter. Il s'appelait Eddie Shack, et il fallait qu'on écrive l'adresse sur un papier quand on lui demandait de prendre un taxi.

« Le dimanche, les Rangers jouaient dans l'ancien Madison Square Garden. Moi, j'aimais follement le hockey et j'encourageais Camille et les Rangers. Je comprenais pas comment les femmes des autres joueurs pouvaient passer toute la partie à remplir leurs cartes de Noël », raconte-t-elle avec son bagout si coloré.

Les joueurs de hockey avaient peut-être du plaisir, mais ils n'étaient pas riches. Rien qui puisse se comparer avec les salaires versés aujourd'hui dans le hockey professionnel. Dodo raconte que Camille Henry gagnait 11 000 $ par saison quand elle l'a connu. Peut-être 12 000 $ quand ils se sont mariés : « Je l'ai encouragé à demander 16 000 $ puisqu'il avait gagné le trophée Lady Bing. Il était tout gêné de le demander, mais à sa grande surprise, les Rangers ont accepté ses demandes. Moi, avec la télé et les clubs, je gagnais 25 000 $, peut-être 30 000 $. Mais c'était de l'argent net, on connaissait pas ça, les impôts. On était payé en comptant. De la bien belle (sic) argent », raconte-t-elle en riant. À l'époque, en venant encourager son Camille au vieux Forum et en se rendant à New York régulièrement, elle devient bonne amie avec les grandes stars du Canadien. Maurice Richard, Jean Béliveau, Bernard « Boum Boum » Geoffrion : « Surtout Boum Boum, c'était un vrai bon chum. On n'a jamais rien eu ensemble, mais c'était un ami. Maurice Richard, lui, ne parlait pas. Impossible de lui arracher quelques mots. »

Toute sa vie, elle sera amie avec Rod Gilbert. Le beau ténébreux des Rangers a toujours été EXTRÊMEMENT populaire avec les femmes. Et pas juste à Montréal ou à New York: « Le beau Rod s'était retrouvé à Saint-Tropez. Il avait loué une Rolls-Royce et cruisait sur la plage. C'était la première fois de sa vie qu'il voyait des filles topless. »

Finalement, après avoir donné une démonstration de ses talents dans une partie de volley-ball, il s'est approché de la plus belle fille sur la plage pour l'inviter à aller manger. La fille gardait les yeux fermés. Finalement, Rod lui a dit: « Mademoiselle, j'ai gagé que je vous parlerais, aidez-moi à gagner ma gageure. » Elle a ouvert les yeux, l'a trouvé très bel homme et finalement lui a dit qu'elle acceptait son invitation pour le dîner », raconte Dodo.

Et avec un petit sourire malicieux, elle conclut: « Le lendemain, on a vite saisi que le beau Rod était tout un scoreur. »

Le mariage de Dodo et de Camille durera quatre ans. Lui à New York, et elle à Montréal. Comme elle le raconte dans son livre, loin des yeux, loin du cœur...

Mais comme elle me le racontait hier soir: « Camille avait déjà un gros problème de boisson. Je n'étais pas capable d'endurer ça. »

J'ai connu Camille Henry quand il s'est retrouvé analyste aux matchs du Canadien. Il a connu des années misérables.

S'il avait vu Dodo dans sa robe rouge hier soir, il serait encore tombé amoureux...

L'école du prof Caron

15 mai 2007

Y'a des hommages qui arrivent bien tard dans la vie. Le prof Caron aura une patinoire nommée en son nom. Tant qu'à moi, c'est toute une école qu'on aurait pu baptiser en son honneur.

Le prof aura toujours été différent des autres. Quand j'ai commencé à couvrir le Canadien, en février 1975, je suis arrivé avec trois jours d'anglais chez Berlitz. J'avais appris une phrase par cœur: « *I'll ask short questions, give me long answers* » Ma première question à Jim Roberts lors de ma toute première entrevue avait été: « *Why the puck?* » Jim, que j'avais choisi parce qu'il me semblait le plus fin et le plus gentil, m'avait rassuré. Très lentement, il m'avait demandé ce que je voulais savoir à propos du puck. Je ne m'en souvenais plus, il avait bien ri, il avait allumé son cigare dans le restaurant Texan et finalement, deux heures plus tard, j'avais de quoi écrire un premier reportage dans *La Presse*.

Et puis, un avant-midi, le prof qui était avec le Canadien à l'époque m'avait donné quelques trucs: « "Did", c'est pour le passé, "do", c'est pour le présent. Et faut toujours prononcer le « th » en poussant dans les dents du devant. »

Quelques années auparavant, le prof avait donné à Bertrand Raymond un cours magistral sur l'art de commander un jus d'orange au restaurant. Bertrand s'en est tenu au jus de pommes le reste de sa carrière.

Le Orrrraaaaaaannnnge Joussse était trop difficile à prononcer.

Le prof fut un bon prof d'anglais au Collège St-Laurent. C'était une institution déjà célèbre au Québec à cause des Compagnons de St-Laurent du père Legault. La troupe de théâtre du collège a donné de grands acteurs et comédiens au Québec. Le prof, lui, aimait mieux le sport. Que ce soit le hockey, le baseball, le football, la boxe ou la crosse.

Il était un extraordinaire raconteur. J'ai appris plus avec lui en quelques années que dans le reste de ma carrière. Il pouvait nous parler des heures durant de ses bien-aimés Yankees ou de ses juniors qui brillaient maintenant dans la Ligue nationale. Quand il allait faire du dépistage dans le nord de l'Ontario ou en Abitibi, il roulait des heures vers le Sud juste pour attraper à la radio la description des matchs des Yankees. Puis, il s'arrêtait dans une cour de motel et écoutait le match à la radio. Ou, s'il n'était pas trop épuisé, il roulait jusqu'à Montréal en souhaitant sans doute quelques manches supplémentaires.

Il était taquin, mais jamais méchant. Et il était colérique. Oh ! Mon Dieu ! Les colères du prof étaient célèbres dans toute la Ligue nationale. On l'a vu, au vieux Chicago Stadium, prendre un frigo dans ses bras puissants pour le jeter sur la patinoire. Et sa voix de stentor pouvait enterrer les 20 000 fans hurlant dans le building quand venait le temps de crier des bêtises à un arbitre.

Mais le moment de colère passé, le prof retrouvait le sourire et pouvait citer Aristote dans le texte sur la notion de la forme servant de déterminant dans la philosophie aristotélicienne. Je l'adorais et je pouvais discuter avec lui de la structure de la syntaxe latine comparée à la syntaxe grecque. Mais ça n'expliquait pas pourquoi il n'avait pas recommandé que le Canadien repêche Michael Bossy.

Curieusement, c'est quand il a été congédié en même temps qu'Irving Grundman que Serge Savard est devenu directeur général du Canadien. Même si le prof était directeur général des Blues de St. Louis, Serge Savard continuait d'aimer profondément le prof. C'était réciproque. Ce qui n'empêchait pas le prof de se moquer joyeusement du Sénateur quand il nous racontait l'échange impliquant Perry Turnbull. Tout comme ça n'empêche pas le prof de prendre soin de son ami diminué physiquement par un ACV.

En fait, des prof Caron, ça ne se fait plus et sans doute que ça n'a plus sa place dans le hockey contemporain. C'est tout le monde du hockey qui perd.

***

Shane Doan... a refusé une offre des Flames quand il est devenu autonome parce qu'il ne voulait pas vivre la pression des médias de Calgary.

C'est certain que si on tente constamment de maquiller la vérité, ça doit être fatigant de jouer au hockey au Canada et au Québec. C'est plus tranquille à Phoenix avec un coach qui perd, mais qui ne peut être congédié, et un adjoint qui attend son procès pour avoir tenu des réseaux clandestins de gambling.

Ou à Moscou où le drapeau canadien fait disparaître bien des péchés.

Mais c'est rassurant. Ça veut donc dire qu'il n'y a pas qu'à Montréal où les journalistes sont des empêcheurs de tourner en rond.

Par ailleurs, je présume que Shane Doan sera encore choisi Kapitaine Kanada en 2008 puisque les Coyotes ont toutes les chances au monde de ne pas participer aux séries éliminatoires. Ça va être intéressant de voir comment les amateurs de hockey de la Vieille Capitale vont accueillir notre homme au Championnat du monde.

Dans le calepin – La vie, c'est comme un combat de douze rounds. Faut mesurer ses efforts et il faut évaluer un risque quand on s'élance pour donner un crochet du gauche suivi d'un direct du droit. Si on s'ouvre trop pour coucher l'adversaire, on risque d'en recevoir un sur le kisseur. Puisqu'on est dans le sport, on peut donc conclure que Gilles Duceppe est sorti trop vite du coin pour passer le

K.-O. à son adversaire au premier round.

Mais après un compte de huit, il a pu regagner son coin et reprendre ses esprits. Archie Moore avait battu Yvon Durelle qui l'avait pourtant couché trois fois au premier round. Y a encore de l'espoir à Ottawa.

Guerrier et gentleman

23 février 2008

C'était tranquille dans le jet qui filait vers Montréal dans la nuit du printemps. À l'époque, les journalistes s'assoyaient où ils voulaient dans l'avion du Canadien et discutaient avec les joueurs de ce qui s'était passé dans la soirée.

Mais cette nuit n'était pas comme les autres. On avait éteint les lumières, et l'avion était plongé dans une pénombre tranquille.

Je me rendais vers les toilettes à l'arrière de l'avion quand j'avais aperçu Bob Gainey. Son siège était baissé jusqu'à sa limite, il avait la tête appuyée sur un oreiller contre le hublot et il était étendu du mieux qu'il le pouvait. Il était blanc comme un drap, mais pendant les séries éliminatoires, les Glorieux de l'époque se vidaient tellement qu'ils finissaient toujours la campagne amaigris et blêmes.

J'avais demandé à Gaétan Lefebvre ce qui se passait: « Oh, un hématome, le Bo va être correct, faut pas s'inquiéter. »

Je n'avais pas posé d'autres questions. Un bleu, ça n'allait pas empêcher Gainey de jouer un match des séries, c'était certain.

C'est après l'élimination du Canadien que j'ai appris la vérité. Je me souvenais de la mise en échec de Bryan Trottier derrière le but du Canadien. Trottier s'était donné un élan et il avait frappé Gainey comme un train. Surtout que Trottier, du haut de ses 5'10, était plus large que haut et aussi épais qu'un baril de mélasse. Cognait dur, le buveur de lait.

Cette nuit-là, dans l'avion, Gainey souffrait le martyre, victime d'une luxation. Les médecins lui avaient remboîté l'épaule dans l'infirmerie du Nassau Coliseum. Il avait pris quelques cachets d'aspirine et avait disputé le match suivant de la Flanelle sacrée.

Mille fois plus fort, c'est seulement à la fin de la saison qu'on a appris que le Bo s'était fait déboîter l'autre épaule dans la série précédente contre les Nordiques de Québec.

Vous comprenez pourquoi il n'avait pas besoin de parler très fort dans le vestiaire quand il disait de sa voix grave à un coéquipier « qu'il était tanné de le voir se traîner les pieds sur la patinoire ».

Je pense qu'on était à Chicago. Dans l'autocar de l'équipe. Sans doute vers quatre heures et quart. J'étais un des tout premiers à grimper à bord. Guy Lafleur était déjà parti pour le Chicago Stadium avec Boum Boum Meilleur, et je voulais lire mes magazines dans le dernier siège de l'autocar. Celui où s'installait Scotty Bowman. C'était souvent la bonne place pour entreprendre un brin de jasette avec Scotty. En français, parce que mon anglais du Saguenay était très primaire.

Il n'y avait qu'un joueur dans le bus. Gainey, qui devait avoir 22 ou 23 ans, avait sa grosse tête bouclée plongée dans un livre qui semblait fort sérieux.

– Hi Bo.

– Hi Réjean.

Seul à seul, avec quelqu'un comme Gainey, je n'étais pas trop gêné des fautes que je commettais dès qu'on sortait des 10 phrases apprises chez Berlitz. On avait donc jasé de l'équipe, de l'ambiance et du métier qu'on faisait.

– Je vous aime beaucoup, je vous trouve corrects, mais honnêtement, gagne ou perd, ça ne me fait aucune différence. Mon boulot, c'est de vous couvrir, ça s'arrête là.

– Ça ne se peut pas. On ne peut pas partager notre quotidien sans faire un petit peu partie de l'équipe, j'en suis convaincu, m'avait répondu le Bo.

Là, il se trompait. Je pense qu'on peut apprécier des joueurs de hockey ou de football, des skieurs ou des boxeurs et ne pas être lié à leurs victoires ou défaites. Mais, déjà à l'époque, alors qu'il n'était qu'un tout jeune dans une prestigieuse équipe, Gainey avait un sens très aigu de « l'équipe » ou de la « famille ». Pour lui, ça allait de soi qu'à force de côtoyer des hommes dans leurs batailles, on finissait par partager leurs objectifs. C'est du moins ce que j'avais compris à l'époque.

Et je pense que lorsqu'il a réalisé qu'il ne pourrait jamais se fier à des journalistes, qu'ils ne pourraient jamais faire partie de « l'équipe », il a préféré les écarter de son club pour favoriser encore plus ce sens du collectif qu'il cherche à construire avec ses joueurs.

Une quinzaine d'années plus tard, j'avais couvert la finale entre ses North Stars du Minnesota et les Penguins de Pittsburgh de Mario Lemieux, de Jaromir Jagr, d'Alexei Kovalev et du gros Ulf Samuelson. Une terrifiante machine de hockey.

Un quotidien des villes jumelles avait publié une page de pub en se servant de Gainey. On voyait trois photos du visage absolument impassible de Gainey derrière le banc. La légende disait : « Bob Gainey après une victoire. Bob Gainey après une défaite. Bob Gainey après un but de son équipe. Un visage impassible. »

Après l'élimination des North Stars en six matchs, je m'étais rendu dans le vestiaire de l'équipe. Et en flânant un peu, j'étais tombé sur Cathy Gainey. Elle était toujours aussi belle; elle avait aimé son expérience à Épinal et elle m'avait fait la conversation en français. Elle m'avait annoncé qu'on la traitait pour une tumeur au cerveau, mais qu'elle gardait la foi en la vie.

Gainey était arrivé sur les entrefaites. Il avait regardé Cathy avec tant d'amour que j'avais été ému. Ce n'était pas le visage impassible que le journal nous montrait le matin dans sa publicité. Il avait passé son bras autour des épaules de sa femme et s'était informé doucement si elle était fatiguée et si elle voulait rentrer à la maison.

Quand Cathy s'était retirée, j'avais posé une ou deux questions à Gainey. Il m'avait juste dit « que celle-là n'en serait pas une facile ».

Il savait déjà.

Mais il avait quand même mené son équipe de plombiers à deux conquêtes de la Coupe Stanley.

Je ne sais pas quelles images on va projeter, ce soir au Centre Bell, quand on va retirer le chandail de Gainey.

De toute façon, avec une équipe qui se bat pour le premier rang de l'Association, qui donc va se retenir d'applaudir le chef de l'entreprise ? Et puis, s'il y a une controverse autour du retrait du chandail d'Émile Bouchard, ça n'enlève rien aux mérites de Gainey.

Si on devait choisir une image pour mener au retrait du chandail, ce serait un bout de film tourné après la victoire finale du Canadien contre les Rangers de New York en 1979.

Dans cette équipe qui venait de gagner la Coupe Stanley une quatrième fois d'affilée, il y avait Jacques Lemaire, Guy Lafleur, Larry Robinson, Ken Dryden, Serge Savard, Guy Lapointe, Steve Shutt

Tous des superstars ! Des vrais.

Et pourtant, les joueurs eux-mêmes, spontanément, avaient décidé de porter sur leurs épaules un ailier gauche discret qui n'était même pas capitaine de l'équipe.

Le visage ensanglanté, le sourire timide, pour une fois, le Bo s'était laissé faire des mamours.

Félicitations, Robert Gainey. Gagne ou perd, c'est toujours un plaisir.

RAYONNEMENT DU QUÉBEC

« Il a apporté son grain de sel, sa touche personnelle au journalisme sportif. Et il est naturel qu'un certain nombre de journalistes écrivent aujourd'hui en suivant son modèle. »

Gaétan Boucher

Réjean Tremblay selon

Gaétan Boucher

Les récents Jeux olympiques de Pékin ont permis à plusieurs athlètes québécois de se démarquer et de suivre les pas de plusieurs grands champions dont les exploits ont, par le passé, suscité d'incroyables manifestations d'euphorie. Il suffit par exemple de penser à Myriam Bédard et à Jean-Luc Brassard, qui ont enflammé les cœurs en biathlon et en ski acrobatique lors des Jeux d'hiver de Lillehammer en 1994, à Marc Gagnon, dont l'impressionnant coup de patin a conquis l'or aux Jeux de Nagano (1998) et de Salt Lake City (2002), ou encore, bien plus tôt, à Barbara Ann Scott, une jeune Westmountaise devenue l'enfant chérie du patinage artistique lors de Jeux de Saint-Moritz en 1947, pour comprendre l'immense sentiment de fierté dont ces sportifs ont été à l'origine, ainsi que l'émulation que leurs prouesses ont suscitée chez les générations qui leur ont succédé.

Toutefois, le Québécois qui aura peut-être le plus marqué l'histoire des Jeux olympiques se trouvait sur un anneau de glace de Sarajevo au mois de février 1984. Évoluant dans une discipline jusqu'alors peu connue dans la Belle Province, il a réussi, en l'espace de trois jours, à devenir une légende en remportant coup sur coup deux médailles d'or et une médaille de bronze en patinage de vitesse. « Le rêve est devenu réalité », a alors scandé dans *La Presse* Réjean Tremblay, heureux d'avoir assisté à un tel événement et de suivre pas à pas la naissance d'un héros national.

Ce héros, c'était évidemment Gaétan Boucher. Un athlète respecté de ses pairs dont la carrière internationale, qui avait véritablement commencé en 1976, s'est poursuivie jusqu'au lendemain des Jeux de Calgary, en 1988. Et un homme devenu un modèle à suivre, tant en termes de valeurs que d'intelligence, aux yeux de beaucoup de Québécois.

Aujourd'hui, 25 ans se sont écoulés depuis cette fabuleuse aventure olympique. Mais Gaétan Boucher, qui depuis 12 ans travaille comme développeur de produits pour la société Bauer, a encore la tête emplie de souvenirs ; des images de ses victoires, de la frénésie qui l'entourait, des personnes qu'il a côtoyées. Des personnes parmi lesquelles figure Réjean Tremblay, dont il avoue ne pas avoir religieusement lu tous les articles – « Je n'ai jamais beaucoup suivi l'actualité sportive », concède-t-il –, mais dont il a toujours reconnu le talent : « Il a apporté son grain de sel, sa touche personnelle au journalisme sportif. Et il est naturel qu'un certain nombre de journalistes écrivent aujourd'hui en suivant son modèle. »

Il faut dire que comme beaucoup d'athlètes, Gaétan Boucher a immédiatement été touché par l'approche, à la fois professionnelle et extrêmement humaine, avec laquelle Réjean Tremblay a traité de son sport. « C'est quelqu'un d'intègre », affirme l'ancien olympien. « Il va vraiment chercher à avoir la bonne information et à en découvrir davantage lorsqu'il rencontre un sportif. Dans mon cas, c'était exceptionnel bien sûr, car j'avais gagné trois médailles sur les quatre qu'avait remportées le Canada. Et en plus, comme j'étais québécois et le premier dans ma discipline, il voulait en savoir plus sur la personne que j'étais. Il s'est donc renseigné en plus de rapporter les faits d'une manière irréprochable, ce qui est tout à son honneur. »

Lorsque l'on s'intéresse effectivement à la couverture que Réjean Tremblay a faite des exploits de Gaétan Boucher lors des Jeux olympiques de Sarajevo, on ne peut qu'être surpris par la qualité de son analyse, alors même qu'il ne savait que peu de choses sur le patinage de vitesse. Mieux encore, dans son article daté du 18 février 1984, alors que l'euphorie battait son plein et que Gaétan Boucher était happé de toutes parts par les médias comme par les instances canadiennes, Réjean Tremblay a réalisé contre toute attente un portrait des plus humains de cet athlète. « Il est devenu superstar en trois jours », avait-il écrit. « Et le choc qu'il ressent ici à Sarajevo est effrayant, angoissant. Il n'était pas préparé à tout ce qui lui arrive. Il n'était pas préparé à la grande manœuvre de récupération dont il est la cible depuis quelques jours. » Un constat sans doute à des années-lumière que celui que les autres médias québécois faisaient alors de cet événement historique, mais fidèle à ce que Gaétan Boucher pouvait ressentir.

Ce dernier se souvient d'ailleurs de ces moments un peu hors normes qu'il a passés avec le journaliste. « On avait notamment mangé ensemble dans une pizzeria de Sarajevo, et je me rappelle qu'il ne s'arrêtait pas aux résultats, il voulait aussi que je partage avec lui mes émotions, mon parcours. Bref, il avait une approche personnelle qui était intéressante pour un athlète. »
Un positionnement que Réjean Tremblay a farouchement défendu tout au long de sa carrière et que Gaétan Boucher approuve complètement. « Oui, il a pris

des positions courageuses avec lesquelles je suis complètement d'accord, comme ses virulentes attaques contre le dopage dans le sport. De toute manière, quand il s'est montré critique ou s'est porté au secours de quelque chose ou de quelqu'un, il a toujours réalisé une bonne recherche auparavant et a fait en sorte que son article reflète vraiment ce que l'athlète concerné pensait. Il est certain que dans certaines situations il y a eu des chicanes, comme au hockey. Mais il avait raison d'agir de la sorte et de défendre ses couleurs. Mon approche est la même. Et pour ce qui est de mon sport, il l'a bien traité et m'a toujours respecté. »

Avec du recul, comment le héros des Jeux olympiques de Sarajevo résumerait-il finalement le personnage Réjean Tremblay ? « Eh bien, c'est une question difficile », avoue-t-il, « car je ne le connais pas assez pour être en mesure de véritablement en dresser un portrait. Mais je pense que c'est un homme droit, sympathique, accessible et, surtout, passionné. Il est évident que le Réjean d'aujourd'hui n'est plus le même qu'il y a 20 ans et que je regrette parfois que le succès qu'il a remporté avec ses séries télévisées ait freiné sa couverture journalistique par manque de temps, mais il demeure un grand monsieur. » – **S.G.**

Jeux olympiques

Bonjour Montréal... Adieu Montréal ! – Ovation debout du maire Drapeau[1]

2 août 1976

Un spectacle grandiose... le nuvite au milieu de 500 jeunes filles d'une quinzaine d'années... le maire Drapeau qui reçoit une ovation debout... le soulagement incroyable de tout le personnel du COJO à la fin des cérémonies... Moscou en 1980... ces couleurs, ces Indiens...

Des mots, des flashs qu'il faut coordonner, des impressions qu'il faut raisonner, de justes perspectives qu'il faut cadrer.

Si la cérémonie d'ouverture de la XXIe Olympiade avait été majestueuse, elle avait quand même laissé les gens plus impressionnés que bouleversés.

Hier soir, le grand spectacle de clôture des Jeux, tout aussi bien répété et minuté que le premier, donnait quand même la chaude sensation que l'âme, la spontanéité avaient pris le pas sur la chorégraphie...

Deux événements ont contribué à créer cette atmosphère, de joie d'abord, puis de nostalgie.

Le nuvite

Les 16 000 « gendarmes » du COJO avaient tout prévu... tout prévu sauf le retour d'une vieille mode (c'est vrai que le rétro est à la mode), celle des nuvites.

Cinq cent belles filles de la Rive-Sud qui avaient répété consciencieusement leur numéro, ont vu apparaître au milieu d'elles un barbu blond. En deux temps, trois mouvements, le gracieux oiseau bondissait parmi les donzelles, nu comme un ver.

Les spectateurs, s'ils furent scandalisés, ne le laissèrent pas trop voir... laissant même flotter ici et là quelques applaudissements.

Dès lors, on était plus disposé à s'amuser qu'à se laisser émouvoir.

Indiens, athlètes, danseuses ont envahi le stade, montant cinq teepees au milieu des cinq anneaux olympiques formés par les jeunes filles.

Spectacle merveilleux pour les yeux... et aussi satisfaisant pour l'ego : depuis le temps qu'on dit que les Français veulent voir des Indiens au Canada !

Ovation debout pour Drapeau

Après les Indiens, ce fut le tour d'un autre personnage presque folklorique, lord Killanin.

Péniblement, le président du Comité international olympique s'installe sur le rostre.

Hymne national grec avec levée du drapeau qui reste d'ailleurs enroulé, puis celui du Canada et enfin hymne national soviétique suivi de la levée du drapeau rouge...

Puis, lord Killanin s'approche du micro :

« Au nom du Comité international olympique, après avoir offert à Son Excellence le gouverneur

1. Le véritable titre de cette chronique était Bonjour Moscou... Adieu Montréal ! Une erreur s'est glissée lors de la mise en page de *La Presse*.

général, au peuple canadien, aux autorités de la ville de Montréal… »

Killanin n'a pas pu poursuivre plus loin. Doucement, irrésistiblement, des applaudissements fusent. Les gens se lèvent debout pour acclamer le maire de Montréal, M. Jean Drapeau.

Les Américains qui n'ont rien compris puisque M. Killanin parlait en français, emboîtent le pas, se demandant un peu qui ils applaudissent ainsi. « Drapeau… Drapeau… Drapeau… », scande la foule.

L'hommage était tout entier dirigé vers le maire Drapeau, rejetant dans l'ombre le premier ministre Robert Bourassa assis à ses côtés. Jusqu'à la toute fin, malgré l'intervention de Québec, les Jeux auront donc été l'affaire du maire Drapeau.

Le salut de Moscou

C'est à partir de cet instant que les gens ont semblé prendre conscience que l'aventure achevait, que la grande « fête » olympique ne serait pas éternelle.

Déjà le nom de Moscou commençait à flotter dans les cœurs avant d'apparaître sur les écrans géants du stade olympique.

En même temps que le soleil se couchait sur Montréal, il se levait sur Moscou… et on nous offrait ce beau matin de Moscou en prime à la télévision.

Les Olympiques, trêve de fraternité…, souhaitait de Coubertin.

« Bonjour Montréal » disaient les cris, les chansons des danseurs et chanteurs moscovites que l'on voyait et entendait en direct à Montréal.

Pour quelques minutes privilégiées, le contact était établi, presque palpable. À Moscou, le 19 juillet 1980. Adieu Montréal !

Après ce vrai grand moment, le reste semblait superflu.

Quelques athlètes, des danseurs et danseuses, un paquet d'hôtesses du COJO ont alors envahi le terrain pour un happening mi-répété, mi-spontané.

Victoire de l'URSS

Les Jeux olympiques, ce sont avant tout les athlètes. Ceux de l'URSS ont fini en tête du classement des nations avec 47 médailles d'or, 43 d'argent et 85 de bronze. Un autre pays du bloc communiste, la République démocratique allemande s'est accaparée de la deuxième place avec 40 médailles d'or, 25 d'argent et 25 de bronze. Les États-Unis ont continué leur dégringolade de Munich avec 34 médailles d'or, 35 d'argent et 25 de bronze. Le Canada avec 11 médailles, 5 d'argent et 6 de bronze, s'est classé au douzième rang de ce classement non officiel.

Par ailleurs, le Finlandais Lasse Virén, vainqueur des 5 000 et 10 000 mètres a été choisi l'athlète de la XXIe Olympiade par un pool de journalistes de l'agence UPI à la couverture des Jeux de Montréal.

Visas tant attendus…Pour de grandioses funérailles ?

15 juillet 1980

Mardi matin. Ma chambre d'hôtel est réservée et payée depuis dimanche soir à Moscou, j'ai raté mon vol via British Airlines samedi soir. J'ai raté celui d'hier soir via Finn Air et j'attends aujourd'hui un visa qu'on m'a promis, il y a trois semaines déjà, tant au Consulat de l'URSS à Montréal qu'à l'Association olympique canadienne.

Et Jim Lawton, du *Vancouver Sun*, est arrivé hier de Vancouver, Jim Kernagham, du *Toronto Star*, est comme moi accroché à son téléphone, valises traînant dans le salon et il ne reste plus que quatre jours avant l'ouverture des Jeux de la XXIe Olympiade (sic). Élément nouveau dans le dossier, voilà que les dirigeants soviétiques soutiennent maintenant que l'Association olympique canadienne a négligé de fournir au COJO de Moscou certains documents nécessaires à l'émission de ces huit visas.

À Montréal, le consul de l'URSS, M. Igor K. Bolovinov, a souligné qu'il avait lu les articles publiés dans *La Presse* samedi dernier et qu'il comprenait l'impatience des journalistes canadiens : « Mais j'ai enfin obtenu les informations nécessaires de Moscou et on m'a dit que l'Association olympique canadienne avait négligé de répondre à une demande du Comité internationale olympique du 9 ou 10 juin dernier ; je ne suis pas familier avec toutes ces démarches mais j'ai rencontré ce matin M.Labelle de l'AOC, et dès cet après-midi (lundi) une nouvelle liste partait pour Moscou. Dès que je recevrai un télégramme ou un télex de Moscou, vous passerez prendre vos visas au consulat », d'expliquer M.Bolovinov.

Hier matin, Pierre Labelle, le directeur des communications et de l'information de l'Association olympique canadienne, s'est rendu au consulat soviétique pour discuter le dossier avec M. Bolovinov. Vers midi, il lui remettait une nouvelle liste des huit mêmes noms de journalistes canadiens, liste que le consul faisait suivre à Moscou par le premier avion disponible.

Mais que s'est-il donc passé ?

« Le COJO de Moscou a avisé le CIO au début de juin qu'il coupait de moitié les accréditations allouées aux pays participant au boycottage des Jeux de Moscou ; notre quota passait de 50 à 25 ; comme nous n'avions que huit demandes de toute façon, nous avons avisé le consulat à Montréal que rien n'était changé pour nous... Mais il semble que les Soviétiques exigent quand même une nouvelle liste des huit mêmes noms... »

L'explication de M.Bolovinov a été reprise à Moscou par responsable des accréditations du COJO que le *Toronto Star* a rejoint par téléphone ; mon confrère Jim Kernagham, qui espère partir ce soir à 6 heures de Toronto, a déniché un Torontois parlant le russe (c'est moins rare qu'un Torontois parlant français...) pour interroger directement par téléphone le COJO à Moscou : « Et on a repris à Moscou les mêmes arguments que M. Bolovinov à Montréal... Ça se pourrait fort bien que nos propres gens du Comité olympique aient contribué à nos problèmes », m'a indiqué Kernagham hier après-midi.

Et le vétéran « columnist » du *Star*, Jim Proudfoot, d'ajouter : « On n'ose pas trop taper sur la tête des Russes : s'il fallait que ce soit de la faute du Canada tous ces emmerdements qu'on éprouve ! »

Les fonctionnaires soviétiques ont déjà la réputation en temps normal d'être affreusement tatillons, s'il a fallu que nos propres fonctionnaires de l'Association olympique leur fournissent en plus un prétexte à mauvaise volonté dans ce grand bordel olympique, pas surprenant que je sois condamné aujourd'hui à passer encore une autre journée accroché au téléphone.

En attendant, je passe le temps à lire des dépêches de l'AFP , d'UPI, d'AP sur le climat qui prévaut à Moscou, dépêches que vous pouvez lire aujourd'hui quelque part dans le journal.

Et je me dis que le grand déploiement propagandiste de Berlin en 1936 se prépare encore ; je me dis aussi que c'est absolument impossible pour qui que ce soit de conserver la moindre illusion. L'idéal olympique était déjà mourant depuis longtemps... Les meurtres de Munich en 1972 ont été un coup terrible, le retrait des pays Africains aux Jeux de Montréal a fait sauter un des cinq anneaux olympiques représentant les continents, la crise afghane a soufflé ce qui restait de la flamme olympique. Nous allons peut-être à Moscou pour couvrir les grandioses funérailles de cet idéal.

À Los Angeles, en 1984, il ne restera sans doute que l'argent ?

Tu t'en vas en Russie ?

16 juillet 1980

« Montre-moi ta valise et je te dirai où tu vas » (vieux proverbe hongrois).

Bon, ben, j'suis encore à Saint-Hubert, encore pendu au téléphone.

Y a pas grand-chose de changé dans ma vie professionnelle, j'attends encore mon visa; j'ai même pas d'information supplémentaire à vous refiler.

La maison a changé par exemple; y a deux boîtes de Corn Flakes sur le comptoir et deux sacs vides de lait à 2 %, le meilleur pour la ligne. Dans l'évier, les bols à Corn Flakes (évidemment) s'empilent; le frigo est vide et, comme je suis supposé partir tous les soirs, je me contente d'acheter du lait et des céréales; j'suis devenu un champ de maïs ambulant.

Dans le salon, y a un sac de voyage d'O'Keefe que j'ai reçu en cadeau lors de la Coupe du Canada en 1976, j'ai pensé que ça impressionnerait les douaniers soviétiques, grands amateurs de hockey, c'est bien connu.

Sur le pouf, débordant de partout, c'est la grosse valise, celle qui contient mon stock. Samedi dernier, jour prévu de mon départ, c'était une bonne grosse valise ordinaire en vinyle jaune, achetée en spécial à $24,95; le genre de valise que tu souhaites voir disparaître dans un aéroport pour réclamer le double à la compagnie aérienne responsable. C'était une valise comme celle que je prépare quand je pars avec le Canadien ou les Expos; un Penthouse et un Playboy, le dernier Mario Puzo, *L'Arrangement* d'Elia Kazan que m'a prêté une copine il y a deux ans, un rasoir électrique, de l'Aqua Velva bleu glacier, des bas, une paire de jeans, rien de terrible, une valise de journaliste...

– As-tu apporté des rasoirs à lames ? m'a demandé un de nos prestigieux éditorialistes qui, « lui » est déjà allé à Moscou.

C'est là que j'ai appris que valait mieux apporter quelques Bic au cas où : « Surtout qu'ils se servent de l'acier pour les fusées là-bas, il n'en reste plus pour les lames de rasoir.

J'ai donc ajouté quelques Bic que j'ai payés 10 cents chacun chez Zellers.

Au pupitre du général, en avant de la salle, on a commencé à parler tabac et pipe : « Oui, oui, j'apporte quelques pipes... ».

– Et du tabac, hein, paraît que leur tabac à pipe n'est pas fameux...

Six paquets de tabac, une bouteille de spray net pour mèche rebelle; une boîte d'Efferdent pour dentier, trois débarbouillettes et deux serviettes, et je pensais être prêt pour le départ; c'était lundi soir. Neuf heures et cinq est arrivé, toujours pas de visa.

Mardi, comme de raison, les gens se sont informés de mon voyage. Et m'ont refilé des conseils.

– Oublie pas un p'tit pot de beurre de peanut, c'est nourrissant une journée que tu trouves rien de bon à manger...

– T'as combien de paquets de gomme ? Vingt ! T'es correct pour aller où tu veux avec vingt paquets de gomme...

Mercredi, j'ai rajouté un rouleau de papier de toilette dans la valise jaune; Liliane Lacroix m'a assuré que les hôtels russes de toute première qualité n'arrivent pas à fournir un papier qui soit, enfin, disons, agréable à nos épidermes sensibles d'occidentaux trop bien nourris.

Hier soir, je contemplais mes valises, virées à l'envers, surchargées, et je me disais que je devenais paranoïaque, que j'étais en train de me laisser virer à l'envers par les préjugés de tout le monde; je me disais : « Mon gros, tu capotes, tu lis trop les textes des agences de presse, tu t'en vas (si t'as ton visa) dans un grand pays civilisé, industrialisé, qui envoie des cosmonautes dans l'espace plus vite qu'ils donnent leur visa aux journalistes, franchement, mon Bleuet, tu me fais honte avec ton rouleau de papier de toilette double épaisseur à odeur de poudre de bébé… »

J'en étais là dans mes réflexions quand on a sonné à la porte. C'était un de mes amis, qui passait me voir à la maison, à son arrivée de voyage.

Il a regardé la valise jaune, il a regardé les paquets de gomme, le rouleau de papier de toilette…

– Cout'donc, Réjean, t'as quasiment l'air d'un gars qui part pour la Russie ?

– Hé !

Premières agréables impressions de Moscou

19 juillet 1980

MOSCOU – Ma montre au poignet n'a plus aucune signification; elle indique vendredi 20 h 10, elle dit qu'il y a vingt quatre heures que j'ai quitté Montréal pour Moscou, mais pour vous au Québec, il n'est que 1 h 00 de l'après-midi. Pour mon organisme aussi qui ne sait plus s'il a faim ou sommeil.

Le vol 242 d'Aéroflot entreprend sa descente. Ce que j'avais lu de négatif à propos d'Aéroflot ne s'est pas vérifié; les hôtesses, l'air un peu sévère, ont été gentilles; le service, bien fait, même si la nourriture m'a semblé avoir un goût étrange… Mais après tout, n'est-il pas étrange, le goût d'une pizza all-dressed ?

Le Tupolev vient de toucher le sol de l'URSS, les haut-parleurs diffusent le concerto pour piano de Tchaïkovski et une Russe d'une quarantaine d'années qui vit maintenant à Londres cesse soudain de me faire la causette. Elle s'imprègne de la musique, regarde le sol de sa Russie natale et laisse couler quelques larmes.

Pendant les trois heures et demie de l'envolée Londres-Moscou, j'ai lu le *Soviet Weekly* et le *Moscow News* que m'ont prêtés les hôtesses de l'air. C'est un choc de relire des nouvelles publiées dans la presse en début de semaine, mais présentées selon l'optique soviétique.

Il n'y a plus de boycottage aux Olympiques mais simplement une tentative des Américains de nuire au bon déroulement des Olympiques. Et dans tous les articles, on rappelle constamment que les Jeux doivent servir à promouvoir la paix entre les peuples et la gloire du sport. Et quand on doit souligner que plusieurs pays sont absents, on ne trouve pas le terme anglais boycott mais celui de sabotage. Et je me rappelle que je suis Canadien donc…

Jim Kernagham du *Toronto Star* que j'ai rejoint à Londres avec son visa m'accompagne à la sortie de l'avion.

À cause de tous les problèmes éprouvés au départ, nous nous attendons un peu au pire. La vingtaine de jeunes soldats qui nous accueillent à la descente de l'autobus d'Aéroflot confirme ces premières appréhensions. Mais ce ne sera pas le cas.

En moins d'une heure, nous avions rempli nos

formules d'immigration, avions récupéré nos valises, avions franchi les douanes et étions assis dans un moderne autocar qui attendait les journalistes qui logeaient à l'hôtel Rossia. Et tout le temps de ces opérations, Kernagham et moi n'avions reçu qu'un sourire courtois et empressement (sic) des fonctionnaires et militaires qui pullulent.

Moscou est belle dans la brunante, belle mais essentiellement différente d'une métropole occidentale comme Montréal ou New York.

Partout, Misha, l'ours mascotte des Olympiques, sourit sur des panneaux réclames; ce sont d'ailleurs les seuls panneaux-réclames de Moscou; des drapeaux et des oriflammes décorent l'autoroute qui relie l'aéroport de Moscou à la capitale; on a fait une belle toilette à Moscou; le gazon est frais coupé, les arbustes sont taillés; mais c'est tranquille, mon Dieu que ça semble tranquille. Peu de voitures sur les larges avenues, quelques jeunes qui marchent main dans la main, un (pas deux) couple d'amoureux qui s'embrassent à pleine bouche dans une boîte téléphonique, on dirait Montréal à 5h00 du matin avant que la ville ne se réveille. Et pourtant, si je me fie à ma montre, on est vendredi soir, 21h30.

Je vais vite un peu pour ne pas vous ennuyer avec ces premières impressions mais j'ajoute que si notre chambre à Kernigham et moi est trop petite pour deux personnes, on n'a pas niaisé longtemps à la réception. Et qu'à minuit nous avions déjà terminé un bon repas à la grande salle à dîner du Rossia.

Aujourd'hui, c'est l'accréditation pour les cérémonies d'ouverture de la 22e Olympiade, peut-être que nous allons subir toutes les tracasseries administratives dont font état certains textes des agences de presse. Peut-être, mais si je me rappelle bien les Jeux de Montréal en 1976, ce n'était pas un cadeau là non plus pour mettre les pieds au Village olympique.

Peut-être, bien sûr, mais si les Soviétiques voulaient donner une bonne impression à deux journalistes canadiens exacerbés par une semaine d'attente et épuisés par vingt heures de voyage, c'était drôlement réussi. Et la centaine de touristes qui ont franchi les douanes en même temps que nous avaient eux aussi le sourire facile.

Calepin de voyage…

Dans le vol d'Aéroflot d'hier, j'ai rencontré un ancien adversaire de Muhammad Ali, Henry Cooper, maintenant analyste des combats de boxe pour la BBC de Londres…Cooper disait qu'un homme se sent tout nu quand il n'a pas son visa, son passeport, sa carte d'accréditation, sa carte d'hôtel sur lui…Mais après la première heure, on n'y pense presque plus… Toujours sur le vol pour Moscou, nous avions discuté avec M. Carl Schwende, président de la Fédération canadienne d'escrime qui se rendait à Moscou participer à une réunion internationale d'escrime…

Nous avons eu la très nette impression que M.Schwende se sentait un peu beaucoup mal à l'aise de se faire payer le voyage, lui, à Moscou, pendant que les athlètes qui se sont entraînés pendant des années doivent encaisser chez eux les effets du boycottage : « Oh, nous ne restons que quatre ou cinq jours pour participer aux réunions. Nous voulons bien sûr appuyer le boycottage. D'ailleurs nous ne sommes que huit ou neuf officiels du Canada à Moscou. »

Bien sûr, seulement huit ou neuf, bien sûr, seulement quatre ou cinq jours, bien sûr, on connaît la chanson.

Un moyen de se faufiler

« Hockey... Tretiak... Clarke... Canada »

21 juillet 1980

MOSCOU – « Ah ! Canada... hockey... Esposito. » Et voilà une autre porte d'entrouverte. Lâchés tout fin seuls dans le système extraordinairement complexe mis en place par Moscou pour ces Jeux de la 22e olympiade, les huit journalistes canadiens isolés à Moscou peuvent toujours compter sur le hockey pour se dépanner.

Lâchés tout fin seuls puisqu'à peu près toutes les questions administratives ou d'accréditation pour les différentes épreuves doivent être réglées par les chefs de mission et les chefs de presse des différentes délégations nationales. Comme le Canada boycotte les Jeux de Moscou, il n'y a pas de chef de mission et pas de chef de presse. C'est l'évidence même. Mais pas de chef de presse, pas de siège réservé dans le stade ni de liaison avec le centre de presse principal.

Jusqu'à maintenant, j'agis comme chef de presse; c'est donc moi qui ai négocié l'obtention des huit tickets d'admission aux cérémonies d'ouverture. Et ma fonctionnaire soviétique a été bien embêtée quand il s'est agi d'obtenir une signature pour ces huit billets. Si l'Association olympique canadienne reçoit sous peu une grosse enveloppe signée Réjean Tremblay Canada, c'est nous autres. Mais nous devons une fière chandelle à Vladislav Tretiak. Aux douanes, c'est Jim Kernegham, du *Toronto Star*, qui a déclenché le bal en lâchant les noms de Tretiak, Mikailov et Kharlamov. Les visages se sont éclairés... ah oui, Canada, hockey, Bobby Orr...

Bien au courant

Et samedi, pendant que l'on faisait la queue pour compléter certaines formules d'accréditation, un jeune interprète soviétique est venu s'informer de notre pays d'origine; il avait reluqué l'épingle en feuille d'érable rouge que Kernegham portait au revers de son veston. Et dans un anglais toujours impeccable, Alexander a entrepris une longue discussion sur les mérites des Tretiak, Petrov, Esposito, Bobby Hull ou Gordie Howe. Et ne vous inquiétez pas, ils sont parfaitement au courant que les Soviétiques ont raflé la Coupe du Défi à New York il y a deux ans en lessivant la Ligue nationale 10-0 lors du dernier match.

Deux sur deux, c'est peut-être encore le hasard ; mais nous avons répété le coup au moins une dizaine de fois, avec des filles, des hommes, des femmes plus âgées et toujours, l'association des noms Tretiak, Bobby Clarke et Canada est magique. On oublie vite le boycott pour parler hockey. D'ailleurs, on passe même plus vite dans la file et on est servi plus rapidement à la table.

Mais le coup de grâce, je viens tout juste de le recevoir. Il s'appelle Nicolai, il a 19 ans et demi, précise-t-il, il parle français mieux qu'un speaker de Radio-Canada et il est de service au comptoir des renseignements de l'hôtel Rossia.

Je sais que ce n'est pas croyable, mais c'est comme ça que c'est passé (sic) et c'est pas de ma faute.

Quand je lui ai demandé le renseignement désiré, Nicolai a regardé ma petite carte de presse qui pend à mon cou et, avant même de répondre à ma question, il m'a demandé : « Est-ce que Mario Tremblay du Canadien est parent avec vous ? » J'ai tellement eu le souffle coupé que j'ai complètement oublié le renseignement que je voulais obtenir. D'ailleurs, j'ai dû consacrer au moins cinq bonnes minutes à lui raconter les péripéties de la dernière élimination du Canadien.

Bah, après tout, est-ce aussi surprenant ? À peu près tous les Montréalais, connaissent Guy Lafleur et Vladisfav Tretiak, alors pourquoi les Moscovites qui sont au moins aussi maniaques du hockey que les Québécois nous rendraient-ils pas la pareille ?

Déjà cinq médailles.

À 18 ans, Nadia est toujours la reine !

22 juillet 1980

MOSCOU – Je me souvenais d'une Nadia Comaneci maigrichonne, fillette ensorcelante, qui avait envoûté les Jeux olympiques de Montréal et le monde.

La superbe jeune femme qui a pris d'assaut le cœur des Moscovites hier au Stade Lénine n'a plus rien de la fillette de 1976... Sauf que, statuesque ou pas, bête de stade ou non, elle est encore capable de manipuler une foule et de récolter des notes parfaites de 10.

Plus grande de beaucoup que ses compagnes de Roumanie, mince, des seins volumineux pour une gymnaste, qu'elle projette vers l'avant à la fin de ses enchaînements, Nadia a attiré sur elle tous les regards des spectateurs. Les autres gymnastes bulgares et hongroises, qui s'exécutaient en même temps qu'elle, ont dû le faire dans l'indifférence générale. Le seul bruit que l'on entendait dans le stade Lénine était le ronronnement des déclics simultanés des caméras des quelque 150 photographes massés aux pieds de la championne olympique de Montréal.

Un confrère de Milan, en Italie, ne cessait de répéter en contemplant la Roumaine de 18 ans... « *Que bella, que bella !* » pendant que je sentais mes tripes se nouer à mesure que Comaneci dominait la poutre avec une assurance de reine.

J'espère que la télévision québécoise a pu montrer quelques moments de sa performance d'hier qui effaçait deux images de Nadia Comaneci gardées en mémoire : celle de l'enfant suprêment douée de Montréal et celle d'une adolescente de 16 ans, trop grasse, qui disait à la face du monde qu'elle en avait marre d'être un trésor national et qu'elle avait le goût de vivre ses fugues d'adolescente à son goût.

L'entrée en compétition de Comaneci était attendue avec impatience par journalistes et spectateurs qui remplissaient les gradins. Elle n'a pas déçu.

À son premier exercice aux barres asymétriques, Nadia a décroché un 9.95, la meilleure note dans cette ronde de compétition : figures imposées par équipe.

Puis, sur la poutre, l'engin qui lui permet le mieux d'être à la fois parfaite et souveraine, elle a enchaîné avec un 10, puis a poursuivi avec un 9.95 superbe au sol et terminé sa journée de compétition par un 9.95 bellement enlevé au cheval.

La foule, qui comprenait une bonne section de Roumains, a acclamé la gymnaste par de longs « Nadia... Nadia... » scandés avec ferveur.

Nous de l'autre bout du monde, nous étions un peu peinés que ce spectacle sublime ne soit pas télévisé chez nous. J'aurais surtout aimé que Gilles Marcotte, mon collègue de *La Presse* qui avait trouvé le néologisme « nadiesque » pour décrire Comaneci, puisse la voir une autre fois. Pour savoir quel adjectif il faudrait inventer cette fois !

Imbroglio total en gymnastique

Nadia vainc adversaires et juge !

26 juillet 1980

MOSCOU – Brave et belle Nadia. Les yeux encore marqués d'avoir trop pleuré la veille après avoir perdu son titre de championne olympique dans une pagaille totale, Nadia Comaneci est revenue rafler deux des quatre médailles d'or disputées hier soir à Moscou aux épreuves sur engins.

Et elle a non seulement vaincu d'excellentes adversaires soviétiques, mais aussi des juges qui par leur partialité trop évidente ont failli causer d'autres incidents disgracieux comme ceux de la veille.

Nataliya Shaposhnikova a d'abord mérité la médaille d'or au saut à cheval suivie par la petite Allemande de l'Est, Maxi Gunuck, qui battait nettement tout le monde aux barres asymétriques où Comaneci était exclue des finales après sa chute de la deuxième journée en compétition.

Comaneci s'attaquait à la poutre pour coiffer de justesse les deux jeunes Soviétiques Davidova et Shaposhnikova pour mériter sa premiére médaille d'or des présentes olympiques.

Restait l'exercice au sol où Cameneci, Gnouck, Shaposhnikova et Nelly Kim étaient sur un pied d'égalité après les exercices préliminaires.

Gnauck et Shaposhnikova n'épatent personne et recueillent quand même un 9.9. Arrive le tour de Comaneci qui offre une performance quasi parfaite en plus d'être très élevée sur le plan artistique. Comaneci retourne à sa place, la caméra suit son visage en gros plan, elle qui ne sourit jamais rit à belles dents, étreint son entraîneur, soupire de soulagement, s'étire et puis, laisse éclater sa joie, elle sait qu'elle a frôlé la perfection. L'attente s'éternise, un énervement gagne la foule, la note apparaît enfin après une dizaine de minutes : 9,9. La foule très partisane éclate de joie, éclate presque en sanglots, incrédule devant le score qu'on lui décerne.

Au tour de Nelly Kim qui fournit un bon exercice, exercice difficile cependant. Le score des juges apparaît presque tout de suite... 9,95. Médaille d'or donc Nelly Kim, URSS.

Et puis, plus personne ne sait. Les grands responsables de la Fédération de gymnastique se promènent sur le plancher, on prépare les drapeaux pour la remise des médailles et quelqu'un remarque soudain que le drapeau roumain flotte à égalité du drapeau soviétique. Quelqu'un dans le stade annonce quelques mots en russe, en russe seulement, la foule applaudit poliment et on retrouve Comaneci et Kim toutes les deux sur le podium, égales, médaille d'or toutes les deux accrochée au cou. Le tableau indicateur général affiche maintenant 9,95 pour la dernière présence de Comaneci.

Le bordel, ce n'est pas dans le stade qu'il a éclaté hier, mais lors de la conférence de presse qui a suivi. La présidente de la Fédération de gymnastique, Mme Berger, a tenté d'expliquer que l'ordinateur qui indique les pointages avait fait défaut, imprimant un 9,5 au lieu d'un 10 qu'aurait voulu décerner un des juges. Mme Berger, qui ne parle qu'allemand, a été bombardée de questions en français, en russe, en anglais, en espagnol et en roumain, essayant de couvrir de son mieux la partialité indécente des juges pendant toutes ces compétitions.

Toutes les gagnantes étaient invitées à la conférence de presse, mais Comaneci et la délégation roumaine ont préféré ne pas se montrer à la table d'honneur.

La veille, un des membres du clan roumain, M. Yon Macedon nous l'a raconté, Comaneci s'était laissée aller à pleurer fort longtemps en se retrouvant parmi les siens au village olympique; « Nadia était plus peinée que choquée; comme nous tous, elle savait bien qu'elle avait été notée trop sévèrement pendant toutes les compétitions; nous soutenons que la note des juges ne reflète pas la réalité. » Hier soir, c'était tellement flagrant au Palais des Sports du stade Lénine que quelqu'un de la fédération a finalement eu honte ou bien a craint un incident majeur; cependant, incident ou pas, partialité ou pas, Nadia entend poursuivre sa carrière.

Nadia doit passer ses examens d'admission à l'Institut d'éducation physique de Bucarest après les Jeux; elle veut devenir professeur de culture physique et transmettre aux plus jeunes ce qu'elle a appris; et qu'on ne s'inquiète pas, elle va continuer puisqu'elle tient absolument à participer aux deuxièmes jeux universitaires qui auront lieu chez elle, à Bucarest en 1981.

Selon Macedon, si les Roumains idolâtraient Comaneci après Montréal, c'est un amour profond qu'ils éprouvent maintenant pour leur diva. Sa transformation soudaine de petite fille à jeune femme, les problèmes d'adaptation qu'elle a connus, le combat acharné qu'elle a livré pour reprendre ses titres de noblesse l'ont rendue infiniment plus sensible, plus humaine, plus touchante : « Nous l'adorons, c'est une jeune femme merveilleuse, très sensible, même si elle sait cacher ses émotions; je pense que sa transition est terminée tant au point de vue physique, intellectuel qu'émotif; nous ne savons pas combien de temps elle sera une grande championne, mais nous sommes certains qu'elle sera une femme de grande valeur toute sa vie. »

Bon, avant que je ne tombe en amour, passons aux choses sérieuses dites olympiques : L'URSS triomphe donc en général en gymnastique; médaille d'or en équipé, titré olympique pour la surdouée Davidova, médaille d'or pour Nelly Kim, Nataliya Shaposhnikova... Mettons deux médailles d'or évidemment pour Comaneci et une pour la petite Allemande de l'Est Maxi Gnauck.

Dans le calepin – Puisqu'on n'aura plus l'occasion de parler gymnastique avant un bon bout de temps, je voudrais signaler l'extraordinaire sens du spectacle acquis par les gymnastes soviétiques ; elles sont belles, mignonnes et vivantes comme c'est pas possible. Sourires, courbettes, et grandes salutations à la foule sont de mise avant et après chaque exécution. Ça ne serait d'ailleurs pas mauvais que les Roumaines apprennent aussi à sourire de temps en temps.

On parle aussi le joual à Moscou

25 juillet 1980

MOSCOU – Certains Américains veulent expliquer les faits par des raisons politiques, des journalistes français soutiennent qu'il s'agit là de la continuation d'une véritable tradition à la fois historique et culturelle, chose certaine, le français est vraiment la deuxième langue des jeux de la vingt-deuxième olympiade.

Et les centaines (ils sont probablement des milliers) de Soviétiques qui s'adressent à nous en français ne baragouinent pas le quelconque franglais de certains anglophones du Québec, ils parlent un français pur, à l'accent impeccable. Tellement qu'au début je n'ai pas voulu croire qu'ils avaient pu apprendre le français avec une telle perfection sans passer plusieurs mois à Paris : « Non monsieur, ce sont nos professeurs à l'Institut des langues étrangères de Moscou qui nous donnent nos cours, et nous travaillons très fort à l'aide de magnétophones et de volumes », me racontait Daniel, un des responsables de la salle de presse à l'hôtel Rossia.

Des interprètes russes parlent un bien meilleur français que leurs camarades spécialisés en anglais ; ils soutiennent que les sons du français leur sont beaucoup plus faciles à maîtriser que ceux de l'anglais ou de l'allemand. Et ils sont terriblement fiers de leur compétence et rougissent quand le compliment vient d'un francophone d'Amérique qui doit sortir son petit accent pointu pour ne pas avoir à répéter la même question trois fois.

Ces jeunes filles et garçons ont pour la plupart consacré cinq ans à l'étude spécialisée des langues étrangères ; souvent, comme l'exige le système scolaire soviétique, ils avaient déjà acquis les rudiments de la langue pendant leurs études primaires et secondaires. Étude menée à la Soviétique, c'est-à-dire avec une application et un acharnement au travail qui ferait soupirer d'envie tous les professeurs d'Amérique.

Au gré des conversations, j'ai cru discerner deux sortes d'interprètes ; il y a ceux et celles qui ont suivi le cours régulier de l'Institut des langues étrangères et qui se destinent avant tout au professorat ou peut-être au travail d'interprète dans un poste quelconque de haut fonctionnaire. Et il y a les autres qui ont suivi un cours accéléré qui ferait faire une dépression à nos étudiants.

J'en parlais justement avec Andreï, un des interprètes au stade Lénine ; il est âgé de 24 ans et ne parlait à peu près pas le français il y a un an ; quand il a appris le COJO avait besoin d'interprètes supplémentaires en français, il a postulé pour l'emploi ; le clivage a été long et sévère, mais Andreï a eu sa chance ; en neuf mois et demi, affirme-t-il, il a appris à parler un français parfait, sans hésitation, avec la petite pointe de snobisme que nous, Québécois, reprochons aux Parisiens. C'est vraiment incroyable : « J'ai pris 39 heures de leçons par semaine en institut et j'ai ajouté au moins le même temps à la maison par des travaux personnels », m'expliquait-il avec une fierté toute légitime.

Et que feras-tu après les Jeux olympiques ?

« Après les jeux, j'espère être envoyé en Afrique pour "aider" les pays du tiers-monde ; je suis aussi ingénieur en machinerie lourde. »

Le lendemain, après que j'eus traduit en anglais pour deux confrères de New York ce que m'avait expliqué un interprète français, le mot Afrique est revenu dans la conversation.

« Avez-vous remarqué comment les rouges cajolent les Africains, a lancé un des deux Américains. Il y en a que pour eux. À leur arrivée dans le Village olympique, les athlètes d'Afrique ont été accueillis par des interprètes francophones, depuis ce [jour], on les gâte, on les honore, pas surprenant qu'il y ait tant d'interprètes français à leurs trousses, il y a une vingtaine de pays d'Afrique fraîchement indépendants qui parlent français... Et l'Afrique constitue le prochain morceau que l'URSS va essayer d'avaler... Ils ne font que labourer le terrain à Moscou pour les années à venir. Réalité ou charriage en régie de journalistes américains qui sont particulièrement féroces dans leurs propos sur l'URSS ?

Un peu des deux probablement ; mais reste que pour une fois, ça fait plaisir de pouvoir travailler à volonté en français et de voir peiner quelques Yankees habitués à recevoir le traitement royal partout où ils passent. C'est peut-être une satisfaction de petit québécois mal décolonisé, mais dans la chaleur suffocante qui assomme Moscou depuis deux jours, je prends mes joies où je peux.

P.S. J'avais fini d'écrire cet article quand je suis allé boire une bière au pupitre des interprètes...On a parlé de leurs cours, on a parlé aussi du Québec... Faut vous dire qu'avant de quitter Montréal, on blaguait au journal sur la possibilité d'envoyer certains textes en joual pour exciter certaines oreilles indiscrètes qu'on connaît bien...Aussi bien oublier le truc, un des interprètes, Natacha, expliquait pour ses collègues interprètes et un journaliste algérien d'une boîte communiste: « Au Québec, ils ont un accent particulier très difficile à saisir au début... cela demande beaucoup de travail en classe, ils vont dire ch'taime ou chu capable moé, tous « ins » ou « ouins » sont assourdis, presque escamotés... C'est très différent, vraiment très différent...

Qu'est-ce que vous auriez fait à ma place? restait rien qu'une chose, chu t'allé me coucher!

Dans un café « in »...

29 juillet 1980

MOSCOU – C'est un vieux blues de Percy Sledge qui fait vibrer l'épaisse fumée des cigarettes russes dans ce café de la rue Gorki.

« *When a man loves a woman* » chiale le gros Percy pendant que je fouille du regard les tables encombrées de verres. Mon guide pour la soirée, un des interprètes sur les sites de compétition, a vite repéré ses copains. Nous sommes dans un des cafés « in » de Moscou, un café à saveur rue Saint-Denis adapté à la rue Gorki, de l'autre côté de la grosse boule.

Une chanteuse russe a remplacé le gros Percy; c'est la chanteuse la plus populaire actuellement à Moscou et ça s'entend puisque le disque est horriblement égratigné. Mais quelle voix, mon Dieu, quelle voix.

Il y a Sergeï, Olga, son amie, Boris est mon guide pour la soirée. Ils sont tous âgés entre 21 et 25 ans, ont terminé leurs études, à l'exception de Boris qui espère devenir interprète professionnel, et se lamentent de végéter dans des jobs de merde.

Mon guide a hésité longuement avant de m'amener dans ce café; paraît qu'il a mauvaise réputation, qu'il s'y dit des choses pas trop orthodoxes sur le régime. Moi, je n'ai rien entendu de tel évidemment.

Ce qui l'a finalement convaincu, c'est Sergeï, un fanatique de la musique pop occidentale. Il mourait d'envie de jaser musique, de parler concert rock, de savoir ce qu'était exactement ce « new wave » dont il avait dû entendre parler par des copains dont les pères, hauts fonctionnaires, avaient accès aux journaux américains.

Tels les Beatles...Surtout les Beatles.

C'est là que Sergeï m'a raconté son extraordinaire histoire que son amie Olga, qui parle couramment le français, a complétée quand Sergeï butait trop sur certains mots. Il y a sept ou huit ans, Sergeï a réussi à mettre la main sur l'album double des Beatles, vous savez celui avec la pochette toute blanche. Et comble de bonheur, à l'intérieur, il a trouvé toutes les paroles des chansons. Avec une véritable frénésie, un acharnement incroyable, il s'est mis à apprendre l'anglais en écoutant son trésor; il a retrouvé quelques livres d'enseignement de l'anglais, a écouté et réécouté les chansons, d'abord, me racontait-il, les plus lentes, *Julia, I will*, puis les plus rocks pour finir par *Birthday*.

On a parlé longtemps des Beatles, on a parlé du dernier McCartney que la critique occidentale démolit, de John Lennon qui était venu faire un sit-in à Montréal.

Et je me suis même permis de lui faire découvrir un sens tout nouveau à certaines chansons des Beatles…

« *Happiness is a warm gun that you hold in your hand* » ça n'a rien à voir avec un pistolet, mon cher Sergeï ; un pistolet bien chaud dans ta main, c'est, je ne sais pas le mot en russe, mais c'est pas un revolver, tu comprends ? Olga, elle avait déjà compris…

Puis sans que je sache comment on est arrivé sur le sujet, on a parlé de New York, on a parlé de Montréal, de ma maison…Mais surtout de New York.

J'ai raconté un peu ce qu'était New York, ce qu'était Broadway, ce qu'était la 42e, ce qu'étaient les flics de New York, ce qu'était le métro infecté de personnages inquiétants de tout acabit, comment s'opérait la vente de coke, de hash ou d'héroïne au coin de certaines rues le soir, comment, au très chic hôtel Waldorf Astoria, les prostituées avaient tellement de classe que parfois on les confondait avec certaines épouses d'hommes d'affaires résidant à l'hôtel (à moins que ce soit ces épouses qui aient l'allure des autres), je lui ai dit que New York, c'était une vitrine de l'Amérique, qu'on y trouvait le meilleur et le pire. Autour de la table, ils ne m'ont pas compris, ou plutôt ils ne pouvaient pas comprendre que je vienne confirmer ce qu'avait dénoncé depuis des années la presse officielle soviétique. Je n'ai pas su répondre tout de suite. Comment expliquer que oui, le système permet des choses horribles, mais qu'il a aussi un pouvoir de régénération et de récupération très grand et que, de toute façon, il permet toujours à l'individu d'accepter ou de combattre ses résultats. Et je me suis aperçu que je ne disais que des phrases vides bourrées de grands mots.

Ce n'est pas de grands mots qu'il faut employer ; c'est tout juste raconter que mon journal a décidé de m'envoyer à Moscou, malgré le boycott du gouvernement canadien, raconter comment il existe un parti communiste canadien, des groupes marxistes-léninistes, raconter qu'ils peuvent distribuer leurs journaux, qu'ils ont accès à la télévision d'État, qu'ils ont probablement entraîné bien des changements importants dans la condition des travailleurs, raconter comment je pouvais aller aux États-Unis, en Europe, au Mexique, à volonté, sans visa, sans même un passeport le plus souvent…En autant bien sûr que j'aie l'argent.

Et encore là, si on ne se méfie pas, le ton devient vite prétentieux…Du genre, nous autres, on est généreux, on laisse vivre en paix les communistes…Et vous le savez bien, tout est infiniment plus complexe que ça, infiniment moins limpide.

Il y a eu un silence trop long et enfin Olga a demandé : « Est-ce que Jacques Brel est très populaire au Canada ? C'est mon favori. »

Jacques Brel, bien sûr, Jacques Brel, tu connais *Quand on a que l'amour* et *Ne me quitte pas.*

Olga connaît et elle connaît aussi Led Zeppelin, les Rolling Stones, Pink Floyd ; d'ailleurs, les Soviétiques ne peuvent jamais voir ces groupes rock à la télévision, mais ils peuvent quand même assister à certains concerts de groupes locaux. Ils recréent l'atmosphère, l'ambiance et la musique des meilleurs groupes rock occidentaux. Sergeï, qui semble encore digérer ce que je racontais à propos de New York, revient à la charge :

– Et à New York, il y a de la bonne musique ?

– Ah çà oui, il a probablement mille petites boîtes qui chaque soir offrent du jazz, du blues, du rock, du disco, à New York, tu peux te gaver de musique 24 heures par jour.

Il a souri, a dit quelques mots en russe à Olga et a commandé une bouteille de vodka pour la tablée.

J'ai eu l'impression que l'honneur de New York était sauf.

Que sont devenus les Nègres ?

12 août 1984

LOS ANGELES – Mais qu'arrive-t-il donc aux petits frères de Tommy Smith et John Carlos, les deux médaillés de Mexico qui avaient levé le poing ganté de noir pour marquer l'existence du « Black Power » ?

La scène de ces deux grands champions noirs tournant le dos à tout ce qu'était l'Amérique blanche et tranquille de 1968 avait profondément secoué l'inconscient collectif des Américains.

Au point que le bon gros George Foreman était devenu le héros populaire des Jeux de Mexico parce qu'il avait brandi bien timidement un petit drapeau des États-Unis au moment de recevoir sa médaille d'or.

Que s'est-il donc passé au cours des 16 dernières années pour que le changement soit aussi radical? Pour que les meilleurs athlètes noirs, tous sans exception, roulent des larmes d'émotion quand ils entendent l'hymne national américain, pour qu'ils se fassent un devoir de se balader avec le plus grand drapeau qu'ils puissent dénicher dans le stade ?

Que s'est-il donc passé depuis 1968 ? Ce sont ces mêmes Blancs qui menaçaient d'assassiner Muhammad Ali s'il osait affronter Jerry Quarry à Atlanta après avoir obtenu l'autorisation d'une cour fédérale qui l'ont accueilli frénétiquement hier après-midi au Sports Arena lors de la présentation des finales de boxe.

Comment donc l'Amérique du Viêt-Nam et du Watergate a-t-elle pu changer à ce point ? Comment en arrive-t-on à voir de grands panneaux-réclames de Kodak avec Edwin Moses en vedette pour vendre des films et des caméras ? À voir le visage de Carl Lewis un peu partout sur les posters qu'on distribue aux jeunes ?

Où sont passés les gants noirs ?

Comment passe-t-on de Tommy Smith et John Carlos, gantés sur le podium, à Carl Lewis qui respecte à la perfection le beau show que tout bon Américain qui gagne une médaille doit donner ?

Trouver un drapeau, filer vers le gars d'ABC le plus proche, remercier Dieu aide également à rassurer tout le monde et ensuite, s'il reste quelque chose à dire, rencontrer les journalistes et leur parler en bien des entraîneurs, de l'organisation des Jeux et surtout, de l'aide fournie par les États-Unis d'Amérique.

Le spectacle des athlètes Noirs soulevant la fierté de tout un pays assis devant sa télévision a quelque chose de renversant. C'est vrai en athlétisme, c'est vrai au basketball, c'est vrai à la boxe. Depuis une semaine surtout, les héros américains sont noirs. Et contrairement à un passé très récent, ils sont des héros heureux et satisfaits, souriant de toutes leurs dents. Quel contraste avec un Cassius Clay allant jeter sa médaille d'or du pont d'une petite rivière à Louisville.

Il fut un temps où on criait « *Black is beautiful* », maintenant, c'est devenu « *Black is beautiful... for everyone* ».

Sans doute que les efforts du gouvernement fédéral pour améliorer le sort de ses minorités rapportent finalement des dividendes.

Les secteurs où les institutions publiques et les fournisseurs gouvernementaux doivent respecter certains quotas sont nombreux. Les chances des Noirs de décrocher des jobs intéressants sont meilleures, les statistiques le prouvent.

L'éducation est également beaucoup plus accessible aux minorités noires et latines du pays. Et l'éducation possède un énorme pouvoir d'intégration. Carl Lewis a commencé sa carrière en athlétisme à l'Université de Houston. Il y a 20 ans, pas un Noir ne fréquentait cette université. Calvin Smith est allé à l'Université d'Alabama. Hershel Walker à l'Université de la Georgie, toutes des universités implantées dans des milieux ségrégationnistes. Une fois qu'on a un diplôme ou un col blanc autour du cou, on prend vite l'habitude de fréquenter d'autres cols blancs. C'est vrai partout.

Fini les Oncle Tom ?

De plus, les grandes vedettes du sport professionnel ont cessé de jouer les Oncle Tom depuis l'émergence du Black Power.

Les grandes vedettes noires des années 40 et 50 devaient obligatoirement être douces et gentilles. Qu'on pense à Joe Louis. Jackie Robinson. Don Newcombe. Des géants comme Muhammad Ali, Lew Alcindor devenu Karem Abdul Jabbar et Reggie Jackson ont implanté une image totalement différente confinant souvent à l'arrogance. George Steinbrenner a eu le malheur d'employer le mot « boy » une fois en parlant de Reggie Jackson et il a failli avaler son dentier. Cette nouvelle race d'hommes fiers a d'abord provoqué la peur, puis le respect. Et la crainte est le début de la sagesse et de la prise de conscience. Il a fallu que Harlem à New York, Watts à Los Angeles et le South Side à Chicago chauffent à blanc pour qu'on réalise que quelque chose changeait dans les ghettos.

Ça ne veut pas dire qu'il n'y a pas de discrimination aux États-Unis, ça ne veut pas dire que les ghettos sont vraiment mieux qu'ils ne l'étaient. Mais ca veut dire à tout le moins que l'élite noire américaine a été bien servie, bien entraînée, bien récupérée.

Et qu'elle contribue grandement depuis deux semaines à ce formidable bain de patriotisme et de chauvinisme que sont en train de se payer les Américains pendant ces Jeux de Los Angeles.

Gaétan Boucher réussit l'impossible à Sarajevo.

Après les 1 000 mètres, il rafle une autre médaille d'or aux 1 500 mètres.

17 février 1984

SARAJEVO – « J'avais gagné la première médaille d'or pour mon père; j'ai gagné celle-ci pour moi et ma famille », a déclaré hier Gaétan Boucher après avoir remporté une deuxième médaille d'or aux Jeux olympiques de Sarajevo, hier matin, à l'anneau de vitesse de Zetra.

Gaétan Boucher, de Saint-hubert, est devenu l'athlète canadien le plus médaillé de l'histoire des Jeux olympiques d'hiver en remportant l'épreuve des 1 500 mètres. Il a devancé son grand rival, le Soviétique Serguey Khlebnikov, par 47 centièmes de seconde, complétant l'épreuve à une vitesse moyenne de 45,6 kilomètres/heure par une avance de près de 20 pieds sur le médaillé d'argent.

C'est la troisième médaille remportée par Boucher puisqu'il avait facilement raflé l'or aux 1 000 mètres et le bronze aux 500 mètres, vendredi dernier. Avec la médaille d'argent méritée derrière le légendaire Eric (Helden) à Lake Placid, en 1980, il devient un des grands héros du sport au Canada.

« Cette fois, j'ai terriblement souffert », a admis Boucher après sa victoire qui a jeté la frénésie chez les Canadiens regroupés à l'anneau de vitesse de Zetra : « Les 300 derniers mètres ont été épouvantables. Il n'y avait plus de technique possible. J'ai gagné au cœur et à la motivation. En me convainquant de pousser toujours plus, malgré la douleur qui me paralysait les cuisses et les jambes. Je ne cessais de me répéter d'y aller, de continuer, parce que je sentais fondre l'avance accumulée pendant la première moitié de la course », a expliqué Boucher devant la presse internationale.

Le champion olympique est parti très fort. Il a eu la chance, au tirage au sort, de faire partie de la huitième paire de patineurs. Ses plus sérieux rivaux, les Soviétiques Khlebnikov et le médaillé de bronze Oleg Boglev patinaient avant lui. Gaétan savait donc quel temps il devait battre pour mériter l'or. De plus, à cause de la neige qui tombait, on s'est contenté de balayer la surface à l'arrêt prévu après la septième paire de patineurs. Boucher a d'abord commis un faux départ, puis s'est lancé à la poursuite de l'or olympique.

Ce fut dur. Et comme la plupart de ses partisans, il n'a pas réalisé tout de suite qu'il avait gagné la course. Il fallait d'abord lire le temps affiché au tableau électronique. Puis, quand les initiales CAN et son temps sont apparus, tout au sommet du tableau, il a senti une profonde joie anesthésier la douleur qui lui barrait les cuisses : « Le rêve était devenu réalité », a-t-il dit après.

Boucher est à peine conscient de l'incroyable explosion de joie et de fierté qu'il a suscitée au Canada, chez les siens. Il s'en doute, mais pas plus. Mercredi, après sa médaille d'or aux 1 000 mètres, il a reçu une quarantaine de télégrammes dont un du premier ministre du Québec, M. René Lévesque. Et hier matin, avant la course, on lui disait que le premier ministre du pays, M. Pierre Trudeau lui souhaitait bonne chance et le félicitait.

Le nouveau héros n'a pas l'intention de revenir tout de suite au pays pour savourer son heure de gloire : « Je participe à des courses de championnat du monde à Goteberg (Suède) le week-end prochain, puis aux Championnats mondiaux de sprint, à Trondheim (Norvège) les 3 et 4 mars. Je devrais rentrer au Canada vers les 11 ou 12 mars. Sûr que je m'attends à un accueil chaleureux et à quelques réceptions. Pourquoi pas, après tout. Mais j'aime mieux les félicitations que les grosses célébrations. »

Et de fait, les célébrations n'ont pas été très folles, hier, à Sarajevo. Il y a eu la gorgée de champagne, offert par Radio Canada, qu'a partagé l'animateur Gérard Potvin, de nombreuses entrevues avec la presse internationale et, hier soir, une réception offerte par Marcel Aubut, des Nordiques de Québec, à toute l'équipe canadienne de patinage de vitesse.

« Je veux maintenant aller gagner les Championnats du monde. Ça fait trois fols que je termine deuxième, je veux donner un autre coup », a-t-il conclu.

Dieu créa les attachés de presse de l'AOC et il se mit à rigoler…

2 août 1984

LOS ANGELES – Dieu, qui dans ce temps-là s'appelait Zeus, créa le mont Olympe.

Puis, de bonne humeur, Il créa les Jeux olympiques.

Encore de bonne humeur, Il créa les athlètes. Il les fit jeunes, beaux, forts, rapides, souvent même, Il les fit gentils et polis. Du même coup, pour balancer un peu Sa création, Il créa les journalistes. Il les fit vieux, pas très beaux (sauf s'ils travaillent à Radio Canada) trop gros, souvent méchants et fort impolis. Ensuite Dieu sentit son vieux rhumatisme Lui coincer le nerf sciatique et, en grinchant, Il créa les coachs nationaux. Il les créa protecteurs, paranoïaques en temps de compétitions internationales, despotes et, surtout, méfiants à l'égard des journalistes.

Dieu, décidément de très mauvaise humeur après tant d'efforts, décida de foutre le bordel dans ce qu'il venait d'organiser. Il créa les attachés de presse de l'association olympique canadienne, les habilla de shorts rouges et de tee-shirts blancs, leur confia des walkie-talkie pour qu'ils puissent s'amuser en faisant semblant de travailler et les lâcha lousses aux Jeux olympiques.

Puis Dieu en ayant retrouvé sa bonne humeur, s'amusa beaucoup à regarder s'agiter tout ce beau monde…

Vous l'avez deviné, c'est pas facile. Pas facile sur place en Californie, pas facile à Montréal pour les gars du pupitre qui doivent faire des prodiges quand un déluge de dépêches rentrent au journal en fin de soirée. Pas facile surtout parce que les Jeux olympiques, c'est la grande revanche des coachs et des attachés de presse de l'Association olympique canadienne.

Si au moins Linda Thom et Alex Baumann n'avaient pas gagné ces médailles d'or, j'aurais pu m'en tirer. M'en tenir au plan de travail que j'avais préparé. Rencontrer des athlètes québécois et canadiens, raconter la vie de ces Jeux, trouver des petites histoires drôles.

Et surtout, battre les heures de tombée dangereusement compromises par le décalage horaire de trois heures entre la Californie et Montréal.

Perdu sur les highways en rêvant à Chibougamau.

Mais y a rien qui fonctionne comme prévu. Parce que ça va trop bien pour les athlètes canadiens. Tant que le Canada ne fut qu'un agréable figurant sur la scène olympique et que notre fougueux représentant était le père Sablon, on pouvait se permettre d'être plus dilettante.

Mais quand Linda Thom et Alex Baumann récoltent deux médailles d'or en deux jours et que Baumann et Victor Davis se préparent à récidiver d'ici la fin de la semaine, que De Wit et O'Sullivan pourraient rafler l'or aussi à la boxe, faut bien être là.

Remarquez que vous suivez ces Jeux bien mieux que moi à la télévision. En un clin d'œil, les caméras vous transportent de Passadena à Long Beach, alors que ça me prend une heure pour passer de la salle de presse du Forum à Inglewood à celle du Sports Arena dans le centre-ville de Los Angeles.

Mais vous ne pouvez être sur place, à la piscine, dans la tente de presse, quand l'athlète brise le record mondial et remporte la médaille d'or. Et le meilleur caméraman au monde ne peut vous faire ressentir l'immense décharge d'énergie et d'émotion qui remplit alors le stade ou qui circule autour de la piscine. Dans ces temps-là, j'essaie de « faire l'éponge », de me laisser imbiber par les émotions, les gestes perdus, les sourires, les gestes perdus, les sourires, les étreintes, les déceptions mal camouflées.

Et ce sont ces moments où la joie ou la peine transfigurent ces hommes et ces femmes qu'il faut essayer de vous faire partager en écrivant des textes à une vitesse folle en essayant de battre les heures de tombée. En priant aussi pour que quelqu'un à l'autre bout de la ligne corrige les erreurs commises dans la hâte.

Perdu sur le Harbor Freeway, entre le Forum et l'Arena, je songe à Chibougamau, à la demande d'entrevue que j'ai dûment remplie il y a trois jours, aux coups de téléphone de bêtises que j'ai donnés le matin pour tenter d'accélérer la procédure et à tous ces personnages qui grenouillent dans le sillage des athlètes pendant ces Jeux olympiques.

Pourquoi je songe à Chibougamau ? Parce que j'y suis allé à plusieurs reprises. Que c'est allé à plusieurs reprises. Que c'est à mi-chemin du bout du monde entre le lac Saint-Jean et l'Abitibi, dans un pays d'épinettes noires, de lacs et de mines, et que Chibougamau fournit cinq entraîneur et athlètes à ces Jeux de Los Angeles. Je parle d'Henri Sassine du club Scaramouche, entraîneur national de l'équipe masculine de sabre et directeur du département d'éducation physique à la commission scolaire de Chibougamau.

Y a-t-il quelqu'un qui va me faire accroire que M.Sassine ne serait pas enchanté de parler de son club, de sa petite ville perdue dans le nord au bout d'une route obtenue par des manifestations et un blocus spectaculaire ? Qu'il n'aurait pas une petite demi-heure pour raconter cette formidable expérience de se retrouver cinq Chibougamois à Los Angeles ?

Trois jours que j'essaie de le rejoindre. Et si M. Sassine ne m'a pas rejoint, c'est très simple. C'est que personne chez les attachés de presse en shorts rouges n'a pris la peine d'aller lui parler personnellement. Mme Sassine, si vous téléphonez à votre mari ce soir, pourriez-vous lui dire que j'essaie désespérément de lui parler ?

Il y a quelque chose de pourri dans le système. Les apôtres du sport amateur se lamentent toujours qu'on ne parle pas assez de leurs athlètes. Peut-être, mais encore faudrait-il que les relationnistes-fonctionnaires de l'AOC fassent leur travail et cessent de trembler de peur devant les coachs. Claude Mouton serait perçu comme un grand maître de l'efficacité dans cette patente de broche-à-foin, c'est vous dire.

Vous êtes là, lecteurs, prêts enfin à découvrir ces athlètes qui consacrent une partie de leur vie pour atteindre un idéal. Pour une fois que vous êtes intéressés par le sport amateur, avant de vous retrouver plongés dans la Coupe Canada et les histoires abracadabrantes du Canadien et des Nordiques, des Expos et des Concordes, on ne peut pas approcher les athlètes pour vous en parler, vous les faire connaître.

Je suis ici à Los Angeles à courailler d'un freeway à l'autre et je me sens en beau maudit tellement je trouve la situation triste et ridicule.

Dans le calepin – À part ça, tout va bien. Les Jeux sont merveilleusement organisés, le monde est beau, je vais finir par avoir Sassine si je pousse assez fort et le soleil était extraordinaire ce matin à Malibu Beach au water-polo.

Pauvre gars...

27 septembre 1988

Sa face. La face la plus connue au monde. Pas moyen de la cacher où qu'il aille. Et c'est ça qui est terrible pour Ben Johnson.

Un type qui fait un mauvais coup dans son village peut toujours s'en aller à une couple de cent milles, dans un autre village. Et à moins d'une malchance, il peut refaire sa vie.

Mais quand sa face est connue et célébrée dans tout le village global, dans le monde entier, que ce soit l'Asie ou l'Amérique, où est-ce qu'il peut se cacher pour se faire oublier ?

Faire oublier quoi ? Qu'il a pris des stéroïdes anabolisants pour bâtir ce body unique dans le sprint ? À peu près tous les athlètes se doutaient bien que Big Ben « s'était aidé » un peu. Qu'on se souvienne de ce que Jacques Demers, l'haltérophile de Saint-Hubert, avançait ici même dans nos pages il y a dix jours. Demers, sans aucune gêne, a déclaré qu'il était convaincu que Johnson consommait des stéroïdes pour favoriser son entraînement et atteindre de meilleures performances.

La question que, personnellement, je me posais, c'était de savoir si Johnson pouvait se faire pincer ou non par la commission de contrôle. J'ai ma réponse, il s'est fait pincer.

J'écoutais à la télévision toutes ces faces de mi-carême qui se confondaient en excuses auprès du peuple canadien. C'est de la merde. Ce sont les mêmes technocrates qui ont des exigences tellement énormes que certains athlètes sont obligés de s'aider artificiellement pour atteindre ces standards.

Ben Johnson n'a pas commis de crime. Il a triché. Il était un héros mais, puisqu'il s'est fait prendre, il devient le pire paria de l'histoire du sport au pays.

C'est pas beau de tricher. C'est vilain. Je suis d'accord. Les millions, c'est à Carl Lewis qu'ils doivent revenir puisque lui ne s'est pas fait pincer. Je suis d'accord.

Je suis d'accord avec tout ça. Mais une fois que tout le beau monde aura bien braillé, j'espère que quelques-uns se pencheront sur Big Ben.

Il était en train d'atteindre dans la gloire, le statut de Muhammad Ali. Jusqu'où va aller sa déchéance ? En combien de morceaux va-t-on le déchiqueter ?

Moi, j'essaie juste de me mettre dans la peau noire de Ben Johnson. Je me dis que la douleur doit être atroce. C'est une chute interminable qui ne s'arrêtera plus maintenant. Quel homme aurait la force d'absorber le choc sans y perdre l'esprit ?

Johnson paie pour toute la joie et la fierté qu'il a données à tout un pays. Il doit payer pour la déception et la petite rougeur de honte que chaque Canadien affiche ce matin.

Il avait offert sa médaille au pays et à sa mère. Qu'est-ce que Petit Ben pourra dire à sa mère ce matin ?

« Je voulais trop gagner... »

Pauvre gars. À toutes les fois qu'on applaudit trop un dieu du stade, on devrait rester conscient qu'il y a toujours un abîme à côté du sommet de la montagne.

Mon idée sur les stéroïdes est faite depuis plusieurs mois déjà. Ça devrait être légalisé et administré sous surveillance médicale.

Selon les règlements actuels, Johnson a triché. Comme athlète, comme personnage public, il doit payer.

Mais pas question pour moi de cracher sur l'homme.

Lillehammer 1994

Myriam, une vraie bombe ! La double médaillée d'or entre dans la légende du biathlon

24 février 1994

LILLEHAMMER – « T'es pleine de surprises, ma cocotte ! » a glissé le beau gars dans l'oreille de Myriam Bédard en la serrant contre lui. À bout de souffle, la double médaillée d'or des Jeux de Lillehammer a levé les yeux et a souri.

Enfin, après des semaines sans la voir, des jours et des jours sans pouvoir lui parler, son amoureux, Jean Paquet, était au stade de Birkebeineren pour célébrer sa plus belle victoire : sa médaille d'or au 7,5 kilomètres, arrachée à grands coups de cœur et d'âme par une seconde et un dixième devant Svetlana Paramygina !

« Celle-là, je l'ai gagnée pour toi, mon chéri », qu'elle lui a chuchoté.

Romantique ? Sentimental ? Quétaine ? Pis après ! Pendant ces secondes d'amour et de douce euphorie, tout le Québec, tout le Canada, toute la francophonie avait les yeux de Jean Paquet pour la belle Myriam !

Un autre bec ?

Ensuite, ce fut la tempête médiatique. Les télés canadienne, américaine, québécoise, suédoise, française, avant que Myriam puisse se libérer pour venir trouver les journalistes qui l'attendaient à la sortie du stade.

« Voulez-vous un autre bec ? » a-t-elle lancé en arrivant, joyeuse, souriante, heureuse. « Meuh ! ! ! » ont répondu les journalistes en tendant des joues givrées par le froid.

Et ce fut la fête. Rien à voir avec ce que j'ai connu dans le passé. Les journalistes, ces vieux cyniques qui ont tout vu et tout connu, sont tombés sous le charme de cette fille. Même qu'à un moment donné Bernard Brault, le photographe de *La Presse*, s'est fait photographier avec la championne.

« La première médaille, je m'étais préparée à la gagner. La deuxième, c'est un bonus, un cadeau. La première médaille, j'avais eu le temps de la savourer avant la fin de la course. Avec cinquante secondes d'avance, je savais en entrant dans le stade que j'étais gagnante. Je pouvais entendre les gens, prendre une seconde pour regarder le spectacle. Cette fois, je devais foncer à fond de train, tenter de sauver une seconde pour décrocher au moins une médaille. Je n'ai rien vu, rien entendu », a-t-elle raconté.

Le biathlon est un sport meurtrier. Pas à cause des carabines, mais à cause de l'obligation de skier à fond, de récupérer en quelques secondes pour baisser (sic) son rythme cardiaque avant de tirer, à cause de l'effort exigé par la course et du froid que les skieurs doivent endurer.

Dans le 15 kilomètres, c'est au tir que Myriam a démoli la compétition. Hier, c'est (sic) sur les pistes.

Après avoir touché les cinq cibles à son premier passage, Myriam a raté deux cibles au deuxième passage. Au 7,5 kilomètres, on impose un tour de pénalité de 150 mètres à l'athlète. Myriam devait donc aller se taper 300 mètres supplémentaires avant de reprendre la piste pour le dernier 2,5 kilomètres. Une pénalité d'environ 40 secondes. En sortant du parcours de pénalité, elle avait un retard de 16 secondes. Une éternité à reprendre à ce niveau.

Et pourtant... « Je gelais. Depuis le début de la course, je gelais quand la piste s'enfonçait dans la forêt. Et le temps passé à tirer ne suffisait pas à me réchauffer. Quand j'ai raté les deux cibles, j'étais convaincue que j'avais perdu, que ce n'était plus possible d'aller chercher un podium », racontait-elle après sa victoire.

Et que s'est-il passé?

« J'ai raté ces deux balles parce que je ne voulais pas assez gagner. Je manquais de force de caractère.

« Quand on veut gagner, on tire seulement quand on est certaine de toucher le cœur de la cible », dit-elle.

Le moral atteint, elle s'est dirigée vers le parcours de pénalité. En plein soleil. Et c'est là qu'elle a gagné : « Les deux tours de pénalité, je les ai faits sous le soleil. Ça m'a réchauffée. Quand j'ai repris la piste, j'étais bien, j'avais de l'énergie. Je suis partie comme une bombe. »

Une bombe. Du coin réservé à la presse, on l'a vue descendre vers la forêt d'un coup de ski ample et puissant. Avant la mi-piste, on lui a signalé qu'elle avait repris dix secondes de son retard. Cette fois, elle a encore serré davantage les dents et s'est lancée avec une énergie folle à la poursuite de Paramygina, partie tout juste devant elle avec le dossard 55.

Elle a grimpé la côte qui donne accès au stade en rognant les dixièmes de seconde sur Paramygina, qui souffrait devant elle. Puis, sur le plat, pendant que la foule, bouleversée, scandait des encouragements, elle s'est déchaînée vers la ligne d'arrivée qu'elle franchissait en 26 minutes, 8 secondes et huit dixièmes, une seconde et un dixième de moins que sa rivale biélorusse. Le bronze allait à l'Ukrainienne Valentina Tserbe, un dixième de seconde derrière Paramygina.

« Avant la course, je me demandais si j'aurais le courage de revivre tout ce qui suit une médaille d'or. Ne pas manger avant 11 h le soir, donner des entrevues, mal dormir. Mais faut croire que ça valait la peine. Une course, c'est dans la tête que ça se gagne. Une deuxième médaille d'or, c'est au-delà de mes espérances », a ajouté Myriam pendant que sa mère, son père et son chum l'entouraient.

La vie de Myriam Bédard et de Jean Paquet va être complètement bouleversée. Une médaille d'or, c'est déjà énorme. Deux médailles d'or, après la controverse dégueulasse montée par Ken Karpoff et CTV, ça devient un monstre à apprivoiser. Le couple n'a pas encore de répondeur dans sa résidence de Loretteville : « J'étais déjà le chum de Myriam Bédard, je vais devenir M. Bédard », a lancé Paquet en souriant.

Le jeune homme de 29 ans a la tête solide et un bon sens de l'humour. Ça va l'aider à affronter avec sa compagne les mois à venir : « Je suis déjà célèbre. Un gars dont le rival est le prince Albert de Monaco doit se compter privilégié », a-t-il ajouté, en faisant allusion à l'article de *La Presse*. N'empêche qu'à son arrivée à Lillehammer, Paquet s'est rendu à la délégation de Monaco. Au cas où le prince Albert aurait été dans les parages.

Même si la jeune femme a dit qu'elle savait un peu à quoi s'attendre avec les médias et le public depuis sa médaille de bronze gagnée à Albertville, elle sous-estime sans doute l'impact de ses deux médailles d'or. Les journalistes québécois ont dû donner des informations et des renseignements à au moins une trentaine de journalistes européens. Sans parler de nos confrères « canadiens » dont on a fait l'éducation depuis quelques jours.

Myriam Bédard, l'athlète, entend se reposer au cours de la prochaine année. Question de récupérer avant de reprendre la compétition en vue des Jeux olympiques de Nagano, au Japon, en 1998.

Myriam Bédard, la femme, elle, espère avoir un bébé entre les Jeux de Lillehammer et de Nagano. C'est ce qu'elle a dit en conférence de presse.

« Ouais, faudrait que je lui en parle », a noté Jean Paquet en hochant la tête.

Ce que Myriam veut…

En Amérique libre

11 février 2002

Samedi soir. Un peu avant 10 h. La journée avait été dure. Une maudite en fait. La première vraie journée des Jeux de Salt Lake City et déjà je rêvais au doux moment où je sacrerais le camp de ce goulag.

Je sais, c'est plein de lecteurs qui paieraient cher pour être aux Jeux et pour partager ce qui devrait être la fête olympique. Je sais, et c'est pourquoi, à moins que le presto ne saute pour de bon, je ne parlerai plus de la paranoïa des Américains. Je vais faire comme les autres journalistes qui maugréent et qui endurent, je vais fermer les yeux et croire que c'est normal d'être fouillé, d'être déculotté, de faire tripoter son portable et son ordinateur, de se faire laver le cerveau d'ordres débiles, de voir passer dix ou vingt soldats, dix ou vingt policiers, cinq ou six pompiers et une douzaine d'agents en mangeant une salade dans le Centre de presse.

Samedi soir, donc, je sortais du Delta Center avec François Gagnon, du *Soleil.* On venait de se taper une solide journée de boulot, David Pelletier et Jamie Salé étaient deuxièmes, la Slovaquie avait perdu, on pouvait entrer au Centre de presse pour un ultime contrôle avant d'aller se coucher.

On nous avait indiqué un raccourci entre le Delta et le Centre de presse. Gagnon a voulu s'informer auprès d'une couple de policiers pendant que je m'essayais avec des soldats. Personne n'était au courant. Finalement, c'est avec un grand gaillard habillé en jaune serin, la couleur officielle de la police, qu'on a tenté une autre chance.

Il n'a pas été trop gentil. Ça le dérangeait visiblement de voir que deux étrangers cherchaient encore à briser la loi et l'ordre. Pourquoi un raccourci ? Pour éviter quelques contrôles ? Pourquoi éviter les contrôles ?

Gagnon, qui a la mèche courte lui aussi, a juste expliqué qu'il en avait plein le cul de se faire fouiller, d'ouvrir son sac, de recevoir des ordres débiles.

« Allez le dire à Ben Laden, c'est de sa faute ! »

« C'est quand même pas Ben Laden qui m'a contrôlé cinq fois aujourd'hui », a répondu Gagnon.

Et on a ajouté qu'à Moscou, aux Jeux de 1980, la police et l'armée, sans parler du KGB, étaient de la petite bière à côté de cette paranoïa. « Fais attention à ce que tu dis, tu parles à un agent fédéral qui a perdu trois amis dans le World Trade Center », a-t-il balancé avant de s'éloigner à grands pas.

Quelques minutes plus tard, il avait rejoint deux de ses amis, pas plus sympatiques, et nous pointait du doigt quand on a passé dans la rue. « Ce sont les deux types », leur a-t-il dit.

J'ai juste souhaité que Gagnon se la ferme pendant quelques secondes. Gagnon souhaitait juste que je me la ferme pendant quelques secondes.

On a fait comme les autres, on s'est fermé la gueule…

C'est juste un exemple. Je pourrais en raconter dix, vingt. Le Centre de presse est un camp de concentration. De luxe, mais c'est un camp de concentration. Si Bernard Brault le voulait, il pourrait prendre des photos des trois clôtures de 12 pieds de haut qui encerclent les bâtiments. J'ai déjà vu ces clôtures. C'était à la frontière entre l'Allemagne de l'Ouest et l'Allemagne de l'Est en juillet 1987.

Par contre, je n'ai jamais vu autant de soldats ni autant de policiers. C'est de la démence. Et ils ont tous les droits, partout, tout le temps. Plus de 600 caméras ont été installées dans la ville, des ordinateurs et des écrans géants sont surveillés jour et nuit, Salt Lake City est une ville fortifiée. Et n'importe quel zouf, qu'il soit bénévole ou flic, peut te faire déchausser ou te déculotter quand il le veut. Ta gueule, t'es en Amérique libre.

Libre. Voilà le mot qu'il faut éviter. Samedi au E-Center, je me suis écœuré de faire tripoter mon ordinateur, mon stylo, ma monnaie et mon cellulaire. J'ai juste lâché que j'étais supposé être dans un pays libre. Sont arrivés une bonne demi-douzaine de soldats et de policiers. Je me suis fait faire la leçon que c'était justement parce qu'on voulait que l'Amérique reste libre qu'on veillait autant sur ma sécurité.

Minute papillon ! c'est ce qu'ils disaient aussi à Moscou. Je me rappelle qu'en rentrant à pied un soir le long de la Moscova, la belle rivière qui coule dans Moscou, un convoi de 200 camions militaires avait roulé près de moi. Et j'avais écrit dans *La Presse* que je ne m'étais jamais senti autant protégé.

J'étais bien jeune, je n'avais pas encore connu Salt Lake City.

« *Live free or die* » clame la devise du New Hampshire. Vis libre ou meurs ! Comment le peuple le plus jaloux de ses droits civiques et individuels de la terre peut-il abandonner ainsi toute résistance à l'envahissement de son espace personnel me fascine. Ce sont les mêmes Américains qui font la morale et la leçon à tous, partout dans le monde.

Et les anecdotes continuent de s'accumuler, je me dis que ça va péter à un moment donné, qu'il va falloir que Salt Lake City redevienne une ville civilisée et cesse d'être un camp militaire. Pour l'instant, la télé vous montre des visages souriants et des mains qui agitent des drapeaux américains. Elle ne montre pas les centaines d'agents qui hurlent dans des porte-voix de rester sur le trottoir, de ne pas franchir les intersections, de respecter les barrières. Hallucinant.

Ils sourient à la télé. Ne vous laissez pas impressionner, les grands romanciers anglais avaient déjà prévu le coup. Big Brother disait de sourire dans *1984*.

Et les gens, conditionnés, souriaient.

L'argent ne fait pas le bonheur

12 février 2002

SALT LAKE CITY – David Pelletier s'était contenu tout au long d'une étrange conférence de presse. Les Russes Berezhanaya et Sikharulidze venaient de gagner une très controversée médaille d'or. Jamie Salé et Pelletier savaient au plus profond de leur être qu'ils s'étaient fait voler l'or. Mais sur les tribunes officielles, il faut savoir sourire et faire des relations publiques. Il y a d'autres compétitions à venir, et ce seront les mêmes juges qui auront droit de vie et de mort.

Mais quand il est descendu de l'estrade, il est venu trouver les quelques journalistes québécois qui l'attendaient. Il a pris une grande respiration et a lâché d'une traite : « Je ne dirai pas de boulechite (sic). Je suis fâché, je suis très fâché, mais si je n'avais pas voulu prendre le risque de vivre ce genre de soirée, je n'aurais pas choisi le patinage artistique.

« Mais ça fait six mois que je ne dors plus, ça fait six mois que je vis avec la pression. Après notre performance, je me disais : "C'est fait, c'est fini." Quand j'ai embrassé la glace, c'était ces six mois qui sortaient », a-t-il dit.

« Mais quand j'aurai 50 ans, je serai encore fier de ce que nous avons fait ce soir. C'est sûr que j'ai une médaille d'argent dans la main et que peut-être qu'un jour je vais trouver qu'elle ne brille pas assez, mais je sais que nous avons donné la meilleure performance de notre carrière. Avec ce programme, nous avons déjà reçu dix notes de 6 dans le passé. Pourquoi pas ce soir, je ne le sais pas », a-t-il dit en tenant sa médaille d'argent dans ses mains.

Salé a pleuré à plusieurs reprises. C'est une battante qui semblait brûlée par l'injustice flagrante dont elle était victime.

« Personne au monde ne peut nous enlever notre performance. Notre médaille d'argent vaut de l'or pour nous », a-t-elle dit.

Pendant la période d'échauffement, Salé est entrée violemment en collision avec Anton Sikharulidze. Elle a patiné tout droit vers lui comme si elle était perdue dans ses pensées. Elle est restée agenouillée sur la glace pendant tout près d'une minute pendant que le Russe et David Pelletier se penchaient sur elle. « Je ne suis pas finie, t'inquiète pas », a-t-elle soufflé à son compagnon en se relevant.

Et comment.

Que s'est-il passé au juste ? Berezhanaya et Sikharulidze ont été plus audacieux dans leur chorégraphie. Mais le grand patineur russe a commis deux erreurs légères qui ont fait perdre des points au jugement technique. Les juges ont cependant décidé de donner une valeur supplémentaire pour les quelques trouvailles de leur chorégraphie. Mais pour tous les spectateurs présents au Delta Center, leur performance a été écrasée par celle de Pelletier et de Salé. Le couple canadien a été parfait. Pas d'erreur, une très belle dramatique, beaucoup d'émotion sur *Love Story*; après les quatre minutes et demie de leur numéro, la foule a bondi pour les applaudir. C'était évident pour tous qu'ils seraient les vainqueurs. Leur numéro avait deux ou trois ans déjà, mais la Mona Lisa n'a pas été peinte hier, et ça demeure un chef-d'œuvre. Évident pour tous… excepté cinq des neuf juges. Les juges de l'ancienne Europe de l'Est ont voté pour les Russes. Ce sont les juges russe, chinois, polonais et ukrainien. Les juges « occidentaux » – américain, canadien, allemand et japonais – ont voté pour Pelletier et Salé. La « traîtresse », c'est la juge française qui a opté pour le couple russe.

En danse, où il n'y a pas de juge français, vous pouvez gager votre chemise que le juge russe va voter pour le couple français Marina Anissina et Gwendal Peizerat. Vous allez voir, en patinage, ce genre de marché est fréquent. D'ailleurs, à la toute fin de son point de presse avec les journalistes québécois, Pelletier a envoyé promener « poliment » des journalistes français en leur disant : « Je n'ai pas le goût de répondre aux questions des journalistes français, c'est votre juge qui nous a fait perdre la médaille d'or. ».

Il souriait… mais, quand on connaît Pelletier, on sait ce qu'il pensait.

Autre chose qu'il a lâché à blanc en entrant dans la salle de presse :

– Je peux pas parler…

– Faut que tu penses à ta carrière ?

– Ma carrière achève !

Plus tard, un peu plus calme, il a précisé : « Ce n'est pas ce soir qu'il faut prendre ce genre de décision. On va réfléchir, c'est certain. »

Une guerre de nerfs

Mais la guerre avait commencé bien avant 18 h. Dans les journaux du matin, que ce soit le *Salt Lake City Tribune*, le *New*

York Times ou le *USA Today*, la légendaire coach du couple russe Tamara Moskvina avait réussi son « spinning ». Son message avait été capté et propagé. Tous les juges étaient au courant de ce qu'avait déclaré Tamara Moskvina : « Ils sont plus beaux, ils ont de meilleures lignes, ils ont une allure plus romantique, ils ont une meilleure vitesse, ils ont des éléments encore plus purs que tous ceux que j'ai entraînés dans le passé », a-t-elle dit.

La vieille dame vit maintenant au New Jersey. Elle a joué tous les airs de violon qu'il fallait, rappelant qu'Éléna et Anton vivaient eux aussi au New Jersey et qu'ils aimaient les États-Unis en restant viscéralement Russes. Ce qu'il fallait pour plaire aux juges de l'ancienne Europe de l'Est et à ceux de l'Ouest.

« Nous n'essayons pas de battre les Russes », a rétorqué Pelletier en évitant le piège tendu. Il ne pouvait dire que lui et Salé risquaient de mettre fin à 38 ans de domination soviétique et russe sur la médaille d'or. Pourquoi attirer davantage l'attention sur la suprématie russe en patinage en couple ?

« Nous patinons pour David et Jamie avant tout. Si je vais sur la patinoire pour vaincre les Russes, je vais me tuer moi-même », a-t-il dit.

Les Chinois, eux, cultivaient le sourire. Les guerres du patinage ne se passent pas sur la glace pendant la compétition. C'est avant et après les compétitions qu'on joue du couteau et du bistouri. Les batailles sont vicieuses, c'est à qui occupera telle ou telle portion de la patinoire, c'est à qui va se tasser le dernier quand des patineurs risquent de se croiser pendant l'entraînement.

Mais hier soir à 21 h 20, heure de Salt Lake City, toutes ces babioles psychologiques et politiques prenaient toute leur dimension. La guerre était gagnée pour les Russes.

Gagnée par un vol.

Collusion et tricherie ! La tempête Salé-Pelletier secoue l'Olympe du patinage

14 février 2002

SALT LAKE CITY – David Pelletier et Jamie Salé à l'émission de Jay Leno mardi soir, Pelletier et Salé chez Larry King hier soir à CNN, de longs articles illustrés dans le *New York Times*, dans le *USA Today* et dans tous les grands journaux des États-Unis, des émissions spéciales présentées à NEC sur le thème « Ice Storm » pour la deuxième journée de suite, toutes ces manifestations ont fini par atteindre l'Olympe de la toute-puissante Union internationale de patinage.

Tellement qu'hier, son président, Ottavio Cinquanta, a dû faire face à 500 journalistes dans une conférence de presse burlesque qui a duré près de deux heures.

Finalement, M. Cinquanta a reconnu qu'il était très ennuyé et gêné par la tempête de protestation qui balaie l'Amérique et une bonne partie de l'Europe, qu'il ne pouvait garantir l'intégrité des juges lors de l'épreuve de lundi soir, mais qu'il n'y avait pas de preuve non plus de collusion entre les juges de différents pays.

Mais il a aussi déclaré qu'il refusait d'autoriser une enquête externe sur la façon des officiels de l'UIP de juger les performances, tel que demandé par l'Association olympique canadienne. Il a précisé qu'il préférait une enquête interne qui pourrait commencer au cours d'une réunion du comité de direction de l'organisme, le 18 février.

D'autre part, Marilyn Chidlow, présidente de Patinage Canada, a annoncé hier que son organisme allait déposer un appel auprès de l'UIP. Comme on ne peut contester la note accordée par un juge, l'organisme canadien va contester la bonne foi des officiels de l'UIP. Autrement dit, on les accuse de collusion et de tricherie.

Comment prouver qu'il y a eu tractations et marchandage entre des juges de différents pays qui se connaissent tous depuis des années ? Mais accuser, c'est déjà faire un peu de lumière sur un système que tous savent contrôlé par la mafia russe du patinage artistique.

Une vaste controverse

L'affaire a pris une ampleur internationale. À Moscou, où il participe à une mission économique, le premier ministre Jean Chrétien a commenté : « Salé et Pelletier ont offert une performance fabuleuse. Je ne suis pas un expert, mais j'étais très fier d'eux parce qu'ils ont accepté les résultats avec beaucoup de classe. »

« Je ne connais pas cela, mais j'ai vu qu'ils avaient offert un prestation parfaite. J'avais vu les autres aussi et j'avais cru déceler moi-même certaines fautes. Et vous savez, je suis toujours très objectif… On me dit qu'au Canada on a très mal réagi, et même aux États-Unis. Je ne sais pas si l'on peut faire quelque chose. Les Olympiques, ce n'est pas ma spécialité », a ajouté M. Chrétien.

Dans le milieu du sport, l'affaire mine encore plus la crédibilité du patinage artistique, qui avait déjà été éprouvée par des scandales identiques en danse sur glace. Le Canadien Dick Pound, membre du CIO, a jugé que la performance de Salé et Pelletier était « digne de la médaille d'or », ajoutant que l'UIP pouvait, si elle le souhaitait, revoir la décision des juges.

Le président du CIO, Jacques Rogge, a reconnu que le patinage artistique faisait face à des problèmes, mais il a réitéré sa confiance dans les dirigeants de l'UIP pour corriger le système de jugement.

Dans une lettre adressée au président de l'UIP, le CIO souligne toutefois « l'extrême urgence » de la situation. « Le CIO ne doute pas que l'UIP prendra toutes les décisions appropriées, mais nous tenons à souligner l'extrême urgence en la matière et la nécessité de prendre les mesures adéquates aussi rapidement que possible », a écrit Jacques Rogge à l'issue d'une réunion du Bureau exécutif du CIO.

Pendant ce temps, David Pelletier et Jamie Salé sont devenus les chouchous des Américains. Ceux qui s'inquiétaient des millions perdus peuvent être rassurés. Ils ont l'Amérique à leurs pieds et, selon des experts consultés hier, ils ont une valeur marchande inespérée pour des champions olympiques.

L'injustice réparée : L'or au couple Salé-Pelletier

La juge française suspendue

16 février 2002

SALT LAKE CITY – Lorsqu'ils sont entrés dans la grande salle d'entrevue du centre de presse de Salt Lake City hier après-midi, David Pelletier et Jamie Salé ont paru écrasés par la fatigue encore plus que par l'émotion.

Ils venaient de vivre quatre nuits trop courtes et trois jours et demi trop longs depuis la finale de lundi soir.

Ils venaient rencontrer des centaines de journalistes, flanqués de ceux qui s'étaient battus pour que justice soit faite, Michael Chambers de l'Association olympique canadienne et Sally Rehorick, chef de mission de l'équipe.

Cette fois, ils venaient comme vainqueurs, comme gagnants de la médaille d'or chez les couples en patinage artistique. « Je suis extrêmement fier d'accepter cette médaille d'or. Si je ne suis pas plus démonstratif, c'est que nous l'avons appris il y a une heure à peine », a déclaré David Pelletier.

« En plus, j'avais accepté le résultat de lundi soir. Je savais que nous avions réussi une performance d'or, mais je voulais être bon sportif. S'il y a encore du ménage à faire pour que de tels événements ne se reproduisent plus, qu'on continue le ménage », a ajouté l'athlète natif de Sayabec, dans la vallée de La Matapédia.

« C'est ma belle-mère qui a le mieux décrit ce qui était arrivé », a raconté Jamie Salé.

« Votre médaille d'argent, c'est une médaille d'argent en platine », m'a-t-elle dit le soir même de la compétition. « Mais nous avons été arnaqués, on nous a privés de la joie et du plaisir de savourer une victoire et de recevoir notre médaille après avoir gagné. Heureusement, personne ne pourra jamais nous enlever la satisfaction d'avoir réussi la performance de notre vie. »

Ce très surprenant renversement de situation a été confirmé à 11 h hier matin à Salt Lake City.

La rumeur a commencé à circuler deux heures plus tôt lorsque le Comité international olympique (CIO) s'est réuni pour prendre une décision sur une recommandation de l'Union internationale de patinage (UIP). En conférence de presse, le président du CIO, Jacques Rogge, et son homologue de l'UIP, Ottavio Cinquanta, ont annoncé que, « pour la justice et l'équité face aux athlètes », le Comité international olympique allait remettre une médaille d'or à David Pelletier et Jamie Salé. La tension était à couper au couteau dans la grande salle et au moins deux journalistes russes ont ouvertement affiché leur incompréhension devant la décision.

Mercredi, l'Italien Ottavio Cinquanta était assez superbe dans sa façon de s'adresser aux journalistes. Il ne faisait pas son âge. Hier, il faisait sa soixantaine. Les traits tirés, épuisé par des nuits de stress et de discussions, il a pris la parole. « L'Union internationale de patinage, après enquête, est venue à la conclusion que la juge Marie-Reine Le Gougne avait été reconnue coupable de conduite répréhensible. Elle a subi des pressions qui ont pu influencer son vote et elle n'a pas prévenu les responsables de l'UIP. Aussi, après enquête et après des réunions, l'UIP a pris la décision de suspendre la juge Marie-Reine Le Gougne. Comme nous avons la preuve que la votation a été entachée, nous avons aussi soumis au Comité international olympique la recommandation qu'une médaille d'or soit remise à David Pelletier et Jamie Salé. Le CIO, après s'être réuni ce matin, a accepté notre recommandation », a déclaré M. Cinquanta.

Sur la grande scène de la salle d'entrevues, Jacques Rogge et Ottavio Cinquanta offraient des visages très différents. M. Rogge savait qu'il venait d'asseoir son pouvoir pour des décennies, s'il le veut, sur le mouvement olympique. Son ton et son attitude témoignaient de son assurance, tandis que M. Cinquanta, habile et retors mercredi, avait l'air d'un employé de bureau qui se fait réprimander par son supérieur. « C'est le devoir du CIO de protéger les athlètes, et nous l'avons montré. Je ne pense pas que cette affaire nuise à la crédibilité du CIO ou des Jeux puisqu'elle a été vite résolue dans le meilleur intérêt du sport et des athlètes », a déclaré M. Rogge.

« C'est la quatrième fois que le CIO révise une décision des juges. C'est toujours arrivé pour que les athlètes aient droit à la justice et à l'équité », a-t-il dit.

Quant à M. Cinquanta, il a dit que l'enquête annoncée sur le processus de jugement en patinage artistique et sur les pressions possibles subies par les juges allait se poursuivre « pour qu'une telle situation n'arrive plus jamais ».

Et M. Cinquanta qui, mercredi, disait que sa fédération n'avait pas à tenir compte de la réaction des gens, a reconnu hier que la pression de l'opinion publique avait certainement contribué à accélérer le règlement de la situation. « Je dois admettre que l'opinion publique a joué beaucoup. J'ai dit qu'il y avait trois éléments dans toute situation sportive. Les athlètes, les juges et l'opinion publique », a-t-il dit pour essayer de s'en sortir.

Disons plutôt que c'était invivable pour lui et les bonzes de l'UIP depuis lundi à minuit. L'Amérique avait pour David et Jamie les yeux de Chimène pour Rodrigue.

M. Cinquanta a précisé par ailleurs que la décision finale de son organisme de suspendre la juge française avait été prise sur la foi d'une déclaration écrite de Mme Le Gougne.

La remise de la médaille d'or est prévue pour le vendredi 21 février, après les compétitions chez les dames. « Tout ce que je veux, c'est qu'on lève le drapeau canadien, a dit David Pelletier. On a le droit de le voir. »

Le sport qu'on aime

Si loin de Montréal : Les jeux de Moscou

15 février 2004

Quand j'accrocherai mon ordinateur et mon calepin de notes, quand je me bercerai sur la galerie et que j'aurai le goût de revivre ce que j'aurai aimé le plus de ce métier et de ces années, c'est de Moscou dont je rêverai...

La Moscou tellement belle des Jeux olympiques de 1980. Les Jeux que j'ai le plus aimés de toute ma vie, parce que je pouvais y faire ce que j'aime le plus dans le métier. Faire l'éponge, absorber les couleurs, les odeurs, les sons, les rythmes de la vie, réussir à comprendre les gens, à leur parler, à les écouter. Et après, écrire. Il n'y a rien de plus prenant que l'écriture quand on sait ce qu'on veut écrire.

Et à Moscou, en 1980, pour la seule fois de l'histoire du journalisme au Canada, on se retrouvait à des Jeux olympiques sans équipe canadienne, sans athlètes québécois il va sans dire, sans même de télévision américaine ou nationale pour montrer ces Jeux et Moscou, capitale et métropole du monde communiste. En plein cœur de l'Union soviétique, derrière le Rideau de fer.

Je n'avais pas de héros québécois ou canadien à couvrir, le mandat était élargi. Raconte-nous les Jeux à Moscou, raconte-nous la vie chez les Soviétiques. Raconte. Le mot magique, « raconter »...

C'est impossible d'avoir une idée si on n'avait pas au moins 20 ans à l'époque. Les deux blocs. Les Soviétiques avaient battu les Américains dans l'espace, les Yankees étaient allés les premiers sur la Lune. Le bloc était homogène. La Pologne, la Hongrie, l'Allemagne de l'Est, la Tchécoslovaquie, tous ces grands pays se trouvaient derrière le Rideau de fer. C'était même avant l'arrivée de Peter Stastny avec les Nordiques. Ça vous donne une idée.

L'aventure avait commencé avec la cérémonie d'ouverture. J'avais vu près de 100 000 Russes pleurer d'émotion et rire de fierté en voyant défiler les athlètes soviétiques. Et l'hymne national soviétique, que je connaissais bien depuis la Série du siècle, n'avait jamais été aussi poignant.

Je n'arrivais pas à oublier mon œil d'Occidental. Je surveillais toute forme de censure à la télévision soviétique, alors que j'aurais dû surveiller la censure à la télévision américaine depuis des années.

Nous étions sept journalistes canadiens. Deux journalistes québécois. Jean Bédard, de Radio-Canada, et l'envoyé de *La Presse*. Complètement coupé du reste du monde malgré les Jeux olympiques. Pour téléphoner, il fallait attendre trois ou quatre heures pour obtenir une ligne. Je dictais mes textes sur dictaphone et, une fois ou deux, j'ai pu parler à Yvon Dubois, le directeur de l'information.

J'ai vite compris comment ça marchait. Une boîte de chocolats et une paire de bas-culotte faisaient merveille. Ton nom restait en haut de la pile au lieu de s'en aller en dessous, et l'attente pour le téléphone était vite tombée à une demi-heure.

Nos camarades les plus proches étaient les agents du KGB qu'on finissait par repérer.

J'ai marché partout, j'ai pris le métro, je suis allé magasiner au Goum, le grand magasin d'État de l'URSS, je suis allé dans la seule discothèque de Moscou, La Tempête de neige, j'y ai rencontré des jeunes qui avaient appris l'anglais à force d'écouter l'album blanc des Beatles et qui furent bien surpris de découvrir tous les sens cachés de *Happiness Is a Warm Gun*...

J'ai traîné sur la Place Rouge un dimanche après-midi. Le matin, les vendeurs de glace faisaient de bonnes affaires. À 11 heures, ils n'avaient plus de glaces à vendre. Mais parce qu'ils étaient payés à l'heure, ils s'étaient promenés jusqu'à cinq heures avec leur frigo vide. C'est là que j'avais compris la différence entre le communisme et le capitalisme. À Moscou, le vendeur n'avait pas de pression, mais il n'y avait pas de glace. À New York, le vendeur est exploité, le propriétaire tente d'arnaquer le consommateur s'il y a une plus grande affluence autour du stade, mais tu peux toujours acheter ta glace.

Le soir, quand je retournais à l'immense hôtel Rossia, tout à côté de la Place Rouge, je regardais la pleine lune. Et je me disais que je n'aurais pas été plus loin de Montréal et de Falardeau si j'avais été là-haut.

Je me suis lié d'amitié avec Victor Martinov, directeur de l'agence Novosti. C'était un stalinien égaré dans un État rendu trop mou. Et comme une majorité de Russes, il croyait aux soucoupes volantes.

Je disais Kanada, et on me répondait Esposito. Je disais Montréal, et on me relançait avec Lafleur. Les gens étaient aussi fous du hockey qu'au Québec. Ça aide à créer des liens. Surtout quand on aimait vraiment Tretiak, Yakushev et Kharlamov...

Je suis revenu changé de Moscou. C'est prétentieux de dire que j'avais entrevu l'âme slave, mais c'est quand même le feeling que j'avais. Et que j'ai gardé. Tolstoï, Dostoïevski, Tchekhov, Tchaïkovski ou Chostakovitch n'avaient plus la même signification. Ni les agents de la GRC qui sont venus me rencontrer à *La Presse* pour un débriefing. Yvon Dubois leur avait organisé le débriefing: « Viens dans mon bureau, t'as rien à leur dire. »

C'était la guerre froide.

Moscou, 1980. J'ai toujours pensé que le sport ne devait être qu'un prétexte pour écrire sur les gens et la vie. Jamais plus je n'ai retrouvé ces conditions idéales. Une game de hockey sans équipe connue, sans joueurs et sans télévision.

Coupes du monde et Coupe Canada

Tikhonov « Remonter au sommet ? Ce serait possible si on cessait de voler nos joueurs... »

11 septembre 1991

QUÉBEC – Qui aurait pu imaginer cette situation ? Qui donc, il y a dix ou quinze ans, aurait osé affirmer que l'équipe nationale soviétique terminerait cinquième au tournoi de la Coupe Canada et ne se classerait pas pour la ronde des médailles ?

Si Équipe-Canada avait terminé cinquième, quel traitement aurait-on réservé aux dirigeants et aux joueurs de l'équipe ? Aurait-on parlé de « désastre national » ? D'humiliation collective ?

La question n'a pas fait sourire Victor Tikhonov, l'entraîneur-chef de l'équipe soviétique. Il a attendu la traduction de la question et est resté stoïque, comme dans ses belles années : « Non, ce ne sera pas un désastre chez nous, à Moscou. Année après année, nous perdons des joueurs, ils sont plusieurs dizaines à travers le monde, c'est normal qu'on connaisse ces problèmes », a-t-il répondu.

Je le reconnais, je me sentais un peu mal à l'aise. La rencontre de Tikhonov avec les journalistes, les rares qui croyaient que ça pouvait être encore intéressant de lui parler, se passait dans un racoin du Colisée qui sert de garage.

Tikhonov, vêtu d'un complet de bonne coupe, répondait aux questions en cherchant du regard les journalistes qu'il connaissait mieux. Ce n'était plus le grand Victor, le dictateur dénoncé par Igor Larionov et Viaceslav Fetisov. C'était un homme qui frôle la soixantaine et dont le monde s'écroule autour de lui.

Quand Tikhonov a quitté l'Union soviétique, c'était encore l'Union soviétique. Quand il est retourné à Moscou, hier en soirée, c'était un ramassis hétéroclite d'une dizaine de républiques souveraines.

« C'était très difficile de se concentrer. C'est un changement colossal que nous vivons chez nous. Les joueurs le savent, ils sont humains. Et ils sont très jeunes puisque c'est devenu très difficile de les garder en URSS. Le pire, c'est que nous ne savons même pas quelle sera la situation quand nous allons revenir. Est-ce que la Fédération de hockey sera encore en place, et quelle sera son mandat ? », de demander Tikhonov.

Je me sentais un peu mal à l'aise parce que j'essayais de me mettre dans les souliers de Tikhonov. Je me rappelais comment on faisait les ronds de jambe devant lui, comment son autorité, conférée par le prestige d'une grande puissance politique, militaire, idéologique et sportive, pesait lourd dans les tournois.

Et voilà que, son équipe éliminée, il se retrouvait dans un fond de garage dans le Colisée, ennuyé par le chauffeur du tracteur qui venait chercher son véhicule.

« Nous pourrions toujours remonter au

sommet. Ce serait possible si nous cessions de perdre nos joueurs ou de nous les faire voler par les équipes professionnelles », a-t-il répété.

Mais ce n'est pas juste le fait de perdre des joueurs qui a torpillé le système soviétique : « C'est très difficile d'établir une discipline comme on pouvait le faire dans nos belles années. C'est un de nos grands problèmes. Il y a trop de chaises sur lesquelles les joueurs peuvent s'asseoir. Quand un entraîneur est trop exigeant, les joueurs peuvent décider d'aller ailleurs. Cela a du bon, mais ça empêche une équipe d'atteindre une grande maturité », de dire Tikhonov.

La jeune équipe soviétique n'a pas fait très bonne figure dans le tournoi de la Coupe Canada. Mais Victor espère compter sur quelques vétérans pour les Jeux olympiques. Et, comme il le dit, gagner la Coupe Canada, c'est gagner la Coupe d'un seul pays : « Alors que gagner la médaille d'or aux Jeux olympiques, c'est gagner la médaille de tous les pays », a-t-il ajouté.

Il a raison... et tort. Raison parce que rien ne vaut le prestige d'une médaille d'or aux Jeux olympiques. Tort parce qu'un vieux pro comme Tikhonov sait que le niveau ultime de compétition dans le hockey, c'est à la Coupe Canada qu'on le retrouve.

Même si les dés sont pipés en faveur du pays hôte...

Et la dernière question est venue d'un journaliste soviétique : « Puisque Eric Lindros ne veut pas jouer à Québec, seriez-vous prêt à l'accueillir dans votre équipe à Moscou ? », a demandé Victor Kukushkin de l'agence Tass.

L'autre Victor a souri. Un vrai sourire chaleureux et amusé : « Avec plaisir », a-t-il répondu.

Lindros à Moscou ? Le russe est-il moins épeurant que le français. *That's the question !*

Le mépris des Orangistes...

Les Québécois se sont-ils comportés en peuple de Ding et Dong comme le prétendait l'animateur Gilles Proulx ou bien ont-ils fait preuve de maturité comme le soutenait l'écrivain Claude Jasmin ?

Voilà à peu près les deux extrémités de l'éventail d'opinions lues et entendues hier après le passage des Lindros à Québec.

Ceux qui étaient au Colisée lundi soir ont senti un malaise dans la foule. On avait visiblement le goût de huer et de conspuer ceux qui crachaient sur la ville depuis des semaines. Mais en même temps, on ne voulait pas fournir des armes supplémentaires à Bonnie et à Carl Lindros. On avait déjà trop vomi sur le Village.

Hier, Pat Burns lui-même a été choqué en lisant ce que les journalistes de Toronto avaient écrit à propos de la soirée au Colisée. Sur la passerelle, avant le match, on se préparait à assister à un carnage. *The Gazette* avait délégué au moins quatre journalistes pour couvrir le match et « l'émeute ». Le ton était relativement sobre ce matin. À Toronto, certains ont moins bien refoulé leur mépris.

C'était couru. Eric Lindros est en train de devenir une boîte de Corn Flakes. Ça fait vingt ans que les Orangistes s'étranglent le matin parce qu'il y a du français sur leur boîte de céréales.

Le pauvre garçon est devenu une victime. Alors que le parti communiste est en train de mourir en URSS et que la Sibérie redevient l'immense toundra qu'elle a toujours été et qu'elle perd sa valeur de symbole de répression et de mort, on s'est inventé une nouvelle Sibérie.

Québec...

Au-delà des événements que l'on sait, le match de lundi a fourni quelques moments cordiaux, comme cette accolade après le but de Larmer.

Le Canada remporte la Coupe du monde de hockey... et la LNH décrète un lock-out

15 septembre 2004

TORONTO – Vincent Lecavalier se tenait dans un coin d'une petite salle à l'arrière du vestiaire, comme sonné par la victoire de 3 à 2 du Canada contre la Finlande et sa sélection comme meilleur joueur de la Coupe du monde.

« Je n'arrive pas à le réaliser. Joueur le plus utile du tournoi de la Coupe du monde, le tournoi des meilleurs joueurs au monde ! Juste faire partie de l'équipe, c'était déjà un grand honneur ! » répétait Lecavalier.

Mario Lemieux, plus âgé, savourait cette victoire du Canada. Il venait de connaître un match formidable, et c'est à lui qu'on venait de remettre la Coupe du monde : « Rien ne peut égaler l'émotion de la Coupe Stanley. C'est tellement long, et on souffre tellement pour la gagner. Mais la Coupe du monde, c'est les meilleurs », a souligné Lemieux.

Comme lui, Shayne Doan, marqueur du but vainqueur, Martin Brodeur, Joe Thornton, tous les joueurs savouraient ces moments. Ils étaient encore plus précieux puisqu'ils savaient qu'ils se retrouveraient en lock-out dans quelques heures.

C'était d'ailleurs étrange dans le vestiaire d'Équipe Canada. Les joueurs venaient de se défoncer pendant de longues semaines en affrontant les meilleurs de leur profession. Ils venaient de se donner corps et âme pour la victoire.

Et ce soir, à minuit et une seconde, ils allaient se retrouver en lock-out : « Nous allons avoir un meeting des propriétaires aujourd'hui à New York, Gary Bettman va tenir une conférence de presse et malheureusement, à moins d'un changement inattendu, à minuit et une minute, nous allons décréter un lock-out », a confirmé Bill Daly, le vice-président de la Ligue nationale, lors d'une entrevue hier soir.

Des pertes d'un milliard

Les propriétaires sont prêts à subir des pertes de plusieurs centaines de millions de dollars pour tenter de reprendre le contrôle de leur entreprise. « C'est fou comme situation. La Ligue va perdre moins d'argent avec un lock-out qu'en continuant à fonctionner selon la convention collective actuelle », a dit Daly.

Il a souligné que la Ligue nationale avait perdu plus d'un milliard de dollars au cours des cinq dernières années : « C'est insensé et aucune business au monde ne peut continuer ses activités dans de telles conditions », a-t-il dit.

Quelques minutes plus tôt, toujours dans les bureaux occupés par Daly et le commissaire Gary Bettman au Centre Air Canada, le journaliste de *La Presse* avait eu droit à une manifestation houleuse de mécontentement de Bettman. « Les chiffres avancés par Bob Goodenow que vous avez publiés dans votre journal ne sont pas fondés. Il n'a pas dit la vérité. Il aurait fallu vérifier ces données », a fustigé le commissaire.

Les chiffres fournis hier par Daly et Bettman sont effectivement différents.

Le hockey est une entreprise qui génère 2 milliards de revenus par année. Les joueurs touchent 1,5 milliard de cette somme colossale : « C'est incroyable qu'on soit incapable de partager équitablement ces 2 milliards. Ce qui reste après avoir payé les salaires ne permet pas de payer tout le reste », souligne Daly.

Les propriétaires veulent absolument un plafond salarial. Ils n'emploient pas l'expression, mais ils veulent savoir combien ils vont dépenser avant le début d'une saison. La seule façon, c'est un plafond salarial qui ne peut être dépassé. Les joueurs sont prêts à proposer une taxe de luxe. Au basket-ball, on a établi que les joueurs ne pouvaient toucher plus de 55 % des revenus globaux de l'entreprise. Si les revenus grimpent, les 55 % grimpent aussi. Mais ce n'est pas une solution que semble privilégier l'Association des joueurs.

Selon Bill Daly, si on continue de jouer selon la convention collective actuelle, c'est au moins cinq ou six équipes qui risquent de disparaître :« On ne parle pas de se mettre sous la protection de la loi sur la faillite, on parle de disparition pure et simple. C'est ce que veut Bob Goodenow. »

Goodenow soutient que les propriétaires refusent d'ouvrir leurs livres. « Faux, s'exclame Bill Daly. On est même prêts à laisser des comptables indépendants faire l'examen des livres. Plus, quand un propriétaire est également celui qui possède la patinoire où joue l'équipe, on comptabilise dans les revenus de l'équipe les sommes recueillies par l'édifice comme les ventes de bière ou les frais de stationnement. Quand les faits ne font pas l'affaire de Goodenow, il dit qu'il ne fait pas confiance à Gary Bettman. C'est une vieille stratégie », a affirmé Daly.

Vers un long conflit

Le lock-out pourrait durer longtemps. Les plus optimistes espèrent que joueurs et propriétaires régleront leur conflit à la fin de décembre pour permettre une mini-saison de 48 matchs à compter de janvier. Si on rate cette heure de tombée, alors rien ne dit que le conflit ne s'éternisera pas pendant une autre année.

Le hockey peut-il se permettre pareille guerre ? Il faut se rappeler que le baseball a eu besoin d'une dizaine d'années pour se remettre de la désastreuse grève de 1994. Il faut également souligner que le hockey est le sport professionnel majeur le plus vulnérable en Amérique du Nord. Sans contrat de télévision digne de ce nom aux États-Unis, le sport est presque totalement dépendant des recettes aux guichets. Pas de matchs, pas de revenus.

On se revoit dans la semaine des quatre jeudis…

Bouffon, réactionnaire, fasciste et raciste… Comment le CRTC peut-il laisser Don Cherry insulter des personnes et des peuples ?

23 mai 1993

UNIONDALE – Gary Bettman, le nouveau commissaire de la Ligue nationale de hockey, n'est pas très entiché de Don Cherry. En fait, on estime, dans les bureaux du commissaire, que Cherry représente justement ce qu'on voudrait changer dans le hockey pour essayer de le vendre aux États-Unis.

Cherry a un comportement qui a tout de la bouffonnerie et tient des propos qui sont réactionnaires, fascistes et racistes. Comme il est immensément populaire au Canada anglais, il faut donc en conclure qu'il dit tout haut ce que les « rednecks » ontariens et westerners pensent tout bas.

Tant que ça reste entre nous, tant qu'un Redneck tient des propos racistes contre les Russes, les Suédois et les Québécois à la télévision d'État canadienne, je suppose que ça peut passer puisque personne ne fait jamais rien pour empêcher les égouts de déborder à CBC.

Mais vendredi soir, j'ai eu honte. Le réseau ESPN a présenté à la grandeur des États-Unis une entrevue de Barry Melrose, l'entraîneur des Kings de Los Angeles. Un jeune homme articulé, capable de réponses intelligentes.

J'ai eu honte quand on a montré, écrites sur l'écran, les paroles prononcées par Cherry à propos de Melrose et de certains joueurs des Kings. C'était tellement grossier, tellement épais, tellement vulgaire que j'avais le goût d'appeler des collègues américains pour me dissocier de ce bouffon. De leur expliquer qu'il y a deux solitudes et que *La Soirée du hockey* n'est pas *Hockey Night in Canada*.

Les Américains ont bien des défauts, mais ils savent faire respecter certains principes, même à leur télévision privée. Le réseau CBS a foutu Jimmy The Greek à la porte parce qu'il avait tenu des propos teintés de racisme lors d'une entrevue dans un quotidien. Il n'avait même pas prononcé ces paroles en ondes, et on l'a congédié sur-le-champ.

Alors que Cherry a bavé et bave sur les Russes, les Suédois, les Frogs et tout ce qui n'est pas purement « WASP ». Le comble de la merde, c'est quand il a parlé de Darius Kasparaitis, un Lithuanien, en faisant allusion aux « bons nazis ». Peut-être que dans l'esprit tordu de Cherry, Kasparaitis descendait d'un soldat nazi qui avait occupé le pays pendant la Deuxième Guerre mondiale. Allez donc savoir.

Une télévision d'État qui se respecte aurait foutu Cherry à la porte illico presto pour infiniment moins.

« Si la LNH ou CBC voulaient congédier Don Cherry, ils auraient toutes les raisons du monde. Jimmy The Greek a perdu son poste pour bien moins grave que ça. Faut dire que CBS voulait sans doute se débarrasser de The Greek alors que Cherry est immensément populaire au Canada anglais », me disait Joe Lapointe, du *New York Times*.

« Mais je pense que les Canadiens sont beaucoup plus tolérants pour ces allusions à saveur raciale qu'on peut l'être aux États-Unis », d'ajouter Lapointe. Évidemment, le cas est différent, mais pas plus tard que vendredi, on a banni des ondes une émission commanditée par un groupe nazi.

Le cas Cherry est délicat. Il faut protéger le droit à la liberté d'expression. C'est un droit sacré limité cependant par le droit des autres au respect. On ne peut pas dégueuler sur les ondes publiques sans assumer des responsabilités. Les ondes ne sont que prêtées au diffuseur et demeurent la propriété du citoyen.

Don Cherry a le droit de dire son opinion. Si son opinion n'attaque pas l'intégrité de certains citoyens et l'intégrité de la personne humaine. Quand il est raciste dans ses allusions envers Russes, Suédois, Québécois, il viole cette intégrité, et c'est la responsabilité du diffuseur de le ramener à l'ordre.

Nous savons déjà que le diffuseur, loin d'empêcher les égouts de déborder, vend la merde aux commanditaires.

Il faut alors que le CRTC s'en mêle. C'est l'organisme chargé par le gouvernement canadien de veiller sur le bon usage des ondes publiques. Si le CRTC pénalise André Arthur dans une simple station régionale, si le CRTC impose à CHRC des barèmes sévères à respecter, comment peut-il laisser Don Cherry insulter des personnes et des peuples sans même examiner la question ?

Parce que ça demanderait du courage politique de s'attaquer à quelqu'un qui est devenu le symbole redneck par excellence dans l'autre solitude ?

Si la CBC a vendu son honneur aux cotes d'écoute, si le CRTC a vendu son courage à une minorité épaisse qu'on appelle parfois majorité silencieuse, reste alors Molson.

Le cachet faramineux de Cherry est versé par Molstar, filiale à part entière de Molson. Il y a Molson du Canada et la brasserie Molson du Québec. Vous avez sans doute deviné que les gens qui mènent l'industrie de la bière dans le pays sont à Toronto.

Quand même, il y a un siège social Molson à Montréal, rue Notre-Dame, Molson du Québec, qui est commanditaire du Canadien, propriété de l'autre Molson. Il doit bien y avoir, rue Notre-Dame, un dirigeant qui est mal à l'aise de subir l'odeur des égouts des entractes de *Hockey Night in Canada*.

On ne demande pas de la censure. On exige du respect.

Défense du fait français

Separatism killed the Expos : Oh yeah !

24 octobre 2002

Vous voulez savoir pourquoi c'est parfois difficile de faire confiance à la bonne volonté de nos amis de la langue supérieure ?

Je parle dans le monde du sport évidemment. Dans le vrai monde, celui de la politique et de la finance, je présume que les anglos sont toujours respectueux des droits et de la réalité des francos dans ce pays.

Cette fois, je ne vous parle pas de Jack Todd ou de Pat Hickey. Même si Pat Hickey a tenté de faire la morale « aux nationalistes » à propos du trophée Maurice-Richard remis à Mario Lemieux. Pat Hickey pourra faire la morale quand il saura parler UNE minute en français. Après vingt ans à Montréal, ce n'est pas exagéré. Après quarante ans, ce sera deux…

Vous allez lire une horreur, et je tiens à préciser que ni Pat Hickey ni Jack Todd ne doivent être associés à ce que vous allez lire. On peut s'engueuler, on peut avoir raison ou tort avec Jack ou Pat, mais ce ne sont pas des racistes. Que ce soit clair.

C'était dans le *National Post* d'hier. Dans les pages éditoriales. Les pages qui sont supposées être crédibles et donc prises au sérieux.

La manchette est accrocheuse : SEPARATISM KILLED THE EXPOS. Le texte est signé Jonathan Kay, publié avec sa photo. M. Kay est responsable des pages éditoriales.

Kay soutient que l'explication habituelle pour le départ des Expos est que l'équipe a suffoqué à cause de la présence du Canadien, qui retient toute l'attention. Alors que les Blue Jays continuent d'attirer de bonnes foules et que les Raptors, au basket-ball, remplissent le Air Canada Center régulièrement.

Il oublie de préciser que les Blue Jays, qui ont déjà attiré 55 000 spectateurs par match sont rendus à une moyenne de 20 224 et que l'équipe a perdu 69,8 millions au cours des neuf premiers mois de l'année. Il ne précise pas que les Alouettes vont attirer 55 000 [personnes] au Stade olympique et que les Argos sont en danger de faillite depuis longtemps, que la boxe remplit le Centre Bell alors qu'on ne se bat même pas dans les bars de Toronto, que le Grand Prix de F1 attire 310 000 personnes en trois jours au circuit de l'Île Notre-Dame et que même le CART a surpassé le Molson Indy de Toronto à sa première présentation.

Mais ça, on s'en fout, c'est de l'ignorance crasse, ce n'est pas encore du racisme.

Après une série de lieux communs bourrés de mauvaises interprétations, Kay s'étend sur la tentative de construire le Parc Labatt au centre-ville. Je vous ferai remarquer que le nom de Jeffrey Loria n'est jamais mentionné dans la patente à gosses. « Le seul argent que voulait consentir Québec était un montant de cinq millions par année sur le remboursement de la dette. C'est des peanuts. La contribution pour un nouveau stade de baseball ou de football en Amérique du Nord est de 230 millions. »

Le tout était précédé d'une charge à fond de train sur le « gouvernement le plus étatique (sic) d'Amérique du Nord. »

C'est de la bouillie pour les chats. Le gouvernement Bouchard avait consenti une somme de huit millions pendant 35 ans. Pour un total de 280 millions. On ne dit pas que Jeffrey Loria a balayé du revers de la main les 100 millions de Labatt. Ç'a aurait détruit toute sa démarche qui vise à tout prix les « mauvais séparatistes ».

Il ajoute que les problèmes dans le financement d'un stade trouvent leur explication dans l'hésitation du gouvernement péquiste à s'impliquer dans le sauvetage des Expos : « Pour mieux vendre le séparatisme, le Parti québécois fait tout ce qui est en son pouvoir pour promouvoir la notion que les Québécois francophones forment un “peuple” qui, comme les Palestiniens, les Tibétains et les Kurdes, souffre d'une forme d'occupation étrangère. Le PQ s'agite fortement pour maintenir hors du Québec les immigrants non francophones et essaye désespérément de maintenir le « caractère » français de la province. Quebec City dépense à peu près 10 millions, deux fois plus que l'aide prévue aux Expos, pour son Office de la Langue Français (sic), c'est-à-dire sa police de la langue. Par conséquent, ça ne devrait pas nous surprendre qu'il n'y ait pas beaucoup de place pour un sport où on s'appelle Graeme, Masato, Jose et Vladimir et non Guy, Maurice et Yves », écrit Kay.

By the way, Jackie Robinson, le premier joueur noir, c'est à Montréal, dans l'est de la ville, et Felipe Alou, le premier entraîneur-chef latin dans le baseball majeur, c'est à Montréal aussi qu'ils ont entrepris leur carrière.

Le dernier paragraphe fait lever le cœur. « Il est dommage que la grève de 1994 dans le baseball n'ait pas provoqué une émeute comme celle de Maurice Richard en 1955. Si une couple de boutiques « anglos » avaient été détruites, peut-être que le PQ aurait jugé que les Expos auraient constitué un actif qu'il valait la peine de garder, et Youppi ne prendrait pas des leçons d'espagnol. »

Gilles Duceppe, le chef du Bloc québécois, était indigné en lisant cet article dans le *National Post* : « C'est une attitude tellement démagogique. C'est une vision raciste d'une situation complexe. D'ailleurs, ce n'est pas sain pour le Canada anglais qu'on lui fasse lire pareil ramassis raciste. Je me promène dans le Canada anglais, on sait qui je suis, et ça n'empêche pas les gens d'être respectueux et gentils. Mais ce genre d'ordures n'aide pas personne. Est-ce que les Jets ont quitté Winnipeg, et les Grizzlies, Vancouver à cause des séparatistes ? Surtout qu'on ne parle pas des vrais problèmes du sport professionnel et des solutions possibles qui passent par un plafond salarial ! »

Par ailleurs, Denis Coderre, l'ancien ministre junior aux sports du Canada, impliqué dans la tentative de sauvetage des Expos, a trouvé une nouvelle façon de ne pas commenter un article. « Ce que raconte cet article est tellement loin de la réalité québécoise, tellement loin de la complexité du dossier des Expos que ce serait lui conférer une importance et une crédibilité qui ne sont absolument pas méritées que de le commenter », a dit M. Coderre, joint en fin d'après-midi. « Aussi, je ne le commenterai pas. »

Pour se faire pardonner…

Les Alouettes veulent se faire pardonner leur maladresse à l'endroit des détenteurs de billets de saison. On sait qu'on a négligé de protéger les places réservées aux abonnés réguliers des Alouettes pour le match de finale de conférence au Stade olympique.

Aussi, les Alouettes vont inviter leur 17 000 détenteurs de billets à un brunch le matin du match. On promet beaucoup d'ambiance. Paraît que c'est Jacques Moreau qui va préparer les œufs, et Pierre Dumont, le bacon. Martin McGuire, de CKAC, va entonner *La Petite Jument*, la célèbre chanson à répondre de Yvon Lambert.

Ses proches savent que McGuire n'aura pas besoin de micro pour enterrer les 17 000 convives.

Moi, ce sera des toasts et du beurre de pinottes...

SOCIÉTÉ

« Réjean est un chroniqueur libre, dans lequel les lecteurs se retrouvent. Sans chercher à se défiler, il répond immédiatement à leurs préoccupations les plus profondes. »

LUCIEN BOUCHARD

Réjean Tremblay selon

Lucien Bouchard

La terre des bleuets a engendré bien des talents jusqu'à aujourd'hui, et ce, dans tous les secteurs d'activité. Effectivement, c'est bel et bien du Saguenay–Lac-Saint-Jean que proviennent Réjean Tremblay comme Lucien Bouchard, dont les parcours impressionnants nous prouvent une fois encore que cette région est riche de personnalités aussi audacieuses qu'attachantes.

Monsieur Bouchard connaît d'ailleurs Réjean Tremblay depuis ses tout premiers débuts journalistiques, lesquels ne coïncident pas, contrairement à ce que beaucoup pensent, avec son embauche à *La Presse* en 1974. Eh oui, en vérité, Réjean aiguisait déjà sa plume dans l'ancêtre du journal *Le Quotidien* à Chicoutimi ! « J'ai connu Réjean à cette époque, raconte l'ancien premier ministre du Québec. Il était journaliste, mais n'était pas encore confiné à la rubrique des sports. Et il était déjà un personnage hors pair, qui ne sortait pas du même moule que les autres. Il était très sympathique et très ouvert, mais aussi déjà très libre dans ses propos. Je me souviens même que le cabinet d'avocats pour lequel je travaillais alors et qui agissait comme conseiller juridique du journal me confiait à l'occasion la tâche de vérifier certains articles de Réjean du point de vue de la responsabilité légale de leur auteur, car Réjean avait une plume des plus alertes. Il fallait donc vérifier s'il n'y aurait pas de dommages collatéraux causés par la publication de ses textes. »

Le regard critique que porte Réjean Tremblay sur le monde qui l'entoure date par conséquent de nombreuses années. Comme l'avait d'ailleurs écrit la journaliste Anne Richer dans un article de *La Presse* qu'elle avait consacrée à son collègue en 1994, « Réjean Tremblay est un chevalier dans son genre, un mousquetaire ; il monte aux barricades, il s'insurge. Et même si une moitié de lui est désormais vouée à l'imaginaire, il n'en aime pas moins son métier, qui nous ramène toujours aux vraies affaires. »

Toutefois, c'est ce même côté réactif qui constitue selon Lucien Bouchard une de ses plus grandes forces. « Ce n'est pas parce qu'il est populaire que tout le monde est d'accord avec lui. Mais les gens vont le lire pour savoir ce qu'il pense, et ce qu'ils apprécient, c'est qu'il soit capable de sortir du cadre du monde du sport pour parler de certaines valeurs sociales, humaines et collectives. Son combat en faveur de la langue française, par exemple, ou encore celui qu'il mène contre la violence dans le hockey sont tout à fait louables. Il se permet en fait de dire des choses que tout le monde attend, mais que personne n'ose mettre de l'avant, ce qui prend une bonne dose de courage. D'ailleurs, j'imagine que, au lendemain d'une critique de la direction du Canadien, il ne doit pas y être reçu avec autant d'enthousiasme que la veille. Ça prend donc du coffre, un gabarit qu'il a acquis au fil des années. Il est ainsi devenu capable d'être lui-même et de faire fi de certaines considérations protectionnistes présentes dans le milieu où il travaille. »

Au regard de l'analyse très fine que monsieur Bouchard fait du journaliste, il est évident qu'il a lu nombre de ses chroniques. « Oui, je suis très intéressé par l'actualité de certains sports comme le hockey, le football américain et le basket-ball. Je suis aussi beaucoup les reportages sur différentes disciplines des Jeux olympiques. Ce sont des sujets sur lesquels Réjean a souvent écrit. » Néanmoins, qu'apprécie donc le plus monsieur Bouchard dans les écrits de Réjean Tremblay ? « J'aime le fait qu'il n'ait pas une langue de bois et qu'il s'exprime toujours de manière très personnelle. Il sait mieux que tout autre nous faire pénétrer dans le quotidien des équipes sportives et des personnages qui les constituent. Il a notamment traité de choses concernant le Canadien que personne n'aurait abordées, car pour cela il faut avoir accès à une information qu'il est le seul à pouvoir obtenir. Et puis, il a un côté vraiment iconoclaste. Il est capable de prendre de la distance par rapport aux dirigeants, aux organisations sportives et aux joueurs. Il s'attache à nourrir l'imaginaire de ses lecteurs et personnalise tous ceux qu'il rencontre. Les joueurs, pour lui, ne sont pas des figures hiératiques, il ne tombe pas dans le piège de l'image. Au contraire, il les décortique et atteint l'humain, les rendant du coup beaucoup plus intéressants. Réjean est un chroniqueur libre, dans lequel les lecteurs se retrouvent. Sans chercher à se défiler, il répond immédiatement à leurs préoccupations les plus profondes. »

Lucien Bouchard admire également le journaliste pour l'émotion qu'il insuffle à ses écrits et, dit-il, « son sens de la formule, le talent qu'a Réjean pour trouver le tour de phrase, l'image qui va marquer les esprits ». Peut-on conclure de cette appréciation que, comme bien d'autres observateurs, monsieur Bouchard croit que Réjean

Tremblay a changé le visage du journalisme sportif au Québec ? « Oui, car il est différent de la plupart des autres. Personne n'écrit comme lui, il a une place à part. Il a changé le journalisme dans le sens que les lecteurs, à présent, ont soif de plus de personnalisation des sports et s'attendent à plus de liberté au niveau critique de la part des chroniqueurs. Bref, il a créé un appétit pour quelque chose qui ne s'exprimait pas suffisamment auparavant. »

En définitive, si l'on réfléchit aux chemins qu'ont empruntés Lucien Bouchard et Réjean Tremblay, ils ont tous deux poursuivi leurs rêves sans avoir peur d'énoncer haut et fort leurs idées, ce qui leur a peut-être causé des problèmes par moments, mais leur a avant tout permis de conquérir le cœur de bien des Québécois. « Et je lui souhaite de continuer dans la veine qui nous le rend cher », de conclure l'ancien premier ministre. « Qu'il continue comme il l'a toujours fait et ne se laisse pas statufier par le succès. C'est quelqu'un qui ne s'est jamais pris au sérieux, un rebelle dans l'âme, et nous l'apprécions tous pour cela. » – **S.G.**

« Réjean est extrêmement impliqué dans son travail. Il en mange, il en rêve, il aime raconter. Il tient toujours à donner le meilleur de lui-même. »

JEAN-CLAUDE LORD

Réjean Tremblay selon

Jean-Claude Lord

« Go, National, go ! » Voici sans doute l'une des tirades les plus connues de l'histoire de la télévision québécoise. En effet, qui ne se souvient pas des aventures sur et autour de la glace de Pierre Lambert, Marc Gagnon, Lulu Boivin et Ginette Létourneau ? Ces personnages ont conquis en 1986 le cœur de millions de téléspectateurs, et la série qui leur a donné le jour, quant à elle, a révolutionné toutes les anciennes pratiques du petit écran.

À la barre de cette aventure télévisuelle sans précédent, qui aujourd'hui encore compte de nombreux adeptes, se trouvaient deux découvreurs : Réjean Tremblay et Jean-Claude Lord. Le premier connaissait tous les secrets des joueurs de hockey pour avoir quasiment vécu à leurs côtés pendant plus de 20 ans à titre de journaliste de *La Presse*, et le second avait déjà fait sa marque dans le domaine de la réalisation avec des films comme *Bingo* et *Visiting Hours*. Ensemble, ils ont créé ce que l'on pourrait nommer dans le vocabulaire du hockey « la série du siècle », *Lance et compte*.

Le succès a été immédiat, pour ne pas dire monumental. « Et on ne se serait jamais douté de l'ampleur qu'a prise ce projet », avoue encore Jean-Claude Lord. « Il faut dire que tout était nouveau pour nous. Pour moi en tant que réalisateur pour la télévision. Pour Réjean en tant que scénariste. Et même pour Claude Héroux en tant que producteur. En fait, nous avons juste fait ce qui nous semblait correct pour la télévision, sans avoir conscience que nous en transgressions toutes les règles. »

Effectivement, dès le premier épisode, les téléspectateurs québécois ont été transportés à des années-lumière des téléséries qu'ils suivaient jusqu'alors. Réalisation rythmée à l'américaine avec des punchs avant chaque pause commerciale, personnages ambitieux, dialogues percutants, situations contemporaines, scènes audacieuses ; tout était en place pour choquer les pudibonds et enflammer celles et ceux qui avaient soif de renouveau. Mais quel a été l'ingrédient miracle de cette recette du succès ? « La crédibilité, je pense », affirme Jean-Claude Lord. « Notre concept était basé autour d'une ligne directrice : Pierre Lambert et les succès de son équipe. Tout devait être relié à ça et devait être le plus “vrai” possible. Je disais toujours à Réjean : “ Écoute, je ne veux pas le savoir, je veux le voir.

Alors, quand tu écris, ne me raconte pas comme dans un téléroman ce que les gens ont fait, car moi, je veux les voir, je veux être avec eux." Par exemple, une des caractéristiques de la première série, c'était que quand on tournait des scènes de hockey, je refusais d'avoir un commentateur qui décrivait le match. Parce que je voulais qu'on soit au niveau de la patinoire, au niveau des joueurs, de manière à ce que l'action parle d'elle-même plutôt qu'être décrite comme quand on se trouvait devant la télévision. C'était un pari risqué, mais qui a bien fonctionné. »

« Fonctionné » est un mot faible puisque, dès le premier épisode de la série, les passions se sont déchaînées de toutes parts. Jean-Claude Lord en rit encore : « Oui, je me souviens que déjà, dans ce premier épisode, il y avait une toute petite scène d'amour – on y voyait Pierre Lambert effleurer le sein de sa Ginette – que je qualifierais de sainte-nitouche comparée aux films que j'avais fait auparavant. Or, tout à coup, ça a provoqué un tollé à la télévision ! On se disait avec Réjean : "Ben voyons donc, ça a pas de bon sens !" D'autant plus qu'au cinéma, à cette époque, la question ne se posait pas et que la nudité était acceptée sans problème. Alors, que cette petite affaire-là qu'on avait gardée de manière très pudique pour la télévision provoque un scandale, ça nous dépassait. » Cette première réaction épidermique de certains téléspectateurs n'a pas freiné pour autant les deux pionniers, qui ont suscité la polémique à bien des reprises par la suite. « C'est ce qui m'a tout de suite plu chez Réjean et qui a fait en sorte qu'on était sur la même longueur d'onde », explique Jean-Claude Lord. « Il avait une excellente connaissance du milieu du hockey ainsi que du punch. Mais aussi une certaine dose de provocation que j'appréciais beaucoup. Bon, c'était dans sa nature de journaliste et il en a souvent joué dans ses textes, mais je trouvais ça d'autant plus intéressant que ça correspondait à ce que j'étais, puisque j'avais la même approche dans les longs métrages que je réalisais. »

Le duo a ainsi été très prolifique dès le début de cette aventure télévisuelle, puisque à raison d'un épisode à produire chaque semaine, il fallait avoir de l'imagination à revendre à défaut d'expérience. « On n'avait de toute façon pas vraiment le choix, car tout est allé tellement vite que nous étions obligés de composer avec ce que nous avions », avoue le réalisateur. « On a en effet commencé à tourner trois mois après que nous ayons décidé de faire ce projet, ce qui était absolument impensable. Donc, les scénarios s'écrivaient au fur et à mesure qu'on tournait, et je recevais même les rapports de lecture de ce qu'était à l'époque Téléfilm Canada quand les épisodes étaient déjà réalisés. Côté organisation, Réjean me remettait une première version que j'ajustais, puis dont je discutais les éléments avec les comédiens. On avait tous une belle complicité à ce niveau-là, et comme la série a bien marché, on ne se posait pas la question de savoir si oui ou non c'était la bonne manière de travailler. Il fallait vraiment le soutien de tout le monde pour faire quelque chose qui nous semblait correct. »

Comment Réjean Tremblay s'est-il cependant si vite adapté à la scénarisation à succès, car on lui doit tout de même, en plus de *Lance et compte*, les textes de plusieurs séries qui ont marqué la télévision québécoise comme *Scoop*, *Paparazzi* et *Réseaux* ? « Je dirais que, tout comme moi, Réjean a appris comment on construisait une série télévisuelle. Et c'était un élève studieux (sic). Il est extrêmement impliqué dans son travail. Il en mange, il en rêve, il aime raconter. Il tient toujours à donner le meilleur de lui-même. Et il le fait dans un climat d'excellente collaboration, même d'amitié à présent. De plus, avec le temps, nous avons tous les deux inscrit dans les personnages et les histoires de la série une dose d'humanité supplémentaire. Je pense d'ailleurs que Réjean a une vision des gens, du monde et des problèmes bien plus ouverte aujourd'hui qu'elle ne l'était il y a 20 ans. Par exemple, je me souviens que la première année, quand j'avais suggéré que la blonde de Pierre Lambert soit un médecin noir, Réjean avait capoté ben raide. « Ça a pas d'allure, ça se fait pas dans le milieu du hockey ! » m'avait-il dit alors. J'avais malgré tout continué à pousser dans ce sens, et on avait finalement rencontré la comédienne sélectionnée (France Zobda, alias Lucie Baptiste), qui nous avait donné un paquet d'arguments convaincants, si bien que ça avait fonctionné. Et aujourd'hui, si je revenais avec des idées du même type, eh bien je suis certain qu'il n'y aurait plus aucun problème. La meilleure preuve en est que dans la dernière série, comme Réjean abordait le thème du cancer du sein, on a rencontré avec Marina Orsini une des femmes qui lui avaient servi de modèle. Et ce type de rencontres est extrêmement enrichissant et profitable, sur le plan personnel et humain comme sur le plan professionnel. »

Jean-Claude Lord, on le constate aisément, voue une grande affection à Réjean Tremblay, même s'il reconnaît avec beaucoup d'humour que, comme dans un vieux couple, l'un comme l'autre ont des « bibittes » avec lesquelles il a fallu composer. « Mon plus grand reproche à Réjean, c'est qu'il n'écrit pas pour les moyens qu'on a ! » lance le réalisateur avant d'éclater de rire. « Il en veut toujours plus, nous, on sanctionne, et puis après, quand on arrive sur le plateau de tournage, on se dit : "Mais pourquoi est-ce que j'ai accepté ça ? C'est bien trop gros pour nos moyens financiers !" Disons que Réjean s'essaye, et puis que finalement on est pognés à s'essayer à notre tour avec la productrice... Mais bon, c'est en même temps stimulant, ce genre de défis, parce que nous aussi on a envie de faire quelque chose de bon, qui va être spectaculaire et avoir l'émotion nécessaire pour intéresser les gens. » Jean-Claude Lord avoue également que la franchise inénarrable du journaliste a parfois œuvré contre certains aspects techniques de la série : « Je le lis forcément depuis plus de vingt ans et ai bien sacré une couple de fois parce qu'on cherchait l'autorisation du Canadien pour aller tourner certaines affaires. Alors, quand il n'arrêtait pas de casser du sucre sur leur dos, je disais : "Aïe, Réjean, pense à nous autres !" "Non, Non, j'fais ma job, je me rattraperai un peu plus tard", me répondait-il. Et puis, quelques jours plus tard, il me rappelait pour me dire : "Bon, je viens d'aller manger avec le boss, tout est réglé." Et ça recommençait toujours. »

Est-ce en raison de cette double fonction de journaliste et de scénariste que la série *Lance et compte* a connu ses plus grands moments de tournage sur la patinoire des Nordiques de Québec ? « En fait, le Canadien n'était pas très ouvert à collaborer, et il faut souligner que nous avons pu faire des choses extraordinaires grâce aux Nordiques », explique Jean-Claude Lord. « Je me souviens notamment très bien que lors de la première saison de la série, ils nous ont permis de tourner entre la première et la deuxième période d'un de leurs matchs, c'est-à-dire pendant quatre minutes, avec toute notre équipe, nos caméras, la véritable Coupe Stanley entre nos mains et plus de quinze mille spectateurs qui brandissaient nos banderoles et criaient le nom du National. C'était vraiment incroyable. » Le réalisateur poursuit avec un brin d'émotion dans la voix : « Le soutien des Nordiques a d'ailleurs permis à la série de devenir ce qu'elle a été. Parce que si on n'avait pas eu cette collaboration-là, non seulement de l'équipe, mais aussi des gens de la ville de Québec, on n'aurait pas réussi à donner le ton que nous voulions à notre projet. Et même aujourd'hui, puisque depuis l'an 2000 nous avons tourné quatre saisons supplémentaires, nous nous présentons au Colisée de Québec une fois par série (tous les deux ans) pour y tourner nos scènes de hockey, et chaque fois dix à douze mille personnes s'y présentent pour servir gratuitement de figurants pendant quatre heures. C'est tout à fait exceptionnel, on ne pourrait pas faire ça à Montréal et nulle part ailleurs. Et c'est ce qui explique qu'en retour nous leur soyons d'une grande fidélité. »

Il suffit effectivement de penser aux cris du cœur que Réjean Tremblay a poussés dans ses articles en 1994 et en 1995 pour comprendre à quel point le départ de cette équipe pour la ville de Denver lui a été pénible. Heureusement, les souvenirs restent. Des souvenirs entérinés sur pellicule, et la magie toujours présente d'une série télévisuelle qui est devenue l'emblème de bien des générations de Québécois. Chapeau bas à ses deux formidables créateurs. – **S.G.**

« Le travail d'un bon journaliste, c'est de poser des questions,
d'aller en profondeur, de ne jamais être indifférent, de provoquer la réflexion.
Et Réjean Tremblay fait partie de ces rares professionnels qui forcent l'admiration. »

Jean Charest

Réjean Tremblay selon

Jean Charest

La vie d'un politicien de haut calibre peut ressembler à certains égards à celle d'un athlète. Pression constante, activité continuelle, détermination, dépassement de soi, critique ; autant d'éléments auxquels tous deux doivent se confronter au quotidien. Tout comme le sport, la politique est donc une vocation très exigeante à laquelle il faut se donner pleinement. Jean Charest a brillamment relevé ce défi, puisque depuis sa première élection à titre de député de Sherbrooke en 1984, il n'a cessé de remporter des victoires et a entamé en avril dernier sa cinquième année en tant que premier ministre du Québec.

Il a néanmoins été à bonne école dès son plus jeune âge, étant donné que ses parents, en plus de l'encourager à poursuivre ses études, n'ont cessé de le pousser à faire du sport, ce qui lui a sans doute apporté en partie l'endurance, le dynamisme et l'esprit compétitif nécessaires pour parvenir à réaliser ses rêves. « Nos parents insistaient effectivement pour que nous fassions de l'activité physique, nous, les cinq enfants », relate Jean Charest. « Les sports que j'ai le plus pratiqués quand j'étais jeune étaient le ski alpin et le soccer. Je jouais d'ailleurs dans le temps avec une équipe de Sherbrooke au niveau Midget, et je me souviens qu'on a gagné la Coupe de Montréal en 1973. Voilà, ça a été mon moment de gloire en tant que sportif. Toutefois, mon père, qui avait joué comme professionnel pendant un an au sein de la ligue américaine de hockey (il a aujourd'hui 86 ans), refusait que mon frère et moi, nous nous lancions dans ce sport. Il ne voulait surtout pas que nous l'imitions et ne cessait de nous répéter qu'il valait mieux investir notre énergie dans nos études, qu'il n'y avait pas d'argent à faire dans le hockey… J'ai écouté ses bons conseils. J'ai cependant continué jusqu'à aujourd'hui à faire du sport et à m'intéresser aux actualités sportives. »

Ces actualités, Jean Charest les a tout d'abord suivies dans *La Tribune*, le journal de Sherbrooke, puis dans *La Presse* et le *Journal de Montréal*, sans oublier la traditionnelle soirée du hockey de Radio-Canada animée par René Lecavalier. Le futur politicien aimait cependant particulièrement parcourir les chroniques de Bertrand Raymond et de Réjean Tremblay. « Oui, j'ai toujours trouvé les articles de Réjean intéressants parce qu'il aborde le sport avec un grand angle. C'était déjà à l'époque un journaliste qui se démarquait de sa confrérie, car il choisissait un axe qui lui permettait de traiter de ce dont les autres ne parlaient pas, à savoir des questions sociales, économiques et humaines. Ses chroniques étaient beaucoup plus personnelles que ce qu'on lisait ailleurs. » Et comme monsieur Charest était très attiré, non seulement par l'actualité du hockey, mais aussi par celle de la boxe, il a évidemment suivi avec passion le parcours de Muhammad Ali, cet incroyable champion du ring et du peuple que Réjean Tremblay a eu la chance de rencontrer à plusieurs reprises et qu'il surnommait « le plus grand ».

Le politicien et le journaliste avaient ainsi tous deux en commun certaines passions. Néanmoins, c'est bien plus tard, lorsque Jean Charest a été nommé ministre d'État à la Condition physique et au Sport amateur au niveau fédéral, poste qu'il a occupé de 1988 à 1990, que les deux hommes se sont enfin rencontrés. « Il faut dire que Réjean ne passe pas inaperçu », avoue le premier ministre en souriant. « Comme il a un gabarit assez impressionnant, il est facile de se souvenir de lui. Qui plus est, il a des opinions très fortes et il n'hésite jamais à exprimer son point de vue. Alors, s'il est présent à un point de presse, on le remarque immédiatement. Et évidemment, il s'est fait beaucoup connaître avec la série *Lance et compte*. Je pense d'ailleurs que la démarcation de sa carrière en tant que personnage public s'est vraiment faite à ce moment-là. Ça lui a permis de se distinguer. »

Quels rapports ont dès lors noué Jean Charest et Réjean Tremblay, sachant que ce dernier ne s'est jamais fait prier pour houspiller le gouvernement dès qu'il le jugeait nécessaire ? « Personnellement, je l'ai toujours beaucoup apprécié », déclare le politicien. « Évidemment, quand on choisit d'être aussi ouvert que Réjean Tremblay l'a été au cours de sa carrière, ça se prête à la critique. Il y a des fois où il a été très sévère à l'endroit du gouvernement ou à mon égard, mais je pense qu'il offre à celui qui le lit une occasion privilégiée de réfléchir. C'est d'ailleurs ce qui attire les gens vers Réjean, car on sait en le lisant qu'on va obtenir un point de vue qui enrichit notre réflexion, et pas uniquement le blabla d'un événement ou une approche ordinaire. On n'est pas toujours d'accord avec lui, mais il ne craint ni la polémique, ni la controverse, ni la défense de ses opinions. Ce qui en fait à mes yeux un journaliste très intéressant. » Puis, monsieur Charest ajoute : « J'irai d'ailleurs plus loin dans mon propos. Je pense que sa rubrique est celle vers laquelle on va automatiquement. On ouvre le journal avec l'intention d'aller lire Réjean Tremblay. En ce sens, le journalisme sportif se définit en partie sur ce que Réjean fait, écrit et pense. C'est la différence entre lui et les autres journalistes. Et vous savez, je fais la même chose en politique. Quand j'ouvre un journal, je me dirige tout de suite vers la page d'un chroniqueur particulier avec l'intention de le lire. Et j'achète *La Presse* parce que je veux lire Réjean Tremblay, il est vraiment de ce type de journalistes-là. Je pense que c'est comme ça qu'il a acquis un grand lectorat, et cela inclut les gens qui ne sont pas toujours d'accord avec lui. Car l'objectif d'un journaliste, ce n'est pas de faire des consensus. Le travail d'un bon journaliste, c'est de poser des questions, d'aller en profondeur, de ne jamais être indifférent, de provoquer la réflexion. Et Réjean Tremblay fait partie de ces rares professionnels qui forcent l'admiration. »

Le premier ministre est également impressionné par l'adaptabilité du journaliste. « Il est amusant de voir qu'il s'aventure sur d'autres sujets que le sport. Il s'intéresse en effet à tout, son article récent sur le Burkina Faso en est un bon exemple. Je l'ai aussi souvent entendu faire des commentaires sur la politique parce qu'il aime l'actualité. En fait, il y a toujours un contexte qui entoure les événements, et Réjean Tremblay a toujours su en dessiner les contours. Parce que le sport, c'est un peu un miroir de la société, un miroir de ce que nous sommes, de nos valeurs. Et ça, Réjean l'a toujours mieux compris que les autres, qu'il fallait regarder dans ce miroir, qu'il fallait être capable de voir les choses, les images qui nous sont renvoyées, les choix qui sont faits. »

En définitive, comment Jean Charest décrirait-il Réjean Tremblay en quelques mots ? « Eh bien, je dirais qu'il est certainement très intense. C'est un homme qui est vif. Un Bleuet qui est fier de ses origines. Un partisan dans le sens noble du terme, car il est capable de défendre une idée quand il y croit. Et c'est aussi un visionnaire, qui est en mesure de voir bien au-delà de l'événement à couvrir. J'espère donc », conclut-il, « qu'il continuera très longtemps à dire les choses et à partager avec nous sa vision du sport et de la société. »

Regards sur la société

La fille de Cancún

5 février 1980

CANCÚN, MEXIQUE – Une chaleur écrasante qui difforme (sic) les lignes de l'autre côté de la rue; je viens de défricher l'article de première page du *Novedades*, le quotidien qu'on achète à Cancún, dans la péninsule du Yucatan; on raconte l'évasion des six diplomates américains en Iran, via l'ambassade du Canada; on parle même du señor Jean Pelletier, un journaliste de *La Presse*. Beau être en vacances et jouer au cynique à propos du métier, ça fait un velours le long de la colonne vertébrale. Des Américains qui viennent de terminer la lecture du *Miami Herald*, édition internationale, me refilent leur papelard ; en une, on parle encore du scoop de Jean Pelletier, correspondant du journal *La Presse*, précise-t-on...

– Ils doivent être fous au journal, que je pense en me disant que j'aimerais bien être dans la salle pour une couple d'heures... *Señor, una cerveza... fría por favor...* faut mouiller pareille histoire.

Un coup d'œil dans les pages de sport... tiens, le Canadien s'est remis de sa dégelée contre Buffalo !

– Pardon, monsieur, avez-vous les résultats de hockey ? Les Nordiques ont-ils gagné ?

J'hésite; la mignonne est toute petite, d'allure mexicaine, elle étire une bière en reluquant un magazine de windsurfing.

– Ils se débrouillaient pas mal quand je suis parti... mais ça t'intéresse tant que ça ?

– Oui, je suis fiancée avec un joueur des Nordiques ; j'étais venue à Cancún pour trois jours il y a quatre mois et, entre-temps, je me suis marié avec un Mexicain.

– C'est qui ton fiancé chez les Nordiques ?

– C'est Untel, tu le connais peut-être ?

En effet, je le connais ; j'ai pris bien des précautions pour expliquer à la jeune fille, Lorraine de son prénom, que son fiancé, tout à ses charges matrimoniales et paternelles, ne devait pas s'inquiéter outre mesure de son absence prolongée. Les joueurs de hockey ne précisent pas toujours certains détails quand ils se confient à des admiratrices.

Mais la mignonne s'en fout; son fiancé peut s'escrimer tant qu'il voudra sur la glace, Lorraine préfère les plages de Cancún. Tellement que, pour éviter d'être refoulée au Canada à l'expiration de son visa, elle s'est mariée à un Mexicain.

« J'étais pas mal partie... Je me suis lamentée à un beau gars de mes problèmes ; dix minutes après, il trouvait la solution... on partait pour Merida, la capitale, pour se marier.

J'étais tellement soûle qu'au lendemain de ma nuit de noces je ne me souvenais plus du nom de « mon mari » ; je l'ai cherché trois semaines dans Cancún... »

Lorraine a trouvé le job de rêve; elle est professeur de windsurfing, la nouvelle rage à Cancún ; c'est son mari qu'elle a fini par retrouver dans un restaurant qui l'a initiée au métier. « Je peux me faire $ 100 par jour... la plage, le soleil, de l'argent, c'est la plus belle vie au monde. »

Un silence.

– Mais je m'ennuie de mon fils par exemple…

– Ah bon, en plus de laisser un fiancé à Québec, t'as laissé un fils à Montréal ?

– Oui, il a quinze mois ; il est chez mes parents… Ils ne veulent plus me le redonner ; pourtant, il serait heureux avec nous quand on va partir au Brésil et à Tahiti pour des compétitions de windsurfing dans le camion-campeur de mon mari avec la bande de windsurfer…Je veux qu'il se sente libre, c'est déjà trop grave qu'il soit né à Tanguay…

– Comment ça, né à Tanguay ? La prison pour femmes ?

– Oui, j'avais pogné 18 mois quand mon chum s'est fait arrêté pour trafic de drogue ; la GRC avait saisi 27 kilos de hash dans l'appartement ; j'ai tiré six mois et demi à Tanguay… mon bébé est venu au monde prématurément à cause de toutes ces histoires. Et j'étais toute seule…

– Ton chum, lui, il ne pouvait pas t'aider ?

– Non, il s'est suicidé au pen; quatre jours après qu'on l'eut mis en dedans, un copain lui a refilé une overdose d'héroïne ; ça faisait quatorze ans qu'on était ensemble mais on a vécu pour cent ans. Il n'aurait pas pu supporter l'enfer de la prison.

On se regardait à la table à mesure que les malheurs s'ajoutaient aux déboires ; le soleil qui se couche vite aux tropiques commençait à rougir le ciel.

C'est bête, je m'étais assis pour boire une bière, fier du scoop de Pelletier, content des deux dernières victoires des glorieux, chaud de soleil et, deux heures plus tard, j'avais presque envie de brailler et la fraicheur de la nuit me laissait frissonner.

Mais j'écoutais une bonne histoire, je me faisais raconter un bon roman ; en recoupant certains passages, je me suis bien rendu compte que le soleil avait tapé trop fort sur Cancún depuis quatre mois ou bien que le Mexican Gold avait des effets inattendus; mais je me disais aussi que Guy des Cars aurait torché un fameux roman avec une pareille avalanche de malheurs.

La fille de Cancún ou un *Un enfant au soleil* qu'il aurait pu titrer, M. des Cars ; ça aurait fait chic avec *La Dame du cirque*, *L'entremetteuse* ou *La Brute*… ses autres romans à succès.

Lorraine a finalement quitté le restaurant, toute menue, un peu perdue dans ses histoires.

« Je suis une beach bum, a-t-elle lancé en partant. C'est la plus belle vie au monde. »

Et pendant ce temps, un fiancé qui s'ignore compte des buts avec les Nordiques de Québec…

Mon dieu que la terre est petite et que le monde « sont drôles » !

L'URSS sortira-t-elle de sa banqueroute ? Tout se détériore dans la capitale qui n'a plus rien de la belle Moscou de 1980

16 septembre 1990

Je n'ai jamais connu les rues de Bombay ou de Calcutta. Ni les faubourgs de Rio. J'ai vu des enfants vendre des Chicklets le soir à Cancún, ou des mères de famille avec leur bébé couchées sur le trottoir, mendier quelques sous à Acapulco.

Mais j'ai rarement été aussi bouleversé qu'hier, en plein après-midi, en quittant l'hôtel Belgrade, où sont campés les joueurs du Canadien et leur entourage.

Devant, il y a une large perspective d'une dizaine de voies de large. Il faut traverser cet immense boulevard pour se rendre à l'autre moitié du Belgrade.

Quand les journalistes sont sortis, des enfants de quatre ou cinq ans se sont mis à genoux devant eux, les suppliant de leur donner des roubles.

Le plus vieux, qui avait peut-être cinq ans, portait un bébé d'un an accroché à son dos. Les deux étaient affreusement sales.

Finalement, un des confrères a donné 1 $ au gamin et un autre a rajouté un rouble. Le gamin tenait les mains qui lui tendaient l'argent et ne voulait pas les lâcher. Nous avons continué à traverser les 10 voies du boulevard.

Un des bambins s'est élancé à travers les voitures en pleurant et en criant : « *Please... Please...* » en se jetant à genoux sur la chaussée au mépris des voitures qui roulaient.

Il semblait totalement désespéré d'avoir été oublié par les « touristes »...

On fait quoi dans la situation ? On se dit que c'est certainement de la comédie pour arracher 1 $ à des touristes ?

C'est sûr que l'enfant a appris quelque part, de quelqu'un, qu'en se jetant sur les touristes qui sortent de l'hôtel, on finirait par lui donner quelques sous.

Mais à quatre ans !

Et le bébé accroché sur le dos d'un enfant de cinq ans qui court sans regarder à travers la circulation, est-ce vraiment de la comédie ? Est-ce du grand théâtre ? Et la saleté, c'est drôle ou c'est triste ?

Nous étions presque rendus de l'autre côté de la perspective quand j'ai finalement glissé un billet de 1 $ dans la menotte du gamin. Il est parti en courant dans l'autre sens en brandissant son 1 $ comme un trophée et nous le regardions aller le cœur serré.

John Hancock, de CBC, répétait à mi-voix en montant péniblement dans l'autobus : « C'est trop triste. Je ne suis plus capable d'en prendre dans ce pays... »

Cette scène s'est passée tout juste devant un des sept splendides et fiers édifices construits sous Staline à coups de millions de cadavres.

Les joueurs du Canadien et leur entourage vivent probablement dans le pire hôtel qu'ils auront visité dans leur carrière professionnelle. L'hôtel Belgrade est formé de deux édifices de chaque côté d'une perspective. Les North Stars du Minnesota sont d'un côté, le Canadien, de l'autre.

L'hôtel est sombre et guère invitant. Certains joueurs ont eu droit à des chambres convenables, d'autres à des garde-robes.

Les journalistes, qui sont au Cosmos, sont beaucoup mieux traités. Mais le Cosmos, un gigantesque hôtel de 3 000 chambres, n'a plus rien du Cosmos d'il y a dix ans, lors de son inauguration pour les Olympiques.

L'hôtel se détériore sérieusement. On sent une négligence à chaque mètre carré. Les uniformes des serveurs, les tapis, les ascenceurs, l'hôtel, comme le reste de Moscou et de Leningrad, semblent être laissés à l'abandon.

Je ne veux pas reprendre toujours la même chanson, mais il faut comprendre que c'est de l'effondrement de la moitié du monde dont nous sommes témoins au cours de cette tournée.

Et hier, en revoyant cette Moscou que j'avais trouvé si belle en 1980, j'ai réalisé que le système nous avait bernés comme il bernait et écrasait de peur ses propres citoyens.

Le système était corrompu derrière ses belles facades. Comme est décrépi et dévasté l'intérieur des édifices. Tel le Cosmos, tel le Belgrade, telles ces immenses tours d'habitation construites pour les citoyens du temps de Staline.

La Moscou de 1980 qu'on nous avait montrée lors des Jeux olympiques était garnie de fleurs et de banderoles. Et tout ce qui était laid était caché et interdit.

Hier, pendant les deux heures passées à rouler dans la ville pour se rendre à l'aréna ou d'un hôtel à l'autre, c'est une autre Moscou que j'ai revue.

Même les monuments ne sont plus entretenus et les immenses statues à l'effigie de Lénine sont devenues sans signification. Tout au plus, des statues d'opérette.

Même le plus russophile de nous tous, Jacques Moreau, de TVA, est renversé par ce qu'il découvre.

C'est paniquant dans un sens parce qu'on devrait savoir aussi que l'Amérique, accablée par ses déficits, va devoir lutter pour sa prore survie économique…

Et qui donc va sortir l'URSS de sa banqueroute ?

Moscou était une ville sécuritaire. On pouvait être écrasé par la pesanteur du système, mais on ne craignait certainement pas les voleurs. Il y a tellement de miséreux dans les rues, tellement de trafiquants qui tentent de vendre la moindre bricole, que Guy Carbonneau, en se rendant à une Pizza Hut avec sa femme Lyne, a commencé par lui demander de ranger sa caméra dans son sac : « Puis, Guy m'a demandé d'enlever mes boucles d'oreilles… Il y avait tellement de gens qui s'accrochaient à nous, qu'il était inquiet », de raconter la jeune femme.

En 1972, les Soviétiques avaient été blessés dans leur fierté parce que les joueurs de hockey distribuaient de la gomme à mâcher aux jeunes. Ils n'aimaient pas que les enfants de la deuxième nation de la terre manquent de dignité devant l'étranger capitaliste. Et ils avaient raison. Si la fierté a une ville, elle a toujours le droit d'avoir une nation.

En 1990, ce sont des dizaines d'enfants qui attendaient à la porte de l'aréna Luzuilski pour tenter de vendre épinglettes ou souvenirs.

Et quelques pas plus loin, des dizaines d'adultes offraient des roubles contre des dollars.

Pour survivre, parce que personne ne sait quoi faire et comment remplacer une nomenklatura complètement sclérosée et dépassée.

En plein cœur de la capitale de l'Union des républiques socialistes soviétiques…

Les Cossette-Trudel sont prêts à affronter la justice québécoise moyennant garanties

24 août 1978

PARIS – Une banlieue ouvrière au nord de Paris, un quartier turbulent, dur, où les immeubles HLM pullulent. Tout en haut d'un de ces HLM, au quinzième étage, un appartement très modeste qu'il faut atteindre en grimpant un demi-escalier puisque l'ascenseur étroit qui sent l'urine séchée s'arrête au quatorzième.

C'est là que vivent les Cossette-Trudel, les plus célèbres membres de la Cellule Libération du FLQ, celle qui enleva James Cross le 5 octobre 1970.

L'appartement est moins qu'ordinaire ; très peu de meubles, aucune décoration, rien qui puisse rappeler un enracinement quelconque, une joie de vivre matérielle. « C'est un appartement d'exil, un lieu de passage, on veut pouvoir partir tout de suite sans que rien nous rattache quand il nous sera possible de retourner au Québec », explique Jacques Cossette.

La pièce principale est en désordre puisque les

enfants Cossette-Trudel, Alexis, six ans, et Marie-Ange, quatre ans, sont revenus l'après-midi même du Québec où ils avaient passé un mois. Leur mère, Louise Lanctôt, la sœur de Jacques Lanctôt, un autre felquiste qui vit à Paris, les embrasse, leur demande des nouvelles du Québec.

Québec, Québec, toujours le mot revient dans la conversation. Les Cossette-Trudel souffrent atrocement du mal du pays.

Mais rêver du Québec et y revenir sont deux choses différentes.

Le cas des Cossette-Trudel, comme celui des autres felquistes de la Cellule Libération, est compliqué; officiellement, ils ne sont pas en exil. En réalité, ils ne peuvent revenir au pays sans affronter la justice pour répondre des gestes posés il y a huit ans lors de la crise d'Octobre.

Ils ont déjà écrit au premier ministre Lévesque pour essayer de trouver un compromis qui leur permettrait de revenir; Lévesque a semblé fléchir, alors que le ministre de la Justice Me Marc-André Bédard a vite précisé qu'il ne pouvait y avoir de passe-droit pour les Cossette-Trudel.

Dix-fois, vingt fois depuis cette intervention du ministre, Louise et son mari ont commencé à lui rédiger une lettre. Vingt fois, ils ont renoncé parce qu'ils ne trouvaient pas les mots pour lui faire comprendre qu'ils avaient expié leur crime.

L'exil c'est quoi ?

« L'exil, c'est comme la prison, c'est la perte de sa liberté, c'est la coupure d'avec la société », répond Louise Cossette-Trudel : « C'est d'abord la perte de sa liberté d'espace, Je dirais une liberté primaire, celle de bouger; au Québec, c'est vaste, quand on a la bougeotte, on part; l'exil, c'est de ne pas pouvoir quitter la France, c'est l'impossibilité d'aller en Belgique, ailleurs. C'était pire à Cuba puisque Cuba, c'est une île ou on était d'ailleurs constamment surveillés. Quand on met quelqu'un en prison, on le met au ban de la société; l'exil, c'est pire, on l'a choisi, mais on a fait notre temps, on a payé; j'ai vu mon père une fois en huit ans, quant à ma mère, elle mettait ses allocations de côté, se serrait la ceinture pour venir me voir et maintenant elle se meurt; ce qu'on demande, ce n'est pas l'amnistie, c'est une forme de justice. »

Jacques, son mari, fraiseur (mécanicien spécialisé) dans une petite boutique de Paris, reprend : « Au bout de huit ans, que veulent-ils de plus comme vengeance ? J'ai gaspillé mes études, j'ai gaspillé une carrière, j'ai perdu ma jeunesse, j'ai maintenant 31 ans et je devrai recommencer ma vie pour une quatrième fois le jour où je reviendrai au Québec. J'aurai toujours le nom FLQ gravé dans le front; ou quelle différence y a-t-il finalement entre la prison et l'exil après huit ans ? On recommence de toute façon à moins que zéro. Avant 70, on s'était acheté des meubles, de beaux meubles du terroir, on ne les a plus, pendant quatre ans, à Cuba, on avait réussi à se ramasser quelques livres, des petites choses, il a fallu les abandonner quand on est venus en France comme immigrants puisqu'on ne pouvait emporter plus de 42 livres de bagages; en quittant la France nous n'emporterons rien, car ce ne sont pas nos salaires à Louise et moi qui nous permettraient de toute façon de bâtir quelque chose ici ».

Les Cossette-Trudel seraient prêts à affronter la justice québécoise, mais ils exigent certaines garanties.

La garantie que Louise n'aura pas à séjourner en prison : « Nos enfants sont déjà tellement handicapés qu'il serait inhumain d'expédier leur mère en prison à leur arrivée dans leur patrie. Moi, jusque dans certaines limites, un séjour en prison ne me ferait pas trop peur. »

Le printemps dernier, deux envoyés du ministère de la Justice se sont rendus en banlieue de Paris rencontrer les Cossette-Trudel dans leur HLM, MM. Duclos et Duchesne. Les Cossette et les envoyés du ministère ont discuté longuement tant de la crise d'Octobre que des moyens à prendre pour permettre aux « exilés » de revenir au pays.

Cinq chefs d'accusation pèsent sur les épaules de Louise, tandis que Jacques aura à en affronter six, allant de complot pour enlèvement jusqu'à chantage contre un gouvernement.

Indirectement, ce sont MM. Duchesne et Duclos qui ont convaincu les Cossette-Trudel de parler publiquement de leur vie en exil.

Même après huit ans, il n'est pas facile pour les felquistes de s'exprimer publiquement.

En mai, juste après la diffusion de leur entrevue à Radio-Canada, le couple a été harcelé pendant plus de quinze jours par des agents qu'ils n'ont pu identifier.

« Pendant deux semaines, j'ai été suivie partout où j'allais », raconte Louise Cossette-Trudel. « On a été littéralement terrorisés; cela a commencé quand un apprenti téléphoniste a découvert deux hommes cachés dans le petit réduit où on range les boyaux anti-incendie, à côté de l'ascenseur; il était sept heures moins le quart et le type leur a demandé ce qu'ils faisaient là. On lui a flanqué deux cartes de presse sous le nez en faisant signe de se taire. Pendant quinze jours, les deux types m'ont suivie en moto; ils me suivaient à la station d'autobus et allaient m'attendre à une autre station où je changeais d'autobus; ils sont allés à la maternelle et ont demandé d'emmener les enfants avec eux. »

Depuis un bon moment, Louise parle en anglais pour que son fils Alexis ne comprenne pas ce qu'elle raconte.

« On avait bien averti la direction de la maternelle de ne jamais laisser sortir mes enfants sous aucun prétexte, avec qui que ce soit. »

« Une seule chose semble certaine, tous les témoignages confirment qu'il s'agissait de Canadiens. »

Il est évidemment impossible aux anciens felquistes de cacher leur passé à leurs voisins, à leurs patrons. « Les gens ne sont pas fous, quand ils s'aperçoivent qu'on est venu fouiller notre appartement, qu'on vit très modestement en France alors qu'on pourrait mieux vivre chez nous, ils se posent des questions; et dès qu'un ou deux voisins connaissent ou devinent la vérité, tout le monde le sait. À mon travail, c'est la même chose, mais comme on vit dans un quartier ouvrier, de gauche, ça ne nous cause pas de problème. »

Mais le mal du pays, le rêve des hivers, la vision de grands espaces empêchent les Cossette-Trudel d'apprécier ce que la France peut leur apporter de positif.

Obsédés, torturés par ce désir impétueux du Québec, ils ne vivent que pour le retour.

L'idéal d'un Québec communiste

PARIS – L'image du FLQ est liée à l'idée de l'indépendance du Québec. Jacques Cossette-Trudel n'est pas indépendantiste, ni fédéraliste d'ailleurs, il est communiste. Sa femme Louise, issue d'une famille attachée profondément aux valeurs québécoises est plus nationaliste, leur idéal n'est cependant pas la création d'un État indépendant mais d'un État communiste.

L'ancien felquiste estime que malheureusement tout le débat sur l'unité canadienne fausse la réalité :

« Les Québécois sont opprimés, mais en alimentant le débat sur l'autodétermination on masque le vrai problème. L'enquête Keable, par exemple, a vite tourné en un autre conflit entre Québec et Ottawa alors qu'il s'agissait avant tout de savoir quels sont les droits des citoyens devant l'Inquisition d'un État oppresseur. »

Les Cossette-Trudel estiment qu'ils ont payé leur tribut à leur idéal communiste. Au contact des Cubains, leur conception du communisme s'est enrichie, s'est épurée de certains préjugés ; ils ont appris à détecter les erreurs « humaines » pour mieux voir l'idéal.

« Mais on ne revient pas pour militer. Pour nous, ce n'est pas prioritaire, même si idéologiquement nous sommes communistes » concluent-ils après un entretien de près de sept heures.

Pour penser à autre chose...

13 janvier 1998

Trois jours et trois nuits sans électricité, ça s'endure, ça se vit. Surtout quand on a un foyer, des amis et du bois pour quelques jours.

Trois jours et trois nuits à se défendre contre le froid et la noirceur. Branché à CKAC pour avoir des nouvelles ou à une station FM pour avoir un peu de musique. Trois jours et trois nuits à voir l'Île-des-Sœurs dans une obscurité presque complète. Il y avait deux édifices éclairés grâce à des génératrices et un seul restaurant qui servait des centaines de repas préparés au propane et servis à la chandelle. Le centre communautaire de l'Île, c'était la Pasta Mia puisque Verdun semblait avoir oublié son existence.

Vendredi, quand je suis sorti du journal, Montréal était sombre comme je ne l'avais jamais vue. Et comme j'espère ne jamais la revoir. Une fois, j'avais vu la ville avec une aura encore plus tragique. C'était le week-end rouge. Je couvrais la grève des pompiers et l'Est de Montréal était illuminé par les incendies qui dévoraient des vieux logements.

Sans télévision, reste la radio et les journaux. J'ai compris pourquoi Jacques Beauchamp et les anciens journalistes donnaient tous les détails des matchs. Parce qu'il fallait que les lecteurs recréent dans leur tête les péripéties des affrontements. Il y a belle lurette que les reporters sportifs ne font plus le compte rendu des matchs. On rapporte les propos des entraîneurs et des joueurs, on analyse, on soupèse, mais on parle finalement très peu de ce qui s'est passé. Parce qu'on prend pour acquis que les lecteurs ont également vu le match à la télé. On devient le complément de la télévision.

Dimanche et lundi, quand j'ai lu mes journaux, j'ai dû interpréter les sommaires des matchs pour avoir une idée exacte de ce qui s'était passé. Parce que les sommaires n'ont pas changé. Ils racontent le match pour celui qui sait les lire.

La télé va revenir. On va continuer à personnaliser toujours davantage la couverture du sport à cause de cette télé omniprésente. C'est l'an 2000 et c'est correct. Mais quand on n'a plus d'électricité, ce n'est plus l'an 2000, c'est les années 40, à la campagne.

Ceux qui n'ont pas manqué de courant ne peuvent pas comprendre la misère des gens qui grelottent dans leur maison, qui angoissent à l'idée de manquer de bois de chauffage. Ceux qui n'ont passé que deux ou trois jours en camping d'hiver oublient trop vite comment ils se sentaient misérables sans eau chaude et incapables de lire parce que la flamme de la bougie creusait trop la cire.

Il ne faut pas oublier. Près d'un million de Québécois vivent des temps misérables. Il ne faut pas oublier et faire comme les gens du Saguenay qui se sont souvenus. Des montagnes de bois de chauffage et une vraie sympathie. Quand on a connu l'horreur, on comprend celle des autres.

Il ne faut pas oublier et faire comme Gaston L'Heureux. Une fois qu'on a assuré la survie des gens et si possible des animaux, il faut que les amuseurs fassent leur devoir. Amuser.

L'Heureux a déniché des chanteurs, des comédiens et des humoristes pour aller faire sourire les sinistrés. S'il manque d'eau chaude dans les refuges, il y aura des artistes pour dérider ceux qui ont les nerfs à fleur de peau. Quand Glen Miller allait faire danser les soldats pendant la Deuxième Guerre mondiale, il rendait service à son pays. Quand Bob Hope allait faire rire les GI's américains en Corée, il appuyait l'effort de guerre de son pays.

Quand Gaston et sa troupe vont donner leur représentation ce soir, ils vont rendre service à tout le Québec. Une bagarre évitée, une crise de nerfs diminuée, c'est un problème de moins à solutionner.

C'est la même chose pour les sportifs. Leur rôle dans la société est d'amuser, de faire rêver et de passionner par leurs exploits.

Vincent Damphousse, Réjean Houle et les autres sont des privilégiés. On peut leur demander de s'impliquer, de donner, d'aider. Comme on peut le demander à tous les citoyens. Mais ils ont avant tout la responsabilité de gagner des matchs, de performer et de passionner ceux qui les aiment ou les haïssent.

Hier soir, le Canadien jouait à Tampa Bay. CKAC, qui a couvert jour et nuit l'épouvantable tempête de verglas qui a assommé le Québec, a décidé de présenter le match : « Nous voulons informer les gens qui n'ont pas de télévision. Mais surtout, on pense que les sinistrés ont le goût d'avoir quelque chose à écouter pour se distraire. Pour penser à autre chose », d'expliquer Serge Amyot, producteur du *Journal du midi* au réseau.

C'est la même chose à *La Presse*. Instinctivement, les journalistes auraient le goût de couvrir tout ce qui se passe dans les centres d'hébergement ou sur le terrain où travaillent des milliers de techniciens et de bénévoles. Mais quand on a lu les mauvaises nouvelles, et les bonnes aussi puisque le Québec commence à récupérer et à gagner la bataille, on a le droit et le goût de savoir si le Canadien a gagné, si nos skieurs et nos patineurs vont être prêts pour les Jeux olympiques ou si Alan Eagleson est déjà sorti de prison. Une prison chauffée, avec douche et repas chauds.

Trois jours et trois nuits, ça se vit, ça s'endure. Une semaine, ça doit être affreux. Mais ça se vit, vous le vivez. On va vous aider en faisant notre job. Comme le font les artistes et les sportifs, ces gens en apparence si inutiles et qui pourtant sont si essentiels.

C'est le reste qui est terrible

31 mai 1998

Normand Legault était effroyablement nerveux. Il poussait son chariot rempli de victuailles pour la semaine. Il sentait une foutue goutte de sueur perler sur sa joue et il savait qu'une bonne caissière pourrait avoir des doutes.

– Bonjour monsieur. Alors, on soigne bien sa santé ?, lui demanda la jeune femme avec un beau sourire. Mais ses yeux inquisiteurs démentissaient la chaleur de son sourire. Si elle occupait le poste très important et névralgique de caissière dans un supermarché, c'est que le parti la jugeait incorruptible et dévouée jusqu'à la mort. Elle devait avoir fait la grande croisade contre le tabac.

Normand Legault était un homme solide. Malheureusement, depuis qu'il avait été emprisonné dans une unité de désintoxication après s'être fait surprendre à griller une cigarette après avoir fait l'amour avec sa femme, il avait pris du poids. Le ministère de la Santé l'avait pesé et il avait été jugé. Puisque c'est l'État qui payait les soins de santé dans la province, les bureaucrates avaient décrété ce qui était le mieux pour les citoyens.

Et Normand Legault n'avait pas le droit de peser plus de 88 kilos. Or, il devait voyager pour son travail depuis la disparition du Grand Prix du Canada en 2003. Et à l'étranger, il lui arrivait de manger du dessert.

– Vous avez pris du beurre ? lui demanda la caissière avec de la suspicion dans la voix.

– J'ai le droit, j'ai été pesé hier. Je fais 87 kilos.

– Et vous avez de la crème ? Pourquoi de la crème puisque la caféine est maintenant une drogue contrôlée ? Est-ce que je pourrais voir votre carte de santé ?

Legault savait qu'il était pris. Son taux de cholestérol était trop élevé malgré tous ses efforts. Il n'avait pas le droit au beurre ni à la crème. Dans les restaurants, il arrivait encore que le serveur oublie de passer la carte de santé des clients. Legault en profitait pour demander un peu de beurre avec son pain. Sans insister pour ne pas éveiller l'attention.

La caissière vérifia la carte à puce. Le beurre, la crème, les œufs et la viande rouge figuraient dans les produits qui étaient interdits à Legault. Question de santé. Puisque l'État devrait le soigner s'il tombait malade, l'État avait le droit de veiller sur sa santé. C'est le principe qu'avait réussi à imposer le ministre Rochon dans le temps de la grande Révolution fumeuse.

On avait commencé par le tabac. Les croisés, payés par l'État, avaient réussi à imposer leur foi. Un joueur du Canadien, surpris à allumer un cigare dans le stationnement du Centre Molson après un match de hockey, avait été forcé de poursuivre sa carrière en Europe. Il s'était battu en vain. Comment un homme, allumant un cigare dans un stationnement où 800 voitures crachaient du CO_2, poison vif, en attendant pour sortir après une partie, pouvait être coupable d'un crime aussi grave ?

« Un jour, ce sera les automobiles, ne vous inquiétez pas », lui avait répondu le fonctionnaire.

La grande campagne avait été menée tambour battant. La résistance s'était fait sentir quand on avait commencé à marquer à la peinture rouge les maisons des fumeurs, mais la hargne des croisés n'avait pas connu de frein.

La dénonciation avait fait des merveilles. N'importe lequel employé jaloux pouvait faire congédier un collègue. Suffisait de l'accuser d'avoir fumé. Comme la loi donnait tous les droits aux inspecteurs, le tabac devenait le prétexte à une inquisition forcenée. Les droits personnels étaient bafoués mais, comme le but ultime, une société sans tabac était noble, les politiciens n'osèrent tenir tête aux croisés et à leurs bureaucrates.

Après, ça avait été vite. Puisque, au nom de la santé, on s'était donné le droit de bafouer tous les droits des invidivus, on avait appliqué le même principe au beurre, au gras, au sucre, à la caféine. Seul l'alcool avait été épargné puisque les principaux croisés aimaient boire un scotch à la fin d'une dure journée de labeur.

Mais on avait banni la vente libre de la bière puisque la bière était plus dangereuse que le cognac ou le scotch. Le peuple avait les moyens d'acheter de la bière alors que seuls les membres de l'élite des croisés pouvaient se permettre les alcools fins. Et évidemment, les croisés étaient assez intelligents, eux, pour prendre soin de leur propre santé.

La santé, c'était tellement merveilleux. Le vrai passeport qui permettait tous les abus. Les enfants n'avaient plus le droit de pédaler dans leur quartier sans porter un casque, des genouillères et un masque complet. Les croisés avaient fondé des usines de fabrication de masques et de casques mais, puisque c'était pour le bien de la santé, personne n'avait protesté devant leurs profits exorbitants.

Les Internationaux de tennis étaient morts en 2005. Et Richard Legendre, épuisé et stressé par des luttes constantes, avait raté son examen de santé. Son cœur fatigué ne lui permettait plus de grandes émotions. Le ministère avait donc décrété qu'il pourrait faire l'amour une fois par semaine... mais avec sa femme seulement. Et on avait rencontré Mme Legendre pour lui donner des conseils afin d'éviter un malaise à son mari.

Plus de tennis, plus de Formule 1, les Feux d'artifice s'étaient transformés en pétards écologiques qui ne pétaient pas trop fort pour ne pas heurter les tympans des Québécois. Fallait éviter les risques de blessures aux oreilles. Quant au Festival Juste pour rire, on l'avait interdit parce qu'un comique s'était moqué du président de la coalition antitabac devenue, au fil des années, la coalition pour une meilleure santé au Québec. La CMSQ.

On s'ennuyait, on voulait mourir mais on était en santé. Chaque soir, 6,8 millions de citoyens sortaient pour prendre leur marche obligatoire de 50 minutes. On passait sa carte à puce dans son téléphone, le numéro était enregistré au ministère, on était vérifié aux différents postes de contrôle et, en revenant, on se rapportait au ministère.

Un peuple qui marche est un peuple en santé...

C'est évidemment un cauchemar. Je n'aurais pas dû lire les articles décrivant l'esprit et la lettre de la loi Rochon. Vendredi, le ministre a lâché du nanan aux représentants des événements menacés par cette loi facho. C'était prévu depuis le début. En calmant Normand Legault, Richard Legendre, Christine Mitton et tous les autres organisateurs d'événements, les ayatollahs font oublier le reste.

C'est le reste qui est terrible.

Les nouveaux bigots

21 août 2003

BIGOT : pratique bornée et excessive de la dévotion.

J'ai choisi la définition la plus douce dans les dictionnaires que j'ai consultés pour décrire le parfait bigot.

Dans un passé encore récent, le bigot s'activait contre les péchés. Si vous avez plus de quarante ans, vous devez vous rappeler de ces vieilles chipies qui surveillaient tout ce qui se passait dans le village pour mieux anéantir tous ceux ou celles qui se laisseraient aller au péché. Et vous savez sans doute que le vrai péché au Québec, c'était l'impureté. Ce n'est pas pour rien que, dans les dix commandements de Dieu, il n'y a que l'impureté qui ait droit à deux commandements. Le sixième et le neuvième. Même le meurtre n'a droit qu'à un seul commandement, le cinquième.

Avant, les bigots pouvaient revêtir les habits sombres des Quakers américains. Ils promenaient leurs larges chapeaux noirs dans les campagnes et peignaient d'un « A » rouge les maisons ou les robes des femmes adultères. Encore là, c'était surtout le cul qui faisait rager les bigots.

Encore plus avant, on avait eu droit à l'Inquisition. Les catholiques torturaient et assassinaient ceux qui avaient le malheur de ne pas partager leur dévotion à l'Église et à son pape.

Le bigot avait tous les droits puisqu'il détenait seul la vérité. Et comme il avait la vérité, il pouvait donc imposer de force sa vision à tous ces impurs qui étalaient leur imperfection. C'est pour ça que les films étaient censurés, c'est pour satisfaire ces bigots qu'il a fallu attendre deux ans pour voir une version tronquée de *Et Dieu créa la femme* avec Brigitte Bardot au Théâtre Capitol à Chicoutimi.

Les bigots étaient partout. Au Québec comme au Canada. Ils étaient les détenteurs du droit divin, et tous les autres qui ne voulaient pas suivre leur prédication se vautraient donc dans le péché.

Surtout l'impureté, évidemment.

J'écoutais l'émission *110 %*, mardi soir, qui traitait du tabac et du sport automobile. On a eu rapidement droit à une foire d'empoigne, et ça ne m'a pas surpris. Même que j'étais un peu mal à l'aise en regardant les yeux de François Damphousse, de la coalition antitabac. Comme j'avais été mal à l'aise en écoutant Louis Gauvin, le grand bigot en chef de l'antitabac.

Tellement mal à l'aise qu'hier, j'ai passé l'avant-midi à me demander ce qui m'avait autant troublé. J'en ai vu des débats pétés à *110 %*. Mais mardi, ça allait plus loin. Il y avait une rage et une passion qui dépassaient le thème d'une discussion.

Je pense avoir compris. Dans le fond, on ne discute plus d'antitabac avec les Gauvin et Damphousse de ce monde. C'est infiniment plus large et plus grave comme débat. Ce que ces gens veulent imposer à tout prix, c'est leur vérité. Leur dévotion. Ce sont des bigots. Ce sont les nouveaux bigots. Leur religion, c'est l'antitabac, le péché, ce n'est plus le cul, c'est la boucane.

Et parce que ce sont des bigots, rien ne peut les satisfaire puisqu'il y aura toujours un pécheur à convertir, un infidèle à assassiner. Ils ont la vérité. Ils assomment les infidèles de statistiques. Quand Gauvin prêche que 12 000 personnes sont mortes de la cigarette l'an dernier au Québec, il se donne tous les droits. Il se donne le droit d'entrer chez moi pour me sauver. Comme le faisait l'Inquisition espagnole pour se débarrasser des protestants. Pour les sauver.

Ou comme le faisaient les bigots de la Nouvelle-Angleterre pour faire brûler les sorcières de Salem.

Personne ne peut être contre la sainteté. Pourquoi s'arrêter au tabac ? Allons-y gaiement. À mort le beurre et le fromage. À bas le vin et la bière. Qu'on interdise les barbecues cancérigènes. Qu'on défende la vente de voitures roulant à plus de 100 kilomètres puisque, par définition, elles incitent à l'illégalité et sont dangereuses.

Ce que ça veut dire, c'est que vous êtes incapables de libre arbitre. Que le bigot, détenteur de la vérité, a le droit de vous imposer sa vision. Sa sainteté.

La question du tabac est réglée. Les gouvernements occidentaux ont reconnu que le tabac était néfaste pour la santé. Les lois sont dures pour empêcher les fumeurs de satisfaire « leur vice », le vice qui a remplacé l'impureté et le cul pour les nouveaux bigots.

Et ça donne des résultats. On ne fume plus dans les avions, on ne fume plus dans la salle de rédaction, on ne fume plus dans les bureaux, on ne fume plus au Centre Bell, on ne fume plus dans de nombreux restaurants. De plus, les fumeurs ont acquis un sens civique parfois surprenant.

On demande la permission, on sort sur la galerie, on ouvre la fenêtre, on veille à ne pas importuner son voisin. C'est un comportement acquis. Et les choses vont aller en s'améliorant puisque les enfants incitent maintenant les parents à écraser. Les statistiques le prouvent : on arrête de fumer au Canada à un rythme affolant pour les compagnies de tabac.

Mais ce n'est pas assez. Le bigot veut toujours davantage. Le bigot veut entrer dans ma maison, le bigot veut me faire confesser mon péché, le bigot veut que je sois vertueux malgré moi.

C'est ça qui soulève tant de malaises. C'est ça qui soulève tant les passions dans les débats. Ces Gauvin et Damphousse, des professionnels payés par vos impôts et vos taxes soit dit en passant, se sont agités dans les lobbies contre les armes à feu. On voit aujourd'hui les résultats. Deux milliards plus tard, on est encore embourbés. Ils ont gagné la bataille contre le tabac, mais ce n'est pas assez. Pour des bigots, il n'y a pas d'aménagement possible qui permettrait de sauver un Grand Prix qui fait tant plaisir à tant de citoyens. Pour le bigot d'il y a cinquante ans, toute trace de chair en bas du cou était une incitation au péché. Juste imaginer qu'un sein pouvait palpiter sous l'étoffe était déjà une offense.

Aujourd'hui, c'est la boucane. Rien n'a changé.

Vous comprenez maintenant pourquoi les politiciens sont terrorisés par les bigots. Ils étaient tout aussi terrifiés à l'époque du ciel est bleu et l'enfer est rouge. À l'époque, c'est le diable qui faisait pécher; aujourd'hui, c'est Marlboro. Écoutez Gauvin et Damphousse, remplacez « le diable » par « les compagnies de tabac », et le discours est le même.

Les politiciens fédéraux sont terrorisés en plus parce qu'ils doivent garder le pouvoir. Or, les gens de Vancouver, d'Edmonton et de Toronto se contrecrissent du Grand Prix du Canada. Mais à Vancouver, à Edmonton et à Toronto, c'est plein de bigots qui s'agitent déjà parce qu'on pourrait peut-être détacher un bouton du décolleté.

C'est incroyable, mais la seule et unique décision qui pourrait sauver le Grand Prix du Canada va demander beaucoup de courage au premier ministre Jean Chrétien.

Suivre la voie du bon sens en affrontant les nouveaux bigots, seuls les hommes libres peuvent se le permettre.

Sept jours sur sept pour 100 $ par mois

11 juillet 2008

Le Burkina Faso, qui signifie « Pays des hommes intègres », est aussi fascinant que bouleversant. C'est l'un des États les plus pauvres de la planète. Pourtant, les efforts qui sont déployés par ses habitants pour changer cette situation sont énormes et constants. Notre journaliste Réjean Tremblay y a effectué un séjour au cours duquel il a fait des rencontres riches et diverses, comme celle des employés d'un journal qui se battent tous les jours pour livrer l'information.

On déniche l'entreprise dans une ruelle envahie de commerçants assis devant leur étal. Dans un brouhaha indescriptible. Sur le coin de la ruelle de terre rouge, un jeune Burkinabé fait rôtir des côtelettes de mouton. L'odeur pèse sur celle de la poussière rouge qui envahit toute la ville de Ouagadougou, la capitaine et métropole du Burkina Faso.

On sort du VUS Toyota et on est écrasé par la chaleur. Et pourtant, c'est la saison des pluies et le soleil n'a pas atteint son zénith. Et il faut être prudent avant de traverser la ruelle. Des dizaines de mobylettes chinoises se croisent et s'entrecroisent dans un ballet que Dieu ou Allah doit coordonner. L'odeur d'huile des moteurs deux temps lutte avec celle de la poussière et du mouton rôti.

On est devant les Éditions Sidwaya, le quotidien d'État du Burkina Faso. Azize Bamogo, secrétaire de l'association des journalistes du Faso, a choisi le Sidwaya parce que c'était l'entreprise qui offrait les meilleures conditions à ses journalistes.

Meilleures conditions ? Même dans ses cauchemars les plus fous, un journaliste québécois ne pourrait s'imaginer travailler dans pareil endroit. Qu'on s'arrête à un hebdo de Chibougamau ou d'Amos, la salle de rédaction sera toujours d'un luxe inouï comparée à celle de ses confrères burkinabés. Quelques tables usées et marquées au milieu d'une pièce mal climatisée, pas d'ordinateur, pas de machine à écrire. Seulement un ou deux Bics pour les journalistes certains jours. « C'est la passion qui nous anime, mais même quand on a travaillé avec passion, on a quand même besoin d'un strict minimum. Le journal est supposé fournir les stylos, mais il faut se débrouiller pour en trouver », me dit Pauline Yaméogo. Elle est âgée dans la vingtaine, élégante comme le sont les femmes burkinabées et écrit un texte avec son bic. Tous les articles sont écrits à la main et sont remis à un secrétaire-journaliste qui les saisit à l'ordinateur.

Les « ordinateurs » du journal qui servent à la mise en pages ne satisferaient pas le cadet d'une famille pour ses jeux vidéo. Tellement que l'heure de tombée pour le journal du lendemain est fixée à 13 h. « S'il y a un événement très important en fin d'après-midi, on s'arrange pour l'insérer dans l'édition courante », explique Jean-Bernard Zongo, directeur des rédactions.

C'est dans ces conditions que les Éditions Sidwaya publient des hebdos de sport et de vie culturelle et un mensuel consacré à l'analyse des grands débats africains.

Le tirage du quotidien oscille autour de 7 000 exemplaires et les moyens de distribution sont rudimentaires. C'est le moins qu'on puisse dire. Ainsi, de nombreux lecteurs de *L'Observateur*, le quotidien le plus prestigieux du Burkina Faso, viennent chercher eux-mêmes leur exemplaire aux bureaux du journal.

***

« Nous travaillons sept jours sur sept et sommes disponibles 24 heures sur 24. Le patron peut nous appeler à minuit, nous n'avons pas le choix, il faut accepter le travail demandé. » Plusieurs confrères m'ont dit la même chose. La veille, j'ai participé à un club de presse à Ouagadougou. Nous étions une vingtaine à échanger. La première heure a été plutôt formelle. J'ai senti que la fierté des journalistes burkinabés les empêchait de s'ouvrir davantage. Puis, il y a eu un déclic. Quand un journaliste a révélé qu'un de ses collègues qui gagnait 200 $ par mois faisait partie des rares privilégiés. La plupart doivent se contenter d'environ 100 $ ou 125 $ par mois. Avec le prix du litre d'essence à 1,70 $, couvrir un événement avec sa mobylette coûte très cher.

« Nous faisons notre métier avec passion. Mais après quelques années, l'usure s'installe. Il faut aussi survivre. Il faut accepter différents emplois supplémentaires pour nourrir notre famille si c'est le cas. Ça nous rend très vulnérables aux conflits d'intérêts. Comment faire quand il faut d'abord survivre ? » explique Azize, journaliste dans l'écrit et à la radio.

De plus, les journalistes, la plupart sont jeunes, ne jouissent d'aucune protection syndicale. Un journaliste gagnant 80 000 francs CFA (170 $) par mois, va être facilement remplacé par un autre qui est prêt à faire le même travail pour 60 000 FCFA.

Et pourtant, ils résistent. La lecture du *Pays*, de *L'Observateur*, de l'*Indépendant*, le journal des opposants au régime du président Blaise Compaoré, le montre clairement. Les journalistes jouissent d'une liberté d'expression qui se compare à celle de *La Presse* occidentale. Les articles sont écrits à la française. C'est-à-dire qu'on y mêle faits et commentaires. On devine facilement si un journal est pro-gouvernement ou anti-régime.

Mais ils sont bien écrits dans un français un peu ampoulé qui est très correct.

L'icône du journalisme burkinabé est devant moi. C'est le directeur de *L'Observateur Paalga*, Édouard Ouedraogo. Il porte un chic complet marine directement sur une camisole qui dégage sa poitrine. Très élégant dans son petit bureau où les dossiers s'empilent.

Il était enseignant, et en 1973, lui et quelques amis, ont fondé *L'Observateur*. Ils ont tenu ce journal à bout de bras, subissant punitions économiques et parfois menaces physiques trop réelles : « Nous avons été le premier journal au pays avec des photos pour illustrer l'actualité, dit-il d'une voix douce. Nous avons toujours été un journal libre. Mais pendant la révolution, dans les années 80, on a incendié le journal et ses presses. » M. Ouedraogo les a d'ailleurs conservées à côté des petites presses offset qui impriment son journal. Elles sont la mémoire de *L'Observateur*.

Il a retapé ses presses. Le 29 janvier 1989, le journal a enfin pu paraître. Pour un seul numéro puisque le régime mis en place par Blaise Compaoré a trouvé que *L'Observateur* manifestait trop d'opposition. Ce n'est qu'un an plus tard, le 30 janvier 1990, que *L'Observateur*, après avoir obtenu un permis du gouvernement, a retrouvé ses lecteurs.

« Aujourd'hui, la situation s'est beaucoup améliorée. Le président Compaoré a compris que toute démocratie a besoin d'une presse indépendante », dit-il.

Au cours des dernières années, on s'est inspiré du Conseil de presse du Québec pour former le Conseil supérieur de la communication. Ils sont douze conseillers, dont quatre sont nommés par le bureau du président Compaoré, quatre sont des professionnels ou des magistrats et quatre sont des journalistes. Je les ai rencontrés dans leurs bureaux à Ouagadougou. Rencontre passionnante où on sent un désir soutenu de promouvoir un code de déontologie pour arriver à une information équitable et respectueuse de tous les intervenants dans les débats sociaux. Plus les journalistes sont économiquement vulnérables, plus ils sont susceptibles de détourner le regard pour ne pas perdre des jobines qui aident à boucler les fins de mois.

Le Conseil distribue les permis pour les radios FM qui poussent dans toutes les villes du Burkina Faso. Il surveille tout ce qui se passe dans les télés locales, surtout à la télévision nationale d'État, et toutes les émissions sont enregistrées à l'étage supérieur de l'édifice. Toujours ce souci d'équité. Ou de contrôle, disent les opposants.

Les journalistes tentent depuis des années d'arracher une convention collective de base aux propriétaires d'entreprises de presse. Le Conseil les appuie, mais comme ça arrive souvent en Afrique, tout sera à recommencer, le président qui défendait la cause des journalistes a été nommé ambassadeur à Paris : « Mais le document est prêt. Il faut maintenant convaincre les patrons d'accepter ce qui a été négocié », souligne un des conseillers pendant notre rencontre.

Dès qu'on sort des villes, on arrive dans des villages où on ne parle souvent que les langues traditionnelles. On vit dans des huttes et les villages, la plupart du temps, n'ont pas d'électricité ni d'eau courante. Il est illusoire de distribuer des journaux en dehors de Ouagadougou et des quelques villes burkinabées. Pas d'électricité, pas de télévision, c'est aussi l'évidence. Il reste donc la radio quand on a le moyen d'acheter les deux piles AAA pour la faire fonctionner.

Il n'y a pas de Jeff Fillion, pas d'André Arthur au Burkina Faso. Mais les radios FM modernes que j'ai visitées dans la capitale jouissent d'un équipement qui rappelle nos radios régionales. « C'est souvent par la radio que les citoyens du pays sont informés », note Sama Karim, directeur des programmes de Ouaga FM.

Entre deux airs de musique burkinabée, du reggae, un peu de hip hop et de Céline Dion, évidemment.

J'oubliais, si vous avez de vieux stylos dans vos fonds de tiroirs, ils feraient bien l'affaire de Pauline Yameogo. Son bic est en train de rendre l'âme.

Dans le calepin – C'est pour le moins surprenant, mais les organismes ou les entreprises qui veulent que leur conférence de presse soit couverte par l'équipe du téléjournal de la télé d'État à Ouagadougou doivent payer les frais de déplacement et autres dépenses des journalistes convoqués. « C'est la coutume et personne ne se mêle du contenu malgré cette habitude », m'a assuré le présentateur du TJ.

Sports et société

Le mot d'ordre dans l'AMH

« Sauvons nos job, dehors les Européens ! »

5 février 1975

Le mot d'ordre inconscient est lancé dans l'Association mondiale de hockey : « Sauvons nos jobs, dehors les Européens ! »

Les attaques sournoises, dangereuses, mesquines et brutales à l'égard des Ulf Nilssen, Anders Hedberg et les autres Suédois et Finlandais des Jets de Wiinipeg sont plus qu'une stratégie visant à ralentir leur production.

Elles répondent à une profonde inquiétude, celle des joueurs canadiens peu talentueux et paresseux devant l'invasion des étoiles des équipes nationales européennes.

Et tranquillement la vérité cachée remonte à la surface ! La peur de perdre un emploi prodigieusement rémunérateur..., peur commune chez une foule de joueurs moyens dans chaque équipe de l'AMH, semble pousser ces joueurs à des gestes qu'ils ne poseraient jamais contre leurs adversaires d'origines canadienne ou américaine.

Ainsi, la semaine dernière à San Diego, les joueurs des Mariners de San Diego se sont comportés comme des bouchers à l'égard de Nilsson, de Hedberg et du Finlandais Heill Rilhranda.

À la fin du match, le visage de Nilsson ressemblait à du steak à hamburger de mauvaise qualité. Hedberg affichait des entailles profondes, tandis que les autres européens des Jets subissaient les provocations des Mariners.

Le soir même, Bobby Hull ne pouvait s'empêcher de dénoncer la conduite brutale des Mariners, et des autres équipes de l'AMH, à l'égard de ses Suédois : « Ces gens là sont venus ici pour jouer au hockey, pour nous faire profiter de leur finesse et de leur talent, pas pour se faire blesser volontairement par des brutes épaisses », fulminait encore Hull le lendemain.

Et Hull soulevait un coin d'un tapis qui cache beaucoup de saletés.

C'est Rudy Pilous lui-même qui soutenait la semaine dernière que Nilsson lui rappelait les plus beaux jours de Stan Mikita.

À Winnipeg, le tourbillon incessant de la ligne formée de Hull, Nilsson et de Hedberg fait dire aux dirigeants de l'équipe, aux spectateurs et mêmes aux journalistes étrangers, que cette ligne est actuellement la deuxième meilleure au monde, tout de suite après la French Connection des Sabres de Buffalo.

Tout ça c'est bien beau, se disent les spectateurs, mais ça implique un autre côté à la médaille.

On estime que les six suédois (sic) et Finlandais qu'ont embauchés les Jets leur coûtent en moyenne moins de $ 30 000 par année, ce qui est relativement peu comparé aux salaires accordés à des joueurs sans talents mais aux agents efficaces.

De plus, ces jeunes joueurs au sommet de leur carrière arrivent tous frais émoulus des équipes nationales suédoises et finlandaises.

Ils sont habitués à la compétition, disciplinés, talentueux et dans une forme splendide... ce qui contraste fort avec certaines des « vedettes » issues des rangs junior ou de la Ligue nationale.

Ces joueurs ont tous joués en compétition internationale contre les Kharlamov, Yaskuchev, Trésiak et généralement se sont bien défendus.

D'ailleurs, Nilsson et Hedberg étaient suffisamment doués pour que leurs photos servent à illustrer le volume de grand instructeur soviétique Terasov sur les secrets du hockey.

Tommy Abramson, le gardien des Whalers de la Nouvelle-Angleterre, son frère jumeau qui s'aligne avec la même équipe, Tommie Bergman des Jets sont tous des joueurs qui proviennent de l'équipe nationale suédoise.

Déjà, les dépisteurs de l'AMH sont en Europe et préparent la moisson pour l'an prochain. On parle déjà d'un jeune prodige suédois qui serait la copie conforme de Bobby Orr.

Et qualité suprême de ces vedettes européennes, ils n'ont pas encore été gâtés par le dollar.

Lettre aux gars de la section générale...

27 mars 1975

Salut vous autres,

Quand j'ai laissé la police, les bandits et les politiciens (j'aurais pu me contenter de police et de bandits... le mot politicien est inutile) pour les Canadiens, vous m'avez trouvé chanceux.

Moi aussi, j'étais bien content. Je voyagerais à travers l'Amérique, je côtoierais enfin des gens honnêtes et je pourrais apprendre l'anglais.

J'ai appris l'anglais en trois jours et demi. J'ai voyagé et j'en ai vu des choses...

J'ai vu l'aéroport de Dorval, celui de New York, celui de Toronto, de Philadelphie et hier j'ai vu celui de Pittsburgh.

J'ai bien aimé aussi les autobus qui nous conduisent la nuit à nos hôtels.

Et ce n'est pas tout, j'ai aussi connu le hall d'entrée de l'hôtel Statler à New York, celui de l'hôtel Royal York à Toronto, l'Hilton de Philadelphie, le Cherry Hill Inn du New Jersey, l'Island Inn à Long Island et je ne sais pas encore où je vais coucher ce soir...

Ça finit là ! Tout ce que je connais des États-Unis, ce sont des aéroports et des halls d'hôtels.

Il reste les joueurs.

Oh, ils sont bien gentils, mais ils sont tellement poignées par ce maudit hockey qu'ils ne pensent qu'à ça. Il y a quelques exceptions, mais passons...

C'est que j'ai découvert que, le hockey, c'était sérieux.

J'avais toujours crû qu'un match de hockey n'était qu'un spectacle et que l'ensemble de la ligue ne constituait qu'une entreprise financière comme les autres.

Non, le hockey, c'est important !

Cette importance qu'on lui attribue contribue donc à créer un monde hermétique, frelaté, où certains athlètes en viennent presque à êtres coupés du monde réel.

À toujours vivre entre deux avions, quatre murs d'une chambre d'hôtel, à penser continuellement aux matches (sic) d'hier, de ce soir et de demain, on en vient à penser que c'est ça la vie.

Et c'est normal que les joueurs embarquent dans le jeu. Tout, à partir de cette publicité qu'on accorde à leurs moindres gestes, à la pression incroyable que les dirigeants des équipes exercent sur eux, contribue à tenir les joueurs dans ce monde où ils deviennent des monstres sacrés.

Cette tension perpétuelle affile continuellement la sensibilité de ces hommes qui broient du noir ou deviennent resplendissants de joie à la moindre remarque de leur patron.

Et il y a les journalistes !

Si on louange les joueurs, c'est normal. Si on les critique, on est des « négatifs ».

Comme on doit les côtoyer, chaque jour, qu'ils peuvent avoir certaines réactions un peu vives, ça prend une bonne dose de courage pour écrire une critique sur un hockeyeur qui ferait bien rire n'importe quel politicien.

Et il y a la cravate !

Vous êtes chanceux vous autres, vous pouvez vous permettre d'aller couvrir un souper libéral au Reine Elizabeth à 100 $ le couvert en jeans et veste de cuir…

Essayez donc de voyager avec le Canadien en jeans… Le règlement est encore plus sévère qu'au Petit Séminaire de Chicoutimi où j'ai fait mon cours classique. Heureusement, il n'est pas obligatoire que la cravate soit rouge.

Et il y a l'âge des joueurs. On oublie continuellement que ce sont de tout jeunes hommes pour la plupart. Qu'ils soient des idoles, c'est bien beau, mais il reste que Mario Tremblay et Doug Risebrough sont du même âge que mes anciens élèves du temps tranquille où j'étais professeur de latin et de grec.

Et on exige de Michel Larocque la maturité d'un homme de 35 ans en oubliant qu'il n'est âgé que de 22 ans.

C'est tout ça qui m'oblige à couvrir sérieusement ce qui ne l'est pas essentiellement.

Mais de toute façon, tout ce qui touche à l'homme devient sérieux. Et y a-t-il plus sérieux que la lutte d'un homme contre un autre ?

En attendant, faut que je vous laisse, le match va commencer.

Continuez donc à prendre au sérieux les déclarations de Bourassa et les répliques de Camil Samson, le peuple vous lira pas plus pour ça. Il préfère de loin connaître les problèmes de Guy Lafleur et de son doigt que tout le chiard qui se passe à l'Assemblée nationale.

Que voulez-vous que je vous dise de plus les gars ?

Deux fois sa peine à purger !

Simone prépare une encyclopédie

22 mai 1980

– Quand est-ce qu'a été jouée la première partie pour l'obtention de la Coupe Stanley ?

– Qui a marqué le premier but de l'histoire des séries de la Coupe Stanley ?

– En combien de matches, Joe Malone a-t-il compté ses 44 buts ?

– En 22 parties, c'est bien connu !

– Ben justement, c'est en 20 matches (sic)… Le 2 janvier, l'aréna des Wanderers a brûlé et deux parties ont été gagnées par défaut…

Et Gaston Plante s'esclaffe, fier d'avoir encore une fois ébloui un supposé expert.

Grosses moustaches grises à la Fu-Manchu, Gaston Plante, dit Simone, est le patriarche du pénitencier. Tatouage de Castro et du Che sur la poitrine, Gaston est un ardent indépendantiste ; sa dernière condamnation qui remonte à 17 ans lui a été méritée par des « hold-up » commis, soutient-il, pour aider ses amis du FLQ.

Mais avant de connaître Pierre Vallières, Charles Gagnon et autres felquistes de la première époque, Gaston avait déjà roulé sa bosse de l'armée canadienne à diverses prisons et pénitenciers du pays. Il a passé une trentaine d'années de sa vie en dedans et est infiniment respecté par les plus jeunes et mêmes par certains gardiens.

L'homme est fascinant. C'est un maniaque des chiffres du hockey ; il a complété une véritable encyclopédie historique du hockey avec l'aide de l'ancien président de la ligue, Clarence Campbell, et de Charlie « Trois Étoiles » Mayer. Une encyclopédie qui remonte à la fin du siècle dernier, bien avant la fondation de la Ligue nationale. Une encyclopédie qu'il veut soumettre à M. Roger Lemelin de *La Presse* à sa sortie du pen, qu'il espère obtenir d'ici quelques mois.

Le père est également devenu un grand joueur d'échec ; il a tenu le maître canadien Camille Gadouri à un match nul et a arraché plusieurs matches (sic) nuls par correspondance à des maîtres internationaux. M. Plante est aussi l'aimable « Bookie » du pen. C'est lui qui prend les paris, établit les actes… et rafle les petites gageures : « Les jeunes essaient de le défoncer sur les résultats des games de hockey… Mais le père est trop fort… »

M. Plante travaille aussi sur quelques projets de romans… Je vous le dis, M. Lemelin va avoir du travail quand il recevra Simone.

« J'ai eu le temps de travailler… Hum… Vous comprenez… Surtout que je suis comme René Lévesque et certains autres individus, j'ai jamais eu besoin de plus que quatre heures de sommeil par nuit… Même après avoir couru un demi-marathon de 13 milles ».

Sa voix se fait plus grave. « Vous savez ce que ça veut dire, dormir seulement quatre heures par nuit quand on passe sa vie au pen…Ça veut dire que tu purges deux fois ta peine… »

Salut Gaston, et envoiemoi ces lettres que tu m'as promises.

Et toi aussi t'as raison, que ce soit de ta faute, de toute votre faute, de la faute des parents, de la société, de la faute de n'importe qui, ça reste l'enfer.

À la prochaine, de ce bord-ci des barbelés… J'espère.

La fièvre référendaire gagne le Sanctuaire des Glorieux

22 mars 1980

Après avoir fait vibrer le Salon de [la race] pendant trois semaines, la fièvre référendaire vient de gagner le Sanctuaire des Glorieux… Et la cabale pour le oui est menée tambour battant par le Bleuet Bionique, Mario Tremblay, appuyé discrètement par un vétéran comme Michel Larocque et une recrue comme Norman Dupont.

Mais c'est une cabale joyeuse, rieuse, bruyante, certainement unique au Québec. Une cabale qui se polarise autour de Réjean Houle qui, dans son déchirement et ses hésitations, doit certainement représenter tous les indécis du Québec.

Voyons, Pinotte, faut se tenir debout… surtout avec l'amendement de Rodrigue Biron…

« Ouais, c'est vrai que Biron est un homme d'affaires sérieux, mais as-tu lu l'éditorial de Marcel Adam dans *La Presse* ? » répond Houle en allant chercher dans sa poche une coupure du journal de jeudi intitulée « Si Québec répond oui, qu'arrive-t-il ? »

D'autres indécis, Pierre Larouche qui veut obtenir encore plus d'informations avant de se faire une idée définitive, Yvon Lambert qui souhaite rester discret dans son choix, écoutent les engueulades en riant, ajoutent un mot, taquinent les protagonistes.

– Ça fait 200 ans que les Anglais ont le contrôle…, clame Mario à la ronde. À ses côtés, le capitaine du club, Bob Gainey, le regarde avec un air faussement choqué :

– Excuse-moi, vieux Bo, j'parlais pas de toi, se reprend Mario qui ajoute : « Faut faire attention ici, c'est tellement une bande de bons gars, il y a un si bon esprit d'équipe et on travaille tellement fort tous ensemble pour gagner… » Le petit attroupement est unanime sur un point : c'est dans le vestiaire du Canadien qu'on parle le mieux de politique : avec bonne humeur, sans acrimonie envers personne et dans le respect des opinions des autres.

Ce qui n'empêche pas le vocabulaire d'être corsé et direct : Les « y s'promènent avec le non étampé dans le front » et « vous-autres les Bleuets, vous êtes toutes des maudits séparatistes » retentissent d'un bord à l'autre du vestiaire quand la discussion est bien engagée.

Les anglophones du club, qui, on l'aura bien deviné, ont fait pour la plupart leur choix, ne se mêlent pratiquement pas à la discussion; ils sentent que le vrai débat se fait surtout entre les francophones de l'équipe ; de chaque côté de la barrière linguistique on reste délicat et prudent pour éviter de blesser inutilement un coéquipier.

Le vice-président du Canadien, Jean Béliveau, a déjà donné une espèce de feu vert aux joueurs de l'équipe, quand il avait déclaré à *La Presse*, en novembre dernier, que les porte-couleurs du Tricolore étaient parfaitement libres de se prononcer publiquement sur la question référendaire : « Ils sont des joueurs de hockey mais ils sont aussi des citoyens et, à ce titre, ils ont tous les droits et responsabilités des autres citoyens », avait déclaré M. Béliveau.

Et Serge Savard ? Qu'arrive-t-il au Sénateur, lui qui est tellement passionné par la politique ?

« Oh ! On a peut-être surestimé mon expérience en politique », m'a-t-il lancé en riant quand je l'ai joint à son domicile hier après-midi : « Depuis 1969, je n'ai pas fait de politique active ; je peux te dire que j'ai refusé la présidence du comité du Non dans le comité du Non dans le comté de Taillon. » « D'ailleurs, la question est vraiment prudente, pour être franc, je n'ai pas encore fait mon choix aussi surprenant que cela puisse paraître. Mais je suis les débats avec une attention religieuse. »

Je disais que c'était une cabale joyeuse et unique au Québec. Elle est unique parce qu'on semble un peu inconscient de tout l'impact que pourraient attribuer à ces « oui » et à ces « non » les comités référendaires des deux options. Un oui ou un non de Guy Lafleur attirera l'attention de tous les médias d'information, même chose pour Serge Savard. Mais cette cabale est surtout unique à cause du contexte presque familial du Canadien : on s'engueule, on « s'obstine », on rit fort aussi, mais après la discussion, on se retrouve regroupés face à un adversaire commun qu'il faut vaincre.

Ce soir, ce sont les « dangereux » Whalers de Hartford !

Le hockey, c'est la beauté, le drame et l'émotion… Tout comme au théâtre

15 avril 1984

C'est inévitable de ces temps-ci. Il y a toujours « l'intellectuel » de service qui prend un ton hautain et un tantinet snob pour vous garrocher dans la face « l'insulte » suprême : « Vous êtes complices dans la grande opération d'aliénation des masses des dirigeants du sport professionnel. Vous avez réussi à conditionner les gens à les forcer à aller au Forum pour assister à ces séries de hockey. »

Inévitable, ça m'est arrivé hier quand je suis arrêté prendre un café rue Saint-Denis en revenant du Forum après l'exercice du Canadien. Remarquez que mon intellectuelle à la gomme, lui, préfère le théâtre. Et qu'il choisit, lui, de payer 15 $ pour assister à une bonne pièce jouée par de bons comédiens. Lui est libre, le peuple qui va au Forum, lui, ne choisit pas, il est conditionné. Comme le chien de Pavlov qui salivait en entendant sonner une cloche, le peuple salive en attendant le son de la sirène. Bien sûr.

Théâtre, hockey, loisir noble, loisir de bas étage. Pauvre « intellectuel »…

Pourtant, théâtre et hockey sont tous deux de grandes représentations. Et si la Ligue nationale d'improvisation a copié les rites et rythmes du hockey de la LNH, le hockey copie le théâtre, avec ses acteurs, ses projecteurs, sa scène, sa règle des trois unités et même, depuis une douzaine de jours, sa chasse aux critiques.

Place aux acteurs, allumez les projecteurs !

C'est Guy-Tay, comédien, clown, chanteur, animateur, peintre, dessinateur, professeur d'arts plastiques, qui m'en parlait justement lors d'une visite à la maison : « C'est extraordinaire cette entrée en scène des joueurs de hockey. Il n'y a pas de théâtre qui puisse offrir meilleure ambiance, plus beaux costumes, éclairage plus vibrant. Et les coups de tambour sont tout simplement remplacés par la sirène. La symbolique reste la même, ça veut dire d'oublier la vie quotidienne et de faire place au spectacle. »

Et qu'allez vous faire ce soir quand vous allez chercher vos tickets vers 17 h 30 ? Vous allez sentir l'excitation vous gagner. Vous savez fort bien que vous allez vous rendre assister à un drame irréel. Irréel parce qu'il est vécu en dehors de vous, par des comédiens qui personnifient les héros de Montréal et de Québec. Même que le hockey est resté fidèle à la grande règle du théâtre classique grec. La règle des trois unités. Unité de lieu, de temps et d'action. Les années avaient interprété cette règle par un seul espace, une journée de 24 heures et une seule action dramatique.

Le hockey fait mieux. Le temps est limité. Une heure, divisée en trois actes. Seule exception, les séries éliminatoires où l'importance de l'action permet de dépasser l'heure tragique.

Et l'espace. Terriblement restreint, il est encore rétréci par un corrolaire de la règle de la relativité. Plus les gens se déplacent avec vitesse, plus l'espace où ils évoluent se trouve restreint. Comme les joueurs patinent à toute allure, qu'ils se retrouvent forcément dans les mêmes zones de la scène, temps et lieu sont donc concentrés.

Et le drame ? Quoi de plus dramatique que la chute d'une idole, que le désespoir du gardien de but, je pense à Steve Penney lors du premier match de la série lors du but de Blake Wesley, qui se laisse déjouer, quoi de plus émouvant que la joie du héros vainqueur qui laisse éclater sa joie ? Chaque match est un drame joué selon des règles qu'un arbitre interprète selon l'allure de la rencontre. Seul le scénario n'est pas connu. Les acteurs improvisent génialement au fur à mesure des situations. Chaque jeu est une scène. Le joueur doit non seulement réussir à se démarquer, à lancer et à compter, mais il doit aussi jouer la comédie. Il doit camoufler sa peur, retenir sa haine, contrôler sa frustration. Il doit tenter de prendre par surprise son vis-à-vis en se comportant d'une façon imprévue.

Tous les grands acteurs le répètent. Ils ont besoin d'une belle et grande foule pour se surpasser. Rien n'est pire pour le comédien qu'une salle qui est amorphe, qui ne réagit pas. Et la foule qui hurle son admiration, ses encouragements au Colisée, au Forum, quelle est son influence sur les joueurs ? Elle peut galvaniser, les écraser, les intimider. Comme elle a déjà assassiné de grands comédiens sur leur déclin.

Sus aux critiques !

Le hockey peut être noble. Quand il est bien joué, c'est un merveilleux spectacle capable de satisfaire le plus esthète des spectateurs. Il y a beauté, drame, il y a émotions. Les émotions qu'on retrouve dans le théâtre classique. La joie, la peine, l'envie, la jalousie, l'amitié et la haine, l'orgueil, la vanité et l'humiliation. La victoire et la défaite. Le spectacle peut être extraordinaire parce que les émotions provoquées par l'ardeur au jeu sont extraordinaires. Et que les hommes qui les vivent par procuration deviennent des acteurs dans le vrai sens du mot. Des gens qui font et vivent quelque chose. De ces temps-ci, on retrouve même un autre point commun entre le théâtre et le hockey La chasse aux critiques.

Depuis quelques mois, chanteurs, comédiens, et Michèle Richard qui, elle, pourchasse Nathalie Petrowsky, sont en guerre avec (sic) les critiques. Remarquez que les gens du spectacle ont l'ego habituellement plus chatouilleux que les gens du sport. Les hockeyeurs savent prendre une claque et une critique.

Mais depuis une semaine, ils ont les nerfs à fleur de peau. Et hier, Mario Tremblay n'a pu s'empêcher de m'apostropher dans le vestiaire : « Comment ça, les Nordiques ont-ils du cœur ? Ma parole, tu fais exprès pour les motiver ? » Voilà que tout ce qui est écrit dans les journaux est scruté à la loupe. Décortiqué et pire, interprété. Comme au lendemain d'une grande première. Bonne soirée à la plus belle salle de théâtre en ville. Bonne soirée pour le troisième acte de ce superbe drame. La bataille des frères ennemis.

Le Forum, le Vieux-Montréal, la brasserie Henri Richard…

Avec les yeux d'un étranger

4 mai 1984

Si Montréal n'était pas ma ville, si j'étais un journaliste étranger venu couvrir les séries éliminatoires au Québec, si je devais écrire un papier d'atmosphère pour un quotidien de New York, de Boston, de Philadelphie, de Washington, si je voulais regarder le Forum et la ville avec des yeux neufs, comment m'y prendrais-je ?

Comme on le fait quand on va à l'étranger. En commençant par les douaniers.

Tous les journalistes qui sont revenus à Montréal dans la nuit du mardi ont bien sûr noté que les officiers et agents des douaniers avaient beaucoup plus envie de consoler les joueurs et les dirigeants du Canadien que de poser des questions sur leurs achats à Long Island. C'est d'habitude un premier thermomètre qui indique bien le pouls d'une ville, parfois d'un pays. De ce temps-ci, nos douaniers montréalais sont autant derrière leur équipe qu'ils ne l'étaient en 1981 quand on était revenu de Los Angeles avec les Expos.

Si j'étais un journaliste étranger. J'écouterais les mémérages du premier chauffeur de taxi rencontré. Ils sont toujours au courant de tout ce qui se passe en ville. Et il suffit de dire : « Au Forum, s'il vous plaît » pour qu'ils sentent et devinent qu'ils ont affaire à un journaliste. Dépendant de son âge, du territoire qu'il patrouille et de son horaire, un bon chauffeur de taxi va vous donner tous les potins juteux de son entourage. Selon Fran Rosa du *Globe*, les chauffeurs sont encore plus mordus que lors des belles années de Bowman.

Si j'étais un étranger, je verrais le Forum avec des yeux neufs, capables de m'émerveiller.

Je verrais de nouveau les 22 bannières qui pendent du toit du Forum. En me demandant comment il se fait que le livre des records de la Ligue nationale ne concède que 20 Coupes aux Glorieux. Et j'apprendrais que les deux premiers bols à salade de Lord Stanley avaient été mérités avant même la formation de la Ligue nationale avec les équipes américaines en 1927.

Et en me promenant dans l'édifice, accompagné de Camil Desroches, je redécouvrirais toutes les photos et sculptures qui ornent les murs de toutes les parties de l'édifice.

Que représentent donc ces bronzes ? que je demanderais à Camil en pointant impoliment les douze têtes à l'entrée du Forum. Il me semble que celle-là vous ressemble beaucoup ?

Elles représentent douze personnalités qui ont fait beaucoup au cours des 30 dernières années pour le hockey au Québec. Hum... Ça, c'est moi. En toute modestie, je ne sais pas pourquoi on m'a honoré en même temps que tous ces grands hommes, répondrait Camil en rougissant et en mordillant le tuyau de sa pipe.

Si j'étais un journaliste étranger, je ferais un petit détour vers la légendaire taverne de Toe Blake pour me cogner à une porte fermée. Ou en tous les cas à une autre porte. Et j'écrirais qu'une page de la petite histoire de Montréal a été tournée quand le vénérable Toe a décidé de prendre sa retraite comme tavernier après la mort de son épouse.

Je suis certain qu'un bon chauffeur de taxi se ferait un plaisir de me reconduire à sa Brasserie Henri Richard. Avec de la chance, l'ancien capitaine du Canadien serait sur place pour me raconter des histoires de ses belles années avec le tricolore. Il pourrait me parler de ses onze Coupes Stanley, de son but vainqueur d'une Coupe, marqué avec son bras en glissant dans le filet de Roger Crozier au vieil Olympia de Detroit.

Si j'étais un étranger, je devrais écrire l'inévitable article sur le « french flavor » de la ville. En incluant au moins un « sacrebleu » un « Le Bleu Blanc Rouge » que m'aurait transcopié sur un bout de papier un de mes confrères... de *La Presse*. Je décrirais le Vieux-Montréal, la rue Prince Arthur et le Montréal souterrain en m'extasiant sur l'allure « continentale et européenne » de la ville, son métro moderne et sécuritaire et ses étranges affiches françaises qu'un gouvernement « séparatiste » impose à la minorité anglophone en provoquant la fuite des sièges sociaux et des capitaux.

Si j'étais un étranger, je finirais par tomber sur Tim Burke. Et comme dans le *Newsday* de dimanche dernier, j'écrirais que le

Canadien et les Nordiques se disputent le cœur des Québécois. Les Nordiques, en se servant de la fleur de lys, l'emblème des séparatistes, pour attirer les nationalistes, et le Canadien en misant sur les fédéralistes pour garder sa popularité.

Je pourrais écrire aussi, si j'ai pris plus qu'une bière avec le bon Tim, que le Canadien, au cours des dernières années, était plongé dans une grisaille et une morosité en tout point semblable à Montréal, devenu un ghetto où les sbires de l'Office de la langue française chargés de faire respecter le « Bill One O One » font régner la terreur sur les honnêtes commerçants. Ça aussi, des étrangers le reprennent et le propagent au Minnesota, en Pennsylvanie, au Missouri.

Si j'étais un étranger, j'écrirais une belle histoire avec Ronald Corey. Facile à écrire, celle-là. Ronald, dépendant de l'importance du journal ou du magazine, choisit le Ritz Carlton ou Texan au coin du Forum.

Mais les réponses demeurent les mêmes : « Nous suivons un plan de cinq ans, une planification qui suit les règles habituelles imposées par les hommes d'affaires. Il faut toujours penser positif et respecter les traditions. La course à pied est formidable. Quand on court le matin à cinq heures, on se sent bien, les idées plein la tête. Il faudrait que tous les hommes d'affairent courent pour se mettre en forme. »

Du réchauffé, mais ça ne ferait rien, quand c'est la première fois pour les lecteurs de sa propre ville, ça fait toujours une bonne histoire. Titre suggéré : *« Hab's president runs for success ! »*

Si j'étais un étranger, au moins une fois dans mon voyage, je descendrais la rue Saint-Denis, à la hauteur de Sherbrooke et Ontario, pour m'arrêter dans la côte. Et là, je regarderais les corniches des maisons, les belles filles qui sortent des bistrots et des bars, je me laisserais pénétrer par l'atmosphère de la rue, de la vie de la ville.

Si j'étais un étranger, je ne pourrais pas comprendre. Je retournerais vite rue Crescent.

Pour mieux écrire sur le *french flavor* et la *hockey fever* de Montréal.

L'émeute Richard, trente ans après

L'histoire d'un juge de lignes à 25 $ le match !

Cliff Thompson : « Ces pouilleux-là m'ont congédié pour avoir fait mon devoir. »

16 mars 1985

C'était le 17 mars 1955. Il y a trente ans. Ce soir-là, le Canadien affrontait les Red Wings de Detroit. Le public survolté avait appris la veille que Maurice Richard était suspendu pour le reste de la saison, incluant les séries éliminatoires de la Coupe Stanley.

Les Québécois pointaient du doigt un grand coupable. Clarence Campbell, président de la Ligue nationale.

Ce jeudi soir, quand Campbell s'installe (sic) dans sa loge au Forum, il voulait montrer qu'il ne craignait pas la colère des fanatiques. Il avait bien mal saisi l'espèce d'osmose qui unissait les Canadiens français de l'époque et Maurice « Rocket » Richard.

On ne termina jamais la première période. Et pour la première fois depuis des décennies, peut-être depuis la révolte des Patriotes plus de cent ans auparavant, le peuple descendit dans la rue et saccagea les vitrines des commerçants de la rue Sainte-Catherine.

De nombreux politicologues et sociologues voient dans cette émeute la véritable naissance de la Révolution tranquille. Cinq ans avant la prise du pouvoir de Jean Lesage.

L'affaire avait commencé à Boston, le dimanche soir. Hal Laycoe, un robuste défenseur des Bruins de Boston, avait atteint solidement Maurice Richard au centre de la glace. Et l'avait coupé au front. Affolé de rage à la vue de son sang, le Rocket s'était précipité par trois fois vers Laycoe pour lui régler son compte. Trois fois, le juge de lignes Cliff Thompson l'avait retenu. La troisième fois, Richard l'avait frappé d'un coup de poing pour s'en débarrasser.

Le mercredi 16 mars, Thompson, Laycoe et Maurice comparaissaient devant Clarence Campbell. Et vers quatre heures de l'après-midi, les partisans du Canadien apprenaient une nouvelle consternante. Le Rocket était suspendu pour le reste de la saison !

Maurice Richard a beaucoup commenté ces événements devenus historiques. À chaque anniversaire, on se fait un devoir de rappeler « l'émeute Richard ».

On a parfois demandé l'opinion d'Hal Laycoe. Mais Cliff Thompson, le pauvre juge de lignes qui avait reçu le coup de Richard, que lui est-il arrivé ?

Voici sa petite histoire. Comme il le dit lui-même, la petite histoire d'un juge de lignes à 25 $ le match !

***

La voix est rocailleuse, l'accent de Boston étouffe les « r » et ouvre les « n ». Cliff Thompson est maintenant âgé de 65 ans et a pris sa retraite, il y a quelques mois. Il demeure toujours dans la région de Boston.

Ancien défenseur des Bruins, il n'avait pas le talent pour jouer régulièrement dans la Ligue nationale. Amoureux du hockey, il accepta un emploi de la LNH. À l'époque, un seul des deux juges de lignes voyageait de ville en ville.

Lui était un « local », un citoyen, ordinairement ancien joueur de hockey, résidant dans la ville de l'équipe.

« J'étais un p'tit juge de lignes à 25 $ par match. Et je me disais qu'en plus de juger les hors-jeu, mon devoir était de protéger les joueurs si une bagarre éclatait.

« La veille à Montréal, les Bruins et le Canadien avaient disputé un match assez rude. Et le retour à Boston dans le train avait été assez silencieux.

« Richard montait avec la rondelle et cela faisait déjà quelques fois qu'Hal Laycoe, un ancien coéquipier, allait le frapper d'aplomb. Rendu au centre de la patinoire, Laycoe avait encore pincé le Rocket. Malheureusement, quand Richard s'est relevé, il avait le front taché de sang. Et le Rocket haïssait voir son propre sang. Il a foncé vers Laycoe et je me suis interposé pour empêcher le combat. Je faisais attention pour ne pas coller le Rocket trop longtemps sur la glace, *hell*, il était le *big shot* de la ligue et moi un juge de 25 $. Je l'ai attiré le long de la bande, mais il est reparti vers Laycoe. Je l'ai encore arrêté. Je pensais que c'était terminé quand j'ai aperçu le Rocket, fou de rage, patiner vers Hal. Je l'ai attrapé par derrière et soudain il m'a donné un coup de poing », rappelle Cliff Thompson.

Ce fut le début de gros problèmes pour Maurice Richard. Et peut-être la première manifestation publique de la Révolution tranquille. Mais pour Cliff Thompson, ce fut la fin de sa carrière de juge de lignes dans la Ligue nationale.

« C'est vrai. Je n'avais fait que protéger deux joueurs et ces pouilleux-là m'ont congédié pour avoir fait mon devoir. J'ai travaillé dans une autre partie par la suite et ce fut la fin. Ils avaient sans doute décidé que je n'aurais pas dû empêcher le Rocket de foncer sur Laycoe. Des pouilleux!

« L'arbitre était Franck Udvari. C'était le plus peureux de terre. Un pas de couilles. Il m'a laissé tomber dans l'histoire » poursuit M. Thompson, la langue fort bien pendue et heureux de donner enfin sa version. Après trente ans!

Sa version de l'incident. Il l'avait donné à Clarence Campbell. Le mercredi après-midi, au bureau de la ligue à Montréal. Sa photo faisait la une des journaux: « Je voulais rester jusqu'au lendemain, mais quand j'étais sorti du bureau de Campbell, la nouvelle de la suspension de Richard avait été rendue publique. Les gens m'arrêtaient sur le trottoir pour me demander si j'étais satisfait, si j'avais eu ce que je voulais? Je ne suis pas un "chicken", mais j'ai eu la trouille tellement les gens avaient l'air en maudit. Je me suis rendu à l'aéroport et j'ai attendu le premier avion pour Boston. Et même à l'aéroport, les gens étaient agressifs à mon égard. »

***

Le troisième homme de l'affaire est heureux et vit très bien à Vancouver. Hal Laycoe est âgé de 63 ans et poursuit sa carrière dans l'immobilier. Il travaille à temps partiel comme dépisteur pour les Islanders de New York. Laycoe a connu une belle carrière dans le hockey. Il fut même le coéquipier du Rocket pendant trois saisons et demie avec le Canadien avant d'être échangé à Boston: « Encore cette émeute! » a été sa première réaction: « À toutes les années, je reçois une demi-douzaine d'appels téléphoniques pendant le mois de mars. Cette année, à cause du 30e anniversaire, c'est encore plus fréquent. Ça m'achale. Écoutez, j'ai joué pour Boston, j'ai été gérant, entraîneur, directeur d'une ligue, dépisteur, j'ai travaillé 31 ans dans le hockey, et pourtant, semble bien qu'on ne se rappelle que d'un événement dans ma vie. L'émeute du Forum! »

Laycoe continue de dire que toute l'histoire a été gonflée hors de proportion. Et que le Rocket ne lui en a jamais voulu: « Quand j'étais son coéquipier, nos relations étaient excellentes. Nous jouions même au tennis ensemble. Et les quelques fois qu'on s'est revu depuis le 17 mars 1955, tout s'est déroulé dans la cordialité. »

Cliff Thompson n'a pas eu le bonheur de continuer à travailler dans le hockey. Et il semble aigri du traitement que lui ont réservé les dirigeants de la ligue après l'incident Richard. Il n'est jamais retourné au Garden de Boston et se contente de regarder les matchs à la télévision: « Cette bande de pouilleux. Harry Sinden en tête, n'ont jamais eu la décence de m'inviter à une partie. »

Mais Cliff Thompson, qui semble encore bien fougueux dans sa retraite, ne garde surtout pas rancune au Rocket: « Il est le plus grand que j'aie jamais vu. Et c'était un homme. Un vrai. Pour ça d'ailleurs que j'ai voulu l'arrêter. »

Il gardait le dessert pour la fin. Oui, il a revu Maurice Richard.

« En plein Forum! Lors d'un match des Old Timers. Je jouais pour les anciens Bruins. C'était une belle fête. Et le meilleur, vous ne le croirez pas. Je sortais la rondelle de notre territoire quand, tout à coup, j'ai été atteint accidentellement à la tête par un coup de bâton. Je me suis passé la main au cuir chevelu. Quelques gouttes de sang perlaient. Rien de sérieux. Je me suis détourné pour voir quel enfant de salaud m'avait frappé ainsi. Puis j'ai éclaté de rire. L'autre aussi. C'était le Rocket!!! »

Et c'était il y a trente ans...

Athlètes professionnels : trop d'argent et de gloriole

18 février 1989

« Les grosses histoires de sport, c'est dans les pages de faits divers qu'il faut les lire. »

Mon confrère sourit à l'autre bout du fil. Nous sommes deux vétérans du métier, deux gars qui avons roulé notre bosse par monts et par vaux en Amérique et dans une bonne partie du monde.

Et ce confrère a raison. Les bonnes histoires de sport depuis quelques semaines, c'est dans la section des faits divers qu'on les retrouve.

– Jacques Richard arrêté dans une affaire de trafic de cocaïne.

– L'enquête Dubin sur le doping.

– Pascual Perez qui se retrouve encore pris dans une histoire de poudre.

– Bryn Smith qui se fait coincer bêtement par une policière déguisée en prostituée.

– Bjorn Borg qui aurait tenté de se suicider.

– Les frères Hilton…

– Mike Tyson…

Et la liste pourrait s'éterniser jusqu'en bas de cette rubrique. À la fois remplie d'histoires sordides, criminelles, de petites mesquineries, de gros scandales.

Où sont-ils donc passés les héros propres et immaculés de notre enfance ? Qu'est-il advenu des Maurice Richard, des Yvon Robert, des Jean Béliveau, portraits idéalisés offerts en modèle à tous les petits Québécois avec saint Jean Bosco et Maria Goretti, celle qui a dit non sans avoir compris la question ?

On peut discuter longuement de la question. Mais l'analyse d'un sociologue, d'un psychologue ou d'un travailleur social revient toujours au nerf de la guerre. L'argent.

En apparence, ce sont les médias qui sont la cause de cette explosion « d'affaires sensationnelles ». Si les journalistes étaient restés les complices d'un système hermétique comme dans le bon vieux temps, on aurait continué à ignorer les frasques des idoles.

Quand les anciens Canadiens saccageaient une ou deux chambres de l'hôtel Lasalle à Chicago, Jean Béliveau allait rencontrer le directeur, payait la casse, collectait les fautifs, demandait aux copains journalistes de fermer leur grande trappe, et quand le train rentrait en gare à Montréal, il ne s'était rien passé.

Aujourd'hui, l'histoire ferait la une des quotidiens.

***

À l'époque, les joueurs étaient exploités par les propriétaires. Comme les journalistes par les patrons des journaux. Les joueurs faisaient encore partie du même monde que leur public. Les vraies stars étaient au cinéma. Elizabeth Taylor, Cary Grant, Rock Hudson. Ce sont leurs frasques qui faisaient scandale.

Mais la télévision a fait sauter cette barrière. Bobby Hull est devenu plus célèbre que Burt Lancaster. Et il est devenu millionnaire avec la naissance de l'AMH. Et on a vite appris que sa femme avait demandé le divorce parce qu'il la battait.

Comme pour certaines stars à scandale d'Hollywood.

***

La télévision a amené l'argent et une formidable célébrité. Les bons petits gars des villages canadiens ou des ghettos noirs américains sont devenus des stars. Des stars auprès de qui les parasites ont commencé à se tenir. Qui dit parasites dit changement de milieu. Et d'amis.

Et qui dit argent dit cocaïne. Les juniors et les collégiens fumaient leur petit joint il y a dix ans. À $ 60 par semaine. Quand ils signent leur premier contrat de $ 200 000, on ne leur offre plus un peu d'herbe.

C'est une voie. Pour certains autres, c'est la Ferrari, les condos luxueux, les femmes. C'est l'habitude d'un train de vie faramineux. Dans un monde hyper compétitif qui oblige à toujours gagner.

L'argent. Les gros salaires. Et la retraite à trente ans. Des millionnaires comme Kareem Abdul-Jabbar ont été fraudés de millions de dollars. Pat Price, l'ancien des Nordiques, était ruiné à 25 ans. Jacques Richard a tout flambé dans le gambling et une désastreuse aventure financière.

Ben Johnson, habitué à son train de vie de prince, devait gagner. Jacques Richard devait trouver de l'argent. Pascual Perez s'est retrouvé dans son merdier, la coke.

Les Gilles Tremblay, Whitey Ford, Jacques Laperrière et compagnie demeuraient des hommes ordinaires malgré leur statut d'athlète professionnel. Ils devaient penser à travailler, à préparer une deuxième carrière. Souvent, ils se dénichaient un job d'été.

Mais pensez-vous que Tim Raines, avec ses $ 2,2 millions par saison, s'est cherché un job cet hiver ? Ou qu'il se prépare à son après-carrière ?

Trop riche. Trop gâté.

***

Télé, argent, célébrité. On est passé de la célébrité locale à la célébrité mondiale. De Claude Provost à Bryn Smith. Deux plombiers. Un à $ 15 000 par année, l'autre à $800 000. L'un protégé parce qu'il faisait partie du monde ordinaire, l'autre offert en pâture aux médias de toute l'Amérique pour faire un exemple. Parce que la télévision en fait une « personne publique » et que la complicité n'est plus possible.

Trop d'argent, trop de gloriole.

Quand on saupoudre le tout d'un peu de poudre, on sort des sections de sports...

Pour se retrouver dans les faits divers.

Dans le calepin – Un individu s'est servi de mon nom dans la région de Saint-Jean-sur-Richelieu. Je ne suis pas impliqué, de quelque façon que ce soit, dans les activités reliées au hockey mineur dans la ville. Ni dans quoi que ce soit.

Quels athlètes oseront se prononcer avant le prochain référendum ?

1er décembre 1994

Mario Tremblay : « On peut pas rester indifférent, mais c'est très délicat.»

« Pardon, je ne m'étais pas prononcé en faveur du Oui au référendum de 1980, c'est toi qui m'avais mis dans le trouble. Dans le gros trouble ! », éclate Mario Tremblay. Il rit de bon cœur.

Déjà 14 ans. Et le discours inaugural du premier ministre Jacques Parizeau l'a confirmé, c'est déjà reparti pour la deuxième ronde. Le nouveau référendum aura lieu en 1995. Et encore une fois, le Québec va se diviser en deux, encore une fois, les clans du Oui et du Non vont faire l'impossible pour recruter des porte-parole prestigieux, capables de convaincre les Québécois ordinaires de les suivre.

La dernière fois, seuls Mario Tremblay et Michel Larocque avaient affiché dans le vestiaire du Canadien leur position en faveur du Oui. Et 14 ans plus tard, j'avoue que je n'avais pas trop consulté Mario et le regretté Bunny avant de faire la manchette de *La Presse* avec leurs opinions politiques.

« Ça brassait dans le vestiaire, c'était pas possible. Il y avait beaucoup de passion. Il y avait une dizaine de francophones dans l'équipe, Serge Savard, Réjean Houle, les autres. Et il y avait les anglophones.

« L'autre jour, lors du match entre les Anciens Nordiques et les Anciens Canadiens au Colisée de Québec, j'en parlais justement avec Mark Napier.

« On riait, mais dans le temps, on se pognait joyeusement. Lui, l'anglophone de l'Ontario et moi, le Bleuet du Lac-Saint-Jean. C'était rendu assez loin, on parlait juste de ça. Quand on prenait une couple de bières après la pratique, je te jure que ça gueulait de bon cœur », se rappelle Mario.

Ils étaient rares les athlètes qui avaient osé prendre position pour le Oui. Pierre Lacroix et Michel Goulet, deux clients de Me Guy Bertrand, un fervent souverainiste, étaient montés sur une scène lors d'un rassemblement à Québec. Le geste démontrait beaucoup de courage puisque la très grande majorité des athlètes et tous les dirigeants des équipes professionnelles au Québec étaient des partisans inconditionnels du Non.

Ce sera la même situation en 1995. Je trouve même qu'il est presque inconvenant de demander à des athlètes professionnels de s'impliquer contre une certaine image du Canada qui prévaut dans le sport professionnel et dans le sport amateur.

Les Québécois qui jouent dans la Ligue nationale de hockey évoluent aux États-Unis ou dans le reste du Canada pour la plupart. Quelques joueurs sont installés à Québec ou à Ottawa et les autres jouent pour le Canadien.

À Montréal, Ronald Corey et Serge Savard se sont prononcés publiquement pour le fédéralisme à la conservateur lors du référendum commandé par Brian Mulroney en 1992. Ils vont prendre position pour le clan du Non lors du prochain référendum.

De plus, les joueurs ont grandi dans l'idée d'une équipe nationale canadienne. Ils ont participé à des tournois junior dans l'uniforme du Canada, ils ont peut-être joué aux Championnats du monde, aux Jeux olympiques, à la Coupe Canada. Ils partagent leur vestiaire avec des coéquipiers qui viennent de l'Ontario, des Maritimes ou de l'Ouest.

J'ai hâte de voir Jacques Demers naviguer là-dedans...

Quant aux athlètes amateurs de niveau national, ils n'ont pas le choix. Même s'ils sont victimes de discrimination, même s'ils se font écœurer systématiquement au sein des fédérations nationales, même si le sport amateur canadien est sans doute le domaine où les droits des francophones sont les plus bafoués, les athlètes n'ont guère d'autre choix que de subir et de se la fermer.

D'abord, ils touchent quelques milliers de dollars de Sport Canada quand ils atteignent un certain niveau d'excellence sur la scène internationale et, surtout, ils vivent de belles émotions à porter les couleurs du pays dans les grandes compétitions.

Des gars de Chicoutimi comme Marc Gagnon et Frédéric Blackburn viennent d'une région ultranationaliste, mais ils font partie d'une équipe nationale depuis des années. Peut-on leur demander de défier tout un entourage ? Ou peut-on mettre en doute leur attachement personnel, si c'est le cas, au pays qu'ils défendent depuis plusieurs années sur la scène internationale ?

Compte tenu de la situation des athlètes de pointe québécois, amateurs ou professionnels, j'estime qu'on devrait respecter leur choix personnel pendant la prochaine campagne référendaire et ne pas exercer de pression ni d'un sens ni dans l'autre (sic).

À moins que le référendum de 1995 soit moins passionné que celui de 1980 ?

« Ben voyons donc ! Ça va être aussi fort qu'en 80 ! Attends que ça se mette en branle. Après tout, on parle de faire un pays, c'est sûr que le monde va en jaser ! », répond Mario Tremblay.

Si, en 1980, Mario s'était retrouvé un peu malgré lui en une de *La Presse*, il sera plus prudent en 1995 : « En 80, j'avais 22, 23 ans. J'en ai 38 et je suis porte-parole de gros commanditaires qui vendent des produits à tout le monde. Or, prends-le comme tu le voudras, le prochain référendum va diviser les Québécois en deux. Cinquante pour cent pour le Oui, 50 pour cent pour le Non. On peut pas rester indifférent, mais c'est très délicat », de dire Tremblay.

Chez les Nordiques, les trois ou quatre francophones de l'équipe ne dérangeront personne en parlant politique. Personne ne va les comprendre.

Mais chez le Canadien, avec le Sénateur au deuxième et un coach qui veut plaire à tout le monde, ça va être pas mal plus drôle. À moins que M. Parizeau ne choisisse le 8 septembre pour faire son référendum. Pendant les vacances des Glorieux.

Jacques Demers pourrait passer un été tranquille !

Drôles de retraités

Bon, Sylvie Fréchette qui revient à la compétition. C'est parfait. Après les jumelles Vilagos, on pouvait s'attendre à ce que la grande Sylvie s'ennuie un bon coup des grands voyages et des grosses bagarres dans la piscine.

J'ai rien contre. La seule chose, c'est que c'est devenu embêtant de couvrir ou de commenter la retraite annoncée par un athlète de marque.

Même Jacques Rougeau, qui a beaucoup ému le Québec en prenant sa retraite « par amour pour sa femme », parlait de revenir contre Hulk Hogan au Stade olympique.

Pourtant, quand on s'est amusé à embarquer dans son histoire, Jacques avait bien dit que c'était fini, qu'il enfilait ses pantoufles pour s'occuper de son gym et de sa famille.

Jacques rêvait de remplir le Stade olympique dans l'après-midi du 29 janvier, dimanche du Super Bowl. Le projet est tombé à l'eau. Tant mieux, j'étais loin de partager son optimisme. Le 29 janvier, quand il fait moins 30, les gens restent à la maison et regardent la télé…

Le filet tombe enfin sur l'Aigle

6 janvier 1998

Hier, au bureau, on cherchait une bonne traduction pour une phrase qui s'applique parfaitement à Alan Eagleson. On a fini par proposer : « On peut fourrer quelqu'un de temps en temps, mais on ne peut pas fourrer tout le monde tout le temps. »

Si les dernières informations obtenues à Toronto et à Boston sont confirmées, Alan Eagleson plaiderait coupable à des accusations de fraude postale, de racket et de détournements de fonds, autant à Boston aujourd'hui qu'à Toronto demain. En échange de ses aveux, la justice américaine et la justice canadienne seraient assez généreuses avec Eagleson. Une amende de 1 million US et 18 mois de prison dans une prison à sécurité minimale en Ontario. Autrement dit, trois ou quatre mois derrière des barreaux pas trop noirs ni épais.

Ce n'est pas d'hier que des journalistes dénoncent les combines du sieur Eagleson. Déjà, pendant la Série du siècle en 1972, on avait fustigé son manque de classe et sa mainmise sur des joueurs qui lui faisaient aveuglement confiance.

En 1976, un samedi de septembre, Pierre Foglia rentrait de Philadelphie où il avait couvert un match de la Coupe Canada et avait écrit un long reportage qui racontait comment Alan Eagleson avait réussi à manipuler tout le monde dans l'organisation du tournoi.

Je me rappelle avoir demandé à Foglia quelle était sa source. C'était un producteur impliqué dans la bastringue d'Eagleson, un homme d'affaires fiable qui avait les deux pieds sur terre et avait très bien flairé et expliqué les combines de l'Aigle : le regretté Jean-Paul Champagne qui devait fonder par la suite le canal sport à Vidéotron.

On va soupçonner longtemps le gouvernement conservateur de Brian Mulroney d'avoir empêché la GRC d'enquêter sérieusement sur les fraudes d'Eagleson avec Hockey Canada, l'Association des joueurs de la LNH et le tournoi de la Coupe Canada. Eagleson était un organisateur conservateur influent et un ami du procureur de la Couronne ontarien.

Dans le fond, c'est un confrère de Boston, Russ Conway, qui aura fini par faire tomber Eagleson. Sept ans d'enquêtes pour un petit journal de la région de Boston auront forcé le FBI et la GRC à porter des accusations.

Et Russ Conway s'est autant investi dans cette histoire parce qu'il était un ami sincère de Bobby Orr, la première grande victime d'Eagleson.

Je mangeais avec Carol Vadnais quelques jours avant Noël. Eagleson a été l'agent de Vadnais. Il m'a raconté comment Eagleson ne s'était pas occupé de lui quand il avait été échangé aux Rangers de New York malgré une clause dans son contrat qui lui donnait le droit d'approuver une transaction. C'est un avocat, un ami de Vadnais, qui était allé chercher 100 000 $ sous forme de compensation alors qu'Eagleson lui avait recommandé de ne pas causer de problème et d'accepter une somme de 20 000 $.

Mais ce n'est qu'un cas parmi des centaines d'autres. C'est collectivement que les joueurs de la Ligue nationale se sont fait berner par Eagleson. Alors que l'autonomie dans le baseball et le basket-ball faisait éclater les salaires, les joueurs de hockey étaient prisonniers des tractations d'Eagleson qui se servaient d'eux pour établir son pouvoir sur la scène internationale.

Il n'a pas fraudé que les joueurs : en fourrant Hockey Canada, ce sont tous les contribuables du pays qui ont été bernés.

Quand un homme a trop de pouvoir, il y a toujours danger qu'il en vienne à considérer comme siens les privilèges que le pouvoir peut obtenir.

Sans doute que c'était devenu normal pour Eagleson d'obtenir des billets d'avion d'Air Canada en échange du contrat de transporteur officiel de la Coupe Canada. Mais en réalité, ces billets appartenaient aux joueurs... ou à Hockey Canada.

C'était sans doute normal de traficoter avec les dirigeants soviétiques de la Fédération de hockey de l'URSS, sauf que les concessions étaient en réalité faites par les joueurs ou Hockey Canada.

Et on ne parle pas des fraudes plus flagrantes dont ont été victimes Labatt et tous ceux qui ont payé à Eagleson ces sommes déposées dans des banques suisses.

Ce sont les joueurs qui ont payé le gros prix. Pendant que Marvin Miller, un vrai leader syndical, faisait plier les boss du baseball, Alan Eagleson livrait ses clients à John Ziegler en échange du pouvoir sur le hockey international.

Le vrai crime, c'est celui-là.

La vie s'annonce difficile pour Lareau

Mon confrère Mario Brisebois avait raison, la nouvelle de la séparation de Sébastien Lareau et d'Alex O'Brien était un secret bien gardé.

Voilà que Lareau se retrouve sans partenaire de double pour le début de l'année de tennis, à quelques jours du premier Grand Chelem de la saison, celui de l'Australie.

C'est une nouvelle qui va inquiéter les amis et partisans de Lareau. Alex O'Brien était le partenaire idéal pour Sébastien. Il avait du pitbull dans le nez et était celui qui remontait le moral de Sébastien quand les choses allaient mal ou que son foutu service le laissait tomber une fois de plus.

De plus, O'Brien est un gars de calibre des 50 premiers au monde. Un partenaire de ce calibre ne se déniche pas à tous les coins de rue.

Heureusement, Lareau est un excellent joueur de double et d'ici un mois ou deux, il devrait se trouver un partenaire capable d'être efficace. Mais je serais le plus surpris au monde s'il parvenait à se dénicher un autre Alex O'Brien. Le Texan et le Québécois formaient une équipe qui avait du charisme et un nom. En double, c'est beaucoup.

Le coach de Lareau, André Lemaire, avait vu venir le coup : « J'étais à Stuttgart et à Moscou, les deux derniers tournois importants du duo avant les Masters à Hartford, et j'avais senti qu'il y avait un problème. La communication et la confiance entre les deux n'étaient pas à son (sic) sommet. O'Brien était préoccupé par son tournoi en simple, et Sébastien le sentait. De plus, les États-Unis sont riches et ils ont offert à O'Brien une somme importante pour qu'il forme une équipe avec Jonathan Stark », de dire Lemaire.

Cela dit, la vie s'annonce difficile pour Lareau. Il est 184e au monde. Autrement dit, il n'est pas accepté aux qualifications des tournois d'Adelaïde et de Sydney avant les Internationaux d'Australie et il devra gagner quelques difficiles tournois challengers s'il veut remonter dans les 120 premiers mondiaux.

Mais il est jeune et fait fort…

Vingt-cinq ans à votre service

21 août 1999

C'était le 19 août 1974. Un lundi soir. Il était cinq heures et trente, et je traversais le pont Jacques-Cartier en me disant que ça puait la mélasse.

Je commençais ma première soirée à *La Presse* à 18 heures. Faits divers de nuit. Un meurtre, rue Saint-Dominique, pour commencer la soirée, et première déception : à *La Presse*, un banal meurtre se résumait en 20 lignes, et on ne prenait pas la peine de signer l'article.

Faudrait donc que ma mère attende 24 heures de plus pour enfin faire la preuve dans le village que son garçon était rendu à *La Presse.*

Vingt-cinq ans plus tard, je rentre de Hongrie où j'ai couvert la victoire de Mika Hakkinen, et ma mère est sortie de son slump au bingo. Elle a recommencé à gagner au grand soulagement de mon père.

Vingt-cinq ans qui ont passé à la vitesse de la lumière. Ahurissant. J'ai (sic) passé aux sports en mars 75 et mon tout premier match du Canadien les opposait aux Golden Seals d'Oakland. Un match plate comme j'allais en voir pendant toute une saison vingt-cinq ans plus tard.

Mais entre 75 et 99, quelles années !

Les Coupes Stanley des années 70, les exploits et la passion de Guy Lafleur, la confiance de Patrick Roy, le leadership de Carbo, de grands noms et de belles têtes comme Serge Savard, Ken Dryden ou Bob Gainey et les autres belles têtes du côté de Québec avec Peter Stastny, Michel Goulet, Marcel, Maurice et les autres.

Je ne veux pas faire le vieux jeu, mais j'avoue que je m'ennuie trop souvent sur la passerelle des journalistes du Centre Molson. Et que si moi, je m'ennuie, alors que je suis payé pour assister au match, ça doit être encore plus frustrant pour vous qui devez payer 200 $ pour une soirée ratée.

Vingt-cinq ans plus tard, reste-t-il de la passion dans le sport professionnel ? Êtes-vous encore passionnés pour vos idoles ?

C'est le plus gros changement du dernier quart de siècle. L'amour inconditionnel que vos parents ont voué à Maurice Richard, la ferveur témoignée à l'égard de Guy Lafleur par les boumers de la fin de siècle ont été remplacés par quoi ?

Presque de l'indifférence. Chose certaine, le lien privilégié entre les athlètes et les fans a été rompu. Pourquoi le partisan s'inquièterait-il pour des joueurs qui touchent 3 millions par année et qui sont prêts à quitter Montréal pour quelques dollars de plus gagnés aux États-Unis ?

Indifférence et colère. Le partisan se sent trahi. Il en veut aux propriétaires et aux joueurs qui se sont enrichis sur sa passion. On ne cherche plus à gagner, on cherche à déterminer le point de saturation du marché. Le Canadien va investir dans des plombiers surpayés tant que les fans vont accepter de payer 78 $ pour un ticket dans les rouges situés près du plafond.

Si le point de saturation est de 80 $, alors va falloir continuer avec les plombiers. Si le point de saturation est de 90 $, alors on va pouvoir embaucher un autre bon joueur.

Le plaisir de voir des directeurs généraux bâtir des équipes avec des choix au repêchage, des clubs écoles et de l'intelligence et du flair a été remplacé par la pression de trouver le point de saturation. Maudit progrès.

Vingt-cinq ans plus tard, le métier a changé. On pouvait encore s'amuser dans la couverture du sport professionnel. Montrer que ce n'était pas si sérieux après tout. Mais quand tout devient question économique et sociale, quand il faut traiter de déficits et d'investissements de vos impôts par les gouvernements, quand il faut traiter de droit, d'économie, de libre-échange et de société mixte dans le sport, quand Jacques Ménard prend plus de place que Vladimir Guererro, alors, faut bien s'occuper de l'économie du sport puisque ce sont vos dollars qu'on utilise pour faire vivre l'industrie.

Et puis, la télévision s'est infiltrée partout. Il y a quelques années, René Lecavalier décrivait le match et s'en allait à son hôtel pendant que les journalistes travaillaient. On faisait les vestiaires, on récoltait les déclarations des joueurs, et vous savouriez cette brillante prose le lendemain en lisant votre journal.

La télé est maintenant dans les vestiaires, aseptisant tout sur son passage. Il a fallu modifier la façon de travailler. C'est infiniment plus difficile qu'auparavant d'être original et de dénicher les vraies histoires. C'est pour ça que j'ai beaucoup d'admiration pour les jeunes Mathias Brunet du journalisme sportif.

Mais sur le fond, rien n'a changé. Il n'y a qu'un patron, le lecteur. C'est lui qu'on sert. C'est pour lui qu'on tente de trouver les histoires réelles et pas seulement la propagande préparée par les relationnistes.

On peut se tromper. Je commets des erreurs chaque jour. Des erreurs que je tente de corriger quand je réalise que je me suis trompé. Normalement, si on a bien travaillé, on a tracé un portrait juste et assez complet d'une situation. Mais je pense qu'il faut lire le journal pendant une semaine, un mois, un an pour avoir une vision toujours plus exacte de la réalité.

J'aime ce métier comme au premier jour. C'est pour ça que je continue. Et plus les années passent, plus je me rappelle qu'il n'y a qu'un patron. Au diable les présidents, les directeurs généraux, les coachs, les joueurs. Un seul patron.

Vous qui me lisez.

Dopage dans le hockey junior : l'omerta brisée

Le cri d'alarme d'Enrico Ciccone

9 décembre 2003

Au moins la moitié des joueurs de la Ligue de hockey junior majeur du Québec auraient des habitudes de consommation de drogues et la direction des équipes ne fait à peu près rien pour endiguer le fléau.

C'est le cri d'alarme que lancent Enrico Ciccone, agent de joueurs, et son patron Gilles Lupien. Ciccone est responsable du midget AAA et du junior majeur dans l'écurie de Lupien. « Je peux affirmer après une enquête de plus de six mois qu'au moins une douzaine de joueurs, plus souvent 14 ou 15, par équipe consomment différentes drogues, allant de la marijuana aux amphétamines en passant par les calmants et les somnifères, les fat burners et l'éphédrine. Et la ligue ne fait rien, absolument rien de concret », a expliqué Ciccone à *La Presse*.

C'est un policier municipal qui a mis la puce à l'oreille de Ciccone. Les policiers surveillaient un des gros pushers de la ville pour remonter la filière quand ils ont constaté qu'un des protégés de Gilles Lupien était un client régulier. « J'ai commencé à poser des questions. Je me suis d'abord buté à un mur, mais à force de parler avec des joueurs, avec des policiers, avec des coachs et surtout avec des anciens joueurs, j'ai fini par obtenir un portrait plutôt juste de la situation. Les joueurs ne veulent pas agir en délateur dans leur équipe, mais ceux qui jouaient il y a deux ans ou l'an dernier n'ont pas ce scrupule. Ils nous ont raconté comment ça se passait », de dire Ciccone.

En fait, la pression exercée sur les jeunes joueurs pour qu'ils remplissent leurs obligations est telle qu'ils ont besoin d'un « soutien » quelconque pour passer à travers. « Ça n'a pas de bon sens de demander à des jeunes de voyager de Rouyn ou de Gatineau jusqu'à Cap-Breton. C'est 22 ou 24 heures d'autobus. C'est la Floride aller et retour pour jouer une game de hockey. Pour se calmer, ils fument du pot à la moindre occasion ou ils avalent des downers pour tenter de dormir. Puis, même s'ils sont fatigués, ils prennent des uppers et des speeds pour se donner de l'énergie. Après, parce qu'ils sont trop excités par les amphétamines, ils prennent un petit calmant ou fument un joint, et le cercle continue pendant que la LHJMQ ne fait rien », de soutenir Ciccone.

Lors d'une longue entrevue avec Natacha Llorens, agent (sic) de liaison de la GRC, le printemps dernier, elle avait soutenu sensiblement les mêmes avancés (sic).

Ciccone ne s'est pas contenté d'enquêter pour assurer la protection de ses clients. L'an dernier, il avait dénoncé le fait que le repêchage de la LHJMQ était prévu pour la semaine des examens au secondaire au Québec. Il avait tellement brassé la cage que la LHJMQ avait changé la date de son repêchage. Cette fois, le cri d'alarme est encore plus angoissé.

Ciccone soutient qu'il en a appris beaucoup juste à discuter avec les joueurs qui ont accepté de raconter ce qui se passait. « Quand je leur faisais remarquer qu'ils seraient certainement testés s'ils faisaient partie de l'équipe nationale junior, ils m'ont dit qu'ils n'avaient qu'à arrêter toute consommation six semaines avant les tests et que le tour serait joué. Pour le pot, ils savent que ça peut rester jusqu'à six mois dans les cheveux et les ongles. Je ne veux pas sauter aux conclusions, mais ça veut dire qu'il y a des complices au sein des équipes », de dire Ciccone.

« Je ne suis pas un détective et au cours des six derniers mois, j'ai joué à la police au lieu de m'occuper de hockey avec nos jeunes. Mais j'ai été fier de jouer et j'ai un petit gars de cinq ans. Si on fait rien maintenant, il sera trop tard quand ce sera son tour », d'ajouter Ciccone.

« Y a personne qui fait rien. Tout le monde a peur. Je répétais à mes jeunes de me dire ce qu'ils savaient. Ils n'étaient pas des délateurs, ils aidaient leurs amis. Je l'ai dit aussi à M. Gaétan Simard (du cabinet du ministre Fournier). Pendant quinze ans, les policiers ont fricoté sans succès avec les Hells. Il a suffi qu'on passe la loi antigang pour que tout change et qu'il devienne possible de faire le ménage. Ce que je dis, c'est qu'il faut commencer tout de suite à changer les lois ou les règlements si on veut arriver à contrôler la situation, de dire Ciccone. Si on fait rien, Gilles Courteau (le commissaire de la LHJMQ) va être encore là dans dix ans et il n'aura pas levé le petit doigt. »

Lettre d'un contribuable

29 janvier 2005

À M. Paul Martin, premier ministre du Canada

Cher Monsieur Martin,

Demain dimanche, vers 11 h30, Gérald Tremblay, maire de Montréal, rencontrera Mustapha Larfaoui, président de la FINA, dans les chics locaux de l'ambassade canadienne à Paris. Même que votre ambassadeur sera de la rencontre avec Dick Pound et Walter Sieber, deux éminents Canadiens, comme vous aimez le dire.

En tant que simple et humble contribuable, je vous remercie, M. Martin, d'avoir permis à Monsieur le maire d'utiliser votre ambassade. C'est un signe modeste, mais c'est quand même un signe que le Canada n'est pas totalement une république de bananes quand on parle de sport international.

Mais si vous aviez su, mon cher premier ministre, comment votre gouvernement, comment le gouvernement de M. Charest à Québec et comment ces incompétents au sein du comité organisateur se sont comportés en épais habitants mal dégrossis dans tout le dossier des Championnats du monde de sports aquatiques, je suis convaincu que vous auriez fait beaucoup plus.

Je sais que mon vieux copain Jean Lapierre est votre gourou au Québec et mes confrères m'ont expliqué que Tim Murphy, votre chef de cabinet, est votre gardienne d'enfants à Ottawa. Mais vous pourriez peut-être prendre la peine de téléphoner au maire Tremblay, à son hôtel de Paris, pour lui souhaiter bonne chance avant sa rencontre de dimanche.

Parce que, M. Martin, vous êtes quand même député d'un comté du Grand Montréal, vous avez fait plein de promesses favorables aux municipalités pendant la dernière campagne électorale; donc, vous avez leurs intérêts à cœur. Enfin, comme premier ministre du Canada, vous devez savoir que Montréal et le Canada ont eu l'air de complets tatas dans le dossier de la FINA.

Savez-vous, M. Martin, que M. Larfaoui, en décembre dernier, a téléphoné trois fois à votre secrétaire d'État, l'ineffable Stephen Owens ? Savez-vous qu'il lui a écrit concernant le dossier des Championnats et de Montréal ? Savez-vous, M. Martin, qu'on n'a jamais eu la décence ni la politesse de rappeler M. Larfaoui ? Sans doute que le personnel de M. Owens est tellement occupé à organiser le patronage pour les Jeux de Vancouver qu'il a oublié que Montréal devait organiser des championnats l'été prochain ?

Savez-vous, mon cher premier, que M. Larfaoui vous a écrit, à vous personnellement, tout juste avant Noël, et qu'on cherche encore la lettre dans vos bureaux ? On l'a perdue ! Que voulez-vous que ce « prince » des grands événements pense du gouvernement canadien ? Qu'ils ne veulent pas de lui ni de son événement.

M. Martin, vous ne pouvez pas savoir ce que le ministre québécois Jean-Marc Fournier a lâché comme insulte au président de la FINA. Je ne veux pas jouer au panier percé, aussi je vous dirai simplement que M. Fournier, sans doute fatigué après une dure année de travail et de stress, a tout juste garroché à M. Larfaoui « s'il comprenait le français » (sic). Poser cette question à un Algérien – son pays est une ancienne colonie française qui a obtenu son indépendance après une guérilla féroce –, c'est lui faire la pire des injures. Mais vous ne contrôlez pas les ministres de M. Charest, on le comprendra facilement.

Vous voulez savoir comment ça s'est passé par la suite ? Gérald Tremblay, votre maire en quelque sorte dans le Grand Montréal, scandalisé par le fait de voir une quarantaine de millions déjà investis s'envoler en fumée, a décidé de foncer et de garantir les 12 millions que ces incompétents n'avaient pu trouver.

Mais il se trouvait confronté à un autre problème, encore plus grand que le manque de fonds. Le président de la FINA était outré par la façon grossière dont on l'avait traité. Le maire a alors téléphoné à son ancienne collègue libérale à Québec, Mme Liza Frulla, ministre du Patrimoine : « J'ai besoin d'aide », lui a-t-il dit.

Mme Frulla est une femme passionnée, une amante de Montréal, du Québec et du Canada. Dimanche dernier, elle a joint M. Larfaoui et a discuté près d'une heure avec lui. Quand ce dernier lui a raconté ce qu'il avait subi, la ministre s'est excusée. Purement et simplement. Et elle a profité de la conversation pour lui réaffirmer que les Championnats étaient importants pour Montréal et le Canada. En précisant avec clarté que le gouvernement canadien ne pourrait cependant investir d'autres sommes dans l'événement.

Charmé, M. Larfaoui a finalement confirmé au maire Gérald Tremblay qu'il était d'accord pour organiser un rendez-vous. Et il en a profité pour dire qu'il avait apprécié la classe et l'ouverture d'esprit de Mme Frulla. Les deux hommes ont convenu que la présence de Mme Frulla, comme ministre canadienne du Patrimoine, serait un plus lors de ce meeting.

C'est là que Jean Lapierre entre en scène.

Voyez-vous, M. Martin, j'aime beaucoup Jean Lapierre. Je l'ai connu en 1984 aux Jeux olympiques de Los Angeles alors qu'il était secrétaire d'État aux sports. Après, il est devenu bloquiste et aussi votre conseiller spécial au Québec.

Mais si mon copain Jean est un formidable politicailleur, grand spécialiste des vacheries du petit monde politique, je ne peux pas dire qu'il a été très édifiant dans ce dossier. Sans doute qu'on peut parler de deux visions différentes devant un problème, mais votre ami Lapierre a choisi la peur et les grands sparages.

Vous êtes un homme honnête, monsieur le premier ministre, alors pourquoi a-t-on si peur dans votre entourage ? Et pourquoi Jean Lapierre, qui alimente tout ce beau monde de son expertise, a-t-il si peur dans ce dossier ?

Personne n'a parlé de patronage ou de malversations. Ce qu'on reproche aux organisateurs, c'est d'avoir été de parfaits incompétents.

Parce qu'ils ont peur que les contribuables fassent le lien entre ces amis du parti et vous, M. Martin ? Cher premier ministre, les gens ne sont pas stupides. Ils sont capables de faire la différence entre un voleur et un tata.

Ou bien parce que notre ami M. Lapierre est capable de politicaillerie mais pas de sens politique ? Honnêtement, je me suis ennuyé depuis deux semaines de Martin Cauchon, l'ancien lieutenant politique du Québec. Je n'étais pas toujours d'accord avec lui, mais j'étais certain qu'il se battait. Pas qu'il politicaillait !

C'est impensable que votre ami Lapierre ne se soit pas rendu compte que Montréal perdrait environ 70 millions de retombées économiques, sans compter les 40 millions déjà enfouis par le fédéral, le provincial et le municipal. Impensable qu'il ne se soit pas rendu compte que Vancouver présentera les Jeux olympiques de 2010, que Toronto, autre petite ville canadienne, se prépare à tenter d'obtenir l'Exposition universelle, et que Hamilton tente de se positionner sur la scène internationale. Vancouver, c'est le CANADA, Toronto, c'est le CANADA, Hamilton, c'est le CANADA. Eh bien, Monsieur le premier ministre, Montréal, c'est aussi le Canada.

M. Lapierre et votre bureau ont interdit à une ministre d'aller défendre les intérêts d'une ville canadienne et de son pays, le Canada. M. Lapierre n'a pas dit la vérité en laissant courir que Mme Frulla allait consentir de nouveaux millions dans l'aventure. Il est important, M. Martin, que vous le sachiez. Parce que si vous aviez su, je suis convaincu que vous n'auriez pas laissé faire.

Et pour conclure cette trop longue missive infiniment respectueuse, vous espérez sans doute que le maire de Montréal réussisse à sauver ces Championnats du monde. Parce que des hommes d'affaires prestigieux comme Normand Legault, Serge Godin, de CGI, et plusieurs autres ont déjà assuré le maire Tremblay qu'ils seraient là pour l'épauler. Et que ces Championnats seraient un succès une fois qu'on sera débarrassé des incompétents qui ont sévi trop longtemps.

Voilà, cher premier, ce qu'on aurait dû vous expliquer au lieu d'avoir peur de son ombre ou de ses propres péchés.

Un contribuable, Réjean Tremblay

Le péché suprême

9 février 2006

Rick Tocchet est dans de sales draps. Et avec lui, c'est toute la Ligue nationale qui se fait éclabousser. J'ai écouté les propos du colonel Frank Rodgers, le responsable de l'opération Slapshot menée dans le New Jersey et disons que ce monsieur ne semble pas entendre à rire dans cette affaire.

Tocchet devra se livrer à la police du New Jersey et d'autres joueurs, une douzaine, ainsi que des membres de la direction d'équipe sont sous enquête.

Pour l'instant, on ne peut assurer que des joueurs auraient parié sur des matchs de hockey. Si jamais la police établit cette preuve, alors il faudra que Gary Bettman imite ses copains du baseball avec Pete Rose et les bannisse du hockey.

Ce n'est pas la première fois que le spectre du gambling pèse sur l'industrie du hockey. Quand on a découvert que Jaromir Jagr avait perdu environ 5 millions $ dans les casinos d'Atlantic City, on s'est inquiété. En se foutant dans pareil pétrin, Jagr devenait vulnérable à diverses formes de chantage.

Finalement, le grand Tchèque s'en est tiré. D'abord, parce que le jeu est légalisé à Atlantic City et que, dans son cas, il ne semble pas qu'on ait parlé de paris. Si un gars veut perdre son argent à la roulette, que voulez-vous que la Ligue nationale fasse ? C'est la même chose avec le casino de Montréal. Des athlètes qui ont perdu des dizaines de milliers de dollars, pour ne pas parler de centaines de milliers, il y en a et la direction du casino les connaît. Mais ils ont joué dans un encadrement légal qui les met à l'abri de la LNH.

Et puis, le jeu est maintenant un divertissement ou un vice (dépendant si vous êtes un toxicomane du gambling) bien organisé par l'État. On vous vend des billets de loto pour parier sur le résultat des matchs. Mais comme c'est l'État, c'est propre. L'affaire Rick Tocchet est bien différente. C'est un réseau underground qu'on pense être relié à la mafia de Philadelphie et au monde interlope. Et Mme Janet Gretzky serait une des clientes du réseau ! C'est-tu assez fort !

Ce n'est pas d'aujourd'hui que la Ligue nationale se bat contre le gambling. Au cours des 40 dernières années, les responsables de la sécurité de la LNH ont toujours rencontré les joueurs de toutes les équipes pour les mettre en garde contre les requins du gambling. Dans certaines villes, on donnait même les noms des individus à éviter à tout prix.

Mais tout le monde, ou à peu près, a gagé une p'tite piastre sur le résultat d'un match. Une piastre, c'est gentil et mignon. Mais 10 000 $ ou 100 000 $, c'est une autre affaire. Et les requins sont toujours à l'affût d'une victime... ou d'un complice. Imaginez à quel point les joueurs peuvent être sollicités.

C'est juste une petite anecdote sans conséquence sérieuse. C'était au début des années 80, ça se passait à Québec. Je m'arrêtais souvent au Dauville, le restaurant dirigé à l'époque par mon chum Andy Dépatie. Le même Andy qui vient de publier un livre pour ses 60 ans... en bonne forme. Andy a toujours été fou du hockey... et a toujours aimé gager sur le sport. Le jour des matchs, quelques joueurs des Nordiques venaient manger une soupe au resto et prendre un café et jasaient une petite heure avec leur ami Andy pendant l'après-midi. On lui racontait comment Daniel Bouchard était indisposé par la grippe, comment Michel Goulet avait mal à la tête, qu'il était certain que Peter Stastny ne pourrait pas jouer régulièrement.

Quand ils repartaient, Andy prenait le téléphone et appelait son *bookie* à Vegas pour établir ses paris à partir des informations privilégiées qu'il détenait. Ça se passait à la bonne franquette et personne ne pensait à mal... Sauf que le jour où Marcel Aubut a appris l'histoire, il a donné des ordres clairs et précis. « Allez prendre votre café APRÈS le match, pas avant ! »

Les joueurs de hockey peuvent avoir de gros problèmes d'alcool, les dirigeants vont se montrer compréhensifs. Même chose pour les problèmes de famille ou de cul. S'il n'y a pas de violence, on va fermer les yeux.

Quand on touche à la coke, on est moins ouvert... pas à cause des conséquences, mais parce que ça ouvre une porte au crime organisé. On se fout de la moralité, ce qu'on craint comme la peste, c'est l'influence de la mafia. Attendez de voir les libéraux dans la prochaine campagne électorale.

Mais le gambling, c'est le péché suprême. Parce que le gambling met en danger la base même du sport professionnel. La confiance qu'ont les amateurs dans l'honnêteté des dirigeants et des joueurs. Si les fans se mettaient à avoir des doutes, ils pourraient croire qu'un arbitre avait parié pour les Sabres de Buffalo, mardi soir. C'est la raison des deux pénalités décernées à Saku Koivu et à Steve Bégin.

Vous n'avez jamais pensé une seule seconde que ça pouvait être le cas ? Parfait, c'est pour ça que la LNH panique avec l'affaire Tocchet-Gretzky. Elle ne veut pas que vous ayez le moindre petit doute. Elle ne peut se permettre le doute. C'est la raison d'être de toutes les commissions athlétiques de ce monde. La protection du boxeur, tout le monde, à part sa blonde et sa mère, s'en fout. Mais on veut que les gens soient certains que Kessler a battu Lucas parce qu'il était meilleur, pas parce que Lucas avait parié sur sa défaite.

Tocchet va passer un vilain quart d'heure. Je présume que Wayne Gretzky va s'en tirer. M. Teflon s'en tire tout le temps. Tocchet est son adjoint et Todd Bertuzzi et Shane Doan sont ses hommes de confiance à Turin...

Mais Dieu en a décidé ainsi...

QUATRE DÉCENNIES SUR CINQ CONTINENTS

La toute première, toute première fois, le journal s'appelait le *Reflet falardien*. Falardien pour Saint-David-de-Falardeau, mon village natal. J'étais prof de latin et j'adorais l'enseignement. Normal, quand on enseigne le latin, on a devant soi des élèves haut de gamme. C'est élitiste mais c'est comme ça.

Falardeau a toujours été un beau village. Favorisé par la présence sur son territoire de moulins à scie et de centrales hydroélectriques de Price. Autrement dit, le Conseil municipal et la commission scolaire avaient du cash. Ce qui, dans la vie, on le sait, rend souvent de gros services.

Quelque part en automne, Claude Lapointe, président de la Chambre de commerce du village, m'a demandé si j'accepterais de m'occuper du journal de l'organisme. Il s'appelait déjà le *Reflet falardien*, mais c'était trois ou quatre pages passées au stencil. Ça sentait l'alcool et c'était violet et écrit à la main.

Je me suis dit qu'on pouvait faire mieux. Je me suis rendu au Progrès du Saguenay qui imprimait *Progrès-Dimanche*, le plus gros hebdo au Canada. Direct dans le bureau du président, M. Gaston Vachon. J'avais déjà compris que si tu veux que quelque chose se règle vite et bien, va direct au président. On s'est entendu sur un tabloïd de huit pages. Et pour 300 $ j'aurais droit aux 300 copies nécessaires pour couvrir les 300 foyers du village. Je pensais faire un bon marché. En dollars d'aujourd'hui, chaque numéro reviendrait à 12 $.

Mais ça n'avait pas d'importance puisque Falardeau était un village riche... et que mon père était président de la commission scolaire. Il a acheté une demi-page de publicité (avec sa photo, c'est mon père !) et a appelé Rénald Gaudreault, le maire, pour l'autre demi-page. Total : 300 $! On était en business.

Je me suis gardé le mot du directeur et la critique du dernier disque d'Elvis marquant son retour à Las Vegas. C'était l'automne 69. J'ai commandé des entrevues avec le président de la commission scolaire (je le rappelle, c'était mon père), avec monsieur le maire, avec le président du comité des loisirs, avec la présidente de l'AFÉAS, le cercle des fermières, avec la chanteuse du samedi soir aux soirées de danse, et on a fabriqué un vrai journal.

Quand je suis allé le chercher, je n'en croyais pas mes yeux. Le chef de l'atelier, Stolin Tremblay, avait fait la mise en pages lui-même, puisque j'ignorais qu'un journal avait besoin d'une mise en pages. C'était le plus beau journal du monde.

Le succès a été tel qu'il a fallu en publier un autre en hiver et un troisième pour le printemps. Quand je suis allé chercher le troisième, Stolin m'a dit que M. Vachon m'attendait dans son bureau.

M. Vachon mesurait 5 pieds et 2 pouces. Je faisais 6 pieds et un. Il m'a demandé de m'asseoir et il est resté debout. Toutes nos rencontres dans les quatre années suivantes allaient suivre ce rituel.

J'étais inquiet. Je me demandais pourquoi il avait ma pile de 300 *Reflet falardien* sur son pupitre. Les factures étaient payées, y avait pas de raison.

– C'est toi qui fais ce journal ?
– Ben… on est quelques-uns…
– Où est-ce que t'as appris à faire un journal ?

Là, j'ai été brillant. Aussi bien faire d'une pierre deux coups : « En lisant le *Progrès-Dimanche*. Faire un journal, c'est pas compliqué. Juste à regarder. » Je vantais son journal et je me vantais sans que ça paraisse trop.

Il a souri : « Aimerais-tu faire du journalisme ? Je me cherche un rédacteur en chef pour le *Progrès Régional.* »

Là, j'ai pas trouvé de réponse. Rédacteur en chef du *Régional* ? Y a quelque chose qui allait trop vite. Je ne comprenais pas trop.

Pis, ç'a flashé. Le rédacteur en chef s'appelait Jacques Cayer. Il avait été candidat aux élections d'avril pour le Ralliement national et s'était fait battre à plates coutures. C'était mauvais pour la vente de la publicité aux Bleus et aux Rouges qui contrôlaient le commerce au Saguenay. Donc, dehors, Jacques Cayer, meilleure chance la prochaine fois.

J'ai accepté le poste… à temps partiel, puisque je continuais à enseigner. Mais je ne dirigeais rien, consacrant mes énergies à la couverture du Conseil municipal le lundi soir. Et à la grosse journée du samedi pour fermer le *Progrès-Dimanche*.

J'ai vite compris que s'il était bon de connaître les maires et les députés de la région, il était encore bien meilleur de connaître tous ceux qui les haïssaient. Surtout les plus hypocrites. Le journalisme, c'était relativement simple. T'invitais la secrétaire du maire à prendre un verre, tu mangeais avec son ennemi mortel et, une fois que t'avais toutes les informations négatives, tu l'appelais pour avoir sa version. Là, t'avais le choix. Soit tu faisais deux histoires, une avec le négatif et une autre avec le positif, soit t'essayais de trouver la vérité dans ce fouillis. Au bout de quelques mois, je me suis dit que les lecteurs seraient mieux servis si j'essayais de voir clair dans toutes ces contradictions.

C'était la bonne décision.

***

Ce devait être en 1972 ou 1973. Impossible de raconter tout le plaisir que j'ai eu à sillonner la région du Saguenay–Lac-Saint-Jean, de Chibougamau à Sept-Îles pour le *Progrès-Dimanche* et à scooper *Le Soleil* qui était un quotidien.

Je me suis retrouvé au *Réveil* de Jonquière pendant presque un an. Un samedi, j'étais dans un snowmobile Bombardier dans les environs de Falardeau. Il y avait Jean Laflamme, organisateur unioniste et conservateur, grande gueule et ami de mon père, et surtout Gérald Harvey, le ministre libéral de la région. Gérald était en guerre contre Chicoutimi parce qu'il faisait du « patronage » en faveur de son comté aux dépens de Jean-Noël Tremblay, le député unioniste. Gérald était un guerrier. Pas très raffiné mais diablement efficace. J'avais beau travailler pour un journal de Jonquière, mes racines étaient à Chicoutimi. Et mes informateurs. Et mettons que Gérald en avait plein les baskets de lire ma prose.

Ce samedi, dans le snow, il était de bonne humeur. Je n'avais pas de calepin de notes et, puisqu'on était au Saguenay, on buvait une petite bière. En confiance, le ministre du Revenu s'est alors mis à raconter comment il contrôlait complètement la région : « Noëlla à Chicoutimi, ça l'intéresse pas ces affaires-là. Roger Pilote à Alma, y a pas le temps de voir à tout… »

C'était du bonbon. Évidemment qu'en descendant du snow, j'ai vite noté tout ce qui s'était dit et que, le mardi après-midi, c'était dans le *Réveil*.

Je donnais un cours de latin, le mercredi, quand le principal est venu me voir : « C'est une urgence. Le docteur Henri Vaillancourt veut que tu le rappelles. Hum, tu sais que je n'aime pas qu'on te dérange pendant les heures de classe », m'a dit Raymond Lecours d'un œil sévère.

Mais comme sa polyvalente avait toute la publicité qu'un principal peut rêver dans le *Progrès-Dimanche*, je savais que je n'aurais aucun problème si je rappelais tout de suite le Dr Vaillancourt, le propriétaire du journal.

– Tu viens d'être dénoncé à l'Assemblée nationale par Gérald Harvey. Il a dit que tu l'avais mal cité, que tu étais un journaliste séparatiste et autres gentillesses semblables qui pourraient être très dommageables pour le journal, a lancé le bon doc.

Il avait raison d'avoir peur. Si tous les patronneux libéraux qui contrôlaient Jonquière coupaient dans la pub, il était cuit. J'ai appelé Jean Laflamme. Il avait tout entendu de la conversation.

– T'as entendu ce qui s'est dit.
– Oui.
– C'est bien ce que j'ai écrit dans le *Réveil* ?
– Peut-être pas le mot à mot, mais c'est exactement le sens des propos.

– Si ça brasse trop, tu peux confirmer ?
– Oui, monsieur. On a son honneur.

J'étais sauvé. La semaine suivante, M. Laflamme confirmait ce qu'il avait entendu et le doc décidait de traverser la tempête avec son matelot turbulent.

Les 18 mois qui ont suivi ont été mouvementés. Tous les ennemis du ministre Harvey se refilaient le mot pour me donner des informations. Suffisait de vérifier et d'obtenir des confirmations et le feu prenait.

Des années plus tard, je couvrais un match des Nordiques contre le Canadien au Colisée de Québec quand quelqu'un m'a tapé sur l'épaule. C'était Gérald Harvey, devenu un représentant pour les détaillants d'autos ou quelque chose du genre. On se sentait comme deux boxeurs après le combat. On s'est mis à rire et à se raconter des histoires. Un fun noir.

J'ai vécu ce genre de situations à plusieurs reprises.

Par exemple avec Jacques Olivier, ancien maire de Longueuil et, surtout, ancien ministre fédéral responsable des sports.

Nous étions à Sarajevo aux Jeux olympiques de 1984. Ce soir-là, on formait une grande tablée avec Serge Savard, directeur général du Canadien, Claude St-Jean, ancien lutteur et restaurateur, Yvon Pedneault et une dizaine d'autres amis de Savard et d'Olivier.

Le vin yougoslave était délicieux et Olivier, ancien gars de la CSN, sentait son côté peuple remonter au fur et à mesure qu'on vidait les bouteilles et qu'on discutait des « princes du Comité international olympique ».

Finalement, vers deux heures du matin, le ministre Olivier, emporté par une juste indignation, s'est mis à fustiger la noblesse du CIO. En disant qu'ils étaient pire que la mafia et autres gentillesses semblables.

Revenu au village des médias, je me suis dit que trois heures du matin à Sarajevo, ça voulait dire neuf heures du soir à Montréal. Et que j'avais amplement le temps de dicter un texte aux camarades.

Quelques heures plus tard, bang ! La une de *La Presse* avec la super manchette et la photo de Jacques Olivier.

Le ministre a connu l'ampleur des dégâts quand le premier ministre Pierre Elliott Trudeau l'a appelé à Sarajevo pour lui passer un méchant savon.

Le soir même, je me faisais engueuler comme du poisson pourri, je répliquais et la bagarre gonflait les caractères. Mais Jacques Olivier est un gars de parole. Il n'est jamais revenu sur ses propos et n'a jamais dit qu'il avait été mal cité. Il m'en voulait parce que ce qui se dit lors d'un souper arrosé à deux heures du matin est censé être *off the record.* Mettons que le ministre avait pas mal raison.

Des années plus tard, Jacques Olivier est devenu un riche concessionnaire Ford. Puis, il a refilé son entreprise à Jacques fils et a pris le temps de profiter de sa retraite et de sa fortune.

Je me cherchais une Mustang décapotable. J'ai appelé monsieur le maire de Longueuil en personne.

– Jacques, si je vais voir ton garçon, je peux avoir le même prix que tu me ferais ?
– Avec tout ce que tu m'as fait endurer, tu vas la payer cher ta Mustang ! Je l'appelle.

J'ai connu Junior. J'ai eu un prix d'ami. Vraiment. Quelques mois plus tard, j'avais rendez-vous au garage avec le fils. Qui m'attendait dans son bureau ? Le père. Toujours aussi vif, l'œil amusé, visiblement content qu'on se revoit.

Évidemment qu'on s'est mis à se raconter des histoires. La fois que... la fois où... te rappelles-tu quand...

Comme deux boxeurs après le combat... je vous le disais.

***

Le mois le plus poignant, le plus excitant de toute ma carrière, c'est le mois de juillet 1980. On était en pleine Guerre froide, pour ne pas dire glaciale. Le monde était divisé en deux. L'Occident capitaliste et le bloc communiste inspiré et dirigé par l'Union Soviétique. En pleine période du mur de Berlin et du rideau de fer. Époque bénie pour le KGB.

L'URSS avait envahi l'Afghanistan avec le même résultat qu'obtiendront les forces de l'Otan vingt-cinq ans plus tard. À cause de cette invasion, les États-Unis, le Canada et de nombreux pays occidentaux avaient décidé de boycotter les Jeux olympiques de Moscou. Incluant Radio-Canada, *La Presse Canadienne*, le *Journal de Montréal* et à peu près tous les quotidiens du pays. Nous étions sept du Canada. Jean Bédard de Radio-Canada et moi étions les seuls du Québec.

Je partageais ma chambre avec Jim Kernighan du *London Free Press*. Un bon gars dont le père devait mourir pendant les Jeux. Cette nuit-là, il s'était soûlé et avait été reconduit à la chambre *manu militari*. Les marques sur son visage le lendemain rappelaient que la milice soviétique pouvait être très efficace si c'était nécessaire.

J'avais reçu d'excellents conseils de Liliane Lacroix, une collègue de *La Presse* qui s'était rendue en URSS un an plus tôt. J'avais emporté des bas de nylon pour « graisser la patte » aux téléphonistes de l'hôtel, du beurre de peanut et, surtout, 24 rouleaux de papier de toilette que j'avais écrasés dans ma grande valise.

C'était l'idée du siècle. Trois jours après leur arrivée, mes confrères faisaient la queue à la porte pour obtenir quelques verges de mon précieux papier si doux pour les fesses. Le papier sablé qui servait de papier de toilette avait déjà laissé bien des marques rouges et douloureuses.

J'échangeais mon papier comme une vendeuse de tissu à la verge. Huit verges contre une bouteille de vin rouge de la Géorgie. C'était pas cher.

Ce fut une aventure fabuleuse. Débarrassé des athlètes canadiens (avec mes excuses aux athlètes), j'avais tout Moscou pour moi. Les magasins du Goum, la seule discothèque de Moscou où j'avais rencontré des fans qui avaient perfectionné leur anglais avec l'album blanc des Beatles, les interprètes avec qui ont jasait jusqu'à tard dans la nuit. Je pouvais écrire sur tous les sujets et je ne me privais pas.

La première nuit, j'ai attendu quatre heures pour obtenir une ligne pour Montréal. J'ai sorti une paire de bas de nylon de mon sac et je l'ai glissée subtilement dans quelques feuilles de papier que j'ai déposées devant la plus jolie des téléphonistes. Ça s'est fait vite.

Le lendemain, c'est à elle que j'ai donné mon ticket où j'avais inscrit le numéro désiré au Canada avec mon nom et mon numéro d'accréditation. J'ai bien vu que mon ticket ne s'était pas retrouvé en dessous de la pile. Quinze minutes plus tard, j'avais la rédaction de *La Presse* au bout du fil. Ne restait plus qu'à établir ma stratégie. Combien de paires de bas de nylon et à quelle fréquence fallait-il les donner pour avoir une fichue ligne ?

Le mot magique, c'était Canada. Je disais *Kanada* et, tout de suite, on me répondait Esposito ! À cause de Phil Esposito que les Soviétiques avaient détesté aimer pendant la Série du Siècle. Un jour, Nicolaï, un jeune interprète, m'a même demandé si j'étais parent avec Mario Tremblay !

En 80, ça m'aurait fait plaisir de dire oui. Vingt ans plus tard, je suis moins sûr.

J'ai écrit, j'ai écrit et j'ai écrit.

Quand je suis revenu, c'est Roger Lemelin, l'éditeur de *La Presse*, qui m'a appelé. Pour me remercier de ce que j'avais fait à Moscou. Et pour me dire que le consul de l'URSS à Montréal était venu le prévenir le premier vendredi de mon séjour, qu'on me mettrait dans un avion pour l'Allemagne dans les prochains jours à cause de ce que j'écrivais.

Ne voulant pas m'inquiéter, il avait donné l'ordre de ne pas me parler de cette visite. Et le hasard a voulu que le premier samedi j'écrive un papier fort louangeur sur la qualité de l'organisation et sur la façon dont se déroulaient les Jeux.

Et quelques jours plus tard, j'ai reçu une autre visite. Celle de deux agents de la GRC. Ils voulaient me poser des questions sur ce qui s'était passé à Moscou, ils voulaient savoir si j'avais gardé des contacts, qui j'avais rencontré. Je leur ai demandé de s'asseoir dans le petit salon à l'entrée et je suis allé chercher Yvon Dubois, le directeur de l'information du journal. Quand Yvon Dubois décidait d'être bête, il était très bête. Disons simplement que le « debriefing » ne fut guère passionnant.

Par la suite, j'ai revu à plusieurs reprises ces agents de la GRC ou du SCRS. Je m'étais lié d'amitié avec Andréï Sandakov de l'agence Novosti. Il était basé à Ottawa, il adorait le hockey, il était le père d'un petit garçon et s'il travaillait pour le KGB, je m'en sacrais totalement et complètement.

Quand il venait à Montréal, il prévenait la GRC de ses déplacements et on se retrouvait souvent à la Côte à Baron, dans la côte de la rue St-Denis. Ou au Cherrier, ça dépendait. Y avait un gars qui lisait toujours son journal à deux ou trois tables de la nôtre. C'était immanquable. Mais ça ne m'énervait guère, je connaissais bien ces méthodes.

***

J'y avais déjà goûté. Ça se passait en 1978 ou en 1979. Pendant l'été, j'avais couvert la Traversée internationale du lac Saint-Jean. Et l'invité d'honneur était Marc-André Bédard, ministre de la Justice dans le premier gouvernement Lévesque. Je connaissais Marc-André Bédard depuis que j'étais ado. Son frère Edmour tenait l'épicerie du coin à Falardeau.

Un soir, en jasant, on se racontait que les exilés felquistes avaient payé leur dette à la société et qu'ils devraient être capables de revenir au pays. Marc-André Bédard a toujours été d'une prudence de Sioux. C'est moi qui ai dit qu'une bonne histoire dans *La Presse* préparerait le terrain. Et que par la suite, ce serait plus facile de régler leur situation.

Marc-André ne s'est jamais prononcé sur le sujet. Rien. Pas un mot.

Mais trois ou quatre jours plus tard, j'étais de retour à la maison. Un matin, le téléphone a sonné. Une voix féminine m'a juste dit : « L'adresse qui vous intéresse à Paris est la suivante. XXX, YYY, à Villeneuve, en banlieue de Paris. »

J'ai dit « wow » et je suis parti à Paris avec ma conjointe. Pur hasard, Jean-Robert Nadeau, chef de cabinet ou attaché politique du ministre Bédard, était dans le même avion.

Si je me rappelle bien, c'est le 16 août que je me suis retrouvé au 15e étage d'un HLM à Villeneuve, au nord de Paris. Dans l'appartement de Jacques Cossette-Trudel, de sa femme Suzanne Lanctôt et de leurs enfants. Je les ai convaincus de me raconter leur vie depuis qu'ils avaient été mis dans un avion pour Cuba, lors de la Crise d'octobre, pour avoir enlevé le diplomate James Cross.

J'ai sorti l'enregistreuse et nous avons discuté pendant deux heures. Ils étaient prêts à revenir à condition de ne pas être envoyés dans un pénitencier fédéral.

Je me suis dit que je n'avais pas à parler au ministre, puisque tout serait dans *La Presse*. J'ai écrit le texte la journée même et je me suis rendu à l'aéroport Paris – Charles de Gaulle. J'avais mis les feuillets et le rouleau de film dans une enveloppe et j'ai abordé un pilote d'Air Canada en lui demandant de me rendre un service : faire parvenir l'enveloppe à Yvon Dubois à *La Presse*.

J'étais encore en France quand l'histoire est sortie à la une du journal.

À mon retour, j'ai bien remarqué des bruits insolites sur ma ligne, mais je me suis dit que ça devait être un hasard. Suzanne m'avait demandé de contacter son père, Gérard Lanctôt. C'était le propriétaire d'une quincaillerie et, surtout, un ancien leader d'un parti d'extrême droite. Alors que sa fille était communiste et l'était restée en exil.

Je lui ai donné rendez-vous à l'ancien hôtel Windsor. C'était un grand monsieur au visage émacié qui ne montrait pas ses émotions. Au lieu de lui raconter le voyage, j'ai fait jouer la cassette de l'enregistrement. Il s'est raidi encore plus en entendant sa fille affirmer avec conviction qu'elle restait communiste. Mais, à un moment donné, on a entendu parler son petit fils qu'il n'avait jamais vu ni entendu. Et j'ai vu une grosse larme couler doucement de son œil…

Gêné, j'ai regardé autour de moi. Et c'est là que j'ai remarqué le monsieur qui lisait toujours les mêmes pages de son journal. Le gars de la GRC.

Je n'ai aucune idée comment se sont passées les négociations, mais la famille Cossette-Trudel est revenue au Québec entre Noël et le jour de l'An. Quand les journalistes sont occupés et les Québécois plus indulgents.

***

J'ai été privilégié. Les Internationaux de tennis à Melbourne en Australie, le Grand Prix de Formule dans le grand parc tout juste à la limite du centre-ville de Melbourne, la Formule 1 à Kuala Lumpur, les Jeux olympiques à Nagano au Japon, un voyage de rêve à Phuket et à Bangkok en Thaïlande, les Olympiques à Moscou, la tournée du Canadien à Stockholm, à Leningrad, à Riga en Lettonie et à Moscou, à peu près tous les pays et grandes villes d'Europe, de Budapest à Lisbonne en passant par Copenhague et Venise, des courses de Formule 1 à Buenos Aires en Argentine ou à Sao Paulo au Brésil avec des escales à Rio de Janeiro et Buzios, à Monterry au Mexique, à peu près partout aux États-Unis et au Canada et, l'été dernier, un séjour fascinant et bouleversant à Ouagadougou au Burkina Faso en Afrique de l'Ouest, je me dis que j'aurai pas mal élargi mon Falardeau natal.

Et la plupart du temps, avec un portable qui me permettait de faire mes commentaires à la radio à l'autre bout du monde.

Combien de fois ai-je parlé à Paul Arcand alors qu'il était huit heures du soir pour moi et qu'il réveillait son monde au Québec, les deux pieds dans la mer de Chine avec une lune argentée qui illuminait les vagues douces entre deux palmiers géants ! Pauvre Paul était pris pour annoncer qu'il pleuvrait toute la journée à Montréal.

Et d'autres fois, à presque minuit pour Torto et moi, en Hongrie, dans l'invraisemblable bordel qu'il y avait au bord du circuit, je participais à l'émission de Mario Langlois alors que les putes étaient au travail derrière les buissons, à trois pieds de l'humble envoyé spécial. Ça demandait de la concentration.

Je n'aurai pas toujours profité de ces voyages qui pourraient faire rêver le vacancier. Parfois, c'était une escale de quelques jours. Avec des heures et des heures de travail. Arriver à Budapest à deux heures de l'après-midi après un vol Montréal-Paris et Paris-Budapest, complètement vanné, s'engueuler avec des Allemands qui veulent se faufiler devant toi au comptoir de location de voitures et rouler dans Budapest à la recherche du circuit de Hungaroring et d'un village au nom imprononçable en se fiant aux indications de Christian Tortora qui m'avait dit que je n'avais qu'à suivre la 7... sans jamais avoir trouvé la maudite 7, c'est pas évident.

Et une fois l'ordi installé chez Lajos, l'imprimeur du village qui nous louait des chambres à mes camarades et moi, écrire un texte pour le journal avant de souper parce que après on sait qu'on va claquer sur la chaise sans être capable de réfléchir. C'est pas très romantique.

Mais jamais je n'aurais voulu faire autre chose dans la vie. Et jamais je n'aurais même tenté d'être un journaliste dit « objectif et neutre ». C'est de la foutaise. Le simple fait de mener une entrevue d'une heure et de choisir quelques éléments pour l'article qu'on rédige, c'est déjà de l'éditorial. Et le simple choix des incises peut transformer la portée d'un texte. Il y a une très grande différence entre « dit-il », « souligne-t-il », « affirme-t-il » ou « note-il » et surtout « prétend-il ». Le lecteur averti saura que « prétend-il » veut dire que le journaliste ne croit pas un traître mot de ce qu'on lui a raconté.

Pensez-vous une seule seconde que j'étais neutre et objectif quand Jacques Villeneuve a gagné le championnat mondial des pilotes de Formule 1 à Jerez en

Espagne ? Allons donc. La planète F1 était divisée en deux cet après-midi-là. Et quand Michael Schumacher s'est expédié lui-même dans le gravier en tentant de tricher, la moitié de la salle a bondi de joie et l'autre de déception.

Mais j'étais mauditement heureux d'y être. Être là où s'écrivait une page d'histoire. Et tard le soir, vers 9 heures et demie, quand j'ai quitté le centre de presse après avoir envoyé de quoi remplir cinq pages dans *La Presse*, j'ai été invité à m'asseoir à la table de Renault qui abandonnait la F1 ce soir-là. Christian Contzen, le patron de Renault Sport, m'a lancé : « Réjean, venez vous joindre à nous. »

C'était le 26 octobre 1997. J'ai goûté au vin blanc. Frais et délicieux, comme d'habitude. Et je me suis rappelé un moment très important quelque 18 mois plus tôt.

C'était au Grand Prix de Monaco, en mai 1996. J'avais voyagé avec Normand Legault. C'était mon premier Grand Prix à l'étranger depuis Monza en septembre 1982, l'année de la mort de Gilles Villeneuve.

Il était deux heures quand on était enfin arrivé dans le paddock du Grand Prix de Monaco. Normand et moi, on s'était retrouvés tout juste devant la petite terrasse de Renault. Je mourais de faim et de soif. Et le vin rosé était là, sur une table, dans son seau glacé. Avec des tranches de saumon fumé, des fruits, des salades et tout ce qui peut faire saliver un homme fourbu et affamé.

J'ai failli me laisser tenter. Mais Normand Legault, grand expert de la vraie vie de F1, a posé une main sur mon bras : « Y a des codes en Formule 1. Ils ne te connaissent pas, ils pourraient te juger bien vite. En F1, il vaut toujours mieux être formellement invité. Et un premier refus est bien vu », de dire Legault.

Un confrère du *Journal de Montréal* est arrivé sur les entrefaits : « Maudit Ta de Câl…, v'là la compétition », a-t-il lancé en allant se servir dans les victuailles. Une charmante hôtesse m'a invité à me rafraîchir. J'ai accepté une bouteille d'eau, mais j'ai suivi le conseil de Legault. J'ai répondu que je n'avais pas faim.

Finalement, on a acheté un sandwich pita immangeable qui a coûté une hypothèque quelques minutes plus tard. Mais j'avais observé le rituel non écrit. Le lendemain, Tortora et mes confrères français me présentaient à Jean-Jacques Delaruvière, responsable des communications chez Renault et je goûtais enfin à ce rosé.

Le même week-end, je sortais le gros scoop de la saison en annonçant que Normand Legault devenait promoteur du Grand Prix du Canada et la saison suivante, mon honorable compétiteur lâchait la couverture de la Formule 1.

– Encore du champagne, cher ami ?
– Bien sûr, Christian…

La nuit était douce en Andalousie. Quelque part dans Séville, Jacques Villeneuve jouait de la guitare et Michael Schumacher se mêlait au groupe. Nous étions bien. La saison était terminée. Je pouvais rejoindre le Canadien…

Le Canadien ! Si vous avez lu ce recueil de chroniques et de reportages, vous avez déjà deviné que ce fut un plaisir de suivre cette grande équipe. Surtout dans les années 70 et 80.

Avant que Ronald Corey ne la détruise en congédiant bêtement Serge Savard.

Je ne veux pas reprendre tout ce qui est déjà dans le livre. Mais juste souligner que j'aurai eu la chance de connaître de belles personnes. Guy Lafleur et sa passion, Serge Savard, Scotty Bowman, Guy Carbonneau, Chris Chelios, Larry Robinson et des dizaines d'autres. Sans parler de Marcel Aubut, de Pat Burns et de tant d'autres.

Ils sont devenus des patrons ailleurs. Phil Esposito, Jacques Lemaire, Bobby Clarke, Jacques Martin, Michel Therrien, Alain Vigneault. Tous, à un moment ou un autre, se sont fâchés à cause d'une chronique. Tous, à part Mario Tremblay, ont conservé des liens qui me sont précieux.

Marcel Aubut, pour un, aura été l'ami de ces 33 ans. Toujours, en tout temps, j'ai pu compter sur son amitié. Toujours et en tout temps, il aura pu compter sur la mienne. Ce qui ne m'aura jamais empêché de le critiquer quand j'estimais qu'il dérapait.

Il y en a d'autres. Dans d'autres domaines.

Comment oublier Richard Martin, directeur des dramatiques à Radio-Canada, qui, un après-midi d'automne, m'a lancé au Barbizon, son resto favori en face de Radio-Canada : « T'es pas tanné de paresser ? Viens m'écrire un téléroman sur le hockey. »

Je l'ai envoyé promener. Les patentes à cuisine, ça ne m'intéressait pas. On a continué à jaser de Guy Lafleur qu'il adorait et de ces chers Canadiens.

Un après-midi de printemps, alors que j'étais dans ma chambre d'hôtel en attendant de me rendre au Colisée pour un match des Nordiques contre le Canadien, le téléphone a sonné. La secrétaire de M. Martin me faisait savoir que son patron aurait aimé me voir le lendemain à 15 heures. J'ai accepté.

Le lendemain, à 15 heures, je suis arrivé au neuvième étage de la tour. Il y avait un petit barbu qui fumait une grosse bouffarde tranquille dans son coin. J'étais un fumeur de pipe, je l'ai tout de suite trouvé sympathique. C'était l'écrivain Louis Caron, l'auteur du *Canard de bois*. Richard Martin voulait nous voir. Il avait en tête qu'on écrive à deux un téléroman dont le titre serait *Lance et Compte*. Honnêtement, je ne tripais pas fort.

La naissance aura été longue. Jusqu'à ce qu'un producteur privé, Claude Héroux, entre en jeu et mette en place les 9 millions de $ nécessaires pour faire une « vraie » série de télé. Comme *Dallas* et *Dynastie* dont j'avais chronométré les scènes pour en capter le rythme. Et jusqu'à ce qu'un réalisateur, Jean-Claude Lord, me dise : « Je veux pas que tu me racontes ce que fait Pierre Lambert, je veux être avec Pierre Lambert. » Ce fut mon cours 101, 201, 301, 401, 501, collégial et universitaire en scénarisation.

Le reste, c'est de l'histoire. Une histoire qui se continue.

Réjean Tremblay

septembre 2008

La production du titre *Quatre décennies sur cinq continents* sur du papier Rolland Enviro100 Édition, plutôt que sur du papier vierge, réduit notre empreinte écologique et aide l'environnement des façons suivantes :

Arbres sauvés : 128
Évite la production de déchets solides de 3676 kg
Réduit la quantité d'eau utilisée de 347 733 L
Réduit les matières en suspension dans l'eau de 23,3 kg
Réduit les émissions atmosphériques de 8 072 kg
Réduit la consommation de gaz naturel de 525 m^3

Imprimé sur du Rolland Enviro100, contenant 100% de fibres recyclées postconsommation, certifié Éco-Logo, Procédé sans chlore, FSC Recyclé et fabriqué à partir d'énergie biogaz.

MARQUIS
Marquis imprimeur inc.

Québec, Canada
2008